Schreber, Daniel Gottlieb Moritz

Das Buch der Erziehung an Leib und Seele

Inktank publishing

Schreber, Daniel Gottlieb Moritz

Das Buch der Erziehung an Leib und Seele

Inktank publishing, 2018

www.inktank-publishing.com

ISBN/EAN: 9783747713327

Das

BUCH DER ERZIEHUNG

an

Leib und Seele.

Für Eltern, Erzieher und Lehrer.

Von

Dr. D. G. M. Schreber,

weil. Direktor der orthopädischen Heilanstalt zu Leipzig.

Dritte, stark vermehrte Auflage.

Durchgesehen und mit Rücksicht auf die Erfahrung
der neueren Kinderheilkunde

erweitert von

Dr. Carl Hennig.

Professor der Gynäkologie, Direktor der Frauen- und Kinderheilanstalt zu Leipzig.

Leipzig,
Friedrich Fleischer.

4

Dem Heile künftiger Geschlechter.

Durch beharrliches und richtig durchdachtes Wollen kann der Mensch weit mehr, als er glaubt. Er muß nur den Glauben an sein Können mit umsichtiger Berechnung steigern.

Schreber.

Vorwort zur ersten Auflage.

Unter den hochwichtigen Lebensfragen der Menschheit steht die Erziehung der aufwachsenden Generationen oben an.

Jeder Mensch hat zwar eine gewisse angeborene Eigentümlichkeit, die seiner körperlichen und geistigen Entwickelung mehr oder weniger das individuelle Gepräge giebt. Sodann ist auch den gelegentlichen und unberechneten Einflüssen des Lebens auf den einzelnen Menschen eine nicht unbedeutende miterziehende Einwirkung zuzuerkennen. Dessenungeachtet aber ist die Erziehung im engeren und eigentlichen Sinne, d. h. die gesamte den Menschen mögliche planmäßig heraufbildende Einwirkung auf das Kind, offenbar die Hauptgrundlage der künftigen körperlichen und geistigen Beschaffenheit. Selbst sehr mangelhafte Naturmitgabe ist oft in staunenerregender Weise ausgleichbar durch wohlberechnete Erziehung, wovon die augenfälligsten maßgebenden Beispiele in den immer höher steigenden Resultaten der Erziehungsanstalten für Taubstumme, Blinde, Blödsinnige, Kretinen, sittlich verwahrloste Kinder u. s. w. zu erblicken sind. Die glücklichste Naturmitgabe ist aber der Verkümmerung preisgegeben, wenn die erziehende Entwickelung derselben fehlt.

Jenes, so zu sagen, naturwüchsige Gepräge der Ausbildung wird zwar nie ganz verwischbar sein (es sollen ihm ja auch seine edlen Eigentümlichkeiten wohl erhalten und weiter entwickelt werden), wird aber schwerlich jemals über den Einfluß der Erziehung die Oberhand behaupten. Es wird nur da in seiner reinen — freilich dann mehr oder weniger rohen und mangelhaften — Eigentümlichkeit hervortreten, wo die erziehende Entwickelung dürftig, wo alles oder das meiste der Selbstentwickelung überlassen ist; es wird ganz ausarten, wo die Erziehung eine verkehrte ist. Auch die gelegentlichen miterziehenden Einwirkungen des Lebens erlangen fast durchgehends erst durch die eigentliche Erziehung ihre zweckdienliche Richtung.

Die Erziehung — die zweite, den individuellen Typus gestaltende Zeugung — ist also der eigentliche Wurzelgrund des Lebens, von welchem alle der menschlichen Einwirkung in unberechenbarem Umfange möglichen Richtungen und Gestaltungen des Einzellebens sowohl wie des Völkerlebens ausgehen, auf welchen sie sich alle mit ihren letzten Fäden zurückführen lassen. Das tief in der menschlichen Natur begründete Aufwärtsstreben auf der Entwickelungsbahn zur Schönheit (im weitesten Sinne des Wortes) und Vollkommenheit führt den prüfend-fragenden Blick jedes denkenden und fühlenden Menschen immer wieder zurück auf diesen allgemeinen Ausgangspunkt aller Gestaltungen des menschlichen Lebens. Immer wieder erneuert sich das Bedürfnis, vor allem hier zunächst verbessernd und fördernd einzuwirken, wenn es gilt, das Hinstreben nach dem unendlich hohen Ziele des menschlichen Lebens, der geistigen und sittlichen Veredelung und Vervollkommnung, immer reiner und allgemeiner zu machen. Die normale Erziehung darf daher nicht ein abgegrenztes, individuell berechnetes Ziel sich setzen, sondern sie muß die Keime und Impulse zu unbegrenzter allseitiger Vervollkommnung der Menschennatur, nach Maßgabe der gebotenen individuellen Besonderheiten, auf allen Wegen entwickeln und kräftigen.

Aus diesem Gesichtspunkte möge die gegenwärtige Schrift beurteilt werden, und die Erscheinung derselben ihre Begründung finden. Wie aber der gewissenhafte Erzieher an seinem Zöglinge alle innig zu einem Ganzen vereinigten Seiten der menschlichen Natur, die körperliche, gemütliche und geistige, gleichmäßig ins Auge zu fassen hat, so hat auch eine Schrift, welche die Grund- und Lehrsätze und die naturgemäße Methode der Erziehung als ein abgerundetes Ganzes darlegen soll, eben diese Allseitigkeit des Umfanges durchaus notwendig. Denn die Trennung der verschiedenen einzelnen Seiten der Menschennatur von einander ist ja mehr ein künstlicher Notbehelf für unser sprachliches Verständnis. Auf eine gewisse Besonderheit derselben schließen wir nur aus manchen Lebensäußerungen und einigen krankhaften Zuständen. Im gesunden lebenden Organismus sind alle diese einzelnen Seiten so innig miteinander verbunden und durch gegenseitige Bedingungen und Wechselbeziehungen verwebt, daß jede nach wahrer Erkenntnis strebende Betrachtung des Menschen von der organischen Einheit seiner verschiedenen Erscheinungsseiten stets ausgehen muß.

Die allgemeine Aufgabe dieser Schrift mußte demnach darin bestehen: ein allseitiges Bild der dem Ideale der Menschheit möglichst zustrebenden

Erziehung in den wesentlichsten Umrissen zu entwerfen, d. h. alle dem Endziele entsprechenden Hauptbedingungen und Hauptgrundsätze an dem Bilde anschaulich zu machen. Die besondere Aufgabe aber, welche dem Verfasser dieser Schrift vorschwebte und letzterer hauptsächlich die Entstehung gab, war die: die Wichtigkeit aller der zahllosen erzieherischen Einzelnheiten, wie sie fortwährend in den verschiedensten Gestaltungen an der Kinderwelt zu Gegenständen notwendiger Beachtung werden, insofern eben an ihnen und durch sie erst die allgemeinen und obersten Erziehungsgrundsätze zur Verwirklichung kommen können, hervorzuheben, und so das Spezielle mit dem Allgemeinen des Erziehungswesens in den zur Erreichung des Endzieles durchaus notwendigen innigen Einklang zu bringen. Darin, daß diese Einzelnheiten gewöhnlich als Unwesentlichkeiten betrachtet und daher zu wenig oder gar nicht beachtet werden, oder, daß man die Harmonisierung derselben mit den allgemeinen Grundsätzen nicht zu stande zu bringen vermag, liegt offenbar der Hauptmangel des gegenwärtigen Erziehungswesens und der Hauptgrund, daß die Erziehungsresultate im ganzen den als richtig allgemein anerkannten obersten Erziehungsgrundsätzen nicht entsprechen.

Aber auch die Erziehungslehre leidet, trotz der Reichhaltigkeit und teilweisen Trefflichkeit ihrer Litteratur, noch immer an einigen bedeutungsvollen Lücken und Mängeln. Der Grund davon dürfte wohl hauptsächlich darin zu suchen sein, daß bei ihrer seitherigen Bearbeitung der Mensch in seiner Doppelnatur nicht völlig gleichmäßig als Ganzes erfaßt wurde, sondern, je nach dem verschiedenen Standpunkte der Schriftsteller, bald vorwaltend von seiner physischen Seite — von den Ärzten, bald vorwaltend von seiner moralischen Seite — von den Pädagogen. Die Physiologie und Psychologie der kindlichen Natur sind aber die beiden unzertrennbaren Grundlagen der Erziehungslehre, auf welchen der Aufbau der letzteren ganz gleichmäßig ruhen muß, wenn er naturgetreue Richtigkeit und gediegene Festigkeit erhalten soll. Der Mensch ist in seiner innig verschmolzenen Doppelnatur doch stets nur ein Ganzes. Er kann nur als Ganzes richtig verstanden, entwickelt und behandelt werden.

Da nun die physiologischen und psychologischen Verhältnisse der kindlichen Natur auf den verschiedenen Stufen der fortschreitenden Entwickelung wesentliche Umgestaltungen erfahren, so muß auch das ganze erzieherische Verfahren in seinen Modifikationen sich bestimmter und enger diesen Stufenunterschieden anschließen, als es aus der bisherigen Erziehungslehre ersichtlich ist. Der rationelle Erzieher muß die wesentlichsten Grundzüge jeder einzelnen Entwickelungsstufe und die daraus sich ergebenden Folgerungen für sein Verhalten stets genau im Auge haben, indem er die erzieherische Leitung mit dem natürlichen Entwickelungsgange von Stufe zu Stufe in Einklang bringt. Die Wichtigkeit dieser natürlichen Abstufungen der Entwickelung für die demgemäßen Modifikationen des erzieherischen Verhaltens ist zur Zeit wohl noch nicht genügend erkannt. Sie wird aus dem Verfolge der Schrift deutlich hervorgehen. Für den praktischen Wert einer Schrift über Erziehung ist es eine der ersten Bedingungen, daß sie den Grundriß dieser Skala vor Augen legt. Außerdem bleibt eine Erziehungslehre zu abstrakt: eine Leiter ohne erkenn- und greifbare Sprossen.

Es war daher das besondere Bestreben des Verfassers, bei allen Entwickelungsstufen die Wagschale zwischen dem physischen und moralischen Teile der Erziehung genau im Gleichgewichte zu erhalten und auch den letzteren so eng und fest als möglich an die erst in neuester Zeit klarer durchschauten physiologischen Gesetze anzuschließen. Wiederholt sei es gesagt: nur durch ganz gleichmäßige Würdigung der körperlichen und geistigen Seite, also der ganzen Menschennatur ist das Gesamtziel der Erziehung erreichbar.

Die gegenwärtige Schrift ist die Frucht langjähriger, das Äußere und Innere des Menschenlebens durchforschender Beobachtungen (zu denen der ärztliche Beruf die meiste Gelegenheit bietet), unbefangenen Nachdenkens und sowohl eigener als fremder Erfahrungen. Sie ist aus dem Leben und fürs Leben geschrieben. Ihre Tendenz ist einfach praktisch, und ebeudeshalb, wie bemerkt, gleichmäßig auf das Körper- und Geisteswohl gerichtet.

Zur Erreichung großer Lebenszwecke kann der Einzelne nur wenig thun. Die Aufstellung eines durch und durch richtigen, allgemein verständlichen und die wesentlichen Einzelnheiten anschaulich machenden Erziehungssystemes ist eine so umfassende und schwierige Aufgabe, daß man eine solche Schrift mit ihren unvermeidlichen Mängeln nur mit dem Maßstabe der Billigkeit beurteilen wird. Möge der Segen von oben diesen schwachen Versuch befruchten!

Der Verfasser.

Vorwort zur zweiten Auflage.

Es ist eine Reihe von Jahren verflossen, seit dieses Buch in ursprünglicher Form aus der Hand meines verewigten Kollegen hervorging. Als ich von der Verlagshandlung, im Einverständnisse mit der Witwe des Verfassers, veranlaßt wurde, eine neue Auflage zu besorgen, ahnte ich nicht, welche Schätze von Kenntnis der Kindesnatur, von Wohlwollen gegen die Erzieher unserer Jugend und von anspornenden Gedanken in diesem Buche niedergelegt waren. Vom Geiste edler Menschenliebe durchweht, lag es fast vergessen, während desselben Verfassers „Zimmergymnastik" eine glänzende Reihe von Auflagen durchlebt hat und fast in allen neueren Sprachen der gebildeten Welt übersetzt ist.

Aber wie wenige lesen noch jetzt Schwarz' Erziehungslehre oder Jean Pauls herrliche Lebensregeln? Möge dieses Buch im neuen Gewande schneller Bekanntschaften anknüpfen!

Ich bin überrascht, wie bis ins einzelnste des Verfassers Ansichten mit den meinen übereinstimmen; ich hatte nur wenig zu ändern — einiges hinzuzufügen, was dem heutigen Stande der Lehre vom wachsenden Menschen entspricht.

Das Streben Schrebers, ein gesundes, unsere Vorfahren abspiegelndes Geschlecht heranzubilden, sein geistiges Wohl und sein Gemütsleben gleichmäßig wie das körperliche zu bedenken, wird von wenigen Erziehungsschriften erreicht, von keiner übertroffen.

Auf dem religiösen Gebiete bewegt sich Schreber unter den großen Weltweisen aller Zeiten und Völker. Er will ein in jeder Beziehung gesundes, durch Thaten, nicht durch Worte allein das Christentum weiter tragendes Geschlecht.

Mögen seine Aussprüche Segenssprüche recht vieler Familien werden!

Leipzig, im September 1882.

Dr. Carl Hennig.

Vorwort zur dritten Auflage.

Nach Verlauf weniger Jahre ist ein neues Gewand dem Schreber-schen Erziehungsbuche nötig geworden. Hat es an Zugkraft gewonnen? oder ist das Bedürfnis zu solchem Unterrichte gewachsen? In beiden Fällen wäre eine nochmalige Bearbeitung des an sich ge-haltvollen Stoffes nicht zu bereuen. Es war wiederum nicht ein Um-arbeiten erforderlich, nur das Umgießen einiger Kapitel in neue, der fort-schreitenden Wissenschaft und geläuterten Erfahrung entsprechende Formen, wie denn auch die bildliche Darstellung orthopädischer Methoden zeit-gemäß abzuändern war.

Auch dieser Ausgabe geben Bearbeiter wie Verleger beste Wünsche auf den Weg.

Leipzig, im Oktober 1891.

Dr. Carl Hennig.

Inhaltsverzeichnis.

III. Teil.

Achtes bis sechzehntes Lebensjahr. Lernalter.

16

IV. Teil.

Siebzehntes bis zwanzigstes Lebensjahr. Jünglings- und Jungfrauenalter. Übergang zur Selbständigkeit.

Einleitung.

Gereifte Lebensanschauung führt uns zu der Überzeugung, daß eine unabsehbare Stufenleiter der Entwickelung, wie dem einzelnen Menschen, so der Menschheit im ganzen, als die vielleicht unendliche Bahn des Weiter- und immer Weiterstrebens geboten ist. Die Kulturgeschichte des Menschengeschlechtes lehrt uns aber, daß, wenn wir dabei auch selbst die am weitesten vorgeschrittenen Völker als Maßstab im Auge behalten, dieses Vorschreiten doch bisher immer nur auf einzelne Seiten der Menschennatur sich erstreckt, keineswegs gleichmäßig alle Seiten derselben umfaßt hat. Unsere Kulturgeschichte rechnet schon nach Jahrtausenden, und doch — wie viel fehlt noch bis zur Verwirklichung selbst nur desjenigen Ideales menschlicher Ausbildung, das wir nach Maßgabe der uns zur Zeit möglichen und sicherlich noch sehr beschränkten Perspektive davon zu entwerfen im stande sind. Ist auch für das eifrigste Streben das höchste Ideal hienieden nie ganz erreichbar, so bleibt doch die Zahl der wirklich erreichbaren Vervollkommnungsstufen immer noch eine unermeßliche, und das einzige Mittel zur allmählichen Erreichung des Erreichbaren das Hinstreben nach dem nie ganz erreichbaren Höchsten. Jede Periode, so auch die unsere, hat daher die Aufgabe: durch gründliche Vergleichung des zur Zeit erreichten Ausbildungs- und Lebenszustandes (des Seins) mit dem möglicherweise und bestimmungsgemäß zu erstrebenden Lebenszustande der Menschheit (dem Seinkönnen und Seinsollen) sich dessen klar bewußt zu machen, was überhaupt, und vorzüglich dessen, was zunächst und am dringendsten zu thun nötig ist, um auf der Bahn allseitiger Fortbildung und Veredelung vorzuschreiten.

Bei diesem Vergleiche des menschlichen Lebenszustandes haben wir den Maßstab an diejenigen Völker zu legen, welche auf der Entwickelungsbahn zum allgemeinen Humanitätsziele in den vordersten Reihen stehen.

Wir erblicken da neben hochbedeutenden Lichtseiten doch auch sehr ernste Schattenseiten, recht tiefgreifende Mängel und Lücken. Denn hat

auch die neuere Kulturgeschichte der sogenannten zivilisierten Welt mächtige
Fortschritte der intellektuellen Seite der Menschennatur aufzuweisen, so
ist das Gleiche doch nicht, ja eher das Gegenteil, der Fall, einesteils in
Bezug auf die körperliche Entwickelung, andernteils in Bezug auf die
Entwickelung dessen, was man Charakter, Geistesstärke, edle
Willenskraft nennt. Beides — die *physische* und die *moralische*
Vollkraft — sind aber gerade die wesentlichsten Grundlagen
einer harmonischen Gesamtentwickelung und allseitigen Veredelung der menschlichen Natur, mithin die Grundbedingungen
zur Erreichung des bestimmungsgemäßen Lebenszieles und des
wahren Lebensglückes.

Mögen wir unseren Blick auf das Ganze oder auf das Einzelne des
Menschenlebens der Gegenwart richten, immer gelangen wir zu dem
Resultate, daß gerade unter denjenigen Völkern, welche an intellektueller
Ausbildung am weitesten vorgeschritten sind, der überwiegenden Mehrzahl der Menschen der harmonische Bau jenes wahren körperlichen und
geistigen Lebenskernes mehr oder weniger abgeht. Kräftige, gestählte
Naturen und charakterstarke Individualitäten sind — wir können das
nicht leugnen — in der Minderzahl. Fragt man nach Beweisen, — nun,
sie bieten sich dem gründlich prüfenden Blicke allerwärts, sogar als der
fast durchgehende gewöhnliche Zustand der gegenwärtigen Menschheit.

Zuerst in physischer Hinsicht offenbart sich Herabgekommenheit.
Nicht nur, daß im allgemeinen die Häufigkeit der tausenderlei Kränke-
leien und ausgebildeten Krankheiten und Gebrechen in relativer Zunahme
begriffen ist, auch der ganze Bildungstypus der letzten Generationen zeigt
unverkennbar ein allmähliches Sinken. Den schnellsten bestätigenden Überblick geben die Militäraushebungen, das Herabgehen des Militärmaßes,
die relativ immer häufiger werdenden Untüchtigkeitsfälle; sodann das hohe
Sterblichkeitsverhältnis besonders in den ersten Kindheitsjahren, die allgemein verbreitete körperliche Gebrechlichkeit, Hinfälligkeit und geringere
Leistungsfähigkeit der übrigen Lebensalter, namentlich im Vertragen von
Strapazen aller Art; das vorzeitige Altern, die Abnahme der Erreichung
sehr hoher Altersstufen.*)

*) Man vergegenwärtige sich dagegen die Kraftgeschlechter vergangener Zeiten.
Die Kräftigkeit der Entwickelung war nicht nur eine viel allgemeinere — denn dies
hatte allerdings auch darin seinen Grund, daß, vermöge mancher auf geringerer
Kenntnis der menschlichen Natur beruhender Mißbräuche, mangelhafter Pflege in
den ersten Lebensjahren u. dgl., ferner infolge verheerender, in der neueren Zeit
getilgter Krankheiten, unter den minder kräftig und ganz schwächlich geborenen
Kindern viel mehr aufgeräumt wurde als jetzt, mithin fast nur die kräftigsten
Naturen die übrigbleibende Generation bildeten — sondern wir können hauptsächlich
aus dem Punkte einen sicheren Maßstab für einen solchen Vergleich gewinnen,
daß die höheren und höchsten Grade der Kraftnaturen, trotz mancher das Leben

Durchforscht man tiefer das Innere des Menschenlebens, so findet man in ungeahnter Häufigkeit gleiche, dem Blicke der Welt mehr verschlossene Beweise: körperlich begründete Lebensstumpfheit, Unzufriedenheit, Hypochondrie, Hysterie mehr oder weniger in allen Ständen und Verhältnissen. Hierzu nur ein Beleg. Tausende giebt es, die trotz des grellsten Widerspruches ihres edleren Selbst, in der Tiefe der Brust mit der Furie des Selbstmordgedankens oder anderer schwarzer Triebe ringen, welche Furie, obschon ihr nur die wenigsten als unmittelbare Opfer fallen, doch einen großen Teil des Lebens im stillen vergiftet und infolge von Selbsttäuschung, nämlich von Verwechselung des kranken mit dem gesunden, wahren Selbst, die Qualen und Gefahren bedeutend vermehrt. Wir rechnen hierher nicht die durch äußeres Unglück hervorgerufenen Fälle, sondern nur die aus körperlichen Zuständen entspringenden und sehr oft in der Blüte des Lebens und unter den glücklichsten äußeren Verhältnissen vorkommenden. Der Welt bleibt dies entzogen, nur dem Arzte wird der volle Blick in diese finsteren Seiten des Lebens geöffnet. Sollten diese Andeutungen noch nicht genügen zur Bewahrheitung obigen Ausspruches, so würden die Hospitäler und Irrenanstalten mit ihren steigenden Prozentverhältnissen jeden etwaigen Zweifel beseitigen können. Doch hier bedarf es nur des Hinweises.

Sodann in moralischer Hinsicht. Auch hier begegnen wir überall Schwächezuständen, die mit den verwandten körperlichen Zuständen im innigsten Zusammenhange stehen. Beide Arten bedingen sich gegenseitig und wechselweise. Anstatt hochherziger Gesinnungen, fester edler Bestrebungen, untrübsamer Zufriedenheit, lebensfrischer Heiterkeit, mutvoller Thatkraft: entweder moralische Stumpfheit und Schlaffheit, oder haltloses Schwanken zwischen den Extremen der erregenden und niederdrückenden Leidenschaften; selbstsüchtige Engherzigkeit, Kleinmut, Verzagtheit, Mangel an Ausdauer bei Durchführung von Entschlüssen oder bei Eintritt von Widerwärtigkeiten, Prüfungen und Gefahren; vorherrschender Hang zur Weichlichkeit und Sinnlichkeit; kurz — Charakterlosigkeit in jeder Hinsicht. Ja, unglaublich viele haben den wahren hohen Zielpunkt des Lebens — die geistig-sittliche Veredelung,

---

zerstörenden Unsitten, offenbar ganz andere und zwar vollkommenere waren als die gleichen Grade der Jetztwelt. Demnach steht die Folgerung gegen jeden Einwurf gesichert, daß die allgemeinste und für die verbessernde Nachhilfe ergreifbare Grundursache des allmählichen Herabgehens der neueren Generationen in der Art liegt, wie dieselben sich entwickeln und leben.

Wie in der Tierwelt die einzelnen Fähigkeiten, besonders die Sinnesorgane in höchster Vollendung nicht einer Gattung gleichmäßig vergönnt wurden, sondern die einzelnen Vollkommenheiten auf gewisse Gruppen verteilt sind, so haben außer den alten Griechen die Erdenvölker sich dem Ideale der harmonischen Kraftentwickelung bei weitem noch nicht genähert.

1*

die (möglichst) freie vernünftige Selbstbestimmung, das Er-
ringen des Bewußtseins der gottwärts strebenden Menschen-
würde — gänzlich aus den Augen verloren, sie haben nicht einmal
dafür ein Verständnis mehr. Die Mehrzahl aus Mangel jeder denkenden Lebensanschauung, einzelne aus falscher Lebensanschauung infolge
mystischer oder aber modern-materialistischer Verirrungen. Anstatt ihr
ganzes materielles Leben dem Vernunft- und Sittengesetze unterzuordnen
und die Fesseln der tausenderlei Schwächen der menschlichen Natur mutig
zu überwinden und eine nach der anderen abzuwerfen, bleiben sie vorsätz-
lich willenlose Sklaven derselben und verlieren dadurch mit jedem Tage
mehr an Möglichkeit, zur geistigen Freiheit sich wieder aufzuringen. Sie
betrachten den sinnlichen Genuß, das materielle Leben, überhaupt die
ganze Verbindung des Menschen mit der Sinnenwelt nicht, wie es sein
soll, als das zwar mit Dank und Freude zu benutzende, doch aber immer
mit dem Hauptzwecke des Lebens in Einklang zu bringende und ihm
unterzuordnende Mittel, nicht als das, woran wir uns geistig läutern
und mehr und mehr emporarbeiten sollen — in welchem Streben allein
ja der vernünftige Mensch seine wahre Befriedigung finden kann —,
sondern als das Endziel ihrer ganzen Lebensbestrebungen, oder entgegengesetzt, als etwas an sich Verächtliches. Die wahre, über die Sinnenwelt
sich erhebende und sie beherrschende, rein menschliche Richtung erstirbt
in solchen. Sie haben den Halt- und Schwerpunkt ihres Lebens nicht in
sich selbst. Ihr Leben wurzelt in Tand und Schein, oder ist, bei entgegengesetzter Richtung, mystisch umnebelt. Beides aber, Verflüchtigung
und starre Fesselung ist für die Fortentwickelung des menschlichen Geistes
naturwidrig und vernichtend. Tritt nun, wie es notwendig im Laufe
des Lebens liegt, das Schicksal mit Prüfungen so oder so an solche Menschen heran, so geht, eben weil der höhere Gesichtspunkt, der innere
Halt, die selbständige höhere Geisteskraft fehlt, der schwache Rest des
edleren Selbst in Übermut oder Verzweiflung unter. Zu einer helden-
mütigen Erhebung über das Schicksal können sich diese Unglücklichen
nicht zusammenraffen. Der Mut und die Kraft, würdig hinzunehmen,
was auch kommen möge, ist eine wahrhaft seltene Tugend geworden. Die
Religion, der erhabenste Leitstern des menschlichen Lebens (ohne welchen
das Leben keinen Zusammenhang, keinen Abschluß, keinen Sinn hätte,
selbst das beglückteste Erdenleben ein blendendes Gaukelspiel, ein inhalt-
loses Trugbild, ein unauflöslicher Unsinn wäre) kann ihre segensvolle
Kraft nicht entfalten, entweder weil sie solche Gemüter noch nie durchdrungen hat, oder weil sie — beim Mangel der Charakterkraft überhaupt,
der Fähigkeit des selbständigen Festhaltens einer bestimmten Willensrichtung — einer edlen Blüte auf morschem Stamme vergleichbar, von
jedem Lüftchen hinweggeweht wird. Was nützt einer Pflanze die belebende

Kraft der Sonne, der fruchtbarste Regen, die gedeihlichste Pflege, wenn sie verdorrte oder verfaulte Wurzeln hat, und diese nicht zunächst entfernt und, dafern möglich, in lebenskräftige umgebildet werden?

Dieser allerdings trübe, aber, wenn man genau prüft, nicht übertrieben geschilderte Lebenszustand der großen Mehrheit des jetzigen Geschlechtes fängt eben nur erst in der allerjüngsten Zeit an, in einigen Beziehungen sich ein wenig zu bessern. Aber dieser schwache Anfang günstigerer Einflüsse würde durch das Anschwellen mancher neuer entgegengesetzter Verhältnisse bald wieder vernichtet werden, wenn nicht durch eine baldige allgemeinere Verbreitung der rationellen Lebens-, zunächst also Erziehungskunst, der begonnene Aufschwung des Menschenlebens fest begründet und in seinem Fortgange auch für die Gestaltung künftiger Lebensverhältnisse gesichert wird.

An all dieser Unsitte, sagt man, sei die Kultur schuld. Wie verkehrt! Man verwechselt damit die Verfeinerung, Verzärtelung, die Abweichung von den heiligen Gesetzen der Natur. Diese also, die Einseitigkeit der geistigen (intellektuellen) Kultur, die Vernachlässigung der Kultur der körperlichen Grundkräfte und auf geistiger Seite der edlen Willenskraft, die falsch verstandene moderne Kultur, wo kraft- und saftloses Schnellleben und geisttödtende Einflüsse gemeinschaftlich die Entwickelung der menschlichen Natur herabdrücken und verdrehen, diese Einseitigkeit trägt die Schuld, nicht aber die Kultur an sich, nicht die naturwahre Kultur, welche in innerer höherer harmonischer Entwickelung (d. h. Übung) aller edlen Keime und Kraftanlagen der menschlichen Natur besteht und für das Menschengeschlecht die größte Segensspenderin, der Kern- und Zielpunkt des Daseins ist. — Leider ist die körperliche und die moralische Erziehung in der großen Stadt viel schwieriger als in Landstädten und Dörfern.

Wohl sind klimatische und verschiedene äußere Lebensverhältnisse von entschiedenem, bald förderlichem, bald hemmendem Einflusse auf die körperliche und geistige Entwickelung der Menschennatur. Allein unzählige Beispiele von einzelnen Menschen und ganzen Völkerschaften beweisen zur Genüge, daß, trotz der Verschiedenheit äußerer Einflüsse, eine volle harmonische Entwickelung der Menschennatur dennoch fast unter allen Verhältnissen möglich ist, wenn nur die Entwickelung des Menschen während seiner Knospen- und Blütenzeit nach allen Seiten hin in der relativ entsprechendsten Weise geleitet wird. Der Mensch soll seiner hohen Bestimmung gemäß immer mehr und mehr zum Siege über die materielle Natur, d. h. über die niederen Naturfesseln, insoweit sie den innerhalb der Naturgrenzen gestatteten geistigen Aufschwung hemmen, gelangen; der

einzelne Mensch zur Herrschaft über seine eigene Natur, die Menschheit
im ganzen zur Herrschaft über die Natur im großen, um so immer mehr
Zeit und Kraft für geistiges Leben zu gewinnen. Viel ist daher in die
menschliche Macht gelegt. Es kommt alles darauf an, wie es und was
der Mensch aus sich selber macht. Der Mensch kann glücklich sein trotz
äußeren Unglückes (trotz Krankheit und Not), und durchaus unglücklich
trotz der Fülle äußeren Glückes. Es ist für den Unerfahrenen unglaublich,
bis zu welchem hohen Grade die eigentliche Pein alles Lebensunglückes,
die Erträglichkeit oder die Unerträglichkeit desselben, davon abhängig ist,
wie es getragen wird. Die moderne Welt hat den Maßstab verloren für
das, was der Mensch tragen kann und tragen können soll; daher das
allgemeine Vorwalten der Kleinmütigkeit und die Häufigkeit der Verzweiflung mit ihren Folgen. Die Grundbedingung des wahren Lebensglückes oder Lebensunglückes liegt im Menschen selbst. Die Beschaffenheit dieses inneren Menschen ist zunächst das Werk der Erziehung.

Der Urtypus des ganzen individuellen Naturells wird zwar dem Kinde
angeboren.*) Allein auch dieser geistige und körperliche Urtypus besitzt
in der Regel während der ersten Entwickelungsperioden, und zwar je

---

*) Die Möglichkeit einer verbessernden Hinwirkung auf diesen durch die Zeugung
bedingten ursprünglichen Bildungstypus würde nur etwa denkbar sein, wenn das
Schließen der Ehen, wenn auch vielleicht nicht in definitiv (etwa wie vom Einspruchs-
rechte der Eltern), abhängiger, aber doch beratender Weise, an ärztliche Begutachtung gebunden würde. Eine solche würde durch ein die körperlichen und geistigen
Gesundheitsverhältnisse beleuchtendes Zeugnis in jedem Falle sich darüber zu erklären haben, ob wichtige ärztliche Bedenken gegen die Schließung der Ehe vorhanden oder nicht, namentlich in Betreff des Altersverhältnisses, der etwaigen Bluts-
verwandtschaft, erblicher Gebrechen und Krankheitsanlagen der beiden Teile. Es
müßte dabei als Grundsatz festgehalten werden, daß in jeder zu schließenden Ehe
mindestens eins von den beiden Gatten eine tadelfreie, die Mängel des andern Teiles
verbessernde Konstitution besitze. Ob und inwieweit eine derartige Maßregel praktisch durchführbar gemacht werden könne, muß allerdings weiterem Ermessen überlassen bleiben. Es sollte dieser Gedanke hier nur andeutungsweise Platz finden.
Sicherlich aber würden dadurch wenigstens grobe Mißgriffe und somit unendlich
vieles angeborenes Unglück verhütet werden. — Die allgemeinen Grundbedingungen
einer glücklichen Zeugung sind volle Reife und Zeugungskraft der Eltern:
normal beschaffene Konstitution (eine gesundheitsgemäße Lebensweise vorausgesetzt),
beim Manne das Alter zwischen 25 und 60, bei der Frau das zwischen 20 und 50
Jahren und in dem wichtigen Augenblicke der Zeugung volle Gesundheit und glückliche Stimmung beider Teile. Man bedenke, daß in diesem Augenblicke der ganze
körperliche und geistige Zustand der Eltern übergeht in das neue Wesen. Was den
Einfluß auf das Kind während der Schwangerschaftsperiode betrifft, so ist dieser
lediglich ein indirekter und auch als solcher nicht von jener Entschiedenheit, wie
ihn ein früherer Volkswahn z. B. unter der Form des sog. „Versehens" sich dachte.
Der ganze förderliche Einfluß beschränkt sich hier darauf, daß die Mutter nach
allgemeinen Gesundheitsregeln ein möglichst vernünftiges, heiteres und gedeihliches
Leben zu führen suchen muß.

früher je mehr, einen so hohen Grad schmiegsamer Gestaltbarkeit, daß den Eltern und Erziehern hinsichtlich der dereinstigen Gesamtausbildung und somit der Grundlage des wahren Lebensglückes ihrer Kinder offenbar viel, unendlich viel mehr in die Hände gelegt ist, als es der gewöhnlichen Meinung scheinen will.

Fassen wir nun die oben summarisch angedeuteten physischen und moralischen Mängel und Gebrechen der Jetztwelt ins Auge, so kann die möglichst gründliche Abhilfe derselben selbstverständlich nirgends anders gesucht werden, als da, wo der Mensch eben zum Menschen gebildet werden soll — in der Erziehung. Das Wesen und die wahre Bedeutung derselben wollen wir in den Hauptumrissen uns jetzt genauer vergegenwärtigen.

Der Mensch vereinigt in sich alle drei Stufen des organischen Lebens. Mit den übrigen höher entwickelten Geschöpfen hat er das stoffliche (pflanzliche) und das seelische (tierische) Leben gemein. Er ist aber, als die Krone der unserer Wahrnehmung zugängigen Schöpfung, das einzige Wesen, in welches die Fähigkeit einer Steigerung des seelischen Lebens zur dritten Stufe, zum geistigen (menschlich-göttlichen), selbstbewußten Leben gelegt ist, das sich aus und durch sich selbst bestimmt, also in sich fördern und sich bis ins Unendliche fortbilden läßt. Er ist das einzige Wesen, in welchem das seelisch-geistige Leben zur Herrschaft über das stoffliche gelangen kann, in welchem also offenbar das letztere nur die Geltung als Mittel zum Zweck des ersteren hat, nicht aber umgekehrt, wie es bei allen übrigen Geschöpfen der Fall ist. Insofern nun im entwickelten Menschen das seelische als in das geistige Leben überund in ihm aufgehend, und diese beiden Lebensstufen in ihrer Vereinigung als gegensätzlich zu jener untersten Stufe, dem stofflichen Leben, gedacht werden müssen (weil letztere durch erstere bis auf eine gewisse Grenze beherrscht werden kann), haben wir das menschliche Leben überhaupt auch nur in einer zweifachen Erscheinungsseite, als Körper und Geist, ins Auge zu fassen.

Wie das Gedeihen eines jeden organischen Wesens, so beruht auch das des menschlichen Organismus auf dem natur- und bestimmungsgemäßen Gleichgewichte seiner individuellen Kräfte sowohl unter sich als auch in ihrer Wechselbeziehung zur Außenwelt. Körper und Geist müssen sich in diesem Gleichgewichte erhalten, wenn sie ihre Lebensaufgabe richtig erfüllen sollen: sowohl zu einander, als auch ein jeder von beiden in den Thätigkeitsformen seines eigenen Gebietes. Jedes Mißverhältnis wirkt störend oder vernichtend auf beide Seiten oder richtiger gesagt: auf das Ganze, weil beide Erscheinungsseiten des Lebens hienieden zu einem

Ganzen, das wir mit dem Begriffe „Mensch" bezeichnen, untrennbar verschmolzen sind. Der Körper ist die Wurzel der irdisch-menschlichen Existenz und des geistigen Lebensbaumes, die immer weitere Entwickelung des letzteren das wahre Ziel des menschlichen Lebens.

Roh und unentwickelt tritt das Kind aus der Hand der Natur in die Welt ein, aber reich begabt mit Keimen allseitiger Entwickelung, d. h. mit Kraftanlagen oder Entwickelungsmöglichkeiten. Diese Keime sind sowohl auf körperlicher wie geistiger Seite teils edle, welche aufwärts zur Vervollkommnung, teils unedle, lebensfeindliche, welche abwärts zur Fehlerhaftigkeit und Vernichtung führen. Die edlen sind: die Keime der körperlichen und geistigen Vollkraft, Gesundheit und Schönheit, die Keime des Lebens; die unedlen: die Keime der körperlichen und geistigen Roheit, Krankheit und Entartung, die Keime des Todes. Die verschiedenartige Mischung dieser Keime bedingt die Eigentümlichkeit jedes Einzelmenschen und seine individuelle Lebensaufgabe, d. h. die Aufgabe: eben aus diesem gegebenen Mischungsverhältnisse und dessen Kampfe mit den Einwirkungen des allgemeinen Lebens heraus den Weg nach dem für alle gleichen höchsten Lebensziele zu finden. Die edlen Keime sollen durch den Kampf mit den unedlen sich kräftigen und entwickeln und möglichst frei von ihnen machen, wie ja alles Leben auf dem Kampfe der Gegensätze beruht. Weckung und harmonische Entwickelung jener, naturgemäße Beschränkung oder Unterdrückung dieser ist das Grundgesetz des menschlichen Lebens, mithin zunächst der Erziehung. Diese harmonische Entwickelung besteht aber, wie bei allen körperlichen und geistigen Kräften, in angemessener (immer das Gleichgewichtsverhältnis der Kräfte erhaltender) fortschreitender Übung. Sie ist also das Wesen aller Erziehung. Zwar sind die unedlen Keime im Leben nie ganz zu unterdrücken, weil ihr oppositionelles Fortwirken notwendig ist zur Erregung der immer höheren Entwickelung der edlen. Es liegt aber in der Grundidee des Lebens, daß das menschliche Streben nichtsdestoweniger immer auf die Unterdrückung jener gerichtet bleibe, um ihre möglichste Beschränkung zu erreichen, und daß auch die edlen Keime unter sich je nach ihrem Werte für das höchste Lebensziel in das richtige Verhältnis der Unter- und Überordnung gestellt werden sollen.

Aufgabe der Eltern ist es, die edlen Keime richtig zu pflegen (die guten Möglichkeiten — Anlagen — in Wirklichkeiten — Fähigkeiten — heranzubilden) und bis zu denjenigen Graden zu entwickeln, von wo aus sie nach erreichter Selbständigkeit des jungen Menschen zur bestimmungsgemäßen Fortentwickelung am besten befähigt sind. Von diesen edlen Keimen müssen aber auf körperlicher wie geistiger Seite alle, wie sie sich nun gerade in ihrem individuellen Mischungsverhältnisse vorfinden, aber nicht bloß einzelne davon, möglichst entwickelt werden. Denn nur in der harmonischen Verbindung aller gewinnt jeder einzelne Keim seine volle Kraft. Diese Keime sind des Menschen Mitgabe: ob und wie er sie entwickelt und verwendet, das ist während seiner kindlichen Lebensperiode das Werk seiner Eltern, von da ab sein eigenes Werk, an welchem unablässig zu arbeiten seine Aufgabe ist. Ohne richtige Pflege und Entwickelung sind die angeborenen edlen Keime — und gerade die obersten unter ihnen am meisten — der Verkümmerung oder Entartung preisgegeben, indem sie dann von den niedriger stehenden oder von den unedlen Keimen überwuchert werden. Durch die Erziehung legen die Eltern den Grund; der Ausbau und die ganze künftige Beschaffenheit des Menschen, die körperliche ebenso als die geistige, wurzeln auf diesem Grunde. Mit Recht heißt daher die Erziehung die zweite Zeugung. Der Mensch — und wenn er Jahrhunderte lebte — wird nicht fertig an sich zu arbeiten, auf sich, auf sein Leben so oder so gestaltend einzuwirken. Es kann daher niemals Aufgabe der Erziehung sein, allseitig fertige Menschen zu bilden. Vielmehr besteht dieselbe, insofern sie als eine praktische Aufgabe eben nur das wirklich Erreichbare umfassen darf, wie schon oben angedeutet wurde, darin:

> das Kind in der ersten und unentbehrlichsten aller Künste, in der natur- und bestimmungsgemäßen Lebenskunst so weit vorzubereiten und einzuschulen, daß es darin diejenige Selbständigkeit erlangt, welche es fähig macht, die richtige Leitung seines Lebens später allein zu übernehmen und durch die tausend Klippen und Stürme der Welt glücklich, d. h. mit möglichster Erreichung seines wahren Lebenszieles, dessen Spitze im Jenseits zu suchen ist, durchzuführen;

oder mit andern Worten:

> die Neigung und Fähigkeit der Selbstbildung zur Humanität und unbegrenzten Veredelung von Stufe zu Stufe möglichst zu entwickeln und auszubilden.

Die hochwichtige Erziehungskunst verlangt demnach klare Erkenntnis der Natur und Bestimmung des Menschen. Sie setzt voraus (wie alle höheren Künste) eine (Erziehungs-) Wissenschaft — eine Wissenschaft, welche für die ganze Menschheit die wichtigste und unentbehrlichste ist. Sehen wir uns aber danach um, wie es mit dieser Wissenschaft steht, so finden wir, daß trotz des hochgestiegenen übrigen Kulturzustandes unbegreiflicher Weise gerade sie unter allen anderen Wissenschaften am meisten unbeachtet und unentwickelt geblieben ist. Einerseits ist unseres Wissens ihr nur auf einzelnen Universitäten ein der Philosophie beigeordneter Lehrstuhl errichtet, obgleich sie als eine der ersten und reichhaltigsten unter den geistigen Schwestern einen solchen allein vollkommen ausfüllen und dafür unberechenbare Segenskeime spenden würde. Andererseits ist sie, wohl eben mit aus

diesem Grunde, unter allen Wissenschaften am wenigsten ins Leben gedrungen. Denn die eigentliche, naturgemäße Erziehung, die elterliche,
besteht entweder nur in einem ziemlich einwirkungslosen Heranwachsen-
lassen der Kinder, in der blinden Hoffnung, daß, weil unter Tausenden
von Kindern hin und wieder einmal eins durch ganz außergewöhnlichen
Selbstbildungstrieb oder durch ganz besonders glückliche Einwirkungen des
übrigen Lebens für den Mangel der Erziehung entschädigt wird, man es
überhaupt darauf ankommen lassen dürfe; oder sie ist planlos, ohne wohlberechnete, durchdachte Grundsätze; oder, wo vielleicht auch die Erkenntnis
der richtigen Erziehungsgrundsätze dämmert, fehlt doch die zur ausdauernden
Durchführung derselben nöthige Kraft und Methode. Die Fälle normaler
Familienerziehung gehören allerwärts zu den selteneren Erscheinungen. Aus
weichlicher Selbstschonung oder aus Schwäche gegen die Kinder scheut man
den Ernst und die Opfer wahrer Liebe, augenblicklichen Verdruß und
diese und jene andere Überwindung und läßt so das Unkraut festwurzeln
und die edlen Keime verkümmern. — Das Erziehungswesen im allgemeinen
ist noch immer ein nur schwach gelichteter Urwald, dessen Boden einer
gründlichen Umarbeitung bedarf. Es fehlt zu sehr an allgemeiner Kenntnis der menschlichen Natur und deshalb an Verständnis des Lebens. —
Auf unseren Universitäten und landwirtschaftlichen Lehranstalten werden
die Ergebnisse der betreffenden wissenschaftlichen Forschungen zu Förderung des bestmöglichen Gedeihens und der stufenweisen Veredelung aller
Gattungen von Nutzpflanzen und Nutztieren mit löblichem Eifer gesammelt,
benutzt, als selbständige Fachstudien systematisch gelehrt und so immer
mehr verbreitet; — wie aber das physische und moralische Gedeihen und
die Veredelung der Menschennatur von Generation zu Generation zu fördern
sei, das überläßt man größtenteils dem nichtgeschulten Privatgutdünken
und dem gedanken- und regellosen Spiele des Lebens! Gerade der, dem
allgemeinsten menschlichen Interesse zunächstliegenden, aller-
unentbehrlichsten und dazu schwierigsten Kunst, der Menschen-
bildung, fehlt die wissenschaftliche und systematische Grundlage! Sollte denn der Mensch den Menschen, sein eigenes
Geschlecht, nicht derselben Sorgfalt, nicht desselben Studiums
für wert halten wie das der Pflanzen und Tiere? — des Menschen, welcher nicht nur in geistiger, sondern auch in physischer Hinsicht an Vervollkommnungsfähigkeit alle anderen
Geschöpfe unendlich überragt?

Dem Ideale der wahren Erziehungskunst ist also nicht das abschließende
Festhalten einer gewissen Grenze der menschlichen Ausbildung, sondern
das Hinstreben nach, von Generation zu Generation fortschreitender
Veredelung der ganzen Menschennatur auf Grundlage der Natur-
gesetze und des erkennbaren schöpferischen Grundgedankens entsprechend.

Sollen also die Übel und Mängel der Zeit bei der Wurzel erfaßt werden, so muß jeder, der Sinn für Menschenwohl hat, durch Klärung und Verbreitung der wahren Begriffe und Grundsätze der Erziehung und durch Einführung derselben ins Leben zum weiteren Ausbaue des Tempels der Humanität nach Maßgabe seiner Kräfte mitwirken; so müssen aber vor allem auch die Regierungen in einer noch ernsteren und durchgreifenderen Weise, als bis jetzt geschehen, die Sache in die Hand nehmen. Als wesentliche Zeitbedürfnisse in dieser Hinsicht dürften zu betrachten sein: höhere allseitige Vervollkommnung der Lehrämter über Pädagogik, Gelegenheit zum gründlichen Studium der physischen, ästhetischen und disziplinären Erziehungswissenschaft (bis jetzt macht nur der doktrinelle Teil derselben, der Unterricht, fast das ganze Studium der Pädagogen aus; die Hauptbasis, ein gründliches Studium der Anatomie, Physiologie und Psychologie des kindlichen Organismus, fehlt fast gänzlich), Einführung praktischer Kurse für die zu Pädagogen sich bilden Wollenden in Waisenhäusern, Kinderbewahranstalten, Kindergärten und ähnlichen Instituten (um das geistige und körperliche Entwickelungsleben aus unmittelbarer Anschauung und unter gediegener Leitung studieren zu können), Aufstellung von Preisfragen über wichtige Kapitel der Erziehungswissenschaft u. dgl. mehr. Würde auf solche und ähnliche Weise von allen Seiten her ein gediegenes selbstständiges Studium dieser hochwichtigen, jetzt immer nur als Beiläufer betrachteten Wissenschaften angeregt, so würden sicherlich bald gereiftere Ansichten über Erziehung auch in die Masse des Volkes eindringen, wie sich aus der wohlthätigen popularisierenden Richtung, die jetzt fast alle Wissenschaften genommen haben, mit Grund erwarten läßt. Auch würde dann erst der Stand der Erzieher und Lehrer den ihm gebührenden hohen Grad allgemeiner Achtung und Anerkennung finden, was jetzt bei weitem noch nicht der Fall ist.

Beim Streben nach dem Hohen, Schwierigen und nur stufenweise Erreichbaren kommt alles zunächst und zumeist darauf an, daß man den Endzielpunkt und die Hauptrichtungen, welche zu diesem hinführen, klar vor Augen habe und auf der ganzen Bahn seines Strebens fest im Auge behalte. Der gemäß menschlicher Unvollkommenheit hienieden zwar nie ganz erreichbare, aber, um bis zu dem wirklich Erreichbaren (vgl. die praktische Aufgabe der Erziehung S. 9) zu gelangen, nothwendig anzustrebende Endzielpunkt der Erziehung nun:

> die denkbar höchste allseitige Ausbildung des jungen Menschen in der Richtung nach gottähnlicher Geistesfreiheit, die möglichste Verwirklichung der Menschheitsidee unter den gegebenen Lebensverhältnissen;

oder mit anderen Worten

die Heranbildung desselben zum vollendeten Meister in
der Kunst bestimmungsgemäß zu leben
macht dem Erzieher als oberste, allgemeinste Grundsätze die nachstehenden zur Pflicht:

1) Ausbildung des Körpers im ganzen wie in seinen einzelnen Teilen zu möglichst schöner, edler Form und zu voller, dauerhaft fester Lebensfähigkeit. Körperliche Gesundheit vor allem. Denn sie bedingt die Gesundheit der Seele: den Frohsinn. Dieser aber öffnet die Seele allen guten Eindrücken und Äußerungen, selbst den größten Kraftäußerungen edler Willenskraft. Er ist die Lebenssonne, unter welcher allein alle edlen Keime der kindlichgeistigen Grundkräfte emporkommen und gedeihen, unter welcher sie leichter der erzieherischen Entwickelung zugängig sind, während umgekehrt körperlicher Druck die Entwickelung jener Keime der geistigen Schatten- und Giftgebilde fördert. Dem kindlichen Alter fehlt noch die Kraft, sich trotz körperlicher Not über diese hinaus bis zur Höhe des Frohsinnes zu erheben, wie es dem gestählten Charakter eines gereiften Menschen zuweilen gelingt. Alle Fehler der körperlichen Erziehung erschweren, ja untergraben daher zugleich die geistige Erziehung.

2) Ausbildung des Gemütes zu voller edler Wärme des Gefühles und reinster Liebe (im christlichen Sinne) durch möglichste Entwickelung des Sinnes für ethische und ästhetische Schönheit.*)

3) Ausbildung der Denkkraft zu voller Klarheit, Selbständigkeit, selbstschöpferischer Thätigkeit, möglichster Fülle von innig angeeigneten Kenntnissen, Fähigkeiten und Fertigkeiten nach Verhältnis der natürlichen Anlagen und der Lebensstellung der Familie.

4) Ausbildung des Charakters zu festem, edlem, selbständigem Willen.

Endlich

5) Ausbildung der vollen Harmonie aller dieser einzelnen Seiten des Menschen untereinander, also vor allem: Ent-

---

*) Erst die Vereinigung des Strebens nach sittlicher Schönheit, wie es der Geist des Christentums lehrt, mit dem Streben nach ästhetischer Schönheit,¹ mit jenem heiteren Geiste der Liebe, Harmonie, edler Lebensverschönerung und Naturwahrheit, wie er das Leben der vorchristlichen Kulturvölker, vor allen der Griechen und Römer, nach allen Richtungen durchdrang — erst das Anstreben dieser Doppelschönheit führt nach dem vollen, idealen Ziele menschlicher Kultur.

wickelung der Oberherrschaft des gesamten geistigen
Lebens über das körperliche, aber, wohlverstanden, nur
auf Grundlage einer treuen Erfüllung der Gesetze der
körperlichen Natur.

Die vernunft- und naturgemäße Erziehung hat aus diesen obersten
Grundsätzen alle speziellen, direkt praktischen Grundsätze und Methoden
der Erziehung folgerichtig abzuleiten und mit denselben in organischen
Zusammenhang zu bringen, indem sie dabei immer den natürlichen Eigentümlichkeiten der verschiedenen Entwickelungsstufen des kindlichen Alters
die gebührende Aufmerksamkeit widmet.

Das oberste Ziel der wahren Kultur ist also nicht Verfeinerung der
Lebensgenüsse und Vielwissen, sondern kräftigende und allseitige Veredelung der körperlichen und geistigen Natur und Vielkönnen.

Für die Erziehungs-Methode gelten unter allen Verhältnissen als die
beiden allgemeinsten und obersten Grundsätze: 1) die allein naturgemäße
stufenweise Allmählichkeit der Entwickelung, das Vorwärtsschreiten
in kleinen Schritten, wodurch die Natur alle ihre Wunderschöpfungen voll-
bringt, und 2) die umsichtigste Individualisierung. Da die individuellen
Verschiedenheiten (auf denen das staatliche Zusammenleben und die Kultur-
entwickelung des Menschengeschlechts beruhen) auch bei Kindern unendlich
sind, so verlangt die Erziehung in einzelnen gegebenen Fällen vor allem
genaue Kenntnis der Besonderheiten der Kinder, denen das ganze erzieherische Verfahren möglichst genau anzupassen ist, nämlich so: daß das
Edle und Unschuldige dieser Besonderheiten geachtet und gepflegt und
nur das Unedle bekämpft wird. Wir gehen darin am sichersten an der
Hand der praktischen Regel:

insoweit als der Entwickelungsgang eines Kindes die
volle bestimmungsgemäße Richtung an sich schon hat,
durchaus negativ uns zu verhalten, nur auf Abhaltung
von störenden Einflüssen uns zu beschränken und der
Natürlichkeit den freien Lauf zu lassen; dagegen stets
und überall da einzugreifen und nachzuhelfen — an-
regend, mäßigend, umstimmend, leitend — wo dies der
Entwickelungsgang erforderlich macht; aber auch dann so
weit wie möglich nur auf dem Wege natürlicher Einfachheit.

Hat der Erzieher den zu erstrebenden Endzielpunkt richtig ins Auge gefaßt, so wird er mit Hilfe dieser Perspektive auch auf der ganzen Länge
der Erziehungsbahn innerhalb der Grenze des Zuviel und des Zuwenig sich
zu halten wissen, wird in einem Falle hier, in einem anderen Falle da,
hier mehr, dort weniger, nachzuhelfen haben, oft in sehr verschiedener, ja
zuweilen ganz entgegengesetzter Weise.

Wie verschiedenartig aber immer die Individualitäten und die danach

einzurichtenden Erziehungs-Methoden sein mögen, in allen Fällen muß
das nächste Streben des Erziehers darauf gerichtet sein: soweit wie nur
irgend möglich den richtigen Selbstbildungstrieb im Kinde zu entwickeln, d. h. also, im Kinde das freudige Interesse für sein eigenes
Bildungswerk zu wecken und dauernd zu befestigen. In einzelnen Fällen
— doch sind es die seltensten — ist als Naturmitgabe soviel glücklicher
Selbstbildungstrieb vorhanden, daß schon eine ganz leichte Führung genügt. In anderen dagegen bedarf es des eingreifendsten Verfahrens. Die
wachsamste und durchdachteste erzieherische Einwirkung verlangen diejenigen Kinder, in denen die Keime schroffer Gegensätze der menschlichen
Natur vorhanden sind. Die menschliche Natur hat viele Tiefen.

Den je nach der Verschiedenheit der Individualität richtigen Weg in
allen den verschiedenen einzelnen Vorkommnissen des täglichen Lebens
trifft der Erzieher am sichersten, wenn er für immer den Grundsatz festhält:
sein ganzes Verhalten nicht bloß auf den Augenblick,
sondern zugleich und mehr noch auf die Zukunft, auf
die Nach- und Fortwirkung des einzelnen Vorkomm-
nisses zu berechnen.

Wir wollen nun im weiteren Laufe dieser Schrift ein allgemeines,
dabei aber immer auf alle Verhältnisse anwendbares Bild des Erziehungs-
ganges zu entwerfen suchen, indem wir denselben in vier Teilen oder
Perioden zusammenfassen, die durch die wesentlichen Modifikationen des
erzieherischen Verfahrens je nach den verschiedenen Entwickelungsstufen
des Kindes voneinander abgegrenzt sind. Wir behandeln demgemäß im
ersten Teile: die Erziehung des Kindes während des ersten, im zweiten
Teile: während des 2.—7., im dritten Teile: während des 8.—16. Lebensjahres, und im vierten Teile den Übergang zur Selbständigkeit.

Nur eine Frage ist zuvor noch etwas näher zu erörtern, nämlich diese:
Wo und von wem wird im allgemeinen die Erziehung
am besten vollführt werden?

Fast könnte diese Frage überflüssig erscheinen, da die Antwort: von
wem anders als von den Eltern, als eine so natürliche, selbstverständliche
der Frage auf dem Fuße folgt. Und doch scheint in unserer Zeit gerade
der umgekehrte Gebrauch immer mehr und mehr einzureißen. In gefährlicher, die eigene Schwäche zu bemänteln suchender Selbsttäuschung schieben
die Eltern fast die ganze Last, Verpflichtung, Verantwortlichkeit der Erziehung erst den Lehrern zu, die doch hauptsächlich für Unterricht zu
sorgen haben, dagegen, besonders in den Schulen, die Möglichkeit der
Erziehung des Körpers, des Charakters, des Gemütes in einem auch nur
notdürftig ausreichenden Grade gar nicht mehr in den Händen haben,
obschon auch ihre unterstützende Mitwirkung zur Erziehung unentbehrlich
ist. Oder man entfernt die Kinder möglichst bald aus dem elterlichen

Hause, um sie Pensionaten, Lehr- und Erziehungsanstalten vollständig zu übergeben, in der Meinung, so das Seinige gethan zu haben und, ungünstigen Falles, wenigstens — seine Hände in Unschuld waschen zu können. Sagen wir es kurz: die elterliche Erziehung droht aus der Mode zu kommen; auch in unserem deutschen Vaterlande, welches doch den Ruhm der Innigkeit des Familienlebens sich noch am meisten gewahrt hat. Wir meinen hier natürlich nicht diejenigen Fälle, wo durch unvermeidliche Notwendigkeit die Erziehung den Händen der Eltern entwunden wird, wie: häusliches Elend, langwierige Krankheiten oder außerhäusliches Berufsleben beider Eltern (für solche Fälle wird durch die Wohlthat der Kinderbewahranstalten und anderer öffentlicher Erziehungs- und Lehranstalten fast allerwärts gesorgt), ferner gänzlicher Mangel der nötigen Lehrmittel im Wohnorte, oder auch klar erkannte völlige Unfähigkeit der Eltern, die Erziehung der Kinder zu leiten. Nein, es ist hier die Rede von den leider in zunehmender Häufigkeit auftretenden Fällen, wo nur Scheingründe, hinter denen sich die Schwäche, Bequemlichkeit, Vergnügungssucht, blasierte Modelaune und wohl noch manches andere Unedle der Eltern verbirgt, die Kinder um den Segen der elterlichen Erziehung bringen.

An Euch, Eltern, die Ihr Euch betroffen fühlt, richte ich meine freundlich bittenden Worte. Bedenket, daß Ihr die Grundlage des ganzen künftigen Lebensglückes oder Unglückes Eurer Kinder in Euren Händen habt! In Eure Hände, nicht in fremde, hat derjenige, welcher Euch durch Kindersegen beglückte, die heilige Verpflichtung gelegt, das Werk der Erziehung inwieweit nur irgend möglich zu übernehmen und so gut wie nur irgend möglich durchzuführen. Möget Ihr die höchste oder die niedrigste Stellung im Leben haben — gleichviel, vollendet dieses Werk nach Kräften selbst! Dann erst lasset Eure Kinder zu eigener Weiterbildung die Schule der Welt betreten. Ein leichtes Werk ist es freilich nicht, aber es ist Pflicht, heilige Pflicht. Dafür auch, wie es überhaupt mit allen Lebensgütern der Fall, je schwerer die Arbeit, je ernster die Aufgabe, desto beglückender der Lohn des Gelingens, und umgekehrt, desto bitterer die Strafe des verschuldeten Mißlingens. Der Segen guter Erziehung wirkt fort von Generation zu Generation. Ein gut erzogenes Kind wird dereinst als Vater oder Mutter die gleichen Grundsätze auf seine Kinder anwenden und vererben und, was bei ihm noch unerreicht blieb, in der folgenden Generation zu erreichen streben. Dieses geistige Erbteil ist ja das edelste von allen, das einzige unzerstörbare. Und endlich habt Ihr nicht bedacht, daß Euch durch das Ablehnen des Erziehungswerkes, außer der natürlichen Freude, welches jede direkte Selbstvollbringen des Guten schafft, auch noch ein anderer hoher Gewinn für Euch selbst entgeht? Ich meine den Gewinn an Selbstveredelung, ein Segen, der mit natürlicher Notwendigkeit rückwirkend Euch zufließt. Denn, wie wir später noch oft darauf hinweisen müssen, ist das wirksamste und unentbehrlichste von allen Erziehungsmitteln das lebende Beispiel, das Vorbild, was zunächst Ihr selbst den Kindern geben müßt. Wollt Ihr gute, in jeder Hinsicht wohlerzogene Kinder heranbilden, so werdet Ihr unwiderstehlich genötigt, Euch selbst immer innerhalb des Rahmens des entsprechenden Vorbildes zu halten, vielleicht noch dieses oder jenes an Euch selbst nachzubessern, Euch der Kinder wegen zusammenzunehmen und zwar bis auf den innersten Grund Eurer Seele; denn die reineren, noch natürlicheren Instinktblicke der Kinder dringen oft tiefer, fühlen das Wahre und die verborgenen Gesinnungskeime ihrer Umgebung oft besser heraus, als unsere vom Firnis der Welt schon verwöhnten und stumpf gemachten Geistesaugen es vermögen. Ihr werdet — wie gleicher Weise der erziehende Lehrer es thun muß — Euch manche Selbstbeherrschung auferlegen müssen, werdet in allen Fällen grundwahr, konsequent und liebefest Euch erhalten, Launen, Schwächen und Leidenschaftlichkeit von Euch abstreifen müssen. Euer ganzes Leben wird dadurch gehoben, ohne daß durch diese Pflichterfüllung gegen Eure Kinder Eure übrigen Pflichten, Beziehungen und Genüsse des Lebens benachteiligt zu werden brauchen. Daher Schande dem Vater, Schande der Mutter, die ohne dringende Gründe die Erziehungspflicht (nach Pariser Art) fremden Häusern oder im eigenen Hause hauptsächlich den Dienstboten überlassen, doppelte Schande denjenigen Eltern, die es thun aus hohler Weltlust oder aus unwürdiger (sog. vornehmer) Blasiertheit.

Jetzt nur an die Väter noch ein Wort eines Vaters. Wenn, wie mit Recht, der jetzigen Zeit Verfall der Familienerziehung vorgeworfen wird, so trifft die Hauptschuld uns, die Väter. Entweder direkt, indem alle jene die Kindererziehung möglichst abwälzenden Scheingründe größtenteils von den Vätern ausgehen, oder wenigstens indirekt, insofern der Vater seine Stellung als Mann, als Haupt und leitendes Prinzip der Familie nicht einnimmt. Wir wollen hier die schlimmeren Fälle derartiger Unverantwortlichkeiten gar nicht berühren, sondern nur an das Gewöhnliche, gleichsam als Regel Vorkommende erinnern. Allgemein verbreitet ist die Ansicht, daß die ganze Erziehung in den ersten Lebensjahren ausschließlich der Mutter anheimfalle und die erzieherische Aufgabe des Vaters erst später, etwa vom 4. oder 5. Jahre des Kindes an beginne. Daß dies ein großer, überaus einflußreicher Irrtum, wird später nachgewiesen werden. Überall nämlich, wo die unentbehrliche Konsequenz der Erziehungsgrundsätze schwere Überwindungen des elterlichen Herzens verlangt — und dies ist schon von Anfang an der Fall — muß der Vater direkt oder indirekt eintreten. Die Mütter sind dazu im allgemeinen von Natur zu weich. Eine der gewöhnlichsten Selbstentschuldigungen für die mangelhafte väterliche Mitwirkung am Erziehungswerke ist ferner der vorgebliche Mangel an Zeit und Gelegenheit wegen Berufspflichten und mancherlei Stellungen und

Verhältnissen zur Außenwelt. Freilich bleibt dem nach außen beschäftigten Vater nicht so viel Zeit für die Familie als der Mutter. Aber kann er darum nicht erziehend fortwirken auch in den Stunden und Tagen seiner Abwesenheit? Wenn er seine Stellung und Aufgabe in der Familie richtig erfaßt hat — allerdings. Der Mann, eben weil er mehr als die Frau in der Welt und für die Welt gelebt hat, soll auch an Lebenserfahrung und Menschenkenntnis reicher und deshalb befähigter sein, einen richtigen, auf vernünftige Grundsätze basierten Erziehungsplan zu entwerfen und im Einvernehmen mit der Frau festzustellen.*) Die Hauptaufgabe für die Frau beruht in der treuen Ausführung dieses Planes und in der Kunst, alle die tausend bunten Einzelheiten des Familienlebens mit den Hauptgrundsätzen des Erziehungsplanes in Einklang zu bringen, besonders in der so schwierigen Kunst, den natürlichen Drang der alles opfern mögenden Mutterliebe nicht zum Verderben des Kindes, d. h. zur Begünstigung der Schwächen und unedlen Keime desselben ausarten zu lassen. Sind die Eltern über die Hauptgrundsätze des Erziehungsplanes einig (und dahin müssen sie zu gelangen suchen; ganz besonders streng ist selbst jeder Schein von derartiger Uneinigkeit den Kindern gegenüber zu vermeiden), so wird ja der erziehende Einfluß des Vaters durch die Mutter geistig fortwirken, auch wenn ersterer außerhalb des Familienkreises weilt. Durchschnittlich, wenigstens an den meisten Tagen, 1—2 Stündchen (es ist ja dies die edelste Erholung) wird doch gewiß selbst der bedrängteste Geschäftsmann seiner Familie widmen können. Und dies ist, wenn nur einmal die Hauptgrundsätze der Erziehung geordnet sind, schon ganz ausreichend, um teils direkt das Seinige zur Erziehung beizutragen, teils mit liebender Sorgfalt das Ganze zu überwachen, dieses oder jenes aufzufrischen, hier oder da nachzuhelfen, der Mutter bürdeerleichternd oder in ihren etwaigen Schwächen gegen die Kinder wieder einlenkend beizustehen.

Wenn hier Schwächen der Mütter gegen die Kinder erwähnt werden, so sind diese allerdings oft vom verderblichsten Einflusse für die letzteren, aber vom Standpunkte der Mütter betrachtet die verzeihlichsten, weil die mancherlei mit richtiger Erziehung notwendig verbundenen Selbstüberwindungen den Müttern viel schwerer fallen als uns Vätern. Darum ist es eben unsere, der Väter, wichtige Aufgabe, den Müttern in dieser Beziehung kräftigend nachzuhelfen. Wir haben keine Ursache, uns etwa deshalb über das andere Geschlecht erheben zu wollen, denn auch wir, selbst

---

*) Mann und Frau haben offenbar, ein jeder von beiden Teilen, den Kreis seiner Berechtigung; nur kommt es immer auf richtige Verteilung der beiderseitigen Rollen an. Soweit als der Mann seine Ansicht durch Gründe von nachweisbarer Richtigkeit unterstützen kann, wird keine vernünftige und wohlwollende Frau in diesem Falle, wie überhaupt in wichtigen gemeinschaftlichen Angelegenheiten, dem Manne die entscheidende Stimme absprechen wollen.

Schreber, Buch der Erziehung. 3. Aufl.   2

die reinsten von uns, haben manche Schwächen, die uns viel übler stehen
als der Frau die mütterlichen Schwächen. Oder wie, sind es nicht Schwächen,
wenn wir dieses oder jenes von häuslichen Angelegenheiten, was gemeinschaftlich getragen oder durchgeführt werden sollte, auf den Schultern der
Frau oder anderer Glieder des Hauses allein liegen lassen; oder wenn wir
im Hause stets und auch in Nebendingen auf Kosten höherer Rücksichten
unser Ich, unsere persönliche Neigung, Bequemlichkeit u. dgl. obenangestellt
wissen wollen; oder wenn wir aus Zerstreuungssucht, aus vermeintlich
notwendigen sozialen Rücksichten ernstere Pflichten gegen die Familie
hintansetzen, die Früchte der Erziehung nur genießen, nicht aber auch
entwickeln und ausbilden helfen wollen u. s. w.? Wer von uns Vätern
könnte sich von allen diesen Schwächen vollkommen freisprechen? Blicke
jeder auf sein Leben zurück, und — die Hand aufs Herz — wir müssen
alle mehr oder weniger ein derartiges „Schuldig" über uns aussprechen.

Mann und Frau müssen sich, wie überhaupt, so ganz besonders bei
Leitung der Kindererziehung, gegenseitig ergänzen. Wo das Gefühl mitsprechen darf, wird der Mann die Frau, wo der Verstand allein zu entscheiden hat, die Frau den Mann brauchen. Der Vater übertrage der Mutter
von seiner Willenskraft und Festigkeit, die Mutter dem Vater von ihrer
Sanftmut, Geduld und — Selbstverleugnung.

Wo also eine planmäßige, auf Grundsätzen ruhende Erziehung gedeihen
soll, da muß vor allem der Vater die Zügel der Erziehung in der Hand
haben, und zwar schon deshalb, weil hier stets das Gefühl dem Verstande
in letzter Instanz sich beugen muß, nicht aber umgekehrt, weil Energie
und Konsequenz die unerläßlichen Grundbedingungen dazu sind, und
dieses alles in' höherem Grade auf Seite der von Natur dem Manne bestimmten Rolle liegt. Prüft man daher genau und unparteiisch, so muß
man die Hauptverantwortlichkeit für das gesamte Erziehungsresultat stets
dem Vater zuerkennen. Denn er hat vermöge seiner in der allgemeinen
Weltordnung ihm angewiesenen Stellung die Macht oder soll sich wenigstens
die Macht schaffen, um alle die mancherlei Schwierigkeiten und Hindernisse,
welche sich einer konsequenten Durchführung der Erziehungsgrundsätze in
den Weg zu stellen pflegen (z. B. Schwächen und Unverstand in den engeren
und weiteren Kreisen der Umgebung der Kinder), durch entschiedene Festigkeit zu besiegen. Die ungeschwächte Aufrechterhaltung der Grundsätze,
also der Seele der Erziehung, ist und bleibt seine Aufgabe. Der natürliche
Anteil am Besitze der Kinder ward der Mutter mindestens zur Hälfte
durch die Aufgabe zur Keimentwickelung und der ersten Pflege des geborenen Kindes verliehen. Will der Vater zu gleichen Teilen in diesen
Besitz eintreten, so kann er dies nur dadurch, daß er die Seele der Erziehung (der zweiten und höheren Zeugung) ist. Außerdem bleibt ihm,
auch bei treuester Erfüllung der materiellen Erziehungspflichten, nur ein

kleiner Bruchteil am Besitze der Kinder, folglich auch am Rechte über dieselben.

An uns, den Vätern, ist es also zunächst, die einzig wahre Stätte der Erziehung, das Haus, die Familie, zur vollen Geltung zu bringen, die Familienerziehung, und zwar die auf natur- und vernunftgemäße Grundsätze gebaute, immer mehr und mehr zur That und Wirklicheit zu machen. Thun wir das Unsrige, so thun die Mütter zuverlässig das Ihrige. Eine gediegene Familienerziehung ist die Grundbedingung eines gesunden Staatslebens. Man verfolge die Geschichte des Erziehungswesens — und man wird finden, daß das Gedeihen oder der Verfall der Staaten stets und überall damit im entsprechenden Verhältnisse standen. Nur wo ein geordnetes, gediegenes, edles Familienleben herrscht, leben die Gesetze des Staates im Fleische und Blute der Nation, nur da werden sich die Staatsformen und Staatsgesetze gedeihlich erhalten und verjüngen. Aus dem Familienleben besteht und nach ihm gestaltet sich der Staat. Familienlose Menschenmassen würden wild untereinander zerrissene, allenfalls soldatisch aneinandergereihte Gruppen, niemals aber einen Staatsorganismus mit selbstständiger Lebenskraft bilden können.

I. Teil. •
Erstes Lebensjahr. Säuglingsalter.

A. Körperliche Seite.

Die erzieherische Einwirkung auf die körperliche Seite des Kindes erstreckt sich auf: 1) Nahrung, 2) Luftgenuß, 3) Bäder und Waschungen, 4) Schlaf, 5) Bewegung, 6) Bekleidung, 7) Körperform, Haltungen und Gewohnheiten, 8) Ausbildung und Pflege einzelner Körperteile. Wir beginnen demnach mit dem Artikel:

1) Nahrung.

Die naturgemäßeste und darum gedeihlichste Nahrung ist die Milch einer gesunden, d. h. auch von jeder Krankheitsanlage freien Mutter oder Amme. Wir setzen voraus, daß eine Mutter der süßen Pflicht der Selbstnährung ohne dringende ärztliche Gegenstände, die ebensowohl der Mutter selbst als dem Kinde gelten können, sich nicht entziehen wird. Ist letzteres aber nötig, so bleibt eine gute Amme ohne Zweifel der beste Ersatz, denn das Aufziehen des Kindes ohne Brust (worüber später) bleibt selbst bei äußerster Sorgfalt immer nur ein gewagter Notbehelf. Die Wahl der Amme muß aber durchaus von der umsichtigsten ärztlichen Prüfung abhängig gemacht werden. Ist die Wahl getroffen, so unterlasse man nicht, die Amme bezüglich ihrer Gewissenhaftigkeit in der Befolgung der erteilten Vorschriften sorgfältig zu überwachen, denn unter den Ammen herrscht noch viel Unverstand. Mutter oder Amme müssen eine den allgemeinen Gesundheitsregeln gemäße, von der früheren Gewohnheit nicht wesentlich abweichende Lebensweise führen, besonders Gemütsruhe bewahren und eine einfache, milde und nahrhafte Kost genießen, vor allen Dingen eine Kost, die dem mütterlichen Körper recht zusagt. Es ist sehr zu widerraten, daß sich eine Säugende dieses oder jenes gewaltsam aufzwingt in der Meinung, dem Kinde dadurch recht viel Nahrung zufließen zu lassen; denn mit anhaltendem Widerwillen oder über das Bedürfnis aufgenommene Nahrung gedeiht nicht oder macht die Milch für das Kind zu schwer.

Sehr wichtig für das Gedeihen des Kindes und für die Ruhe der Mutter oder Wärterin ist es, gleich von Anfang an das Kind an eine den Verhältnissen entsprechende Ordnung seines Nahrungsgenusses zu gewöhnen. Das Kind befindet sich dabei ungleich besser als ohne dieselbe. Hat sich aber schon eine Verwöhnung eingeschlichen, so wird die Rückkehr zur Ordnung je später je schwieriger. Also säume man damit nie, denn das Kind leidet ja doppelt: einmal durch seine eigene Unruhe, und sodann durch die der Ernäherin verursachte, insofern es nun von dieser eine Milch von um so mangelhafterer Beschaffenheit erhält. Es gilt auch hier schon die allgemeine diätetische Regel, daß immer der eine Verdauungsakt beendet sein soll, ehe der nächstfolgende durch neues Zuführen von Nahrung beginnt; entgegengesetzten Falles beeinträchtigt man die gesunde Verdauung und Säftebereitung durch Überladung mit Nahrungsstoff und stört das ganze Gedeihen des Kindes auch noch dadurch, daß ihm eine immer mehr und mehr sich steigernde Unruhe, ein nachteiliges Bedürfnis fortwährender Saugbewegungen, eine unnütze Sauggier angewöhnt wird. Aus letzterem Grunde ist auch jene Unsitte ganz verwerflich, dem Säuglinge Zulpe in den Mund zu stecken, die überdies noch durch die kaum zu vermeidende Säuerung ihres Inhaltes schädlich werden. — Die Rücksicht auf Einführung jener Ordnung macht die Regel notwendig: daß zwischen den einzelnen Darreichungen der Nahrung in keinem Falle weniger als zwei volle Stunden liegen müssen. Das Nahrungsbedürfnis des Säuglings ist je nach den verschiedenen Tageszeiten, auch nach individuellen Verhältnissen verschieden, wird oft, besonders zur Nachtzeit, erst nach 4, 5, 6 Stunden und darüber sich erneuern. Von da an also, wo mindestens zwei Stunden Pause verflossen sind, warte man ruhig die Erinnerung des Kindes ab. In allen Fällen aber kann man bei Festhaltung jener Minimalpause darüber sicher sein, daß man dadurch den wirklich vorhandenen natürlichen Bedürfnissen nicht entgegentritt.

Ein sehr gewöhnlicher Fehler der Mütter und Wärterinnen besteht darin, daß sie das Schreien der Säuglinge im allgemeinen mißdeuten. Das Schreien der Kinder in den ersten Lebensmonaten kann allerdings Ausdruck einer Unbehaglichkeit oder eines Schmerzes sein — meistenteils die Folge jener Unordnung im Darreichen der Nahrung, die als eine unmäßige, Beschwerden und, bei öfteren Wiederholungen, ernste Krankheiten veranlaßt. Es kann aber auch ebensowohl von entgegengesetzter Bedeutung, nämlich die dem Säuglinge in fast keiner anderen Weise mögliche Äußerung des gesunden Lebenstriebes sein, die, weil dadurch die Lungen ihre für den Fortbestand des Lebens unentbehrliche Ausbildung erhalten sollen, als eine ganz notwendige, natürliche und harmlose Lebensäußerung, oft also nicht als Ausdruck eines Leidens, sondern vielmehr des Wohlbefindens, als das Instinktbedürfnis, sich wohlthuende Ermüdung zu

schaffen, zu betrachten ist. Hat man sich also überzeugt, daß nicht etwa
eine Verunreinigung, irgend ein Druck u. dgl. der Grund des Schreiens ist,
so lasse man sich vor Ablauf jener Minimalpause durch das Schreien nie zur
Darreichung der Nahrung, auch nicht zum Herausnehmen aus dem Lager
verleiten, sondern man lasse dann ruhig das Kind seine sich äußern wol-
lende Lebenskraft im Schreien austummeln. Dieses Schreien in den ersten
Monaten des Lebens ist für das Kind geradezu wohlthätig, ein wahres Bedürfnis, so lange nämlich, als eine Äußerung des Lebenstriebes auf andere
Weise, z. B. durch Küssen, Lachen, selbständige Gliederbewegungen, Lallen
noch nicht möglich ist. Dann freilich bekommt das Schreien, wie wir
später sehen werden, eine andere Bedeutung. — Nach erschütternden
Gemütsbewegungen der Mutter oder Amme ist es stets ratsam, vor dem
Wiederanlegen des Kindes einen Teil der Milch abzuziehen. Leichte, vorübergehende Unpäßlichkeiten der Säugenden, so auch der Eintritt der
Regel, machen keine Unterbrechungen notwendig. Nach jedem Anlegen ist
das Auswaschen der Mundhöhle des Kindes mit einem weichen Schwämmchen
empfehlenswert, welches in reinem Wasser ausgedrückt war.

Wo überhaupt die Milch der Mutter oder einer Amme dem Kinde
geboten werden kann, da soll auch darin die alleinige Nahrung für die
ganze Dauer der Säugungsperiode bestehen. Es wird dabei natürlich vorausgesetzt, daß die Beschaffenheit der Milch eine wahrhaft befriedigende ist
und bleibt, was sich an dem Gedeihen des Kindes bald erkennbar macht,
zuweilen aber auch erst durch ärztliche Begutachtung erörtert werden kann;
denn entgegengesetzten Falles müßte die Rolle der Ernährerin alsbald ge-
wechselt werden. Diese Säuglingsperiode erstreckt sich durchschnittlich auf
die ersten sechs Lebensmonate, bei schwächlichen Kindern bis gegen Ende
des ersten Jahres. In der Regel erscheinen um diese Zeit die ersten Zähne,
und hiermit deutet die Natur den Zeitpunkt an, wo der kindliche Körper
zu einem allmählichen Übergange zu anderer Nahrung reif ist.

Sobald also die 2—4 ersten Zähne hervorgekommen sind, ist die Entwöhnung des Kindes von der Brust an der Zeit. Dieser Übergang muß
aber stets allmählich, innerhalb mehrerer Wochen, geschehen, indem man von
der gewöhnlichen Zahl der Darreichungen der Brust innerhalb des 24stün-
digen Zeitraumes immer je den zweiten oder dritten Tag eine solche aus-
fallen läßt und dafür das Bedürfnis des Kindes mit den nunmehr an die
Reihe kommenden, sogleich näher anzugebenden Nährstoffen befriedigt.
Durch diese sanfte Allmählichkeit des Überganges werden beiden Teilen
die bei einem plötzlichen Übergange so gewöhnlichen und gefürchteten
Störungen der Entwöhnung völlig erspart. Während der heißen
Monate ist es nicht ratsam, das Kind zu entwöhnen, da Frisch-
entwöhnte häufig den Sommerkrankheiten, in großen Städten namentlich
dem Brechdurchfalle oder der Ruhr zu Opfern fallen.

Die anderweitige Nahrung nun, welche das Kind sowohl während der Entwöhnung als nachher erhalten soll, muß immer noch für längere Zeit (bis gegen das zweite Jahr hin) von dünnflüssiger Beschaffenheit sein und besteht am entsprechendsten abwechselnd aus guter Kuhmilch und gewürzloser Fleischbrühe, letztere mit ein wenig Milchzucker und gut durchkochtem Gries versetzt. Die Kuhmilch kann nunmehr hin und wieder in einer etwas kühleren Temperatur gereicht werden.

Wo aber die Umstände das Aufziehen des Kindes ohne Brust unvermeidlich machen, da ist ein glücklicher Erfolg dieses mißlichen und schwierigen Verfahrens nur dann zu erwarten, wenn folgende Hauptregeln mit strengster Gewissenhaftigkeit durchgeführt werden. Die erste und hauptsächlichste Regel ist die, daß wir das Ersatzmittel der normalen Nahrung, der Muttermilch, nach Maßgabe ihrer den Entwickelungsstufen des Kindes immer genau entsprechenden Veränderungen sowohl hinsichtlich der Mischungsverhältnisse als der Temperatur, stets so ähnlich wie möglich zu machen suchen. Das beste, überall zu erlangende Ersatzmittel ist die Kuhmilch.*) Diese ist aber, mit der Menschenmilch verglichen, zu reich an Butter und Käsestoff, dagegen zu arm an Milchzucker. Sie muß daher in nunmehr anzugebender Weise verdünnt und versüßt werden.

In den ersten drei Tagen nach der Geburt ist es am besten, dem Kinde nichts weiter als süße, aus Kuhmilch bereitete Molken zu reichen, welche der Beschaffenheit der ersten Muttermilch am ähnlichsten sind. Diese letztere, Colostrum (Vormilch) genannt, hat nämlich eine viel dünnflüssigere, substanzlosere Beschaffenheit als die spätere, am 4. oder 5. Tage nach der Geburt eintretende Milch, und vermöge dieser Beschaffenheit eine die ersten Darmausleerungen des Kindes begünstigende Wirkung.**) Von da an nimmt man unabgerahmte gute Kuhmilch (d. h. von einer gesunden, womöglich jungen, neumelkenden und nicht in ausschließlicher Stallfütterung gehaltenen Kuh) und verdünnt dieselbe mit zwei Drittel und nach 2 Wochen drei Fünftel eines ganz schwachen Fenchelsamen-Aufgusses. Dieser Aufguß ist das zuträglichste Verdünnungsmittel und ersetzt auch ziemlich das der Kuhmilch mangelnde Verhältnis des Milchzuckers; doch kann man von letzterem immer noch ein wenig hinzufügen. So fährt man fort bis zur 8. Woche, dann nimmt man nur die Hälfte, gegen die 18.—20. Woche nur ein Drittel, im 6. Monate ein Viertel Verdünnungsmittel, und erst nach 8 Monaten giebt man die Milch unverdünnt, doch immer noch mit einem

---

*) Zwar ist die Eselsmilch in ihren Mischungsverhältnissen der Menschenmilch noch etwas ähnlicher. Jedoch bei der Seltenheit dieser Tiergattung würde wenig Gelegenheit geboten sein, davon Gebrauch zu machen.

**) Aus diesem Grunde ist die Unsitte mancher Hebammen, die zarten Neugeborenen mit arzneilichen Abführmitteln oder anderen Sudeleien zu begrüßen, höchst überflüssig, überhaupt auch als entschieden nachteilig zu verwerfen.

allmählich schwächer werdenden Zusatze von Milchzucker, in Abwechselung
mit Fleischbrühe, wie bereits oben bemerkt. Wichtig ist es ferner, daß
diese Nahrungsflüssigkeit stets den richtigen, der Körperwärme gleichen
oder wenigstens nahe kommenden Temperaturgrad (also gegen 28° R.) habe.
Endlich ist auch die Art der Darreichung nicht gleichgültig. Wie das
Kind beim Säugen an der Brust mit jedem Zuge nur eine gemessene kleine
Quantität Milch in den Mund bekommt, so soll es auch hier sein, weil nur
so die volle Einspeichelung (für derartige Nährstoffe schon die halbe Verdauung) möglich wird. Ganz anders kommt die Milch in den Magen, wenn
man, wie dies gewöhnlich zu geschehen pflegt, dieselbe dem Kinde aus
Schnabeltäßchen oder ähnlichen Gefäßen in den Mund gießt. Am empfehlenswertesten ist daher das Zuführen der Nahrung mittels einer, nur mäßigen
Abfluß gewährenden Saugflasche (deren Mundstück — aus geruchlosem,
metallfreiem Kautschuk, an der Spitze mit feinen Löchern versehen, bestehend — freilich sehr sorgfältig rein zu erhalten ist) oder das Einflößen
mit einem kleinen Theelöffel.

Für alle Kinder ohne Ausnahme, mögen sie mit oder ohne Brust auf-
gezogen werden, gilt also die Regel: daß ihre Nahrung im ersten Jahre
durchaus nur in den hier angegebenen flüssigen Stoffen bestehen darf. Diese
Regel ist von großer Wichtigkeit; durch Übertretung derselben werden dem
Kinde stets ernste Nachteile zugefügt, oft unaustilgbare Krankheitsanlagen
eingepflanzt. Wie viele Mütter oder Wärterinnen sind von dem verderblichen
Wahne befangen, daß sie ihren Kindern durch oft gewaltsames Einpfropfen
von allerhand vermeintlich stärkenden Nahrungsmitteln, von dicken Brühen,
mehligen Breien oder konsistenten Eierspeisen und anderen wohl noch
festeren Stoffen, oder gar durch Einflößen von Bier und geistigen Getränken
eine Wohlthat erzeigen und sie zu kräftigen Menschen heranbilden. Giebt
es einzelne Fälle, in denen solche Unbilden ohne merkliche Folgen wirklich
überwunden werden, so sind sie als seltene Ausnahmen zu betrachten.
Aber so viel steht fest, daß Tausende von Kindern durch den Unsinn der
Verfütterung zeitig geopfert oder lebenslänglich siech gemacht werden.
Wolle man doch bedenken, daß jeder Nahrungsstoff nur dann dem Körper
zum wahren Nutzen gereichen kann, wenn er in den Verdauungsorganen
gehörig verarbeitet und zubereitet werden kann. Dies ist nun aber nicht
möglich, wenn in den zarten, auf einfache flüssige Kost angewiesenen kindlichen Magen dergleichen Speisen und Getränke gebracht werden, welche,
um so mehr als sie wegen Mangels der Zähne durch Kauen und Ver-
mischung mit Speichel nicht vorbereitet sind, den Grad seiner Verdauungskraft bedeutend übersteigen oder ihn über die Gebühr reizen. Der Magen
wird also mit rohen oder unzureichend verarbeiteten, oft zu heißen Stoffen
angefüllt, die nun zu Krankheitsursachen werden, und zwar teils dadurch,
daß sie zunächst den Magen selbst belästigen und ihn in seinen Verrichtungen

bedeutend stören, teils indem die daraus bereiteten Säfte (Speisesaft und Blut) ebenfalls noch zu roh, noch zu wenig veredelt sind und somit den ganzen Organismus krankhaft verändern. Möchte man doch stets die Winke der Natur sorgsam beachten! Zeigt uns dieselbe nicht durch die allmähliche Entwickelung der Zähne das Verhältnis ganz deutlich an, nach welchem wir von den anfangs nur flüssigen Nahrungsmitteln nach und nach zu den festeren übergehen sollen? Ist es nicht Unverstand, dem Körper Speisen aufzudringen, zu deren Verarbeitung er noch nicht einmal die hinlänglichen Werkzeuge besitzt? Nur an der Hand der Natur gehen wir sicher. Diesen ihren Vorschriften gemäß darf erst gegen Ende des ersten Lebensjahres der allmähliche Übergang von der Dünnflüssigkeit zu einer breiigen Beschaffenheit der Nahrungsmittel gemacht werden, indem den Fleischbrühmahlzeiten etwas mehr Gries, geriebenes Weißbrot u. dgl. zugesetzt wird.

Ein trauriges Ergebnis unserer heutigen Erziehung und der sich in große Städte zusammendrängenden Menschheit ist, daß das Selbstnähren der Mütter immer mehr zur Ausnahme wird und über lang oder kurz nur noch

„in einem Thal, bei armen Hirten"

als selbstverständliche Regel anzutreffen sein wird.

Eine weitere Folge dieser Thatsache, in welcher die Geschöpfe uns beschämen, welchen der vollkommenere Mensch den stolzen Titel der „Säuger" beigelegt hat, ist, daß wir sogenannten Kulturvölker nunmehr mit dem Gnadengeschenke der Chemiker und der spekulativen Fabrikanten überschwemmt werden — dies sind die „Surrogate", die erbärmlichen Ersatzmittel der Muttermilch.

Fern sei es von dieser Schrift, die eifrigen und in ihrer Art wohlthätigen, heilsamen Bemühungen der Nährkünstler und Apotheker zu tadeln, die für den jetzigen Zustand der verfeinerten Gesellschaft notwendig, unentbehrlich sind, da jener Zustand sich nicht durch schöne Redensarten wegdemonstrieren, auch nicht in den nächsten zehn bis zwanzig Jahren ändern läßt.

Scharf zu rügen aber sind Eltern, welche, gesund und kräftig, sich der schönen Pflicht der Selbstsorge für ihre Neugeborenen entledigen, indem sie sich auf die im jeweiligen Notstande in die Haushalte eingeschmuggelte Mietkost, wozu auch die Ammen gehören, besonders aber auf das scheinbar bequemere „Aufpäppeln" ihrer Sprößlinge verlassen.

Wie die menschliche Stimme das schönste und zugleich bequemste, billigste Instrument ist, weil man es mit sich selbst herumträgt, so ist auch die eigene Milch, welche die beglückte Mutter bei sich hat, das beste, geeignetste, zugleich billigste und wirklich bequemste Nährmittel: es ist zu jeder Stunde zu haben, stets von gleicher, dem Säuglinge passendster Wärme und säuert nie.

Man vergleiche damit den alle fünf Jahre mit astronomischer Sicherheit zunehmenden Preis einer Amme (in einer Familie wurden für dasselbe Kind deren fünfzehn nacheinander eingeführt — erst die fünfzehnte hatte Milch, aber diese fünfzehnte war krank!), man vergleiche damit die mit jedem Jahrzehnt aus den großen Städten schwindenden Kuhställe und die schwieriger werdende Beschaffung des geeigneten und gleichmäßigen Futters für die Melkkühe, endlich die Umständlichkeit und Teuerung der Surrogat-Kost — man hat hier das Volk der Städte und ihrer Umgebung im großen und ganzen, nicht die wenigen Wohlhabenden im Auge, welche mit Recht nach englischem Grundsatze sagen: „Für Geld ist alles zu haben!"

Wenn aber nun einmal im gegebenen Falle die untergeschobene Kost herhalten muß, so gebührt der erste Preis der schon oben erwähnten Kuhoder Ziegenmolke, der Eselin-, auch Stutenmilch für die ersten Lebenstage bis Wochen des Säuglings; der nächste der Milch von Kühen, welche auf guten Triften, also im Freien weiden. Vor dem Versandte muß die Milch methodisch gekühlt werden. Muster sind die Alpenweiden. Den Ställen und Gefäßen ist höchste, peinlichste Reinlichkeit aufzuerlegen. —

Die keimfreie Dauermilch.

Der physiologische Chemiker Soxblet hat sich seit einigen Jahren das Verdienst erworben, eine Bereitungsart der Tiermilch einzuführen, welche sich für diejenigen Haushalte empfiehlt, welchen es nicht möglich ist, täglich 2—3mal gute frische Ware zu beziehen, oder denen eine mehrtägige Reise mit dem Säuglinge bevorsteht.

Um den Hergang bei diesem Gewinne an haltbarer Milch zu verdeutlichen, muß unser Schriftchen etwas weiter ausholen.

Blut, Milch, Ei, Fleischsaft sind des jungen Menschen erste Kost. Der Blutsaft fließt dem werdenden Wesen im Schoße seiner Mutter vor der Geburt zu. Die anderen Nährmittel, womit die Erdenwelt den jungen Bürger empfängt, haben mit dem Blute das gemein, daß sie alle Bestandteile enthalten, aus denen sich der wachsende Körper aufbauen soll.

Das Mehl der Hülsenfrüchte und die jungen, zarten grünen Teile der frischen Pflanzen, unserer Gemüse, enthalten zwar nahezu dieselben Bestandteile und in ähnlicher Mischung, sind aber für den jungen Magen zu schwer.

Da nun die Milch, das Ei alles enthält, was der aufsprossende Mensch braucht, so steht diese feinste Nahrung auf der höchsten Stufe, ist aber, wie alles Zusammengesetztere, auch leichter zersetzbar als die einfacheren Stoffe, wie das Stärkmehl einer ist. Das Ei nun wird durch seine Schale, kühl und luftig aufbewahrt, lange Zeit vor dem Zerfallen seines Inhaltes in ungenießbare Bestandteile geschützt; die Milch, sobald sie das Euter verlassen hat, geht namentlich bei Gewitterluft oft schon binnen wenigen Stunden ihrem Verderben entgegen und wird zuerst sauer (dem Säuglinge bereits unzuträglich), zuletzt faul und giftig. Es bilden sich dem Käse verwandte und zum Teil in altem Käse enthaltene Stoffe, welche schon unserem Geruche, geschweige denn dem Geschmacke feindlich, auch dem Erwachsenen schlecht bekommen.

Die Stoffe, welche neuerdings so viel von sich reden gemacht haben, sind teils Fäulniserreger, teils deren Wirkungen. Nur die geformten Fäulniserreger sind dem Auge, aber nur dem bewaffneten Auge erkennbar und gehören zu den niedersten, winzigsten Pflanzen und zwar zu gewissen Gattungen von Pilzen und Algen.

Die erstendeckten unter ihnen waren die Hefenpilze. Die Wirkung dieser kleinsten, ungemeiner Vermehrung fähigen Wesen ist bekannt, der Hergang aber ein Rätsel. Gleichwie aber der menschliche Körper um so weniger derartige als Krankheiterreger gefürchtete Stäubchen aufnimmt und um so weniger von aufgenommenen geschädigt wird, je kräftiger der Körper ist, so verfällt auch die Milch um so später der Gärung, je gesünder, frischer das Futter des Milchtiers, je sauberer das Tier gemolken wird und je reinlicher man die aufbewahrenden Gefäße hält; Ruhe der Flüssigkeit und Kühlung der Milch in reiner Luft, sofort nach dem Melken wird in gehörig tiefen Kellern oder gen Norden gelegenen Milchkammern gewährt.

Es empfiehlt sich also das Abkochen der Trinkmilch im Sommer, außerdem, wenn die Herkunft der Milch als von perlsuchtfreien Kühen nicht ganz sicher ist. Sonst ist rohe, frische Milch verdaulicher und schmeckt besser als gekochte.

Was nun den Soxhlet'schen Apparat anbelangt, so bedarf seine Handhabung Geschick und Übung, so daß die Hausfrau ihn schwerlich Dienstboten anvertraut. Außerdem schützt dieses Verfahren bei Gewitterluft, besonders wenn nicht die peinlichste Reinlichkeit obwaltet, nicht unbedingt vor dem Gerinnen der Milch.

Am feindlichsten fand Soxhlet (1886 in München) die Verunreinigung der Milch durch den dem Euter und seiner Nachbarschaft oder den Händen der Melkenden anhaftenden Kuhdünger, dessen Teilchen in sauberen Wirtschaften allerdings grob durch sofortiges Seihen der Milch von ihr getrennt werden.

Des Erfinders Apparate sind je nach Vollständigkeit zum Preise von 13—20 Mark in jeder Apotheke zu haben, dazu die nötige Gebrauchsanweisung. Es diene schon hier als Vormerk, daß das etwa gewünschte Verdünnen der Milch mit Wasser u. dgl. vor dem Einfüllen in die zu erhitzenden Flaschen geschehen und der Verschluß der letzteren nach 5 Minuten langem Sieden erfolgen muß.

Demnächst ist zu empfehlen das Eiwasser: je nach dem Alter und der Verdaukraft des Kindes wird $1/_2$—1 rohes Weiße von frischem Ei, später auch etwas rohes Dotter, endlich das ganze rohe, frische Ei mit $1/_2$—2 Tassen abgekochten, auf 30° R. abgekühlten Wassers zusammengequirlt, womöglich ohne Zucker, dagegen mit einer Spur Kochsalz. — Weniger auf die Dauer verträglich, doch sehr einfach herzustellen ist der Trank aus Nestlés Mehle, welches beste Alpenmilch in trockener reiner Gestalt enthält. Fast ebenso zweckmäßig ist Frerichs' Kindermehl. Für Reisen eignet sich die eingedickte, „kondensierte" Milch, wie sie neuerdings, freilich weniger haltbar, ohne den früheren übergroßen, fast widerlichen Zuckerzusatz hergestellt wird. Im Notfalle läßt sich das zur Auflösung nötige Wasser in einem Fläschchen auf Blutwärme bringen, welches die Mutter längere Zeit genau in ihrer Achselhöhle birgt. Ferner ist Liebigs' Kinderkost, in neuester Form vom Sohne des großen Chemikers vorbereitet, gut und leicht herstellbar.

Für die Zeit nach den ersten drei Monaten sind geeignet: Hartensteins Leguminose, in einer besonderen Mischung für Darmschwache; das Präparat besteht aus feinstem Mehle von Hülsenfrüchten (Erbsen, Bohnen oder Linsen, ähnlich der teueren, etwas geschmackschmeichelnderen „Revalenta") und Getreide, erst als dünne, trinkbare, später als dickere Suppe; Warmbier von hefenfreiem Biere; und die auf kurze Zeit als Abwechselung oder Zwischenkost zulässigen, mehr Fett als Fleisch bildenden: Hafermehl, Maismehl und (Timpe's) Kraftgries, auch Heidegrütze (Buchweizen).

2) Luftgenuß.

Eine gleiche Sorgfalt gebührt der vom Kinde einzuatmenden Luft, die ja dem menschlichen Körper ebenso unentbehrlich ist als die Nahrung. Möglichste Reinheit der Luft ist für immer die erste Bedingung. Für das neugeborene Kind ist aber auch die Temperatur derselben besonders beachtenswert. Trotzdem daß die Zimmerluft durch häufiges Erneuern rein von aller Art Ausdünstungen, von Staub und Rauch zu erhalten ist, muß doch in den ersten Tagen immer für gleichmäßige Wärme derselben (zwischen 14 und 16° R.) gesorgt werden. Ist das Kind in einer Jahreszeit geboren, deren Lufttemperatur nicht unter dem angegebenen Grade steht, so kann es schon nach wenig Tagen stundenweise an die äußere Luft gebracht werden. Ist es aber in einer kälteren Jahreszeit geboren, so muß man durch allmähliche Übergänge die Atmungsorgane des Kindes erst an kältere Temperaturen gewöhnen. Als Maßstab gelte folgender.

Bei der mittleren Frühlings- und Herbsttemperatur in den gemäßigten Zonen beginnt man in der zweiten Lebenswoche den Uebergang damit, daß man das Kind in ungeheizte, aber geschlossene Räume auf halbe bis ganze Stunden bringt, und geht dann in der dritten Woche zur freien Luft

über. Mitten im Winter muß aber der Übergang noch subtiler geschehen.
Man trage das Kind in der zweiten Woche in weniger geheizte, in der
vierten Woche in ungeheizte geschlossene Räume auf Viertel- bis halbe
Stunden und erst im zweiten Monate an die äußere Luft. Ist das Kind
in seinem Bettchen gut verwahrt und bei Gefrierluft der Kopf mit einem
Flortuche oder Schleier überdeckt, so hat man bei diesem Übergange
nicht das Geringste zu besorgen, sondern nur den wichtigen Vorteil des
Genusses der reinen Luft überhaupt und den der Gewöhnung an die
Temperaturveränderungen und die sonstigen atmosphärischen Einflüsse
insbesondere. Von da ab aber, wo das Kind einmal mit der äußeren Luft
vertraut gemacht ist, muß es auch durch tägliche Wiederholung (so lange
es nämlich vollkommen gesund ist; denn jede Unpäßlichkeit, selbst schon
ein einfacher Schnupfen, die Entwickelung der Impfungspocken*) u. dergl.,
macht eine Unterbrechung nötig) in dieser Vertrautheit erhalten werden.
Für Kinder des ersten Lebensjahres ist täglich (die einzelnen Male der
Aufenthaltsdauer zusammengerechnet) im Sommer mindestens ein vier-
stündiger, im Frühjahre und Herbste ein zweistündiger, bei weichem Winterwetter ein einstündiger, bei voller Wintertemperatur ein halbstündiger
Aufenthalt in freier Luft zur Erreichung des Gesundheitzweckes erforderlich. Im Winter wähle man dazu die Mittagszeit zwischen 12 und 2 Uhr.
Nur die in unserem Klima seltene Kälte der Luft unter − 10° R. ist
für Kinder des ersten Lebensjahres noch als Grenze zu betrachten, welche
denselben im allgemeinen den Genuß der freien Luft verbietet. Bei allen
übrigen Veränderungen der Witterung und Jahreszeit aber halte man fest
an der Regel. Gerade die Konsequenz ist hier von außerordentlicher
Wichtigkeit. Macht daher sehr stürmisches Wetter, Regen oder Schnee
das Austragen oder Ausfahren der Kinder unthunlich, so mögen sie, um
doch auch an solchen Tagen den Luftgenuß und die Vertrautheit mit den
wechselnden Beschaffenheiten der äußeren Luft nicht einzubüßen, in einem
Zimmer, dessen Fenster geöffnet sind, hinlänglich warm umhüllt die entsprechende Zeit lang der Luft ausgesetzt werden. Es soll also, so lange
das Kind gesund ist, kein Tag vergehen, ohne daß es so oder so eine Zeit
lang mit der äußeren Luft in Berührung gekommen ist. Erblicket darin,
zärtliche Eltern, nicht etwa eine Übertreibung oder eine Sonderlingslaune!
Nein, es ist unumstößlich richtig, daß zu den sichersten Schutzmitteln der

---

*) Wenn die Einimpfung der Schutzpocken im ersten Lebensjahre vor-
genommen wird, so sollte stets wenigstens der achte Monat abgewartet werden, weil
erst von da ab der wünschenswerte Grad der Reaktionskraft im kindlichen Körper
anzunehmen ist. Sehr wichtig ist es, daß die Lymphe nur vom Rinde oder solchen
Kindern abgenommen wird, die eine vollkommen reine und kerngesunde Konstitution
haben und deren Eltern der Impfarzt kennt. Auf Neuholland, wo die Menschen-
pocken nicht aufkommen, eingeschleppt sich allmählich zu Wasserpocken abschwächen,
endlich ganz verschwinden, ist das Einimpfen der Schutzpocken unnötig.

Gesundheit auch schon für das zarte Kind ein entsprechendes Vertrautsein mit den äußeren Einflüssen gehört, welche letztere das Feindselige und Gesundheitstörende, was sie eben nur für nicht daran Gewöhnte haben, dadurch verlieren. Allmählichkeit des Vertrautmachens, entsprechendes Maß, Vermeidung jedes schroffen Überganges — das sind die Punkte, auf welche hierbei alles ankommt und deren Beachtung volle Sicherheit gewährt. Bei bedeutender Unfreundlichkeit und Kälte der Luft lasse man die für den Tag bestimmte Zeit des Luftgenusses nicht auf einmal hintereinander, sondern in kleinen Unterbrechungen, auf 2—3 Male eingeteilt, erfüllen. Wenn die jedesmalige Dauer nur 10—15 Minuten beträgt, was besonders auch bei schnellem Umsprunge der Witterung anfangs zu empfehlen ist, so ist dies der hier ganz angemessene Grad der Gewöhnung an extreme Witterungsverhältnisse. Dies ist eine wichtige, gegen die gefürchteten Nachteile sicher schützende Maßregel, und wobei doch der große Vorteil des Vertrautbleibens mit der Luft vollständig erreicht wird. Wollt Ihr nur an lieblichen Tagen die Kinder an die Luft bringen, so müßten sie den Winter hindurch wochen-, ja monatelang an die Stube gefesselt bleiben und würden dann eben in jenen hohen Grad der Verwöhnung verfallen, durch den sie bei jedem unsanften Lüftchen, bei der geringsten Temperaturveränderung (wogegen Ihr sie ja selbst bei der größten Sorgfalt auch im Hause niemals unbedingt schützen könnt) einer Erkrankung ausgesetzt sind. Nächst der falschen Ernährungsweise liegt hierin sicherlich ein Hauptgrund des übergroßen Sterblichkeitsverhältnisses des ersten Lebensjahres. Wollt Ihr alles, was auf besonnene und altersgemäße abhärtende Gewöhnung abzielt, bis auf eine spätere Altersstufe verschieben, so riskiert Ihr entweder, daß die Kinder bis dahin Euch gar nicht erhalten werden, oder, daß die Folgen der langen entgegengesetzten Gewohnheiten sich nicht mehr ganz umbilden lassen. Nur jener Fehler der gewaltsamen, in dem Maße übertriebenen und in der Zeit überstürzten Abhärtungsversuche bringt Gefahr, nicht aber ein solches Verfahren. Und muß sich denn nicht bei Beobachtung der angegebenen Vorsichtsmaßregeln, bei der sanften Allmählichkeit der Übergänge, bei Erhaltung der gleichmäßigen Körperwärme durch genügende Umhüllung, bei Mäßigung der Einwirkung einer vielleicht zu scharfen Luft durch Überlegen eines Schleiers und durch Kürze der jedesmaligen Dauer, selbst die ängstlichste Besorgnis beruhigen? Beobachtet nur die Kinder selbst! Auch bei voller Winterkälte der Luft giebt sich die Behaglichkeit ihres Zustandes in der Regel durch sofortiges Verfallen in einen sanften Schlaf deutlich genug zu erkennen. Kurz, genügende Erfahrungen bürgen für die Bewährtheit dieses Grundsatzes.*)

---

*) Die Richtigkeit dieses Grundsatzes wird hauptsächlich deshalb immer noch bezweifelt, weil man nur den Temperaturdifferenzen der einzuatmenden Luft die Entstehung entzündlicher Krankheiten der Atmungsorgane der Kinder zuschreibt. Hierauf ist zunächst zu entgegnen: daß, wie bemerkt, eben auch daran die Atmungs-

3) Bäder und Waschungen

sind aus der bei Kindern in erhöhtem Grade notwendigen Rücksicht auf allseitige Reinlichkeit wahrhaft unentbehrliche Maßregeln, denn die freie Thätigkeit des gesamten Hautorganes ist besonders im kindlichen Körper von der einflußreichsten Bedeutung für den allgemeinen Gesundheitzustand. Täglich ein warmes Bad, in den ersten zwei Lebenswochen von 28°, später von 27° und in der zweiten Hälfte des ersten Jahres von 26° R., trägt wesentlich zum Gedeihen des Kindes bei. Im Bade wasche man mit einem weichen Schwamme die ganze Körperoberfläche ab und lasse nach dem Bade den unbekleideten Körper so wenig wie möglich der Luft ausgesetzt. Es ist am besten, einfaches Flußwasser dazu zu gebrauchen und keiner Seifen sich zu bedienen, weil diese für die zarte kindliche Haut meistens zu scharf sind. Nur bei mehr trockener und spröder Haut des Kindes thut man wohl, hin und wieder mit einem Bade von Kleienabkochung abzuwechseln. Die Tageszeit für das Bad kann beliebig bestimmt werden, nur hat man darauf zu sehen, daß das Kind nicht unmittelbar danach an die äußere Luft komme. Bloß bei solchen Kindern, denen es an Nachtruhe gebricht, ist die späte Abendzeit vorzuziehen, weil dadurch in der Regel wenigstens einige Stunden Schlaf erzielt werden.

---

organe in angemessener allmählicher Weise gewöhnt werden müssen, weil der auch dem zarten Kindesalter unentbehrliche Grad von Lebenstüchtigkeit davon abhängt; und sodann: daß nach den ärztlich-statistischen Beobachtungen der neueren Zeit viel weniger die Temperaturdifferenzen der Atmosphäre an sich jene entzündlichen Krankheiten der Atmungsorgane (deren Kulminationspunkt des Vorkommens durchaus nicht, wie doch nach obiger Annahme zu erwarten, auf die Höhe der Winterzeit fällt) hervorrufen, sondern vielmehr ein erst neuerdings entdeckter Stoff, das Ozon (potenziertes Sauerstoffgas), welches unter allen Bestandteilen und Eigenschaften der Atmosphäre, bei seiner den Lebensprozeß erhöhenden wohlthätigen Einwirkung, nächst der Lufttrockenheit am meisten reizend auf die Atmungsorgane wirkt. Es ist erwiesen, daß mit dem Ozonreichtum der Atmosphäre die Häufigkeit entzündlicher Reizungen der Atmungsorgane stets in geradem Verhältnisse steht. Wie bereits bekannt und wie auch mich jahrelang selbst angestellte Beobachtungen überzeugt haben, ist erstens der Ozonreichtum der Atmosphäre stets um so grösser bei solchen Witterungsbeschaffenheiten, wo die Strömungen des Luftmeeres niederwärts gehen, und zwar gilt dies für jede Jahreszeit, ist aber das Ozon zweitens nur in freier, niemals in abgesperrter, selbst nicht der reinsten, Zimmerluft enthalten. Man ersieht also daraus, daß, wenn die Kinder, nach dem entgegengesetzten Grundsatze behandelt, monatelang, ja vielleicht den ganzen Winter hindurch den Einflüssen der freien Luft entzogen werden, eben wegen Mangels des Vertrautbleibens ihre Empfänglichkeit für jene gefürchteten Nachteile vermehrt, aber nicht vermindert wird, und daß sie denselben, selbst in der besten Jahreszeit, dann um so mehr unterworfen sein werden, wenn die auch dem zarten Organismus innewohnende Kraft der Gewöhnung nicht in einer angemessenen Weise entwickelt worden ist. Endlich kommen Lungenentzündungen oft gerade bei Kindern vor, die schon längere Zeit vorher das Bett hüteten, und zwar im Mai unseres Himmelsstriches.

Es giebt Kinder, welche das Baden nicht vertragen zu können scheinen, indem sie regelmäßig danach dieses oder jenes kleine Unwohlsein verraten. Der Grund liegt aber dann nur in dem falschen Gebrauche, besonders in der zu langen Dauer des Bades. Der Säugling kann am wenigsten die Zurückhaltung der Hautausdünstung der vom Wasser umgebenen Körperfläche auf längere Zeit vertragen. Es ist daher überhaupt ratsam, die Dauer eines Bades nicht über fünf Minuten auszudehnen. Hat man die ganze Körperoberfläche des Kindes gehörig mit dem Schwamme abgewaschen, so ist der Zweck des Bades erreicht, eine längere Dauer desselben mindestens unnütz. Außer dem Bade macht die Sorge für die Reinlichkeit täglich noch mehrere Male Waschungen einzelner Teile, besonders des Kopfes und der faltigen Körperstellen, notwendig. Da letztere sehr zum Wundwerden neigen, so müssen sie nächst dem Auswaschen regelmäßig mit einem indifferenten austrocknenden Pulver (z. B. von Bärlapp-Samen, Semen Lycopodii) ausgestreut werden. Zu diesen Waschungen nehme man nur im ersten Halbjahre lauwarmes, nach und nach kühleres Wasser, so daß im zweiten Halbjahre nur frisches (zwischen 12° und 15° R.) dazu benutzt wird. Somit bereitet man die Gewöhnung an die später eintretenden kalten Totalabreibungen zweckmäßig vor.

Sehr wichtig ist das täglich mehrmalige sanfte Auswaschen der Augen, da sich durch Unterlassung desselben leicht zerstörende Augenentzündungen entwickeln — die gewöhnliche Ursache der sogenannten angeborenen Blindheit, denn wirklich blind Geborene sind höchst selten; eine nicht gar seltene Ursache des eiternden Auges ist dem Arzte sowohl wie der Hebamme bekannt. Sobald jedoch als die Augen des Neugeborenen nicht binnen 24 Stunden Röte, Schwellung und Schleimabsonderung verlieren, muß der Arzt unverzüglich benachrichtigt werden.

Noch vor Ablauf des ersten Lebensjahres, gewöhnlich um die Zeit des 9. oder 10. Monates läßt sich das Kind auch an Reinlichkeit und Ordnung hinsichtlich seiner natürlichen Ausleerungen gewöhnen. Durch einige Achtsamkeit und kleine Zurechtweisungen von Seiten der Wartung gewöhnt sich das Kind sehr bald, jedes herannahende Bedürfnis der Art durch deutliche Zeichen zu erkennen zu geben. Es ist wichtig, diesen Zeitpunkt wahrzunehmen, denn die entgegengesetzten Gewohnheiten sind, wenn sie in die späteren Altersstufen mit hinübergenommen werden, oft sehr hartnäckig, ja arten sogar nicht selten in bleibende, wirklich unüberwindbare körperliche Schwächen aus, die das spätere Leben recht ernstlich hemmen und verbittern.

4) Schlaf.

Je jünger das Kind, um so längerer Schlafzeit bedarf es. Ein Kind der in Rede stehenden Altersstufe überlasse man ruhig sich selbst, vermeide

ebensosehr aufreizende Störungen des Schlafes, als künstliche Einschläferungsmittel. Man hat in ersterer Hinsicht alles grelle Licht, glänzende Gegenstände, starkes Geräusch, sowie unnötige Berührungen des Kindes fern zu
halten. In letzterer Hinsicht ist namentlich vor der häufigen Maxime, die
Kinder durch Herumtragen in den Schlaf zu bringen, und vor dem
Gebrauche der Wiegen zu warnen. Das Herumtragen übt mehr eine er-
regende, als einschläfernde Wirkung (letztere ist bei bereits verwöhnten
Kindern nur eine scheinbare) und artet sehr bald zu einer für die Wartung
lästigen, für das Kind schlafkürzenden Verwöhnung aus. Die Wiegen haben
den Nachteil, daß dadurch anstatt des natürlichen oft ein künstlicher
Schlaf oder vielmehr Schlaftaumel erzwungen wird, daß diese täglich zu
mehreren Malen wiederholte schaukelnde Bewegung einen eigentümlichen
Betäubungszustand erzeugt, der zu ernstlichen Gehirnleiden Veranlassung
geben kann, und daß in jedem Falle dem Kinde wenigstens ein unnötiges,
seine und seiner Umgebung Ruhe störendes Bedürfnis angewöhnt wird.

Ist die Schlafzeit gekommen, so lege man also das Kind unmittelbar
in sein Bett, und zwar stets gerade auf den Rücken, und enthalte
sich alles weiteren, auch des bei älteren Kindern so gewöhnlichen Ein-
singens. Gesang ist ein sehr angemessenes Belebungsmittel und soll daher
nur in den Zeiten des Wachseins das Kind umgeben. Ein gesundes und
nicht verwöhntes Kind wird stets von selbst in Schlaf verfallen und so
den Vorzug haben, eines ganz natürlichen und darum gedeihlichen Schlafes
zu genießen. Ist das Kind aber durch Unwohlsein am Einschlafen verhindert, so versagen auch jene künstlichen Einschläferungsmittel ihre Wirkung. Übrigens ist auch hier an die oben erwähnte falsche Deutung zu
erinnern, welche von der Umgebung so oft dem Schreien der Kinder unter-
gelegt wird.

Eine sehr tadelnswerte Gewohnheit mancher Mütter oder Ammen ist
es, des Nachts die Säuglinge bei sich im Bette zu behalten, tadelnswert
sowohl deshalb, weil das Kind dann eine viel ungesündere Luft atmet,
als auch besonders wegen der leicht möglichen Gefahr, das Kind im
Schlafe zu erdrücken, wovon manche traurige Beispiele vorhanden sind.
Ausnahmen hiervon sind bei zu früh geborenen Kindern zulässig.

5) Bewegung.

Sobald das Kind kaum ein paar Wochen alt ist, beginnt das natürliche und dem Gedeihen des Körpers so förderliche Bedürfnis selbständiger
Gliederbewegung sich zu zeigen. Von da ab lasse man also dasselbe mehrmals täglich im freien Gliedergebrauche sich müde zappeln, indem man
es in der Rückenlage von allen Hemmnissen befreit und nur leicht überdeckt, versteht sich bei gehöriger Wärme des Zimmers. Wohlthätig wirkt
hierbei auch das gleichzeitige Luftbad. So gewinnt das Kind auf zweck-

Schreber, Buch der Erziehung. 3. Aufl.   3

mäßige Weise die nötige Muskelstärke zu den späteren kräftigeren und allgemeineren Körperbewegungen. Die mit der weiteren Entwickelung im ersten Lebensjahre verbundenen Bewegungs- und Haltungsformen und alle dabei nötigen Rücksichten werden wir in dem über Körperhaltungen handelnden Abschnitte besprechen.

6) Bekleidung.

Die allgemeinsten und wesentlichsten Bedingungen einer zweckmäßigen Bekleidung des zarten Kindes sind strengste Reinlichkeit und gehörige Erwärmungsfähigkeit, ohne daß aber dadurch irgendwo Druck oder Beengung ausgeübt wird.

Die passendste Umhüllung des kindlichen Körpers während der ersten Lebensmonate ist das Wickelbett. Es hat neben seiner gleichmäßig warmhaltenden Eigenschaft den Vorzug, daß es dem zarten kindlichen Körper einen gewissen Halt gewährt, ohne die selbständigen Gliederbewegungen wesentlich zu behindern, da es nur sanft um den Körper zusammengezogen werden darf und des Nachts am besten ganz aufgebunden gelassen wird. Es ist durchaus schädlich, die an einzelnen Neugeborenen nach dem Unterleibe heraufgebogenen Schenkel gewaltsam zu strecken, um das Kind kerzengerade einzubinden. Das in manchen Gegenden übliche Einwickeln der Kinder in Tücher ist unvorteilhaft, weil diese, wenn sie die nötige Erwärmung bewirken sollen, fester, als für die Entwickelung des Körpers dienlich ist, zusammengezogen werden müssen.

Ganz zu verwerfen ist jede Art der gewöhnlichen Wickelbänder (auch Wickelschnuren genannt). Da sie den Körper in mehrfachen Windungen umschließen und obendrein aus thörichter Eitelkeit in der Regel zu fest angelegt werden, so ziehen sie die sogleich zu schildernden, mit dem Gebrauche der Nabelbinde verbundenen Nachteile in hohem Grade nach sich. Um dem kindlichen Körper den nötigen Halt und Schutz vor Erkältung zu gewähren, ist statt jener am zweckmäßigsten eine den Körper nur einmal umfassende Binde, welche eine den ganzen Bauch bedeckende Breite hat und an einer Seite lose zusammengebunden wird. Sie macht zugleich jede besondere Nabelbinde entbehrlich.

Das Umlegen der Nabelbinde, welches gewöhnlich von den Hebammen besorgt wird, verdient eine besondere Beachtung. Wenn dieses nicht auf eine ganz behutsame und sanfte Weise geschieht, so folgen aus der damit verbundenen ringförmigen Zusammendrückung des Unterleibes nicht nur Nachteile für die Unterleibsorgane selbst, sondern es wird auch die Atmungsbewegung wesentlich behindert, weil das neugeborene Kind fast nur mittels der Thätigkeit der Bauchmuskeln die Atmungsbewegung zu vollbringen vermag, der volle Mechanismus des Atmens bei ihm aber noch nicht entwickelt ist. Jede Hemmung der Thätigkeit der Bauchmuskeln erzeugt demnach bei Neugeborenen noch viel mehr und folgenreichere Nachteile, als bei älteren Kindern oder Erwachsenen. Alle ärztlich-statistischen Berichte stimmen darin überein, daß es gerade Brustkrankheiten sind, welche für die Mehrzahl der im ersten Lebensjahre dahinsterbenden Kinder zur Todesursache werden. Daß aber, wenn der für das Leben so wichtige Atmungsprozeß gleich beim Beginne seiner Entwickelung Hemmungen erleidet, dadurch eine vielseitige Anlage zu Brustkrankheiten bedingt wird, deren Bedeutung größer oder geringer, deren Hervortreten früher oder später erfolgen kann, liegt klar vor Augen. Wenn daher das Umlegen der Nabelbinde nicht streng überwacht werden kann, so ist es stets besser, den kleinen Nabelverband durch Heftpflasterstreifen zu befestigen, als durch eine besondere ringförmig den ganzen Leib umschließende Binde.

Da die eigene Entwickelung der Körperwärme in den beiden ersten Lebensmonaten wegen der bis dahin noch nicht vollständigen Ausbildung des Atmungsprozesses noch geringer ist als in den späteren Perioden des kindlichen Lebensalters (wo die Wärmeentwickelung vermöge des regeren Stoffwechsels sogar die des erwachsenen Körpers übersteigt), doch aber die Erhaltung des gleichmäßigen Wärmegrades für das neugeborene Kind Bedürfnis ist, so thut man wohl, bei kalter und kühler Jahreszeit alle Bekleidungsstücke vor dem An- und Umlegen in diesen beiden ersten Monaten zu erwärmen, auch an die Füße zur Schlafzeit einen Wärmstein zu legen. Von da ab aber lasse man damit allmählich nach, um nicht dem Kinde durch Verwöhnung zu schaden.

Sobald die Kinder dem Wickelbette entnommen sind, berücksichtige man wohl, daß, so lange sie noch nicht durch selbständige Bewegung die Entwickelung der Körperwärme befördern können, sie in freier Luft einer etwas wärmeren Bekleidung bedürfen als späterhin. Den Hals aber lasse man gleich von Anfang an stets frei. Es ist dies wichtig, weil eine bereits begonnene Verwöhnung hier jederzeit gefährlich und schwer abzulegen ist. Durch ausnahmslose Konsequenz des Freitragens schützt man den Hals am meisten gegen die vielen in dieser und den nächsten Altersstufen vorkommenden gefährlichen Erkältungskrankheiten desselben. Es gilt in dieser Hinsicht ähnliches vom Halse wie vom Gesichte, welches die Seltenheit von Erkältungsaffektionen offenbar nur dem ausnahmslosen Vertrautbleiben mit allen Lufteinflüssen verdankt. Der Kopf des Kindes werde im Hause nie, im Freien nur leicht bedeckt.

7) Körperform, Haltungen und Gewohnheiten.

Unfähig, wie das Kind in den ersten Monaten des Lebens ist, seine Lage und Haltung durch selbständige Bewegung willkürlich zu bestimmen und zu verändern, verharrt es in der Lage, welche es von der Hand

3*

seiner Wärterin erhält. Gleichwohl sind diese rein passiven Körperhaltungen ebenso zu beachten wie die selbständigen der späteren Altersstufen, insofern bei der äußersten körperlichen Zartheit und Weiche alle Haltungen und Gewohnheiten um so leichter auf die bleibende Körperform Einfluß üben.

Zunächst verlangt das Anfassen des zarten kindlichen Körpers beim Baden, Waschen, Ankleiden u. s. w. besondere Rücksichten. Soll das uneingehüllte Kind von einem Orte zum anderen gehoben werden, so darf es nur auf diese Weise geschehen, daß die Wärterin ihre beiden flachen Hände in entgegengesetzter Richtung unter den Rücken des Kindes schiebt, ihn möglichst umfaßt, den Kopf des Kindes auf ihrem einen Vorderarme ruhen läßt und so das Kind hebt. Befindet sich das Kind im Bade, so muß die Wärterin mit ihrem einen Arme die Schultern und den Kopf des Kindes so unterstützen, daß beide darauf sicher ruhend auf der Oberfläche des Wassers erhalten werden. Liegt das Kind auf dem Kissen und sollen einzelne Teile oder der ganze Körper behufs des Reinigens und Ankleidens gewendet oder gehoben werden, so muß dabei jedes einseitige Anfassen, z. B. an einem Arme oder an einem Fuße, vermieden werden. Beim Waschen des Rückens muß das Kind abwechselnd ebenso oft nach der einen wie nach der anderen Seite gewendet werden. Nicht minder ist beim Anlegen des Säuglings an die Brust auf regelmäßig abwechselnde Lage desselben zu halten, so nämlich, daß, wo bloß eine Brust brauchbar ist, der Wechsel der Lage ein Mal um das andere mittels Durchsteckens des Kindes unter dem Arme der Säugenden erfolgt. Auch diese, vielen vielleicht unbedeutend erscheinenden Rücksichten sind wohl zu beachten, weil gerade in der ersten Lebenszeit des Kindes durch irgend ein einseitiges Verfahren der Wärterin sehr leicht die erste Veranlassung zu einseitigen Körperhaltungen des Kindes gegeben wird, welche später schwer zu beseitigen sind und immer eine vielfache Kette weiterer schädlicher Gewohnheiten und Folgen nach sich ziehen. — Etwas ältere Kinder faßt man am besten unter beiden Achseln.

Die zum festen Aufrechterhalten des Kopfes und Rumpfes nötige Kraft erlangen die Kinder durchschnittlich nicht vor Ablauf des ersten Vierteljahres, schwächliche Kinder noch später. Daher muß als Regel gelten, bis zu diesem Zeitabschnitte die Kinder ausschließlich in liegender Stellung und vom Wickelbette umgeben zu lassen. Oft können die Mütter die Zeit nicht erwarten, wo sie ihre Lieblinge mit Kleidern angeputzt auf dem Arme herumtragen, und müssen diese Ungeduld oft schwer büßen. Wird nämlich das Kind genötigt, in Stellungen sich zu erhalten, wozu die erforderliche Muskelkraft noch nicht vorhanden ist, so wird dadurch zu ungleichseitiger Entwickelung und mannigfaltigen Verbildungen des Körpers, ganz besonders des Rückens, gar häufig der erste

Grund gelegt. Das Vorhandensein der erforderlichen Kraft giebt das Kind durch entsprechende Bestrebungen und Bewegungen (z. B. häufiges straffes Aufrichten des Kopfes) von selbst deutlich zu erkennen. Diese natürliche Aufforderung muß man bei jedem Kinde abwarten. Wie bemerkt, tritt dieser Zeitpunkt nicht früher als zu Ende des dritten oder zu Anfang des vierten Lebensmonates ein. Aber auch dann darf das Kind nur ganz allmählich, in nach und nach längerer Dauer der liegenden Stellung im Wickelbette entnommen werden, bis es durch Übung die hierzu erforderliche Muskelkraft erlangt und befestigt hat. Jede leise Spur von Ermüdung muß indes auch später noch auf längere Zeit hin stets durch sofortige Ruhepausen in liegender Stellung befriedigt werden.

Dieselben Rücksichten hinsichtlich der aufrechten (namentlich sitzenden) Körperstellung gelten auch für ältere Kinder, wenn sie durch Krankheiten an Muskelkraft bedeutend verloren haben, so lange, bis das volle gewöhnliche Kraftmaß sich wiedergefunden hat. Auch hier müssen die Kinder in der ersten Zeit der Wiedergenesungsperiode zur Verhütung von Fehlern der Körperform größtenteils in liegender Stellung erhalten werden.

Eine häufige Veranlassung zu Bildungsfehlern ist das e i n s e i t i g e T r a g e n der Kinder auf dem Arme. Schon ein oberflächlicher Blick auf das Verhalten des kindlichen Körpers in der auf dem Arme der Wärterin sitzenden Stellung wird hinreichen, um einen solchen Einfluß begreiflich zu machen. Das Kind ist mit seiner einen Körperseite an den Körper der Wärterin angedrückt. An dieser Seite werden die wichtigsten Funktionen: Blutumlauf, Atmungsbewegung, Ernährung u. s. w., mehr oder weniger beeinträchtigt. Das Kind sitzt mit schiefer Hüfte auf. Der Schwerpunkt fällt daher nicht in die Mittellinie des Körpers, sondern nach der inneren Seite zu, nach welcher nun das Rückgrat in entsprechendem Grade sich ausbiegt. Die innere Schulter wird dadurch, daß das Kind vermöge seiner Situation genötigt wird, den Arm dieser Seite mehr oder weniger aufzustemmen, gegen die andere Schulter merklich gehoben, dagegen nur dem Arme der äußeren Seite die Möglichkeit freier Bewegung geboten. Es leuchtet ein, daß, wenn immer dieselbe ungleichseitige K ö r p e r h a l t u n g sich täglich und stundenlang wiederholt, sie um so leichter zu einer bleibenden ungleichseitigen K ö r p e r b i l d u n g werden muß, je jünger, zarter und umbildbarer der Körper ist. Ich habe oft Gelegenheit, solche Fälle zu beobachten, in denen die Form der Körperbildung genau der Haltung entspricht, wie sie beim Tragen auf einer Seite die gewöhnlichste ist — eine deutliche Bestätigung des nachteiligen Einflusses derartiger Gewohnheiten. Ja, es wird sogar dieser einseitige Druck zuweilen die Entstehungsursache von Lähmung des entsprechenden Armes oder Fußes.

Die Veranlassung dieser Ungleichseitigkeit der körperlichen Ausbildung würde vielleicht vermieden werden können, wenn das Kind in gleichmäßiger

Abwechselung bald auf dem einen, bald auf dem anderen Arme der Wärterin getragen würde. Da aber fast alle Wärterinnen hinsichtlich des Kindertragens selbst einseitig gewöhnt sind und sich einbilden, die gleiche Geschicklichkeit des anderen Armes sich nicht einüben zu können, und da, selbst wo dies der Fall wäre, es kaum möglich sein dürfte, die Gleichmäßigkeit des Wechsels konsequent durchzuführen, so thut man wohl, jedes anhaltende Tragen der Kinder auf dem Arme — was überdies, selbst wenn es doppelseitig ausgeübt wird, schon wegen des damit verbundenen Druckes einzelner Teile nicht eben vorteilhaft ist — womöglich gänzlich zu vermeiden. Statt dessen setze man die dem Wickelbette entwachsenen Kinder im Zimmer auf ein mit einem Vorstecker versehenes niedriges Kinderstühlchen (da die Rückenmuskeln jetzt noch sehr schwach sind, so darf die sitzende Stellung noch nicht anders als in kurzer Dauer und gleich darauf folgender Abwechselung mit der liegenden Stellung gestattet werden) oder, besonders für den Aufenthalt im Freien, in einen niedrigen Kinderwagen, welcher den Vorzug hat, daß darin die Kinder mit der sitzenden und liegenden Stellung beliebig abwechseln können, oder, wenn sie etwas älter sind, auf untergebreitete weiche Tücher oder Teppiche frei auf den Boden, wo sie ganz nach eigener Lust und unbehindert hantierend oder rutschend sich bewegen und so durch Übung die Entwickelung ihrer Kräfte auf die naturgemäßeste Weise fördern können. Hauptregel sei: daß man nie ein Kind auf dem Wickelbette, Stuhle, Tische, Sopha allein lasse, sondern stets auf den Boden setze, so lange es allein bleiben muß; zu leicht, zu oft fallen die Kleinen herab, brechen Gliedmaßen oder erschüttern Hirn und Wirbelsäule.

8) Ausbildung und Pflege einzelner Teile.*)

Vor allen erheischen die Sinnesorgane eine stete Beachtung. Alle heftigen, grellen Eindrücke, alle schroffen Übergänge sind von denselben sorgfältig fern zu halten. Auch die Dauer der Sinnesreize muß gemessen sein, also z. B. das Zuviel von scherzend erregenden Einwirkungen auf die Kinder vermieden werden, weil dadurch leicht eine Überreizung des zarten Gehirnes veranlaßt wird. — Die Augen dürfen nur ganz allmählich an das direkte Einfallen des hellen Lichtes gewöhnt werden. Grelles Licht, sehr glänzende Gegenstände, sowie jählinge Übergänge zwischen dunkel und hell sind mit Sorgfalt gänzlich zu meiden. Da alle glänzenden Gegenstände sehr viel Anziehungskraft für die Augen der Kleinen haben, so darf, wenn diese im

---

*) Es bedarf wohl kaum der Erwähnung, daß hier und im ferneren Verlaufe der Schrift alle auf normale körperliche Ausbildung bezüglichen Maßregeln insoweit gemeint sind, als die Möglichkeit ihrer Ausführung in den Händen der Eltern irgend liegt, nicht aber die darüber hinausgehenden zu erwarten sind, welche eine spezielle ärztliche Einwirkung erforderlich machen, wie die Beseitigung von bereits vorhandenen krankhaften Zuständen und Bildungsfehlern.

Bette liegen, nichts dergleichen, z. B. ein Licht, so gestellt werden, daß es in den Gesichtskreis fällt. Doppelt nachteilig ist es, wenn ein leuchtender Gegenstand einen solchen Platz hat, daß er nur durch eine schielende Richtung des Kindesauges erreichbar ist, denn letztere wird dadurch sehr leicht zur bleibenden Gewohnheit. Die in der ersten Lebenszeit reichlichere Absonderung der Augen, welche beim Zusammentreffen mit Staub und Rauch leicht gefährliche Augenkrankheiten hervorruft, macht ein täglich öfteres Auswaschen der Augen mit einem weichen Schwämmchen notwendig. — Gehör und Geruch vertragen ebenfalls sehr starke Eindrücke ohne Nachteil noch nicht. Aus ähnlichem Grunde, wie die Augen, müssen auch die Ohren, Nase und Mund öfter besonders gereinigt werden.

Da die Verbindungen der Schädelknochen noch nicht fest geschlossen sind, so würde eine enge Beschaffenheit der Kopfmützchen des Kleinen jetzt von entschieden nachteiliger Einwirkung auf die Entwickelung des Gehirnes sein.

In einzelnen Fällen zeigt sich schon bei Kindern in der zweiten Hälfte des ersten Lebensjahres eine Spur von seitlicher Rückgratsabweichung, namentlich da, wo erbliche Anlage zu Rückgratsverkrümmungen vorhanden ist. Man entdeckt dies leicht, wenn man, das Kind vor sich auf einen Tisch setzend, den Rücken untersucht. Es ist sehr wichtig, gerade bei diesen, außerdem mit dem Wachstume stark zunehmenden Bildungsfehlern dem ersten Anfange auf die Spur zu kommen. Wo man eine solche Entdeckung gemacht hat, ist folgendes ganz einfache und sanfte Verfahren zu empfehlen, welches, über mehrere Monate beharrlich fortgesetzt, in diesem zarten Alter meistens zur Ausgleichung vollkommen hinreicht. So oft das Kind in die liegende Stellung gebracht wird, schiebt man ein kleines, der Größe der Abweichung entsprechendes, straff gestopftes Kisschen der abgewichenen Stelle so unter, daß durch den sanften Gegendruck das Rückgrat an der abgewichenen Stelle nach der geradlinigen Richtung hingedrängt wird. Nur hat man hierbei darauf zu achten, daß das Kind die Gewohnheit der vollen Rückenlage beibehält, was in diesem Alter keine Schwierigkeiten macht. Dieser sanfte, aber durch regelmäßige Wiederholung und Dauer wirksame Gegendruck ist alles, worauf es hierbei ankommt. Methodische Gegendrücke mittels der bloßen Hände helfen viel. Außerdem ist nur noch, und zwar hier mit doppelter Sorgfalt, darüber zu wachen, daß besonders in den ersten Lebensjahren jede Ungleichseitigkeit der Stellungen, Haltungen und Gewohnheiten vermieden werde, und daß wegen etwaiger Ermüdung des Rückens nach andauernder Aufrechthaltung öftere Ruhepausen in liegender Stellung zur Regel gemacht werden.

Eine andere noch gefährlichere Art der Rückgratsverkrümmung, deren erste Entwickelungsspuren meist um das Ende des ersten bis dritten Lebensjahres beginnen, und deren traurigen Folgen nur jetzt gründlich vorgebeugt werden kann, ist der Auswuchs nach hinten, die Höckerbildung. Dieses Gebrechen entwickelt sich meist nach einem Falle, einem Stoße, einer Überdehnung; manchmal ohne äußere Veranlassungen (zuweilen als Folgekrankheit von Masern, Scharlach, Keuchhusten, Typhus, aber auch ohne diese bei krankhafter Säftemischung und besonders bei Kindern, die in schlechter Luft leben und verfüttert werden) durch Krankheit der Rückenwirbelknochen, durch einen schleichenden Entzündungs- oder Erweichungsprozeß derselben. Die Krankheit gehört deshalb zu den aller heimtückischsten, weil sie in ihrem wahren Wesen gewöhnlich erst erkannt wird, wann das Krankheitsprodukt, der Höcker, und die damit zusammenhängende Verbildung des ganzen Rumpfes zu Tage kommt, wann es also zu spät ist. Die rechtzeitige Erkenntnis verlangt den vollen Kennerblick. Das was den Eltern als die nötige Beachtung in solchen Fällen nicht dringend genug empfohlen werden kann, besteht darin: daß, sobald ein Kind, ohne sonst krank zu sein, bei jedesmaliger Aufrechthaltung des Rumpfes (z. B. im Sitzen) eine aus dem übrigen Befinden nicht erklärliche, ungewöhnlich schnell eintretende Ermüdung, ein Mißbehagen, ein Suchen nach Anlehnung und Stützung des Oberkörpers und Kopfes zu erkennen giebt, es ausschließlich in liegender Stellung erhalten und bezüglich des weiteren ein sachverständiger ärztlicher Beistand alsbald herbeigerufen werden muß.

An den Armen und Beinen sehe man darauf, daß die Gelenke derselben nicht durch häufig sich wiederholende falsche Lagerungen und Stellungen in ihrer Freiheit und Entwickelung beeinträchtigt werden. Namentlich an den Hüft-, Hand- und Fußgelenken kommen Unregelmäßigkeiten, die sowohl angeboren, als auch nach der Geburt entstanden sein können, häufig vor und sind, wenn ihre Spuren im zarten Säuglingsalter entdeckt werden, oft leicht zu heben, während sonst ihre völlige Heilung immer schwieriger, manchmal unmöglich wird.

B. Geistige Seite.

Es könnte vielleicht manchem zweifelhaft erscheinen, ob man überhaupt von einer geistigen Seite des Kindes im ersten Lebensjahre und von einer Einwirkung auf eine solche in Wahrheit reden könne. Wenn wir unter „Geist" des Menschen den Inbegriff des menschlichen Denkens, Fühlens und Wollens verstehen, wie er auf dem Höhepunkte der Entwickelung der menschlichen Natur oder nicht weit davon sich darstellt, so kann allerdings von einer solchen oder auch nur ähnlichen geistigen Beschaffenheit des Kindes auf dieser ersten Altersstufe nicht die Rede sein. Nach unserem gewöhnlichen Sprachgebrauche reden wir von einer Entwickelung des „Geistes" erst von dem Zeitpunkte an, wo das Kind sein Selbst von der Außenwelt bestimmter unterscheiden lernt, wo das hellere Selbstbewußtsein auftaucht, wo es von seinem Ich zu reden anfängt, was meist im dritten oder vierten Jahre geschieht (der Zeitpunkt, bis wohin gewöhnlich unser Besinnungsvermögen zurückreicht). Bis dahin bezeichnen wir den Inbegriff des inneren Lebens mit dem Ausdrucke „Seele", welchen Ausdruck wir gemeinhin auch für das gleichsam unbewußt sich fortenwickelnde menschliche Gefühlsleben überhaupt gebrauchen. Geist ist uns also die Seele in ihrer höheren Entwickelung, die ihrer selbst bewußt gewordene, die sich selbst durchfühlen und durchdenken könnende Seele — das eigentlich Menschliche im Menschen. Diese Abgrenzungen sind aber nur sprachliche Notbehelfe. In der ganzen lebenden Natur giebt es keine scharf geschiedenen Absätze oder Abschnitte. Alles Werden und Sichentwickeln ist ein so allmähliches Übergehen, daß es unserer Wahrnehmung fast überall gänzlich entschwindet, eine für uns unendliche Kette, deren einzelne Glieder und Gelenke wir nicht zu erkennen vermögen. Wie eine gezogene Linie, die doch aus unendlich vielen einzelnen, für das menschliche Auge aber nicht unterscheidbaren Punkten bestehend gedacht werden muß, wie die unendliche Kette organischer Entwickelungsstufen von der ersten Keimzelle des Samenkorns an bis zum prangend entwickelten Baume — so ist die Entwickelungsbahn von den ersten Seelenkeimen bis zum Gipfelpunkte des ausgebildeten menschlichen Geistes zu denken. In diesem allgemeineren und offenbar naturentsprechenderen Sinne nun können wir recht wohl auch hier schon von einer geistigen Seite des Kindes reden.

Auf gleichen Wegen, wie überhaupt der Mensch alle geistige Nahrung, deren er von außen her bedarf, bezieht — durch die Sinnesorgane nämlich — werden auch die noch schlummernden Seelenkeime des Kindes geweckt und zur allmählichen Entwickelung des geistigen Lebens angeregt und befähigt. Während in den beiden ersten Monaten alle Bewegungen und Lebensäußerungen des Kindes nur automatischer Natur waren, giebt dasselbe im 3. und 4. Monate durch bestimmtere Fixierung seines Blickes, durch Empfänglichkeit für Gehörseindrücke, durch bestimmteres Greifen nach Gegenständen sein Erwachen aus dem geistigen Schlummerzustande deutlich zu erkennen. Wir bereiten daher dem jungen Weltbürger das schönste „Willkommen", wenn wir darauf bedacht sind, daß die ersten Eindrücke, welche er durch seine aufnahmfähig gewordenen Sinnesorgane, vorzüglich durch Auge und Ohr, empfängt, soviel wie möglich freundlicher und lieblicher Art sind, also besonders: liebevolles Begegnen durch Blick und Ton, Freundlichkeit aller in den Wahrnehmungskreis des Kindes fallender Gegenstände. Die Kinderstube sei, bei aller Einfachheit, für das Auge und Ohr des Kindes ein kleines Paradies. Zwar kann kein Mensch mit seiner Erinnerung herabsteigen bis zu diesen ersten schwachen Dämmerungsstrahlen seines Lebensmorgens, doch dürfte vom psychologischen

Gesichtspunkte aus die Vermutung vieles für sich haben, daß die ersten Jugendeindrücke gewissermaßen den Grundton des Gemütes oder Gefühles bestimmen, der mehr oder weniger das ganze Leben durchklingt. Als die ersten Anfänge einer geistig erzieherischen Einwirkung sind jedenfalls die auf das Gemüt treffenden Strahlen zu betrachten.

Schon im 5. oder 6. Monate lernt das Kind an den Blicken, Worten (besonders am Tone der Stimme) und Gebärden seiner Umgebung Freundlichkeit und Ernst, Liebkosung und Drohung sicher unterscheiden. Es dämmert im Kinde das Verständnis dessen, was es thun darf, was nicht. Ein wichtiger Zeitpunkt. Wir stehen jetzt schon an der Schwelle derjenigen Periode, wo der direkte moralisch erzieherische Einfluß beginnen, wo der Grundstein gelegt werden muß, wenn der fernere geistige Auf- und Ausbau den vollen soliden Halt und die zielberechnete Richtung erhalten soll.

Das allgemeinste Gesetz für die geistige Erziehung dieser Altersstufe ist das Gesetz der Gewöhnung:

Unterdrücke im Kinde alles, halte von ihm fern alles, was es sich nicht aneignen soll; leite es aber beharrlich hin auf alles, was es sich angewöhnen soll.

Indem wir das Kind an das Gute und Rechte gewöhnen, bereiten wir es vor, späterhin das Gute und Rechte mit Bewußtsein und aus freiem Willen zu thun. Das Gewöhnen ist also nur Mittel zum Zwecke, nicht Selbstzweck, denn so würde der Mensch nur zu einer guten Maschine, zu einem Wesen ohne wahren inneren Wert, welches der Abhängigkeit von den Umständen unterworfen bliebe, anstatt nach Möglichkeit die Umstände selbständig zu beherrschen. Die Gewohnheit ist nur die notwendige Vorbedingung, um die entsprechende Richtung der Selbstbestimmbarkeit des freien Willens (worin allein ja das Endziel zu erkennen ist) zu ermöglichen und zu erleichtern. Denn läßt man entgegengesetzten Falles die falsch gerichtete Gewohnheit festwurzeln, so wird das Kind leicht der Gefahr ausgesetzt sein, trotz der späteren Erkenntnis des Besseren, dann doch nicht mehr die Kraft zu haben, die falschgerichtete Gewohnheit niederzukämpfen und mit der entgegengesetzten zu vertauschen.

Als die ersten Proben, an denen sich die geistig erzieherischen Grundsätze bewähren sollen, sind die durch grundloses Schreien und Weinen sich kundgebenden Launen der Kleinen zu betrachten. Das Schreien hat jetzt eine andere Bedeutung als beim Neugeborenen in den ersten Lebenswochen. Hat man sich überzeugt, daß kein richtiges Bedürfnis, kein lästiger oder schmerzhafter Zustand, kein Kranksein vorhanden ist, so kann man sicher sein, daß das Schreien eben nur der Ausdruck einer Laune, einer Grille, das erste Auftauchen des Eigensinnes ist. Man darf sich jetzt nicht mehr wie anfangs ausschließlich abwartend dabei verhalten, sondern muß schon in etwas positiver Weise entgegentreten: durch schnelle Ablenkung der Aufmerksamkeit, ernste Worte, drohende Gebärden, Klopfen ans Bett, Tragen des Kindes ans Fenster (bei welchen Eindrücken das Kind meistens innehält, stutzt und das Schreien einstellt) oder wenn dieses alles nicht hilft — durch, natürlich entsprechend milde, aber in kleinen Pausen bis zur Beruhigung oder zum Einschlafen des Kindes beharrlich wiederholte körperlich fühlbare Ermahnungen. Eine wesentliche Bedingung ist das Durchführen dieses Verfahrens bis zur Erreichung des Zweckes. Das Kind bekommt so — aber auch nur auf diese Weise — ungeachtet seines nur dämmernden Gefühllebens doch den Eindruck der Abhängigkeit von außen und lernt oder vielmehr gewöhnt sich — sich zu fügen. Halbe Maßregeln (d. h. Nachlassen vor Erreichung des Zweckes) wirken meist nur aufreizend, nicht dämpfend.

Eine solche Prozedur ist nur ein- oder höchstens zweimal nötig und — man ist Herr des Kindes für immer. Von nun an genügt ein Blick, ein Wort, eine einzige drohende Gebärde, um das Kind zu regieren. Man bedenke, daß man dadurch dem Kinde selbst die größte Wohlthat erzeigt, indem man ihm viele seinem Gedeihen hinderliche Stunden der Unruhe erspart und es von allen jenen inneren Quälgeistern befreit, die außerdem gar leicht zu ernsteren und immer schwerer besiegbaren Lebensfeinden emporwuchern. Die Kinder zeigen hinsichtlich ihrer Launen große Verschiedenheit, indem sich ohne Zweifel hiermit schon die Verschiedenheiten des Temperamentes andeuten, auf dessen Regelung wir eben jetzt noch am erfolgreichsten einzuwirken vermögen.

Die Klippe, an welcher die richtige Kinderpflege meistenteils scheitert, ist übertriebene Besorgnis der Umgebung des Kindes, die ebenso tadelnswert, als eine verständige Achtsamkeit löblich und notwendig ist. Wenn z. B. das Kind bei der kleinsten Bewegung, die es macht, bei jedem Tone, den es von sich giebt — ohne Rücksicht darauf, ob eine gegründete Veranlassung des Beistandes vorhanden ist oder nicht — jedesmal sogleich aus dem Lager gehoben und durch allerhand Liebkosungen u. dgl. mehr besänftigt wird, so verlieren erstens diese Mittel sehr schnell die gewünschte Wirkung, und — was das bei weitem Schlimmere ist — es entstehen aus der allzu bereitwilligen, uneingeschränkten Dienstfertigkeit Launen des Kindes, welche gar bald zu jener üblen Gewohnheit werden, die das Erziehungsgeschäft ungemein erschwert und dem späterhin bestimmter hervortretenden trotzigen Sinne einen unglaublich starken Zuwachs verleiht. Man erzeugt also auf diese und ähnliche Weise im Kinde allerhand Bedürfnisse, die es an sich gar nicht hat, und weckt und nährt die Keime zu aller Art fehlerhaften Gesinnungen. Möchte doch die Wichtigkeit dieses Punktes von den Müttern und Wärterinnen erkannt werden!

Eine fernere, in ihren Konsequenzen sehr wichtige Regel ist die: daß auch erlaubtes Begehren des Kindes stets nur dann erfüllt werde, wenn das Kind in freundlich harmloser oder wenigstens ruhiger Verfassung ist, niemals aber mitten im Weinen, Schreien oder unbändigen Gebahren. Zuvor muß das ruhige Benehmen zurückgekehrt sein, selbst wenn z. B. das wohlbegründete und rechtzeitige Bedürfnis nach der regelmäßigen Nahrung die Veranlassung wäre — und dann erst, nach einer kleinen Pause, schreite man zur Erfüllung. Auch die Zwischenpause ist nötig, denn es muß vom Kinde selbst der leiseste Schein ferngehalten werden, als könne es durch Schreien oder unbändiges Benehmen seiner Umgebung irgend etwas abzwingen. Im Gegenteile erkennt das Kind sehr bald, daß es nur durch das entgegengesetzte Benehmen, durch (obschon noch unbewußte) Selbstbeherrschung, seine Absicht erreicht. Unglaublich schnell (wie andernfalls ebenso schnell die entgegengesetzte Gewohnheit) bildet sich die feste gute Gewohnheit. Man hat damit schon sehr viel gewonnen, denn die Konsequenzen dieser guten Grundlage reichen unendlich weit und vielarmig in die Zukunft hinein. Es ist aber auch hierbei ersichtlich, wie undurchführbar diese und alle ähnlichen Grundsätze, welche gerade als die wichtigsten betrachtet werden müssen, sind, wenn, wie meistenteils, die Kinder dieses Alters fast nur den Händen von Dienstleuten überlassen sind, welche, wenigstens für solche Auffassungen, selten genügendes Verständnis haben.

Durch die zuletzt erwähnte Gewöhnung hat das Kind bereits einen merklichen Vorsprung erreicht in der Kunst zu warten und ist vorbereitet auf eine andere für die Folge noch wichtigere, auf die Kunst sich zu versagen. Nach dem Bisherigen kann es fast als selbstverständlich betrachtet werden, daß jedem unerlaubten Begehren — sei dieses nun ein dem Kinde selbst nachteiliges oder nicht — eine unbedingte Verweigerung mit ausnahmsloser Konsequenz entgegengesetzt werden müsse. Das Verweigern allein ist aber noch nicht alles, sondern man muß zugleich darauf halten, daß das Kind das Verweigern ruhig hinnehme und nötigenfalls durch ein ernstes Wort, eine Drohung u. dgl., dieses ruhige Hinnehmen zu einer festen Gewohnheit machen. Nur keine Ausnahme gemacht! — und es geht auch dies leichter und schneller, als man gemeinhin glaubt. Jede Ausnahme vernichtet die Regel und erschwert die Gewöhnung auf längere Zeit. — Dagegen gewähre man jedes erlaubte Begehren des Kindes (vorausgesetzt, daß dieses das artige Verhalten nicht verlassen hat) mit liebevoller Bereitwilligkeit.

So nur erleichtert man dem Kinde die heilsame und unentbehrliche Gewöhnung an Unterordnung und Regelung seines Willens, an Selbstunterscheidung des Erlaubten und des Nichterlaubten, nicht aber durch zu ängstliches Entziehen aller ein unerlaubtes Begehren anregenden Wahrnehmungen. Der Grund zu der dazu nötigen geistigen Kraft muß frühzeitig gelegt, und ihre Erstarkung kann, wie die jeder anderen Kraft, nur durch Übung erreicht werden. Will man später erst damit beginnen, so wird das Gelingen ungleich schwieriger, und das darauf nicht eingeübte kindliche Gemüt dem Eindrucke der Bitterkeit ausgesetzt.

Eine sehr gute, dieser Altersstufe ganz zeitgemäße Übung in der Kunst sich zu versagen, ist die, daß man dem Kinde oft Gelegenheit giebt, andere Personen in seiner nächsten Umgebung essen und trinken sehen zu lernen, ohne daß es selbst danach begehrt. Ist es schon für das körperliche Wohlbefinden des Kindes notwendig, daß es in der festen Ordnung seiner einmal bestimmten Mahlzeiten erhalten werde, so ist die moralische Wohlthat dieses Grundsatzes, daß man das Kind in den Zwischenzeiten nichts, auch nicht das Geringste (eben der nur durch ausnahmslose Konsequenz möglichen Gewöhnung wegen) genießen lasse, noch viel bedeutender. Ein so gewöhntes Kind sitzt ruhig und heiter, tändelnd oder spielend auf dem Schoße seiner dieses oder jenes genießenden Wärterin, ohne sich auch nur im geringsten darum zu kümmern. Es entbehrt also dabei in Wirklichkeit gar nichts, weil die Begierde nach dem Genusse anderer Personen in ihm nicht angeregt, derselbe somit für das Kind gar nicht Gegenstand der Beachtung wird; während, wenn man der Versuchung des Mitteilens nicht konsequent widerstehen kann, man in die Lage kommt, dem Kinde entweder jede Begierde befriedigen zu müssen oder im Verweigerungsfalle ihm den peinlichen Kampf mit der angefachten Begierde zu verursachen, man sorge nur dafür, daß das Kind durch häufige Gelegenheit in der Festigkeit der guten Gewöhnung erhalten wird. Für die betreffende Gewissenhaftigkeit der mit der Wartung beauftragten Personen giebt das Benehmen des Kindes stets den untrüglichsten Maßstab. Sowie ein Kind eine solche unzeitige, durch irgend eine Gelegenheit veranlaßte Begierde zu erkennen giebt, kann man sicher annehmen, daß eine derartige Schwäche gegen das Kind von irgend einer Seite verschuldet worden ist. Diese Überzeugung habe ich aus genügender persönlicher Erfahrung geschöpft. Und wenn nur einmal (vielleicht heimlich von seiten der Wärterin) ein solcher Verstoß geschehen ist, wird derselbe bei der nächsten Gelegenheit sicher durch das Benehmen des Kindes offenkundig: es will haben. Man braucht dann nicht zu befürchten, die Umgebung des Kindes, die auf diese Weise leicht und sicher zu kontrolieren ist, grundlos zu beschuldigen. Das Kind täuscht uns in dieser Hinsicht nie.*)

---

*) Man gestatte mir hier eine beiläufige Bemerkung. Es könnte manchem die konsequente Durchführung dieser und ähnlicher Grundsätze nicht wohl thunlich erscheinen, namentlich wegen der bekannten Häufigkeit von Schwächen aller Art unter den mit der Kinderwartung beauftragten Personen. Hierzu nur eine kleine Erfahrung aus meinem eigenen Familienkreise. Die Wärterin eines meiner Kinder, eine im allgemeinen sehr brave Person, hatte einst, trotz des ausdrücklichen Verbotes, dem Kinde außer seinen Mahlzeiten irgend etwas und wenn es das Unbedeutendste sei,

Gegen Ende des ersten Lebensjahres ist gemäß der nunmehrigen geistigen Entwickelungsstufe des Kindes die Einwirkung auf die Grundrichtung des Gemütes und des Willens von besonderer Wichtigkeit.

Das Gemüt, die Stimmung der Empfindungen (der geistigen Tonsaiten) des Menschen, bedarf jetzt in seinem ersten Keimzustande nur leichter erregender Nahrung von außen, um in die schöne lebenswarme Richtung einzulaufen und in ihr sich zu befestigen. Munterer, gesprächiger, lachender, singender, spielender Umgang mit dem Kinde, dafern er nicht in das Übermaß einer erschöpfenden oder gar betäubenden Einwirkung übergeht, sind wahrer Lebensbalsam für dasselbe. Muß der disciplinarische Ernst hin und wieder an das Kind herantreten, so geschehe dies zwar entschieden, aber möglichst kurz und sei schnell vergessen. Je richtiger und rechtzeitiger das letztere geschehen ist, um so mehr werden die außerdem unvermeidlichen, oft langstündigen Trübungen des gemütlichen Horizontes durch jene inneren Quälgeister der Launen und Grillen dem Kinde erspart, um so seltener und kürzer die Lebenssonne durch Gewölk verdüstert. Man lasse also die heiteren Strahlen derselben in vollem Maße in das Gemüt des Kindes einströmen und halte alle vermeintlichen trüben, finsteren oder erschütternden Eindrücke möglichst fern.

Der Wille ist zwar noch ein unbewußter, aber eine spätere, mehr oder weniger bleibende Grundrichtung ist in einem bedeutenden Grade von dieser Periode abhängig, nimmt ihren Anlauf so oder so schon von hier aus. Unsere ganze Einwirkung auf die Willensrichtung des Kindes erstreckt sich zur Zeit auf die Gewöhnung an unbedingten Gehorsam, worauf dasselbe durch Anwendung der bisher aufgestellten Grundsätze schon sehr vorbereitet ist. Als allgemeine Regel ist folgende festzuhalten: Quäle das Kind nicht durch zu häufiges Verlangen, z. B. des Kußgebens, des Handgebens, der Veränderungen seiner Lage u. s. w., aber was du einmal verlangst, das setze durch in jedem Falle, mag das Verlangen noch so unbedeutend sein, selbst nötigenfalls mit Gewalt. Es darf in dem Kinde der Gedanke gar nicht aufkommen, daß sein Wille herrschen könne, vielmehr muß die Gewohnheit, seinen Willen dem Willen der Eltern oder Erzieher unterzuordnen, in ihm unwandelbar befestigt werden, was nur durch ausnahmslose Konsequenz möglich ist. Mit dem Gefühle des Gesetzes vereinigt sich

zu verabreichen, ein Stück von einer Birne, die sie selbst aß, gegeben, wie es sich auch hier durch das nachherige Benehmen des Kindes entdeckte. Sie wurde ohne sonstige Ursache sofort aus dem Dienste entlassen, da ich das nötige Vertrauen in ihre unbedingte Gewissenhaftigkeit nunmehr verloren hatte. Dies wirkte. Eine Nachfolgerin erzählte es der anderen, und ich habe seitdem nie wieder, weder bei diesem, noch bei den späteren Kindern eine solche Entdeckung gemacht. Der volle Ernst ist die durchgreifendste moralische Macht, welche auch hinter unseren Augen fortwirkt und das Durchführen aller mit Überwindung verbundenen Erziehungsgrundsätze unglaublich erleichtert.

dann das Gefühl der Unmöglichkeit, dem Gesetze zu widerstreben: der kindliche Gehorsam, die Grundbedingung aller weiteren Erziehung ist auch für die Folge fest begründet.

Ehe wir die Betrachtung des Erziehungswerkes in dieser ersten Periode des kindlichen Alters schließen, haben wir uns noch über das disciplinarische Verhalten gegen die Kinder in Fällen ihres Krankseins zu verständigen. Selbstverständlich sind hier nur solche Krankheitszustände gemeint, welche das Allgemeinbefinden der Kinder, mithin ihre Empfänglichkeit für den erzieherischen Einfluß, wesentlich umstimmen. Zwar werden Kinder, die nach naturgemäßen Grundsätzen behandelt werden, solchen Störungen des normalen Entwickelungsganges und Gedeihens viel weniger ausgesetzt sein als andere; dennoch wird nicht leicht ein Kind, namentlich in den ersten Lebensjahren, die schon wegen der bisweilen im Hintergrunde mitwirkenden ersten Zahnentwickelungsperiode besonders geneigt dazu machen, in solchen Zwischenfällen gänzlich verschont bleiben. Es fragt sich also: wie hat man sich hinsichtlich der disciplinarischen Grundsätze, die doch auf Konsequenz beruhen, zu verhalten, um diesen ebensowohl treu zu bleiben, als den durch den Ausnahmezustand gebotenen Rücksichten gerecht zu werden?

Zunächst ist hervorzuheben, daß selbst Kinder des zarten Alters, wenn sie sich bereits in geregelte Gewohnheiten eingelebt haben, auch in kranken Tagen sich ganz anders benehmen als zuchtlos gebliebene Kinder. Krankheiten mit ihren verschiedenartigen Gefühlsumstimmungen sind allerdings auch bei Kindern recht entscheidende Proben des inneren Sinnes — wenn man bei jungen Kindern schon so sagen dürfte: wahre Charakterproben. Man frage nur die Ärzte, denen der Unterschied in dem Benehmen der kleinen Kranken, je nachdem in den verschiedenen Familien Erziehungsgrundsätze walten oder nicht, sofort vor Augen tritt. Ist ein Kind zu Ordnung und Gehorsam gewöhnt, so wird es dies auch, trotz der Kämpfe mit der Krankheit, in fast jeder Beziehung an den Tag legen und die ganze Sorge und Pflege der Umgebung durch willige Fügsamkeit unglaublich erleichtern. Gerade in solchen trüben Tagen belohnt sich eine seitherige gewissenhafte Durchführung richtiger Erziehungsgrundsätze in vorzüglich fühlbarer Weise; und zwar nicht bloß in Ansehung der Lage der Eltern, sondern auch in Bezug auf das Wohl des Kindes selbst. Jede Krankheit wird natürlich leichter, schneller und gründlicher geheilt bei fügsamem Verhalten des Kranken als außerdem, ja zuweilen nur dadurch das Leben erhalten. Hierzu nur ein kleiner Beleg aus eigener Erfahrung. Eines meiner Kinder war in dem Alter von $1^1/_2$ Jahren in einer Weise erkrankt, daß das einzige auf Lebensrettung hoffen lassende, noch dazu gefahrvolle Heilverfahren nur bei vollständig ruhiger Fügsamkeit des kleinen Patienten möglich war und riskiert werden durfte. Es gelang, da das Kind an den unbedingtesten Gehorsam gegen mich von Anfang an gewöhnt war, während außerdem das Leben des Kindes nach menschlicher Berechnung höchstwahrscheinlich unrettbar gewesen wäre.

Jede Krankheit ist nun allerdings als Ausnahmezustand zu betrachten und wird, gleichwie die allgemeine Lebensweise, so auch die disciplinarische Ordnung unvermeidlicher Weise mehr oder weniger modificieren. Dennoch kann man die durch die Krankheit und die damit verbundenen Umstände notwendig gemachten Abweichungen in den meisten Fällen um ein Minimum reducieren, ohne nach irgend einer Seite hin eine Rücksicht zu verletzen. Man werfe daher ja nicht nun mit einem Male die ganze bisherige Ordnung beiseite, sondern man behalte auch jetzt noch stets die wesentlichsten erzieherischen Grundsätzen im Auge, um sie, soweit als nur irgend den Verhältnissen angemessen, in Geltung zu erhalten. Nur die Art und Weise ihrer Geltendmachung muß eine viel behutsamere und mildere sein. Einem falschen Benehmen oder unpassenden, vielleicht schon wegen der Krankheit unstatthaften Begehren des Kindes z. B. trete man nicht mit derselben Entschiedenheit wie in den Tagen der Gesundheit entgegen, sondern mehr durch eine sanft beschwichtigende, die Aufmerksamkeit ablenkende Weise. Ebenso vermeide man sorgfältig alles, was in irgend einer Weise ein unerwünschtes und unstatthaftes Beginnen des Kindes anregen könnte. Man schaffe jeden Stein des Anstoßes möglichst aus dem Wege.

Haben endlich, was bei längerem Kranksein nicht leicht gänzlich zu vermeiden sein wird, doch in irgend einer Weise kleinere oder größere Verwöhnungen sich eingeschlichen, so kommt viel darauf an, daß man nach überstandener Krankheit zur Wiedereinsetzung der alten Ordnung die ersten Tage des frisch erwachenden Gesundheits- und Kraftgefühles des Kindes benutzt. In dieser Periode, wo das Kind gleichsam ein neues Leben beginnt, dessen Ordnung auch nun wieder für die Folge maßgebend wird, lassen sich die etwa entstandenen Abweichungen und Lücken der Gewohnheit mit Leichtigkeit ausbessern; man ist dann in wenigen Tagen wieder auf dem früheren Standpunkte. Ungleich schwerer wird dies, wenn man die genannte Periode unbenutzt vorübergehen läßt. Dieser Umstand hat einen psychologischen Grund, indem zufolge einer wohlthätigen Einrichtung unseres Innern das menschliche Erinnerungsvermögen für überstandene trübe Tage, Schmerzen und Krankheiten ein viel schwächeres und flüchtigeres ist, als für die im Wohlsein verlebten Perioden. Der aufmerksame Beobachter findet auch schon an Kindern auf der Stufe des geistigen Dämmerungszustandes unverkennbare Spuren desselben Verhältnisses.

Vor allem hüte man sich, dem kranken Kinde etwas Unwahres vorzuspiegeln, etwas nicht Erfüllbares zu versprechen!

II. Teil.

Zweites bis siebentes Lebensjahr. Spielalter.

A. Körperliche Seite.

Die Entwickelung bringt jetzt die einzelnen Körperteile in ein ebenmäßigeres Verhältnis zu einander. Die starken Rundungen der Umrisse gehen nach und nach in eine schlankere Form über. In der Mitte des 3. Jahres hat das Kind genau die Hälfte seiner dereinstigen Körperlänge erreicht, wenn das normale Wachstum nicht durch krankhafte Störungen mit bleibenden Folgen (Wuchsfehler oder gesundheitzerrüttende Einflüsse) oder durch Verweichlichung und infolge davon durch Begünstigung der Frühreife beeinträchtigt wird. Einen positiv förderlichen Einfluß auf den im Individuum liegenden Wachstumstrieb können wir zwar nicht üben, wohl aber durch möglichste Fernhaltung jener Hindernisse, durch eine allgemein gesundheitsgemäße Pflege, angemessenes Abhärtungsverfahren und besonders vollkräftige, die vorzeitige Mannbarkeitsentwickelung verhütende Körperbewegung das normale Längenwachstum indirekt begünstigen. Es wird auf diese Weise für das Längenwachstum und überhaupt für die normale Ausreifung des Entwickelungsganges ein Zeitraum von ein paar Jahren mehr, als außerdem, gewonnen und jenem krankhaft stürmischen Längenwachstum, wo die Neigung dazu vorhanden, entgegengewirkt.

Wir behalten auch in diesem und in dem dritten Teile die in dem ersten aufgestellte Reihenfolge der den Plan der körperlichen Erziehung umfassenden einzelnen Artikel bei.

1) Nahrung.

Wie bereits im ersten Teile bemerkt wurde, ist der naturentsprechendste Maßstab für die Allmählichkeit der Übergänge in der Beschaffenheit der Nahrung an dem Entwickelungsgange der mehr und mehr hervorbrechenden Zähne zu entnehmen. Im Anfange des zweiten Jahres darf daher die Konsistenz der Nahrung noch nicht über die breiige Beschaffenheit hinausgehen. Etwa zweimal täglich reicht man Fleischbrühe mit Gries, geriebenem Weißbrote u. dgl., wobei ein mäßiger Zusatz von Salz und Zucker, nicht bloß des Geschmackes, sondern der richtigen Blutbildung wegen, nicht zu unterlassen ist. Das übrige Nahrungsbedürfnis wird ausschließlich durch gute Kuhmilch befriedigt, die jetzt zuweilen auch von kühler Temperatur gereicht werden kann.

Erst wenn mehrere Backzähne erschienen sind, demnach in der zweiten Hälfte des zweiten Jahres, ist es passend, dem Fleischbrüh-Breie etwas feingewiegtes Fleisch hinzuzusetzen und ein- bis zweimal täglich ein Butterschnittchen von Weißbrot zu verabreichen. Die Fleischbrüh-Mahlzeiten können nun auch mit leichten Eier-, Mehl- oder Milchspeisen, ferner mit der in Wasser gekochten Heidegrütze, dem Buchweizen hin und wieder vertauscht werden. Nach Ablauf des zweiten Jahres läßt man das Kind allmählich zu einer milden, einfachen und leicht verdaulichen Kost der Erwachsenen übergehen, vorausgesetzt, daß sie das richtige Mischverhältnis von tierischen und pflanzlichen Stoffen bietet. Hierbei ist nur darauf zu sehen, daß die Kinder von allen mit hitzigen Gewürzen stark versehenen oder überhaupt pikanten Zubereitungen fern gehalten werden, Schwarzbrot, schwere Mehlspeisen und Hülsenfrüchte nur eingeschränkt, letztere nur in Form durchgeschlagener Suppen, Kartoffeln nie im Sommer genießen, und endlich, daß sie sich gewöhnen, jede festere Nahrung, die sie zu sich nehmen, recht vollständig zu durchkauen. — Künstliche Leckereien aller Art sind aus physischen, aber noch mehr, wie wir später sehen werden, aus moralischen Rücksichten für dieses Lebensalter ganz verwerflich. Zunächst halte man fest, daß von den Folgen der Süßigkeiten lediglich die Zahnärzte, Magendoktoren und Apotheker leben. Unschädlich läßt sich der Zucker, auch im Gebäck, durch ein künstliches Süßmittel, das Sacharin ersetzen. Dagegen ist der jeweilige gemessene Genuß leichter und reifer Obstfrüchte als ganz zuträglich zu betrachten.

Von dem Zeitpunkte an, wo die Nahrung eine dichtere Beschaffenheit bekommt, bedarf das Kind neben derselben auch des Getränkes. Die Milch ist Speise und Getränk zugleich, das wahre durstlöschende Getränk das Wasser. Letzteres, und zwar in der gewöhnlichen nicht zu kalten Temperatur, lasse man von da an dem Kinde nach Bedürfnis genießen. Man gestatte ein mäßiges Wassertrinken zu allen beliebigen Zeiten, nur nicht unmittelbar nach starken Bewegungen und nicht während des Essens, sondern erst mindestens eine Viertelstunde nachher. Letzteres gebietet sowohl die Rücksicht auf Erhaltung der Zähne als auch auf den anfänglichen Verdauungsakt, welcher durch zu starke Verdünnung der Verdauungssäfte, die die Speisen chemisch umwandeln sollen, geschwächt werden würde. Milch und Wasser sind für das ganze kindliche Alter die wahrhaft zuträglichen und naturgemäßen Getränke. Es ist aber empfehlenswert, der Milchportion bisweilen etwas Kaubares hinzuzufügen. — Von warmen Getränken sind nur Kakao, Eichelkaffee oder Kochbier mit Milch versetzt dem kindlichen Körper angemessen. — Alle übrigen Getränke, Kaffee,

Thee, Chokolade und sämtliche Spirituosen, wohin auch die stärkeren Biersorten gehören, sind in Anbetracht der Eigentümlichkeiten des ganzen Lebensprozesses im kindlichen Organismus demselben mehr oder weniger feindselig, wenn auch nicht unmittelbar hervortretende, aber doch — wenigstens bei häufigem Gebrauche — schleichende Gifte für denselben. Sie erzeugen Frühreife, Verringerung des Wachstumes, englische Krankheit, Kürzung der zur Entwickelung der Vollkraft bestimmten Periode. Die Erzieher haben ernstlich darauf zu sehen, daß das zu Genießende weder zu heiß, noch zu hastig, also schlecht gekaut, verschluckt wird.

Ein wesentlicher Punkt ist es, daß bei der nunmehr veränderten Beschaffenheit der Nahrungsmittel auch die Zeitordnung ihres Genusses in ein entsprechendes Verhältnis gebracht werde. Sie ist das beste Verhütungsmittel sowohl der Unmäßigkeit (und mithin des Übergewichtes der tierischen Verrichtungen über die geistigen), als auch einer qualitativ-ungesunden Blutbildung. Je substantieller die Nahrung wird, um so länger müssen natürlich die Zwischenpausen sein, welche die einzelnen Mahlzeiten (auch der Milchgenuß ist als eine solche zu rechnen) trennen. Demgemäß nimmt das Kind vom dritten Jahre an seinen täglichen Nahrungsbedarf in fünf Mahlzeiten zu sich, deren Zeitpunkte aber auch regelmäßig und streng eingehalten werden müssen. Angemessen ist es, der Hauptmahlzeit durch eine kleine Verlängerung der vorhergehenden Pause auch den Haupt-Appetit zu sichern. — Als ein Schema der für die Gesundheit eines Kindes von 3—7 Jahren angemessensten Tagesordnung in Betreff des Nahrungsgenusses möge folgendes betrachtet werden. Des Morgens Milch (kalt oder warm nach Belieben) oder Kakao mit Weizenbrot; als zweites Frühstück, das jedoch mindestens 3 Stunden vor der Hauptmahlzeit genommen werden muß, Weizenbrot mit Butter; mittags eine einfache, aber volle Fleischkost mit Suppe, Gemüse u. dgl., dazu Roggenbrot; 3—4 Stunden nach Mittag Roggenbrot mit Butter oder Obst; des Abends mindestens 1 Stunde vor Schlafengehen Milch oder Suppe mit ein wenig Weizenbrot. Schweinfleisch, Wurst und Rindsfett bleiben fern; Gänsefett ist nur selten zuträglich. — Die Summe der täglichen Nahrung jetzt schon auf weniger einzelne Mahlzeiten, als hier angegeben, zu verteilen, ist nicht ratsam, weil dann das in mehrfacher Hinsicht nachteilige zuviel auf einmal Genießen schwer zu umgehen sein würde. Obiges Verhältnis harmoniert am besten mit dem Grade des Stoffumsatzes, wie ihn die körperliche Beschaffenheit dieses Alters mit sich bringt.

Hauptsächlich aus moralischen Rücksichten ist es wichtig, daß in den Zwischenzeiten dem Kinde nichts, auch nicht das allergeringste Eßbare gereicht werde, damit der Gedanke an das Essen außer den bestimmten Zeiten als etwas Verbotenes gar nicht aufsteigt, weil nur so, dann aber auch sehr leicht, die Konsequenz der Ordnung durchführbar ist. Je selbst-

4*

ständiger das Kind wird, um so mehr nimmt in dieser Altersperiode, wo
das Vernunftgesetz noch nicht die Oberherrschaft zu führen vermag, die
Schwierigkeit zu, auch selbst nur eine einzige zugelassene Ausnahme von der
Regel nachwirkungslos zu verwischen. Ist man von Anfang darin fest gegen
das Kind gewesen, so hat man auch so leicht nichts von Versuchungen zu
fürchten, die im Kinderleben doch einmal unvermeidlich sind. Sie prallen in
der Regel an der Gewohnheit des Kindes zurück; ein solches Kind führt etwas
von anderen Personen und außer seiner Zeit Dargebotenes nicht zu Munde.

Noch gehört hierher die Erwähnung eines ziemlich verbreiteten Vor-
urteiles, das in physischer wie moralischer Hinsicht nicht ohne nachteiligen
Einfluß ist. Fast bei allen Kindern taucht in diesem Alter, wo sie den
Übergang zur gewöhnlichen Familienkost machen sollen, eine Grille auf,
insofern sie irgend ein dargebotenes Gericht der Hauptmahlzeit (auf deren
ungekürzten Genuß man gerade am meisten zu halten hat) — sei es eine
flüssige Nahrung, sei es Fleisch, sei es dieses oder jenes Gemüse — zu
genießen verweigern. Schwache Eltern halten es für eine Idiosynkrasie,
d. h. eine in der individuellen Natur begründete Eigentümlichkeit und —
geben nach. Dadurch aber machen sie erst eine nach und nach wirklich
unüberwindbar werdende Idiosynkrasie daraus, zu welcher sich, wenn das
Kind merkt, daß ihm nachgegeben wird, noch so manche andere gesellen.
So wird die der Gesundheit dienliche Pflege des Kindes überaus erschwert,
oft geradezu unmöglich, und das Kind selbst mit einer Menge Eigenheiten
behaftet, die für das spätere Leben von vielfach beengendem Einflusse sind.
Die Annahme einer solchen angeborenen Idiosynkrasie ist aber grund-
falsch. Allgemein gesunde Kost ist jedem noch nicht verwöhnten Magen
gleichmäßig gedeihlich. Im Gespräche gehe man über das Gut- oder Nicht-
gutschmecken einzelner Dinge leicht hinweg, besonders vermeide man jede
Betonung des letzteren. Man gebe nur beim ersten Auftauchen solcher
Grillen niemals nach, gebe dem Kinde nicht eher einen Bissen anderer
Nahrung, als bis die verweigerte vollständig genossen ist, bringe das
Gericht öfters wieder auf den Tisch, und — nach einpaarmaligem festen
Durchführen dieser Maxime wird dem Kinde nie wieder etwas der Art einfallen. Auch hier bewährt sich das Sprichwort: der erste Verdruß erspart
hundert spätere. Grillen und Schwächen müssen zeitigstmöglich besiegt,
nicht aber durch Ausweichen und Nachgeben genährt werden. Nur zu
reichlicher oder überhaupt zu Suppe in heißer Jahreszeit wolle man Kinder
nicht zwingen.

2) Luftgenuß.

Die für die Gesundheit überhaupt anerkannt wichtige Reinheit der
einzuatmenden Luft wird am häufigsten unberücksichtigt gelassen in
Ansehung der Wohn- und Schlafzimmer der Kinder. Ein recht ernstlich
tadelnswerter Gebrauch ist es, bei der Bestimmung derselben andere als

Gesundheitsrücksichten walten zu lassen, da doch alle übrigen nur Nebenrücksichten sein sollten. Statt dessen findet man aber häufig, daß den Kindern solche Räume angewiesen sind, die bei der Lokaleinteilung übrig bleiben und für andere Zwecke zu schlecht befunden werden. Besonders nachteilig ist dies, wenn eine Mehrzahl von Kindern in einem an sich schon ungesunden Raume zusammengepreßt wird. Eltern, die ihre Kinder wahrhaft lieben, müssen ihnen die geräumigsten und freiesten Zimmer gönnen. Die Richtung derselben nach Norden muß womöglich immer gemieden werden, denn in solchen läßt sich, namentlich in den Frühlingsund Herbstperioden, dieselbe gesundheitliche Beschaffenheit der Luft nie herstellen wie in den von Zeit zu Zeit von der Sonne durchschienenen Räumen. Die Häufigkeit der Auslüftung muß sich natürlich nach der Zahl und der Aufenthaltsdauer der Bewohner richten. Man bedenke dabei, daß der Mensch in jeder Stunde durchschnittlich 700—1000 Atemzüge macht, und man wird erkennen, daß, wenn dieselbe schon geatmete Luft nicht gar zu oft wieder eingezogen und dadurch immer unbrauchbarer gemacht werden soll, die mehrmalige vollständige Durchlüftung eines bewohnten Zimmers innerhalb eines 24stündigen Zeitraumes durchaus erforderlich ist. Das Wohnzimmer der Kinder werde nie über + 14° R., das Schlafzimmer vom 6., 7. Lebensjahre an gar nicht mehr geheizt.

Der Genuß der freien Luft ist mit derselben Konsequenz, wie sie für das erste Lebensjahr als notwendig bereits (S. 28) angegeben wurde, fortzuführen, und der dort gegebene Maßstab für die zur Erfüllung der Gesundheitsrücksicht geringste Dauer des täglichen Aufenthaltes in freier Luft ein wenig zu erweitern. An denjenigen Tagen, wo die Witterungsbeschaffenheit das Ausgehen geradezu unthunlich macht, man also auf den Luftgenuß bei geöffneten Fenstern angewiesen ist (s. S. 29), lasse man die Kinder, die nunmehr zur selbständigen Bewegungsfähigkeit gelangt sind, genügend warm bekleidet, sich beliebig mit Spielen u. dgl. während dieser Zeit anstummeln. Sind die Kinder schon etwas älter, etwa vom 4. oder 5. Jahre an, so wird diese Zeit am zweckmäßigsten ausgefüllt durch Vornahme der später unter 5) anzugebenden gymnastischen Bewegungsformen.

Ein Punkt bedarf hier noch einer speziellen Erwähnung. Da nämlich gerade dieser Lebensperiode eine größere Reizbarkeit der Atmungsorgane, daher eine größere Neigung zu katarrhalischen Krankheiten aller Art eigen ist als den übrigen Lebensaltern, so sind die Meinungen der Ärzte darüber geteilt, ob es ratsamer sei, die Konsequenz des Genusses freier Luft auch in dieser Altersperiode ununterbrochen zu lassen, oder ob die Kinder jetzt vielmehr den kalten und trockenen Nord- oder Ostwinden, die bekanntlich am reizendsten auf die Atmungsorgane wirken, gänzlich zu entziehen seien. Urteilt man darin nicht nach einzelnen Fällen, die hinsichtlich des ursächlichen Zusammenhanges vorgekommener Erkrankungen unglaublich leicht täuschen, sondern nach Beobachtungen und Erfahrungen im allgemeinen, und vergleicht man die einschlagenden, in verschiedenen Verhältnissen und Zeiten gemachten Erfahrungen in unbefangener Weise miteinander: so gelangt man stets zu der Überzeugung, daß auch hier die Ununterbrochenheit der Konsequenz, also das Verfahren einer verständigen Abhärtung auch gegen diese Einflüsse immer noch das beste bleibt, was wir thun können. Die ängstliche Abschließung und Verwöhnung bringt in immer mehr wachsendem Verhältnisse die ernsten Gefahren, die man vermeiden möchte, als unvermeidliche Folge herbei. Entsprechend stufenweise Abhärtung ist der sicherste Schutz dagegen. Der Mensch schützt sich am meisten gegen alle feindseligen Einwirkungen der äußeren Einflüsse, wenn er das Feindselige derselben durch die Macht der allmählichen Gewöhnung schwächt, die auch hierin in einer unglaublichen Weise uns zu statten kommt. Der Mensch muß mit dem Klima, in welchem er lebt, sich möglichst vertraut machen und erhalten, da er sich dessen Einflüssen selbst durch volle Abgeschlossenheit nicht ganz entziehen, wohl aber dadurch die körperliche Widerstandskraft gegen dieselben bedeutend herabsetzen kann. Dies gilt auch vom Kinde, natürlich in einem der vorhandenen Entwickelungsstufe entsprechenden Verhältnisse. Sehr wohl ist ein solches Verfahren mit verständiger Vorsicht zu vereinigen. Diese verlangt, daß wir die Kinder allen äußeren Einflüssen aussetzen sollen, nur solange sie vollkommen gesund sind. In Berücksichtigung der vorwaltenden Disposition dieses Alters wird also auch der Vorsicht genügende Rechnung getragen, wenn wir bei kalten und trockenen Nord- und Ostwinden die Kinder der äußeren Luft jedesmal dann erst entziehen, sobald schon irgend eine Spur einer katarrhalischen Reizung, selbst nur ein leichter Schnupfen, bemerkbar ist. Mit dieser Vorsicht verbunden, und bei sehr scharfer Luft unter Beobachtung jener S. 29 empfohlenen Einteilung der täglichen Dauer des Luftgenusses auf mehrere einzelne Male, kann man den Grundsatz stets in voller Beruhigung geltend erhalten. Man hat dann nur noch darauf zu achten, daß die Kinder, obgleich sie stets in freier Luft möglichst in Bewegung zu erhalten sind, doch nicht durch vieles und anhaltendes Lachen oder Schreien oder durch übermäßige Bewegung ihre Atmungsorgane während dieser Zeit gewaltsam erregen.

3) Bäder und Waschungen.

Vom Beginne des zweiten Lebensjahres an genügt es, wöchentlich zweimal ein Wannenbad zu gebrauchen, wobei das zweckmäßigste Verfahren dasselbe bleibt, wie es S. 31 angegeben wurde, nur daß man jetzt auf eine Temperatur von + 25° R. herabgeht. An den übrigen Tagen mache man eine einfache Abwaschung der ganzen Körperoberfläche mit allmählich kühlerem Wasser. Vom dritten Jahre an sind die Wannenbäder entbehrlich. Von da an wird der Gesundheitszweck, welcher jetzt schon

entschiedener auf entsprechende Abhärtung hinzielen soll, durch kalte
Totalabreibungen am besten erfüllt. Man mache dieselben des Morgens
bald nach dem Aufstehen entweder täglich oder wenigstens wöchentlich
mehrmals in nachstehender Weise.

Bei einer Zimmertemperatur von mindestens + 14° R. stellt man das
Kind in ein flaches Fäßchen oder Wännchen, dessen Boden nur mit 1—2
Zoll Wasser von einer Temperatur zwischen 14 und 16° R. bedeckt zu
sein braucht. Hierein taucht man ein grobleinenes Tuch und umgiebt damit
einem Mantel ähnlich den ganzen Körper nebst Kopf, indem man sofort
reibend die ganze Körperoberfläche abwäscht. Auf diese Weise ist die kleine
Prozedur, die in einer Minute beendet ist, am einfachsten zu bewerkstelligen und daher unter allen Verhältnissen ausführbar. Krankheitsfälle
mit Störung des Allgemeinbefindens bedingen natürlich eine Ausnahme.

Von mehrfach wohlthätigem Einflusse sind die Sommerbäder im
Freien. Wo irgend die Gelegenheit dazu vorhanden, sollte man sie für
Kinder vom 5.—6. Jahre nie unbenutzt lassen. Zu dem heilsamen Einflusse der Bäder überhaupt tritt hier noch das als Gesundheitsmittel noch
nicht genug gewürdigte Luft- und Sonnenbad hinzu. Namentlich ist
der eigentümlich belebende Einfluß des Sonnenlichtes an sich (abgesehen
von der erwärmenden Eigenschaft) noch zu wenig erkannt. Das Sonnenlicht ist eine Grundbedingung des Gedeihens für alle organischen Wesen.
Man kann einer Pflanze alle übrigen Bedingungen ihres Gedeihens reichlich
gewähren: entzieht man ihr auf die Dauer vollständig alles Sonnenlicht, so
wird sie sich nach und nach grau verfärben und verwelken. Damit übereinstimmend ist das Vorkommen jener körperlich und geistig verkümmerten,
oft ganz vertierten Menschen (Cretinen) in den engen, sonnenarmen Thälern
der Hochgebirge. Es dürfte daher keine allzu gewagte Vermutung sein,
wenn man eine zeitweilige Einwirkung des Sonnenlichtes auf die ganze
Körperoberfläche als einen wichtigen belebenden Einfluß betrachtet. Auch
waren schon die alten Griechen und Römer damit bekannt. Sie wendeten
Sonnenbäder zur Kräftigung schwächlicher Kinder methodisch an.[*] —
An lieblichen Sommertagen lasse man also vor dem Bade eine Viertelstunde lang Luft und Sonne auf den entkleideten Körper der Kinder einwirken. Der Aufenthalt im Wasser wird aber meist zu sehr ausgedehnt.

---

[*] Ich lasse sie in der englischen Krankheit, bei skrophulösen und kümmerlich
entwickelten Kindern, auch schon in der Säuglingsperiode, regelmäßig gebrauchen,
und zwar stets mit sichtlichem Erfolge. Die Kinder werden in nach Mittag gelegenen Zimmern bei geschlossenen Fenstern so auf eine Matratze gelegt, daß die
Sonnenstrahlen den mit Ausnahme eines leichten Kopfschutzes ganz entkleideten
Körper abwechselnd von allen Seiten treffen. Dies geschieht an jedem sonnigen
Tage 1—2 mal, jedesmal, je nach der Kraft der Sonnenstrahlen, 10, 20—30 Minuten
lang. In der mittleren Zone ist der Stand der Sonne in den Monaten zwischen
März und Mitte Oktober dazu am geeignetsten.   S.

Behält man nur den Gesundheitszweck im Auge, so dürfen Kinder dieses Alters, selbst bei voller Sommerwärme, nie länger als 10 Minuten im Wasser verweilen. Bei etwas kühlerer Temperatur sind 4—6 Minuten, für Schwache 2 Minuten gerade genug. Man halte darauf, daß Kinder an das vollständige Untertauchen oder wenigstens Benetzen des ganzen Körpers einschließlich des Kopfes jedesmal beim Anfange des Bades sich gewöhnen, nach dem Bade aber tüchtig abtrocknen.

4) Schlaf.

Noch auf die ganze Länge dieser Periode, also bis zum 7. Jahre, soll man hinsichtlich der Dauer des Schlafes das Bedürfnis des Kindes ganz uneingeschränkt lassen. Dieses Bedürfnis richtet sich nach dem Zustande und der Entwickelung des Gehirnes und ist individuell verschieden. Erst wenn die Hauptentwickelung des Gehirnes vollendet ist, was mit dem 7. Jahre der Fall zu sein pflegt, treten in dieser Beziehung etwas andere Rücksichten ein, wie wir später sehen werden. Man hat jetzt nur darauf zu achten, daß die Ordnung der dem Kinde zur Gewohnheit gewordenen Schlafzeiten durch keinen äußeren Einfluß verändert, und der Schlaf selbst nicht gestört wird, und sodann, daß das Kind in der Gewohnheit gleich-mäßig auf dem Rücken liegend zu schlafen soviel wie möglich erhalten wird. Bei noch nicht falsch gewöhnten Kindern gelingt dies leicht, wenn sie beim Einschlafen stets so gelegt werden.

Die Rückenlage ist bezüglich der Gesundheitsrücksichten unstreitig die vorteilhafteste Lage im Schlafe. Nur bei eingewurzelter anderer Gewohnheit scheint sie weniger zuträglich. Sie allein macht volle Gleichseitigkeit der Lage möglich. Die ganze Körperlast ruht auf einer Fläche mit fester knochiger Unterlage, wobei keines der inneren Organe durch Druck, Säfte-stockung u. s. w. zu leiden hat*), und keinerlei einseitige Verbiegung des Knochengerüstes erfolgt. Ein Zusammenkrümmen des Körpers ist dabei nicht möglich. Die Rückenlage allein läßt ein freies und gleichseitiges Atmen zu, da beide Brusthälften gleich freien Spielraum haben. Alle diese Punkte sind gerade für die Ausbildung des noch in starkem Wachs-tume begriffenen Körpers von vielseitiger Wichtigkeit.

Wenngleich Kinder in der Regel einen ruhigeren Schlaf haben als Erwachsene, so ist doch auch bei ihnen ein ununterbrochenes Verharren in derselben Lage nicht immer zu erwarten. Man braucht sich aber deshalb

---

*) Bedenkt man, daß der Mensch in keiner anderen Situation so lange Zeit zubringt als in der schlafenden, so ist es wohl nicht zu bezweifeln, daß aus der-artigen nachteiligen, einseitigen Gewohnheiten Folgen hervorgehen können, die sich auf die ganze Lebenszeit erstrecken. Darin dürfte z. B. die bekannte Beobachtung, daß bei den meisten Menschen die eine Körperhälfte für örtliche Übel vorzugsweise empfänglich ist, in vielen Fällen ihre Erklärung finden.

keine Sorge zu machen. Den Gesundheitszwecken ist schon Genüge geschehen, sobald nur das Kind den größten Teil der Schlafzeit in der richtigen Lage zubringt. Ein ausnahmweises leichtes Wenden nach der Seite kann man unbedenklich gestatten; nur muß man darauf sein Augenmerk richten, daß bei diesen jeweiligen Lageveränderungen keine Körperseite vor der anderen bevorzugt wird, und, wenn nötig, regulierend nachhelfen. Achtet man darauf nicht, so bildet sich leicht eine einseitige Gewohnheit, die, einmal vorhanden, schwer zu beseitigen ist und dann die oben angedeuteten Nachteile mit sich führt.

Alle Einflüsse, welche überhaupt die Tiefe und Ruhe des Schlafes stören, beeinträchtigen natürlich auch das gleichmäßige Ausharren in derselben Lage während des Schlafes. Hierher gehört vor allem Mangel körperlicher Ermüdung, wie ihn das Stubenleben der meisten Stadtkinder mit sich bringt. Ältere, sich selbst mehr überlassene Kinder finden noch eher, als die Kinder dieser Altersperiode, Gelegenheit, auf diese oder jene Weise sich auszutummeln. Auch trägt bei schulfähigen Kindern die geistige Ermüdung, welche jüngeren Kindern fast gänzlich abgeht, zur Schlaferzeugung bei. Es gehören ferner hierher starke, besonders geistige Erregungen unmittelbar vor der Schlafzeit. Wird eine solche Erregung, wie sie durch manche Spiele, durch Unterhaltungen und Erzählungen erzeugt wird, welche die kindliche Phantasie in ungewöhnlicher Weise reizen, mit in den Schlaf hinübergenommen, so hat das Kind eine unruhige, mit vielem Hin- und Herwerfen verbundene Nacht, und ist bei häufiger Wiederholung eine krankhafte Gehirnüberreizung zu befürchten. Besonders hüte man sich vor Mord- und Gespenstergeschichten. Daher soll man darauf halten, daß die Kinder am Tage sich genügend ermüden, aber wenigstens die letzte Stunde vor Schlafengehen in einer leichten, ruhigen, mehr mechanischen Beschäftigung zubringen. — Auch das Nichtheizen der Schlafzimmer begünstigt die Tiefe und Ruhe des Schlafes.

Endlich ist noch zu bemerken, daß, wenn es nicht schon früher geschehen ist, wenigstens vom zweiten Lebensjahre an, dem Kinde eine Matratzenunterlage gegeben werden muß. Eine solche ist sowohl aus allgemeinen Gesundheitsrücksichten, als insbesondere wegen der nur so möglichen Sicherung einer bestimmten Lage des Körpers und seiner einzelnen Teile einer Bettunterlage stets vorzuziehen. Der Kopf liegt am besten auf einem niedrigen keilförmigen Matratzenkissen, so daß er in eine nur etwa um 3—4 Zoll erhöhte Lage kommt. — Als Zudecke ist im Winter eine mit Leinwand überzogene wollene Decke, in der milden Jahreszeit eine wattierte Decke am entsprechendsten. — Auch unterlasse man nicht das tägliche Auslüften der einzelnen Bettstücke. Häufig ist der Gebrauch, das Nachtlager, sofort nachdem es in Ordnung gebracht ist, zu verdecken und so der Einwirkung der Luft zu verschließen. Es leuchtet ein, daß dann

die im Innern des Bettes sich verhaltenden und anhäufenden Hautaus-
dünstungsstoffe die in der Nachtzeit einzuatmende Luft verunreinigen. Diese
Gesundheitsrücksicht ist wegen ihrer dauernden Einwirkung von entschiedener
Bedeutung.

5) Bewegung.

Bewegung ist das Element des körperlichen Lebens, eine der Grundbedingungen des Gedeihens und der normalen Entwickelung. Der natürliche Trieb dazu durchdringt in seiner vollen Lebendigkeit das ganze Wesen
des Kindes noch so sehr, daß es fast gar keiner Anregung dazu, sondern
nur der Fernhaltung von Hindernissen und einer angemessenen Leitung
bedarf, um diesem natürlichen Bedürfnisse volles Genüge zu verschaffen.

In der Regel um die Zeit des beginnenden zweiten Lebensjahres ist
die Entwickelung des Kindes soweit vorgeschritten, daß es einen lebhaften
Trieb zu aller Art selbständigen Bewegungen zu erkennen giebt, zunächst
zum Greifen und dann am meisten zu selbständiger Ortsbewegung —
zum Gehen. Hierbei sind manche Punkte zu beachten, da durch allzu
große Behilflichkeit und Ungeduld der Mütter und Wärterinnen sich verschiedene nachteilige Maximen eingeschlichen haben, die besonders in
allerhand künstlichen Unterstützungsmitteln und Gehversuchen bestehen.

Bevor überhaupt irgend ein Gehversuch mit dem Kinde vorgenommen
wird, muß der Zeitpunkt abgewartet werden, wo es durch immer und
immer wiederholte entsprechende Gebärden und Bewegungen ganz entschieden zu erkennen giebt, daß es die dazu nötige Festigkeit und Kraft
besitzt. Durch jeden vorzeitigen Gehversuch riskiert man sowohl Verbiegungen der Rückgrats- oder der Fußknochen, welche die der Körperlast
entsprechende Festigkeit noch nicht besitzen, als auch übermäßige Ausdehnung der Bänder sämtlicher Rücken- und Fußgelenke und somit
Verunstaltung der Gelenkverbindungen, weil die zum Schutze der Gelenke
beitragenden Muskeln der erforderlichen Kraft ebenfalls noch ermangeln.

Verwerflich sind alle künstlichen Unterstützungsmittel, wie: Gehkörbe,
Gehgürtel, Gehzäume u. s. w., wegen des damit mehr oder weniger verbundenen An- oder Zusammendrückens der Brust. Die einzige unschäd-
liche Unterstützung ist das vorsichtige und gleichmäßige Unterfassen beider
Schultern des Kindes, wobei diese, während das Kind auffußt, auf den
Händen der Wärterin wie auf Krücken ruhen. Doch bedarf es gar keiner
direkten Unterstützung. Die naturgemäßeste, einfachste und sicherste Art,
dem Kinde zur Fertigkeit des Gehens zu verhelfen, ist folgende:

Sobald jener Zeitpunkt gekommen ist, wo das Kind durch deutliche
Zeichen die Kraft und den Trieb zum Gehen zu erkennen giebt, setzt man
es oft auf einen breiten und weichen Teppich auf den Boden, daneben
einen feststehenden Sessel, damit sich das Kind daran halten könne, und
enthält sich jeder direkten Unterstützung: es wälzt sich, rutscht, kriecht

mit Händen und Füßen, und ehe man es vermutet — steht es auf den Füßen. Um dem Kinde das nötige Selbstvertrauen zu verschaffen, stellt man es einigemal angelehnt in die Ecke des Zimmers, hält ihm einige Schritte davon die ausgebreiteten Arme entgegen, auf die es dann mit triumphierender Freude losgehen wird. Bedarf es dann noch einige Zeit der Unterstützung durch Führung an einer Hand, so muß stets dabei eine gleichmäßige Abwechselung zwischen rechts und links beobachtet werden, da die Arm- und Schultermuskeln des Kindes an der erfaßten Seite in erhöhter Thätigkeit sich befinden, woraus bei Unterlassung des Wechsels mit der Zeit Ungleichheit in der Gewöhnung und Entwickelung der beiden Körperseiten hervorgehen würde. — Ein zweckmäßiges Schutzmittel gegen Verletzung beim Fallen, solange die Kinder auf den Füßen noch nicht sicher sind, ist die unter dem Namen Fallhut bekannte Vorkehrung, die aus einem kreisförmigen Strohgeflechte besteht und den oberen Teil des Kopfes ganz frei läßt.

Eine ganz abscheuliche Gewohnheit vieler Pflegerinnen ist die, daß sie das an der Hand geführte Kind, wann es strauchelt, heftig an der gefaßten Hand an sich und zugleich hoch in die Luft ziehen. Verstauchungen des Ellbogens oder des Oberarmes bleiben oft für Lebenszeit dem so verkehrt geschützten Kinde zurück. — Wer nur einigermaßen mit der bewunderungswürdigen Statik und Mechanik des menschlichen Körpers vertraut ist, begreift leicht, daß beim Gehen von der bestimmten Art der Fußstellung das Feste, Straffe, Sichere, Edle des Ganges, wie umgekehrt auch das Gegenteil von allem dem abhängt, daß dadurch auch die Stellung und Haltung des ganzen Oberkörpers, die ganze körperliche Erscheinung des Menschen bedingt wird. Und zwar ist dies nicht bloß in ästhetischer, sondern auch in gesundheitlicher Hinsicht wichtig, ganz besonders für den kindlichen Körper, weil sonach die Fußstellung auch auf die Form und Ausbildung des Oberkörpers und verschiedener lebenswichtiger einzelner Organe von indirekt bedeutendem Einflusse ist.

Um nun zu wissen, von wo an die Fußstellung als eine falsche und nachteilige zu betrachten sei, müssen wir uns die normale recht genau vergegenwärtigen. Diese ist folgende:

Gemäß dem Baue des menschlichen Fußes und gemäß der Gestalt und Haltung des ganzen Körpers muß der Fuß beim Gehen auf ebenem Boden im ersten Momente mit der Ferse, im unmittelbar darauf folgenden mit der äußeren Fußkante und im letzten Momente, beim Abstoßen des Fußes, mit dem vorderen Teile der inneren Fußkante (dem Ballen der großen Zehe) auf dem Boden auftreffen. Die Fußsohle muß also in diesen drei Momenten zusammengenommen fast ihrer ganzen Breite nach die Körperlast tragen, indem sich der Schwerpunkt des Körpers in der Richtung von dem hinteren und äußeren nach dem vorderen und inneren

Teile der Fußsohle über dieselbe gleichsam hinwegwälzt. Hierzu ist nun
das Auswärtsstellen der Füße erforderlich, und zwar in dem Verhältnisse,
daß beide Füße einen halben rechten Winkel miteinander bilden.

Fig. 1.

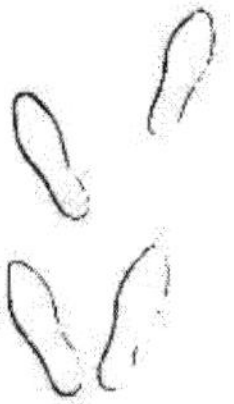

So nur ist die volle Festigkeit und Sicherheit des
Ganges möglich, nur bei einer solchen Fußstellung kann
auch der übrige Körper, indem er dadurch die entsprechend
breite Grundfläche für sein Gewicht erhält, eine richtige,
straffe Haltung behaupten. Daß diese die normale Fußstellung ist, geht auch daraus hervor, daß nach genauen
Berechnungen die Muskeln, welche den Fuß nach außen
drehen, die entgegengesetzt wirkenden Muskeln um mehr
als das Doppelte an Kraftäußerung überwiegen. Die normale Schrittlänge
für den festen, straffen und edlen Gang beträgt gerade das Doppelte
der Fußlänge. Durch zu kurze Schrittlänge wird der Gang trippelnd
und macht den Eindruck der Ängstlichkeit oder der Ziererei; durch zu
große Schrittlänge wird der Gang schiebend und macht den Eindruck
der Schlaffheit und Charakterlosigkeit. — Bei dem Laufen (Trott)
und Springen (Galoppbewegung) der Füße unterscheidet sich die normale
Stellung der Füße von der beim Gehen nur dadurch, daß jenes erste
Moment ausfällt (denn durch Aufsetzen der Ferse würde hierbei die Bewegung wesentlich erschwert, und dem Rücken und dem Kopfe in der
Dauer eine nachteilige Erschütterung zugefügt werden); und daß der Übergang vom zweiten zum dritten Momente weit schneller erfolgt als bei der
Gehbewegung. Für das Laufen und Springen ist also die normale Stellung
und Haltung der Füße diejenige, wobei die Körperlast nur auf den vorderen
Teil der Füße und zwar auf diejenige schräge Linie fällt, welche von den
Ballen sämtlicher Zehen gebildet wird.

Alle Abweichungen von den hier angegebenen normalen Fußstellungen
sind nun nicht etwa bloß Schönheitsfehler (wenngleich schon als diese nicht
unwichtig), sondern haben, namentlich im frühen kindlichen Alter, auch
insofern recht ernste Bedeutung, als daraus sehr leicht bleibende Bildungsfehler der Fußgelenke und Fußknochen hervorgehen, und als sodann dadurch
auch eine größere Disposition zu Verrenkungen der Fußgelenke, sowie zur
Entstehung von schmerzhaften Schwielen und Hühneraugen gegeben ist.
Außerdem wird dadurch, wie bemerkt, auch indirekt eine schlaffe und unsichere Haltung des ganzen Oberkörpers bedingt, mithin mancher sekundäre
Nachteil für den Wuchs und die Ausbildung des Körpers veranlaßt.

Höhere Grade fehlerhafter Fußstellung sind allerdings sofort für das
Auge eines jeden Beobachters leicht erkennbar. Nicht so die geringeren
Grade derselben in ihren verschiedenen Abstufungen. Indes giebt es auch
für diese ein untrügliches Erkennungsmittel. Dies ist nämlich die Art

und Weise, wie sich die Sohlen des Schuhwerkes abnutzen. Bei normaler Fußstellung nutzen sich diese an allen Stellen, auf welche der Druck der Körperlast fallen muß, nämlich: an der Ferse, am äußeren und inneren Zehenballen und in der ganzen Breite zwischen beiden letzteren, ganz gleichmäßig ab. Wo also die Abnutzung an einer dieser Stellen eine ungleiche ist, kann man sicher auf eine entsprechende fehlerhafte Fußstellung schließen.

Die bei weitem häufigste Art dieser Normwidrigkeiten ist die Einwärtsstellung der Füße, wobei der Druck der Körperlast beim Gehen vorzugsweise auf die äußere Fußkante fällt. Diejenigen Fälle, in welchen angeborene Bildungsfehler (wie die Klumpfußbildung in ihren verschiedenen Abstufungen) die Ursache dieser falschen Fußstellung sind, gehören nicht in das Bereich dieser Schrift. Wir haben hier nur insoweit die Einwärtsstellung der Füße zu besprechen, als dieselbe aus übler Gewohnheit entsteht, und es noch nicht bis zu einer festen Verbildung der Fußform gekommen ist.

Am leichtesten und sichersten läßt sich einer solchen Gewohnheit vorbeugen, wenn man das Kind schon in der ersten Zeit des Fußaufsetzens, während des Gehenlernens und in der ersten Zeit nachher, in dieser Hinsicht scharf im Auge hat, d. h. alles entfernt, was vielleicht im Schuhwerke oder sonst darauf nachteilig einwirkt, und durch entsprechendes Stellen und Manipulieren der Füße regulierend nachhilft. Höchst tadelnswert sind auch in dieser Beziehung, dann aber auch im Einflusse auf die Stellung des Beckens, die hohen Absätze und die, zumal in der Gegend der Zehen, zu engen Schuhe. Manche Eltern und Erzieher sind, zumal die geizigen, daran zu erinnern, daß der kindliche Fuß nicht nur wächst, sondern auch sehr weich ist.

Hat sich aber die Gewohnheit der Einwärtsstellung schon gebildet, und ist das Kind einige Jahre alt geworden, so suche man die Aufmerksamkeit und das Interesse für die Sache im Kinde selbst so viel wie möglich zu wecken: durch Hinlenkung der kindlichen Ambition, durch kleine Belohnungen und Bestrafungen, durch tägliche, zu bestimmten Zeiten vorzunehmende Gehübungen, wobei die Aufmerksamkeit einzig und allein auf das Gehen selbst gelenkt wird. Bei gut gezogenen, an unbedingten Gehorsam gewöhnten Kindern wird man durch Ausdauer auf diese Weise nach und nach meistens zum Ziele gelangen können. Ist dies aber nicht der Fall, so lasse man an dem inneren Rande des Schuhwerkes von der Ferse an bis in die Gegend, wo der Ballen der großen Zehe anfängt, stärkere Lederstreifen in der Weise anbringen, daß jedes Einwärtswenden des Fußes erschwert und für das Gefühl unangenehm gemacht, somit ein immerwährendes, auf diesen Zweck abzielendes Erinnerungsmittel gewonnen wird.*)

---

*) Hierbei sei bemerkt, daß wegen der Entwickelung und Erhaltung einer guten Bildung und Beschaffenheit der Füße überhaupt, ganz besonders aber für Kinder,

Reicht aber auch dieses nicht aus, so muß man zu kleinen Fußschienen seine Zuflucht nehmen. Am einfachsten und zweckmäßigsten werden sie für diesen Fall so konstruiert, wie es die beistehende Abbildung veranschaulicht:

Fig. 2.   Fig. 3.

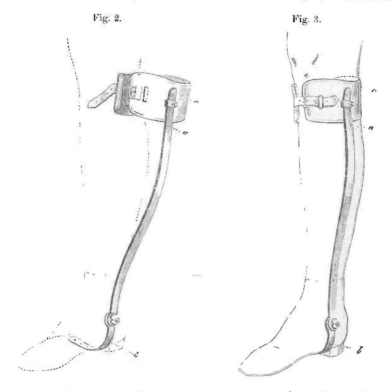

ab ist ein eisernes Schienchen, in b an der äußeren Kante fest in die Sohle des Schuhes eingearbeitet, c ein mit einer Schnalle versehener, auf seiner inneren Seite weich wattierter Ledergurt. Die Schiene steht vermöge ihrer etwas stumpfwinkeligen Biegung so an dem äußeren Rande des Schuhes, daß sie, wenn die Schnalle des Ledergurtes noch offen ist (Fig. 2), mit ihrem oberen Ende a vom Knie weit absteht. Wenn nun die Schnalle um den Fuß geschlossen und angezogen wird (Fig. 3), so wird dadurch der Fuß durch die Hebelkraft der in b stumpfwinkelig gebogenen Schiene in beliebigem Grade nach außen gezogen und in dieser Stellung erhalten.

einbälliges, jedem einzelnen Fuße genau angepaßtes Schuhwerk unbedingt den Vorzug verdient; denn einmal sind bei sehr vielen Menschen die Füße nicht an allen einzelnen Punkten ganz gleichmäßig gebildet, und sodann, wo dies auch der Fall, sind doch die Umrißverhältnisse des rechten und linken Fußes einander entgegengesetzt, was auf den Sitz des Schuhwerkes natürlich nie ohne Einfluß bleiben kann.

Das Kind wird dadurch genötigt, zugleich seine Fußmuskeln zur Auswärtsstellung des Fußes mitwirken zu lassen; denn thut es das nicht und überläßt sich beim Gehen passiv der mechanischen Gewalt der Schiene, so wird der dadurch verstärkte Druck des Ledergurtes am Unterschenkel sehr bald durch das unangenehme Gefühl zum Mitgebrauche der Muskeln auffordern. Ist die falsche Fußstellung noch nicht sehr eingewurzelt und ungewöhnlich hartnäckig, so sind in der Regel wenige Monate eines konsequenten Gebrauches der Schiene zur Erreichung des Zieles hinlänglich. Nur mache man im Anfange in dem Grade, wie man die Schiene wirken läßt, allmähliche unmerkliche Übergänge, denn außerdem wird die Einwirkung schmerzhaft, dadurch Unterbrechung des Gebrauches veranlaßt, und somit die Erreichung des erwünschten Zieles verzögert und mehrfach erschwert.

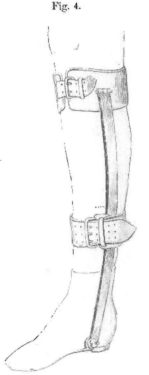

Fig. 4.

Eine andere, wiewohl ungleich seltnere fehlerhafte Fußstellung ist die, wobei der Fuß zu sehr nach außen gewendet ist und vorzugsweise mit seiner inneren Kante sich auf den Boden aufsetzt. Die äußere Fußkante ist neben ihrer Richtung nach außen zugleich nach oben gewendet. Die falsche Fußstellung ist jener bei Einwärtsstellung der Füße gerade entgegengesetzt. Wo diese falsche Stellung nicht durch wirkliche Bildungsfehler des Fußes bedingt, sondern eben nur Haltungsfehler ist, wird man ebenfalls zuerst das entsprechende häufige Stellen und Manipulieren des Fußes, Gehübungen in der oben bemerkten Weise, oder die Anwendung stärkerer Lederstreifen an dem äußeren Rande des Schuhwerkes versuchen können. Kommt man damit nicht zum Ziele, so muß auch hier ein Schienchen, und zwar in der, Fig. 4 angegebenen Weise angebracht werden.

Es ist eine parabolisch und ohne jene Winkelbiegung geformte Schiene, welche ebenfalls mit der äußeren Kante der Sohle verbunden, aber nicht wie jene in der Fläche der Sohle fortläuft, sondern eben an der Kante endet und ebenso am Unterschenkel mittels eines Ledergurtes angeschnallt wird. Vermöge ihrer parabolischen Biegung und des in der Mitte angebrachten, fest anzuziehenden zweiten Gurtes wirkt sie der nach oben und außen gerichteten Drehung des äußeren Fußrandes direkt entgegen und nötigt demnach den Fuß zum gleichmäßigen Auftreten mit der ganzen Breite der Sohle.

Beide Arten von Schienen sind übrigens, wenn sie gut gearbeitet sind, für den Fuß leicht zu tragen und lassen sich auch, wenn dies gewünscht wird, durch etwas weite Beinkleider dem Blicke fast gänzlich entziehen. Oft — und zwar infolge vorzeitigen Auftretenlassens des Kindes oder auch ohne dieses bei zu bedeutender Schwere des Körpers und mangelhafter Ernährung der Knochen — wird der Gang erschwert und verunstaltet durch Krümmung der Unterschenkel nach außen (Fig. 5 —

Eig. 5.   Fig. 6.

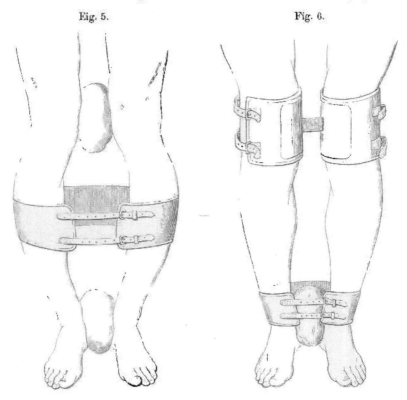

sogenannte O-Beine) oder durch Einwärtsbiegung der Kniegelenke (Fig. 6 — sogenannte X-Beine). Werden auch diese Formfehler durch das spätere Wachstum manchmal allein ausgeglichen, so ist es doch nie ratsam, es darauf ankommen zu lassen. Schreitet man gleich anfangs dagegen ein, so genügen nachstehende, nur zur Nachtzeit einige Monate hindurch anzuwendende einfache Vorkehrungen.

Fig. 5: zwischen die Kniee und Knöchel je ein weiches Kissen, um die gebogenen Unterschenkel ein weich wattierter Ledergurt, der so fest, als es dem Kinde verträglich, zusammengebunden wird. Fig. 6: eine Kniespreize von Blech mit Leder überzogen, inwendig stark wattiert; der ebenfalls wattierte untere Ledergurt wird fest um die Knöchel gezogen, sobald die Kniee in der Spreize befestigt sind.

Von da an nun, wo die Entwickelung des Kindes bis zu freier körperlicher Selbständigkeit vorgeschritten ist, möge ihm jede nur irgend statthafte Gelegenheit, seine Muskelkräfte durch Übung zu vervollkommnen, gegönnt werden: durch Gehen, Laufen und allerhand Spiele, die mit angemessener Körperbewegung verbunden sind, soviel wie möglich im Freien, im Sommer, wo thunlich, nach Ablegung der Schuhe und Strümpfe; hierzu wählt man einen passenden Ort (einen Sandplatz, eine Waldwiese oder den Seestrand), aber auch im Hause. Doch ist dieses alles für die Sicherheit einer harmonischen körperlichen Ausbildung noch nicht genügend. Das Ziel einer allseitig gleichmäßigen Aus- und Durchbildung des Körpers in seinen verschiedenen Teilen läßt sich nur erreichen durch regelmäßige Vornahme anatomisch-systematischer, sogenannter gymnastischer Bewegungsformen. Ein Schema derselben, wie sie dem Alter von 4—7 Jahren beiderlei Geschlechtes in jeder Beziehung am entsprechendsten sind, ist auf den nächstfolgenden Seiten zusammengestellt. Diese Bewegungen sind ganz besonders für Kinder der Großstädter ein dringendes Bedürfnis und vorzüglich geeignet, der körperlichen Verkümmerung der heranwachsenden Generationen wieder aufzuhelfen. Sie sind die Grundformen aller Haltungen und Bewegungen des Körpers, wahre Gesundheits- und Schönheitsmittel. Letzteres besonders dadurch, daß sie die Hinleitung der Willensthätigkeit gleichmäßig nach allen Muskeln frei machen, diese also unter die Herrschaft jener, und das Muskelgefühl zum Bewußtsein bringen, somit Sicherheit in der Abschätzung der Leistungsfähigkeit erzeugen und alle Haltungen und Bewegungen harmonisch runden und veredeln.

Gebrauchsregeln. 1) Diese Bewegungen dürfen nie anders als unter den Augen einer erwachsenen Person vorgenommen werden, damit sie in gemessener Ruhe, straff (mit möglichster Muskelanspannung), vollkommen gleichseitig (ohne Vernachlässigung einer oder der anderen Körperhälfte) und überhaupt genau den Abbildungen gemäß zur Ausführung kommen, denn nur so erfüllen sie den Zweck. Wesentlich ist es, den Sinn der Kinder dafür auf alle mögliche Weise rege zu erhalten. 2) Die Erholungsaugenblicke zwischen den einzelnen Bewegungen benutze man zur Übung im ruhigen vollen Tiefatmen, dessen Wichtigkeit für Gesamtausbildung der Brustorgane, die gerade der gegenwärtigen Jugend so sehr mangelt, nicht genug hervorgehoben werden kann. Vorausgesetzt wird dabei möglichst reine Luft der Umgebung: wo es geht, im Freien, oder wenigstens in gutgelüfteten Räumen. 3) Die passendste Tageszeit ist vor dem Frühstücke oder vor dem Mittagessen. Unmittelbar nach

Beendigung der Bewegungsreihe ist eine kurze Ruhe in der Rückenlage dem kindlichen Körper recht dienlich. 4) Als feste Regel ist wöchentlich 2—3 malige Ausführung dieser Bewegungen zu betrachten. Außerdem können einige derselben an solchen Tagen, wo die Gesamtsumme der anderweiten Bewegung eine zu geringe war, als zweckmäßige Ergänzung (dann vor dem Abendbrote) eingeschaltet werden.

Fig. 7—24.

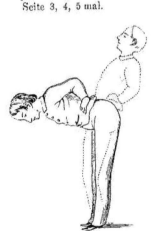

Kopfwenden nach jeder   Armkreisen 4, 6, 10 mal.   Kopfkreisen 5, 10, 15 mal.
Seite 3, 4, 5 mal.

Rumpfbeugen vor- u. rückwärts   , Ellbögen zurück   Rumpfbeugen seitwärts
5, 10, 15 mal hin und her.   4, 6, 8 mal.   10, 15, 20 mal hin und her.

Armstoßen nach außen 5, 10,   Armrollen 15, 20, 25 mal.
15 mal.

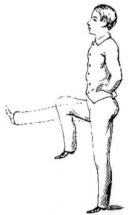

Beinkreisen, mit jedem Beine   Knie-Strecken und -Beugen nach vorn
2, 3, 4 mal.   3, 4, 5 mal mit jedem Beine.

5*

 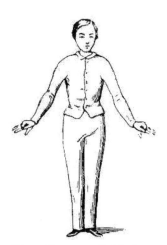 

Rumpfwenden 5, 10,   Finger-Beugen und -Strecken   Beinrollen 10,
15 mal hin und her.   6, 8, 10 mal.   15, 20 mal.

Armstoßen nach vorn   Fuß-Strecken und -Ben-   Knie-Strecken und -Beugen
5, 10, 15 mal.   gen 10 15, 20 mal mit   nach hinten 4, 6, 8 mal
                        jedem Fuße.   mit jedem Beine.

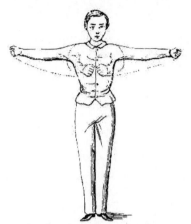 

Auseinanderschlagen der Arme
4, 6, 8 mal.

Niederlassen 4, 8, 12 mal
auf und nieder.

Erläuterungen. Die Aufeinanderfolge der Bewegungen ist so eingerichtet, wie es die Rücksicht auf passende Abwechselung der Muskelthätigkeit verlangt. Ließe man dieselben Muskelgruppen zu anhaltend hintereinander an die Reihe kommen, so würde bei dem hier vorausgesetzten Bestreben, jede Bewegung so vollkräftig wie möglich auszuführen, eine Überreizung einzelner Muskeln möglich sein, die, obschon ohne wesentliche Bedeutung, namentlich bei Kindern vermieden werden muß, um ihnen nicht die Neigung zur ganzen Sache durch irgend eine zurückbleibende unangenehme Empfindung zu verleiden. — Die jeder einzelnen Bewegung beigefügten drei Zahlen bezeichnen die drei Grade der allmählichen Steigerung. Nach 1—2 Monaten kann man, jedoch unter steter Berücksichtigung der vielleicht durch individuelle Verhältnisse bedingten Abweichungen, von einem Grade zum anderen übergehen. Nur ist der dritte Grad im allgemeinen als die volle, nicht weiter zu überschreitende Dosis zu betrachten. Dabei muß das Kind gehörig genährt werden und sich der mit Essig bereiteten, das Blut verarmenden Speisen enthalten.

6) Bekleidung.

Die gesundheitliche Bedeutung der Körperbekleidung besteht darin, den nötigen Schutz gegen äußere nachteilige Einwirkungen zu gewähren und besonders dem Körper den zu seinem Wohlbefinden nötigen Wärmegrad zu sichern. Da aber der Wärmegrad des Körpers zunächst abhängt von der inneren Wärmeentwickelung, und diese verschieden ist, je nachdem der Körper sich in Thätigkeit oder Ruhe befindet, so muß natürlich auch die Bekleidung nicht nur der äußeren Temperatur, sondern auch den verschiedenen Situationen, in welchen sich der Körper befindet, angemessen sein, wenn das Zuviel wie das Zuwenig vermieden werden soll.

So sehr nun eine vernünftige und naturgemäße Abhärtung als einer der zu erstrebenden Zielpunkte der Kindererziehung zu betrachten ist, so ist doch dieselbe keineswegs so zu verstehen, als wenn damit ein maßloses Entziehen äußerer Wärmemittel gemeint sei. Die vernünftige und naturgemäße Abhärtung erstreckt sich mehr auf das Vertragenlernen einer bald vorübergehenden Einwirkung einer Wärmedifferenz, als auf ein Gewöhnen an andauerndes Ertragen einer solchen. Zwar vermag auch dagegen die Gewöhnung den Körper sehr oft gleichsam abzustumpfen, indem sonst zu erwartende Nachteile der Art danach nicht eben bemerklich werden. Doch leidet der Körper durch jede anhaltend einwirkende, einen gewissen Grad überschreitende und nicht alsbald ausgleichbare Wärmedifferenz stets, wenn auch nur durch nicht immer sogleich bemerkbare Herabsetzung oder Erschöpfung der gesamten Lebensthätigkeit, sobald, bei äußerer Kälte, nicht für ausgleichende Wärmeentwickelung durch entsprechende gleichzeitige Bewegung, bei äußerer Hitze, nicht für Mäßigung der inneren Wärmeentwickelung gesorgt wird. Einzelne Teile oder Stellen des Körpers, z. B. Kopf und Hals, oder Hände und Füße, kann man unbeschadet der allgemeinen Gesundheit auch gegen andauernde Einwirkung der Kälte wie der Hitze ohne besondere Ausgleichung wohl abhärten, nicht aber die Körperoberfläche in solchem Umfange, daß das Maß der körperlichen Gesamttemperatur alteriert wird. Dies ist wohl zu unterscheiden.

Kleine Temperaturdifferenzen, ein leichtes Frost-, ein leichtes Hitzegefühl, müssen die Kinder aber auch jetzt schon durch Gewöhnung gut vertragen lernen. Man richte ja nicht die Bekleidung der Kinder ängstlich nach jeder, auch der kleinsten Schwankung des Thermometers, sonst verfällt man in den Fehler der Verweichlichung. Vielmehr mache man die Kinder frühzeitig mit den eigenen natürlichen Waffen gegen die äußeren Einflüsse bekannt und ermuntere sie, dieselben wacker zu gebrauchen, z. B. bei Frostgefühl tüchtige Bewegung u. s. w. — Beinkleider lege man den Knaben möglichst spät, den Mädchen überhaupt nur unter zwingenden Verhältnissen an, wollene nur im Winter; harte, steife Nähte und Falten dürfen nicht die zarten Schamteile reizen. Die Erhitzung der betreffenden Gebilde durch zu warme Einhüllung straft sich leicht durch vorzeitig erweckte unkindliche Angewöhnungen.

Unter Beobachtung dieser Rücksichten wird das nach beiden Seiten hin gleich richtige Maß der Bekleidung stets leicht zu treffen sein. Die individuellen Verschiedenheiten der Kinder und die danach nötigen Modifikationen des Verfahrens müssen wie überall so auch hier immer im Auge behalten werden. Das Wärmebedürfnis der Erwachsenen wird insofern nicht als unbedingter Maßstab festgehalten werden können, da einesteils unter ihnen die Gewöhnung eine zu verschiedene ist, anderenteils aber der regere Stoffwechsel im kindlichen Körper eine lebhaftere Wärmeerzeugung, mithin ein etwas geringeres Bedürfnis äußerer Erwärmung bedingt, als es bei Erwachsenen der Fall ist. Daher sind alle intensiv wärmenden Kleidungsstücke, namentlich alle Art Pelzwerk, vom kindlichen Körper durchaus fernzuhalten. Wollene Stoffe lasse man nicht unmittelbar auf der Haut tragen, sie wird dadurch zu empfindlich und verwöhnt. Für das ganze kindliche Alter halte man die Regel fest, den Hals konsequent frei (vgl. S. 35) und den Kopf nur im Freien leicht bedeckt tragen zu lassen. Die Schleier der Mädchen sind zu mißbilligen, teils weil sie Verwöhnungsmittel für alle Teile des Gesichtes sind, teils weil sie durch die feingitterigen Unterbrechungen des Sehfeldes der Sehkraft nachteilig werden.

Da die Bekleidungsweise der Kinder dieses Alters, hinsichtlich ihres mechanischen Einflusses auf den Körper und ihrer danach zu bestimmenden gesundheitgemäßen Beschaffenheit, größtenteils noch von ernstlichen Mißbräuchen, namentlich dem Zwange der Modesucht verschont ist, so wollen wir alles hierauf Bezügliche erst im betreffenden Artikel des dritten Teiles dieser Schrift im Zusammenhange besprechen, woselbst das auch schon auf die gegenwärtige Altersstufe Anwendbare nachzusehen ist.

7) Körperform, Haltungen und Gewohnheiten.

In dieser Beziehung treten jetzt, bei der zunehmenden Selbständigkeit des Kindes, noch mehr Punkte in den Kreis der Beachtung, als es während der ersten Altersstufe der Fall war. Nächst den bei der Lage im Schlafe und beim Gehen bereits besprochenen Körper- und Fußstellungen sind hier noch folgende spezielle Punkte ins Auge zu fassen.

Zuvörderst ist bei der sitzenden Stellung darauf zu achten, daß die Kinder stets gerade und gleichseitig aufsitzen, also auf einer genau wagerechten Fläche und mit beiden Körperhälften gleichmäßig, weder mit der rechten noch mit der linken Seite angelehnt, so daß der Schwerpunkt des Körpers genau in die Mittellinie desselben fällt. Ist letzteres nicht der Fall, so muß sich begreiflicherweise das Rückgrat nach einer Seite hin ausbiegen, die Hüfte schief gestellt, und somit die Haltung des ganzen Oberkörpers eine ungleichseitige sein. Aus einer häufigen Wiederholung solcher Stellungen gehen natürlich nach und nach Bildungsfehler hervor. Da alles Ungewöhnliche für Kinder einen besonderen Reiz hat, selbst wenn es der Bequemlichkeit zuwider ist, so findet man häufig, daß sie derartigen ungewöhnlichen und unbequemen Sitzen den Vorzug geben und namentlich gern ungleich, d. h. seitwärts und nur mit einer Hüfte, sich aufsetzen. Daher wird bei den meisten Kindern auch in dieser Hinsicht eine achtsame Nachhilfe von seiten ihrer Beaufsichtigung nötig sein.

Ein fernerer Gegenstand der Beachtung ist der, daß die Kinder nie länger in der sitzenden Stellung verharren, als sie durch Frei- und Straffsitzen das Vorhandensein der dazu erforderlichen Kraft zu erkennen geben. Sobald sie anfangen sich anzulehnen (was übrigens nie anders als mit der ganzen Rückenbreite geschehen muß, nicht etwa bloß nach einer Seite) oder den Rücken zusammensinken zu lassen, so ist es Zeit, die sitzende Stellung wenigstens für einige Augenblicke mit der vollständig ruhenden, liegenden Stellung zu vertauschen. Wenn dies nicht geschieht, sondern derlei unpassende Körperhaltungen bei ermüdeten Rückenmuskeln sich öfters wiederholen, andauernd vorkommen und endlich zur Gewohnheit werden, so ist die natürliche Folge, daß die noch zarten Gelenkverbindungen der Rückgratsknochen durch übermäßige Ausdehnung ihre Elastizität verlieren, und irgend eine normwidrige Rückenform bleibend wird.

Nächstdem verlangt das Stehen unsere Aufmerksamkeit. Wenngleich Kinder dieses Alters nicht leicht lange und ununterbrochen in der stehenden Situation zu verharren pflegen, so macht sich doch der Einfluß eines falschen Verhaltens dabei durch die häufigen Wiederholungen geltend. Eine gewöhnliche Unsitte ist das Stehen auf einem Fuße, wobei der andere Fuß nur hängend den Boden berührt und der ganze Oberkörper in eine schlaffe und ungleichseitige Haltung versetzt wird. Der Schwerpunkt des Körpers fällt dann nicht in die Mittellinie desselben, die ganze Körperlast ruht auf dem einen Fuße, auf der einen Seite der Hüftknochen. Die Hüfte wird aus ihrem wagerechten Ebenmaße gebracht, indem diejenige Seite derselben, auf welcher die Körperlast ruht, in die Höhe gedrängt wird, während die andere Seite herabhängt. Damit notwendig zusammenhängend ist eine seitliche S-förmige Ausbiegung des Rückgrates und hieraus wieder hervorgehend eine verschobene ungleiche Haltung des ganzen Oberkörpers. Der Einfluß dieser Gewohnheit auf die ganze Körperbildung wird um so entschiedener nachteilig, je mehr sich dieselbe immer auf eine und dieselbe Seite erstreckt, was in der Regel der Fall ist. Nur durch konsequentes und erforderlichen Falles mit Strenge verbundenes Abwehren ist dieser üblen Neigung zu steuern.

Überhaupt ist es wichtig, die Kinder in dieser Altersperiode an straffe Haltungen und Bewegungen in jeder Beziehung zu gewöhnen, sonst hält dies in einer späteren Zeit sehr schwer. Sind die Kinder müde, so läßt man sie ordentlich ruhen. Sind sie aber einmal auf, so müssen sie im Sitzen, Stehen, Gehen, Spielen, Hantieren und in allen Bewegungen straff und munter sich halten. Dies erreicht man am besten, wenn man, so oft sich am Kinde schlaffes, träges Wesen zu erkennen giebt, darauf dringt, daß es sich, wenn auch nur auf Augenblicke und gleichsam als Strafe, sofort hinlege.

Beim Steigen der Treppen kommt eine einseitige Gewohnheit sehr häufig vor, die auf die Entwickelung des Körpers nicht ohne nachteiligen Einfluß ist. Diese besteht in dem Vorausssteigen mit einem und demselben Beine, sowohl beim Aufwärtssteigen als beim Abwärtssteigen. Kinder unter 6—7 Jahren können wegen der Kürze ihrer Beine noch nicht wohl übersteigen, wobei auf jede Stufe abwechselnd nur ein Fuß zum Auftreten kommt, sondern sie sind genötigt, dem vorausschreitenden Beine das andere Stufe für Stufe nachzuziehen. Die meisten Kinder gewöhnen sich nun, dies stets in derselben Weise zu thun, indem sie dabei jedes ihrer Beine in der einmal angenommenen Rolle ohne alle Abwechselung lassen. Es leuchtet ein, daß an dem voraussteigenden Beine ein viel stärkerer Muskelgebrauch und durch den stärkeren Druck auf das Hüftgelenk von unten nach oben bei jeder Stufe ein Höherschieben der Hüftknochen dieser Seite stattfinden muß; ebenso, daß bei der Zartheit und Nachgiebigkeit des kindlichen Körpers darin eine wenigstens mitwirkende Ursache zur Entstehung ungleichseitiger Körperbildung zu suchen sein muß. Beim Herabsteigen von Treppen oder Anhöhen kommt zu dem Drucke auf das Hüftgelenk noch eine erschütternde Einwirkung auf die vorschreitende Seite, welche um so stärker ist, je mehr sich das Herabsteigen einem Herabfallenlassen des Körpers oder einer springenden Bewegung nähert, und je mehr dabei die Körperlast auf die Ferse auffällt. — Das gleichzeitige Herabspringen mit beiden Beinen von Stufe zu Stufe wird bei häufiger Wiederholung ebenfalls nachteilig wegen der stark erschütternden Einwirkung auf Rückgrat, Kopf- und Hüftgelenk. — Man halte also darauf, daß das Kind beim Treppensteigen sich gewöhne, mit den Beinen regelmäßig abzuwechseln.

Hinsichtlich aller der verschiedenartigen selbständigen Bewegungen und Beschäftigungen überhaupt, zu welchen das Kind nach Maßgabe seiner Entwickelung von einem Zeitabschnitte zum anderen übergeht, ist es von großer Wichtigkeit, daß dabei der kindliche Körper in seinen Gliedmaßen ganz gleichseitig geübt und ausgebildet werde. Arme und Beine beider Seiten müssen stets in gleichem Grade der Ausbildung ihrer Muskeln erhalten werden, wenn nicht der Grund zu einem in den späteren Zeiten immer mehr zunehmenden Mißverhältnisse der Leistungsfähigkeit, des Kraftmaßes und der Entwickelung beider Körperseiten gelegt werden soll. Um aber dieser Rücksicht, welcher sowohl im Hinblicke auf die Gesundheit als auch nebenbei auf den praktischen Nutzen für künftige Berufsthätigkeiten sehr wichtig ist, zu entsprechen, ist es unbedingt notwendig, daß bei allen Bewegungen und Beschäftigungen, besonders bei solchen, die häufig vorkommen und eine lebhafte Muskelthätigkeit mit sich führen, keine Körperseite gegen die andere zu kurz kommt, kein Arm oder Bein der einen Seite gegen die andere Seite zurückbleibt. Dies ist nur dadurch möglich, daß man, insoweit es irgend geschehen kann, an sich gleichseitigen Bewegungen für die Kinder den Vorzug giebt, und, weil dies nicht durchweg thunlich, bei solchen Bewegungen, die sich nur einseitig ausführen lassen, auf gleichmäßige Abwechselung beider Seiten von Anfang an streng hält. Es muß dem Kinde durchaus zur festen Gewohnheit gemacht werden: daß es — wenigstens bei allen kräftigeren und häufig vorkommenden Bewegungen — das, was es mit dem einen Arme oder mit dem einen Beine gethan hat, mit dem anderen Arme oder Beine in gleichmäßiger Abwechselung nachthue.

Die allergewöhnlichste und viel zu wenig beachtete Unsitte ist die ganz unverhältnismäßige Vernachlässigung des Armes und der Hand der linken Seite. Eine ganz natürliche Folge davon ist die, daß die den Arm bewegenden Muskeln, von denen die bedeutendsten ihre Ansatzpunkte an Schulter, Brust und Rücken haben, gegen die gleichen Muskeln der rechten Seite in der Entwickelung bedeutend zurückbleiben. Das seitliche Gleichgewichtsverhältnis des Muskelantagonismus ist gestört, und somit ist eine wichtige, wenigstens stets mitwirkende Ursache einseitiger Hochschultrigkeit, seitlicher Rückgratsverkrümmungen und eines Zurückbleibens der ganzen linken Brusthälfte in der Entwickelung mit allen den daraus hervorgehenden, auf Gesundheit und Leben einflußreichen Folgen gegeben. Die am häufigsten vorkommenden Formen solcher Mißstaltungen geben den sprechendsten Beweis dafür. Unter je 20 Fällen seitlicher Rückgratsverkrümmungen ist durchschnittlich bei 19 das Rückgrat in der Schultergegend nach rechts verkrümmt und die linke Brusthälfte mehr oder weniger zusammengedrückt und verkümmert. Wie sehr eine gleichmäßige Ausbildung beider Arme im gewöhnlichen Leben vernachlässigt wird, lehrt die tägliche Erfahrung. Mit äußerst seltenen Ausnahmen wird zu allen Hantierungen vorzugsweise der eine Arm gebraucht. Der andere Arm spielt dabei entweder gar keine oder nur eine äußerst untergeordnete Rolle. Er ist schwächer, schlaffer, gleichsam verkümmert, daher für die meisten praktischen Zwecke unbrauchbar, so daß solche Personen in wirkliche Verlegenheit geraten, wenn der Stief-Arm einmal in den Fall kommt, eine selbständige Aufgabe zu erfüllen.

Da gerade die in Rede stehende Periode des kindlichen Alters es ist, in welcher die meisten der bleibenden körperlichen Gewohnheiten sich bilden, so ist es jetzt ganz besonders wichtig, danach zu streben, daß das Kind durchaus richtige Gewohnheiten sich aneigne. Man kann es, wenn zu rechter Zeit damit begonnen und mit einiger Konsequenz fortgefahren wird, in diesem Alter sehr bald dahin bringen, daß das Kind, wenn es ja in einer solchen Beziehung ausnahmsweise sich einmal vergessen und aus der richtigen Gewohnheit fallen sollte, sofort durch das bereits gebildete, instinktartig sichere, eigene Gefühl erinnert und veranlaßt wird, in die richtige Gewohnheit zurückzukehren. Die richtigen Gewohnheiten müssen zur Natur werden. Dann hat die Überwachung von seiten der Erzieher, welche nur anfangs etwas mühsam ist, ein immer leichteres Spiel und wird endlich ganz entbehrlich. Die anfängliche Mühe belohnt sich also reichlich. Ist es z. B. einem Kinde einmal als feste Regel eingeprägt, daß es, wenn es bei dieser oder jener Beschäftigung den einen Arm stark gebraucht hat, ebenso auch dem anderen Arme dieselbe Rolle übertragen muß, so wird es vermöge der Gewohnheit dies stets bei allen verschiedenen, künftig ihm vorkommenden Beschäftigungen von selbst thun. Insbesondere wird dies geschehen, so oft das Gefühl der Ermüdung zum Wechsel auffordert, während bei einseitiger Gewohnheit die Abwechselung schon aus Mangel an Geschick des anderen Armes nicht zu Stande kommen wird. Auch ist der vielseitige praktische Nutzen nicht gering anzuschlagen, den es gewährt, wenn der Mensch durch Gewöhnung und Übung beider Arme für die meisten Beschäftigungen eine gleiche Kraft und Gewandtheit sich verschafft hat.

Die Rücksicht auf die Gleichseitigkeit der Haltungen und Bewegungen muß sich also ganz besonders in dieser Periode des kindlichen Alters auf alle nur einigermaßen wesentlichen Einzelheiten erstrecken. Näheren Verständnisses halber mögen nur einige hierher gehörige Punkte beispielsweise Erwähnung finden:

Unter den gewöhnlichen Beschäftigungen und Hantierungen ist überhaupt das Erfassen und Tragen von Gegenständen, die einigermaßen ins Gewicht fallen, zu beachten und darauf zu sehen, daß das Kind dabei abwechselnd beide Hände zu brauchen sich gewöhne. Ebenso und ganz besonders beim Hochgreifen, z. B. beim Erfassen der Thürschlösser, die, für das Größenverhältnis Erwachsener berechnet, von Kindern dieses Alters nicht ohne äußerste Erhebung des Armes und der Schulter und nicht ohne starke Ausdehnung dieser ganzen Körperseite zu erreichen sind. Ferner beim Führen der Kinder an einer Hand während des Spazierengehens, indem die Kinder die Seite, an welcher sie geführt werden, als Halt- und Stützpunkt bei ihrem hüpfenden Gange zu benutzen pflegen, womit eine durch die Dauer und häufige Wiederholung nicht einflußlose einseitige Muskelthätigkeit verbunden ist.

Unter den Spielen dieses Alters sind es besonders die Ball-, Kreisel- und Wurfspiele, welche, wenn die Kinder dabei sich allein überlassen bleiben, stets einen einseitigen Muskelgebrauch mit sich führen. Um daher diesen Spielen, welche an sich der ganzen kindlichen Natur und Entwickelung vollkommen entsprechend und förderlich sind, den ganz ungetrübten wohlthätigen Einfluß zu verschaffen, bedarf es auch hier der Einführung einer gleichmäßigen Abwechselung des rechten und linken Armes. Hält man darauf gleich anfangs, sobald das Kind fähig ist, zu diesen Spielen überzugehen, so wird die Bildung dieser Gewohnheit ohne große Mühe erlangt werden. Ebenso lasse man die Mädchen ihre Puppen bald auf dem rechten, bald auf dem linken Arme tragen, ihre Puppenwagen bald mit der rechten, bald mit der linken Hand ziehen, nicht sowohl aus Rücksicht auf die hierbei meistens nur unerhebliche Last, als vielmehr um auch hierdurch die Gewöhnung der Gleichseitigkeit überhaupt zu begründen.

Die Durchführung dieser Grundsätze findet eine ungewöhnliche Erschwerung und macht eine doppelte Sorgfalt und Beharrlichkeit notwendig in den Fällen, wo durch Beschädigungen oder Krankheit eine Seite des Körpers, ein Arm oder Bein, längere Zeit hindurch außer Gebrauch ist. Wenn Verrenkung, Knochenbruch, Verwundung, Sehnenverkürzung, Lähmung, örtliche Entzündung u. s. w. einen Arm oder ein Bein für den Gebrauch auf einen längeren Zeitraum unfähig gemacht haben, so wird sich auch nachher, wenn das Hindernis beseitigt ist und die Kräfte in dem Gliede wieder hergestellt sind, doch der Einfluß der gänzlichen Entwöhnung des Gebrauchs noch längere Zeit hindurch geltend machen und nur durch unermüdliche Ausdauer in der nachholenden, ausgleichenden Übung des behindert gewesenen Gliedes allmählich zum Verschwinden zu bringen sein. Es wird dann erforderlich, daß das unbrauchbar gewesene Glied bis zur völligen Ausgleichung in systematischer, allmählich stärkerer Weise als das Glied der andern Seite geübt wird. Unter ärztlicher Aufsicht vorgenommene methodische Knetungen ("Massage") und Widerstandsbewegungen können noch viel nachbessern.

In Fällen, wo ein solches Hindernis sich gar nicht beseitigen läßt, ist freilich auch die Möglichkeit einer vollständigen Ausgleichung der antagonistischen Verhältnisse genommen. Die Einflüsse auf den Zustand des übrigen Körpers sind am nachteiligsten und entschiedensten, wenn die ungleiche Beschaffenheit die unteren Gliedmaßen betrifft. Der fast ausschließliche Gebrauch derselben zur Ortsbewegung, wobei ja eine regelmäßige Abwechselung beider Seiten unentbehrlich ist, wird dann wesentlich gestört. Wenn auch das leidende Bein eine teilweise Benutzung noch gestattet, so ist der Gang doch stets ein mehr oder weniger ungleicher und hinkender. Jedes Hinken aber, wobei der Schwerpunkt des Körpers mit jedem Schritte anstatt in die Mittellinie auf die eine Seite des Körpers fällt, ist mit einer entsprechenden Verbiegung der Rumpfknochen, namentlich des Rückgrates, notwendig verbunden, und wird daher besonders in dem Alter des Wachstumes und der noch nicht erlangten völligen Festigkeit fast immer zur Entstehungsursache von Bildungsfehlern des Oberkörpers, am allerhäufigsten von seitlichen Verkrümmungen des Rückgrates. Das einzige, was man dann zur möglichsten Verhütung der weiteren nachteiligen Folgen des Fußübels thun kann, besteht darin, daß man in den Fällen, wo einmal eine künstliche Unterstützung unentbehrlich ist, statt nur einer Krücke, wenigstens für die ganze Dauer des Wachstumes, zweier, für beide Seiten ganz gleicher (Hand- oder Achsel-). Krücken sich bedient; und sodann, daß man in den Fällen, wo Ungleichheit der Beinlänge die Ursache des hinkenden

Ganges ist, die ganze Schuhsohle genau um so viel erhöhen läßt, als das Bein kürzer ist als das andere. Diese Erhöhung muß also gleichmäßig über die Schuhsohle sich erstrecken, weil nur so die irgend mögliche Ausgleichung des Ganges zu erreichen ist, nicht, wie oft geschieht, bloß auf die Hacke. Bei letztgenannter Einrichtung fällt nämlich die ganze Körperlast auf die Fußspitze, was dem Mechanismus der Fußbewegung beim Gehen zuwider ist; außerdem werden dadurch die Zehen verunstaltet, die Gehbewegungen also auch auf diese Weise erschwert. Wo die ausgleichende Erhöhung mehr als $^1/_4$ Zoll beträgt, thut man besser, dieselbe, anstatt über die ganze Sohle gehen zu lassen, nur an der Ferse und Fußspitze anzubringen, weil sonst die Last des Schuhes beschwerend sein würde. Die wagerechte Stellung der Fußsohle wird dadurch ebenso vollständig erzielt.

8) Ausbildung und Pflege einzelner Teile.

Lebensdurstig wie das Pflänzchen des Frühlings, saugt das Kind durch seine Sinnesorgane, namentlich Auge und Ohr, nunmehr in vollen Zügen und von allen Seiten geistige Nahrung ein. Bei dieser vorwaltenden Thätigkeit und Erregung der Sinnesorgane bedürfen dieselben auch einer besonderen Beachtung. Ihre richtige Ausbildung ist von unendlicher Wichtigkeit fürs ganze Leben. Wir haben sie daher nicht nur durch Fernhaltung aller Schädlichkeiten, insbesondere heftiger und greller Sinneseindrücke, plötzlicher Übergänge der Extreme zu schonen, sondern wir müssen auch jetzt schon darauf Bedacht nehmen, daß sie durch richtige Übung gestärkt und geschärft werden und so für ihren künftigen Gebrauch eine gute Grundlage erhalten. Es kann nicht genug empfohlen werden, die Kinder schon im zarten Alter zu gewöhnen, alles mit voller Aufmerksamkeit und Schärfe zu sehen und zu hören, also z. B. die Entfernungen und Richtungen, wo die Sinneseindrücke herkommen, durch Übung abschätzen, die Dinge an sich und durch Vergleichung mit anderen hinsichtlich der Ähnlichkeiten und Unterschiede richtig auffassen zu lernen u. s. w. Daher dürfen aber auch nie mehr Gegenstände auf einmal in den Wahrnehmungskreis des Kindes gebracht werden, als es mit seiner Aufmerksamkeit zu umfassen vermag; und das Maß und die Dauer der Sinnesreize müssen derart sein, daß keine Erschöpfung oder Übersättigung eintritt, weshalb auch hier der angemessene Wechsel mit den Ruhepausen unbedingt nötig ist. — Mittels der Sinnesthätigkeit entwickelt sich das Vorstellungsvermögen; je schärfer und vollständiger die erstere, desto bestimmter und klarer werden die Vorstellungen und durch diese die höheren Geistesakte: Begriffe, Urteile, Schlüsse, Willensakte u. s. w. Den richtigen Sinnesgeschmack und Schönheitssinn suche man besonders dadurch zu wecken und zu fördern, daß man das Kind zunächst soviel wie möglich mit schönen Eindrücken umgiebt und wenigstens immer nur auf diese die kindliche Aufmerksamkeit lenkt, so daß in Form, Farben und Tönen dem Kinde überall nur das möglichst Reine und Schöne entgegentritt. Die Gegensätze können und dürfen dem Kinde allerdings nicht für immer entzogen werden, doch für diese mehr reale Ausbildung der äußeren und inneren Sinnesorgane ist erst eine spätere Zeit geeignet. Wenn die stumme Sinnesthätigkeit eine gewisse Zeit hindurch stattgefunden hat, d. h. wenn die Sinneseindrücke die anfangs schlummernden Seelenkeime geweckt und genügend befruchtet haben, so entwickelt sich die Triebkraft dieser Keime nach außen, sie treten zu Tage: es erscheint in dem Kinde das Bedürfnis des geistigen Wechselverkehrs mit der Umgebung — es beginnt zu sprechen. Die Sprache, die Verkörperung des Geisteslebens, ist das Mittel, an welchem der Geist gleichsam erst zu sich selbst kommt, durch welches er sich nach und nach bis zur Stufe des klaren Selbstbewußtseins emporarbeitet. Ein wortloser Gedanke verhält sich zu dem in Worte geformten wie matter Dämmerungsschimmer zum hellen Tageslichte. Die Sprache ist daher das wichtigste Bildungsmittel des Geistes, und ihre Ausbildung sowohl hinsichtlich des Inhaltes (der Richtigkeit und Klarheit des auszudrückenden Gedankens) als auch hinsichtlich der Form (der Aussprache) ein der vollen Aufmerksamkeit der Eltern und Erzieher würdiger Gegenstand. In Bezug auf den zuletzt genannten Punkt ist man zwar häufig der Ansicht, daß die Sprachorgane einer besonderen Nachhilfe nicht bedürfen, indem sich die mancherlei Unvollkommenheiten der anfänglichen Aussprache später meistens von selbst regulieren. Doch darf man sich darauf durchaus nicht immer verlassen. Gar oft bleibt diese oder jene Unvollkommenheit für immer hängen oder dauert wenigstens bis in eine Zeit, wo sie empfindlich störend, und ihre Überwindung recht schwierig wird. Es ist daher stets zu tadeln, wenn die anfänglichen Falschheiten und Unvollkommenheiten des Ausdruckes und der Aussprache ganz unbeachtet bleiben, oder die Umgebung, durch den oft komischen Anstrich der Sache verleitet, durch geflissentliche Nachahmung das Kind darin erst recht befestigt. Vielmehr ist die Regel festzuhalten, dem Kinde nur in einer nach Form und Inhalt möglichst reinen und richtigen Sprache entgegenzutreten und, wo irgend nötig, durch systematisches Einüben des Richtigen nachzuhelfen. Dabei ist aber erforderlich, daß jede dem Kinde noch unbekannte Benennung eines Gegenstandes mit Hinweis auf denselben (der natürlich stets im Wahrnehmungskreise des Kindes befindlich sein muß) verbunden werde.

Sind auch äußere körperliche Formen, insofern ihnen kein wesentlicher Einfluß auf Gesundheit oder praktische Lebenszwecke zukommt, von untergeordneter Bedeutung, so macht doch der natürliche und unschuldige Schönheitssinn es den Eltern zur Pflicht, auch auf solche Punkte ihre Einwirkung zu erstrecken, soweit dies eben möglich und angemessen ist. Am meisten dürfte dies gelten von den die ganze äußere Erscheinung des Menschen am meisten bestimmenden Teilen des Kopfes und Gesichtes. Wir finden da häufig zweierlei Punkte des Anstoßes, auf welche sich in diesem Alter noch recht befriedigend einwirken läßt, nämlich die Ohren und die Nase.

Eine ziemlich häufige Mißform der Ohren ist ihr flügelförmiges Abstehen, welches dem ganzen Gesichtsausdrucke jenes bekannte eigentümlich unangenehme Gepräge giebt. Ein leinenes, etwas breit zusammengelegtes Tuch, welches, die Ohren gehörig fassend, in senkrechter Richtung auf dem Kopfe zusammengebunden wird und nur des Nachts liegen zu bleiben braucht, genügt, um in kurzer Zeit die Ohren zur normalen Stellung zurückzuführen. — Zuweilen ist der äußere Saum des Ohres an irgend einem Punkte nach außen umgestülpt. Auch diese entstellende Ohrform läßt sich leicht beseitigen, wenn man die betreffende Stelle des Ohrsaumes durch ein kleines Heftpflasterstreifchen ein paar Monate hindurch fortwährend in der normalen Einwärtsstülpung erhält.

Auch auf diejenige Form der Nase, die oft, als sogenannte Stumpfnase (mit nach oben gerichteter Spitze), als entstellende Gesichtsbildung vorkommt, kann man im zarten Kindesalter regulierend einwirken, und zwar einfach durch ein sanftes, aber oft (täglich 2—3 mal) wiederholtes und über einige Monate fortgeführtes Herabziehen der Nasenspitze, die man dabei in zarter Weise zwischen zwei Finger faßt.

Die Schmiegsamkeit aller in so reger Umbildung begriffenen Teile des kindlichen Körpers kommt in den ersten Altersperioden dem Erfolge solcher und ähnlicher Prozeduren in auffallender Weise zu statten.

B. Geistige Seite.

In diesem Alter schlägt der geistige Lebensbaum tiefe Wurzeln. Noch ist er ein weiches Pflänzchen, für alle Eindrücke empfänglich. Die jetzt erhaltenen Eindrücke, gute oder üble, wachsen mit ihm fort und werden einer späteren abändernden Einwirkung je länger je mehr widerstrebend. Meist hinterlassen sie ihre bleibenden Spuren in der Tiefe der Seele, welche die Grundrichtung des Seelenlebens bestimmen. Was jetzt versäumt oder verdorben wird, ist schwer nachzuholen und zu verbessern. Die Grundrichtung für die geistige, besonders die moralische, Fortbildung muß bis gegen das 8. Jahr hin (dem Zeitpunkte, mit welchem der Grundausbau der Gehirnentwickelung sich vollendet) befestigt sein. Was von unmoralischen Eigenschaften und von Schwächen, von Trotz, Bosheit, Neid, Unwahrheit, Roheit, Weichlichkeit, Furchtsamkeit u. s. w. mit in die nächstfolgende Periode hinübergenommen wird, ist bereits zu einem hartnäckigen Feinde geworden. Läßt sich jetzt der erzieherische Einfluß Achtlosigkeit oder jene unheilvolle verkehrte Liebe, welche die Schwächen und unedlen Keime des Kindes unausgerottet läßt oder nährt, zu schulden kommen, so durchziehen die schweren, ja oft bis zur Entartung führenden Folgen meist das ganze Leben. Jetzt also haben die Eltern noch alles in der Hand, später nicht mehr.

Kaum hat das Kind durch die an Klarheit und Mannigfaltigkeit immer zunehmenden Sinneseindrücke bestimmtere Vorstellungen in sich gebildet, als es auch schon den natürlichen Trieb, durch Thätigkeit — wenn auch noch so form- und gehaltlose — mit der Außenwelt in Wechselverkehr zu treten, auf alle Weise zu erkennen giebt. Ist nun durch das Hinzukommen einer größeren Selbständigkeit in körperlichen Bewegungen und durch Entwickelung des Vermögens, mittels der Sprache auf die Umgebung einzuwirken, dieser Wechselverkehr erleichtert und vervielfältigt, so wird der Thätigkeitstrieb immer mächtiger und verlangt eine geregelte und berechnete Befriedigung. Diese Befriedigung gewähren dem Kinde zumeist die Spiele.

1) Das Kind in seinen Spielen.

Es ist eine wichtige Sache um die Kinderspiele, wichtiger, als viele Eltern denken. Wie das Kind spielt, so wird es auch einst sein, leben und arbeiten. Die Spielzeit ist die Elementarklasse der Lebensschule. Die Spiele sind die Mittel, an denen und durch welche sich viele für das praktische Leben wichtige Eigenschaften heraufbilden. Körperliche und geistige Thätigkeit und Gewandtheit, Sinn für Ordnung und Reinlichkeit, für Schönheit*), Genauigkeit, Gründlichkeit, Ausdauer in Erstrebung eines Zieles, bei gemeinschaftlichen Spielen Wetteifer, Verträglichkeit und noch manche andere gute Eigenschaften knüpfen sich daran, oder aber von allen diesen das Gegenteil, je nach der Wahl des Spieles und dem Gebahren des Kindes dabei. In keinem Falle aber bleibe das Kind je ganz müßig. Nur durch diese anfängliche Gewöhnung wird geregelte Thätigkeit mit ihren vielseitigen Heilwirkungen zum festen edlen Bedürfnisse für immer.

Bei der Wahl des Spieles ist vor allem der Gesichtspunkt ohne Ausnahme festzuhalten, daß das Kind das Spiel liebe und suche, nicht etwa als einen passiven Genuß, um sich dadurch unterhalten zu lassen, sondern vielmehr deshalb, um daran seinen eigenen Thätigkeitstrieb zu befriedigen und in dieser natürlich-angenehmen aktiven Erregung seine Unterhaltung zu finden. Gieb dem Kinde die schönsten Unterhaltungsmittel, Bilder, Gruppierungen von Gegenständen und Figuren aller Art, dem Mädchen die schönsten Puppen — sobald diese Gegenstände als etwas

---

*) In diesem Alter findet der Schönheitssinn seine gedeihliche Nahrung nur in allem, was freundlich, reinlich und ordentlich ist. Darüber hinausgehende, geflissentliche Einwirkungen würden, weil das Verständnis jetzt noch fehlt, den höheren Schönheitssinn für die Folge abstumpfen.

unveränderlich Fertiges, nicht weiter Traktables, nur passiv Anzugaffendes oder Anzuhörendes dem Kinde übergeben werden, wird das Interesse durch eine augenblickliche Freude sich äußern, bald aber gänglich erlöschen. Gieb ihm dagegen nur die einfachsten Mittel, um selbst sich etwas bauen, kritzeln oder malen zu können, oder die einfachsten Gegenstände und Figuren, mit denen sich allerlei anfangen, abändern und schaffen läßt, dem Mädchen die Erlaubnis, ihre Puppe aus- und ankleiden, ganz beliebig behandeln zu dürfen — so wird die Unterhaltung stundenlang währen, und das Interesse daran mit jedem Tage neu erwachen.

Als erste auf die Kinderspiele bezügliche Erziehungsregel gilt daher die: Wähle ausschließlich solche Spiele, welche der Selbstthätigkeit des Kindes innerhalb der Grenze des Erlaubten den freiesten Spielraum lassen, seien es Bewegungsspiele, die zugleich dem Körper nützen, oder seien es ruhige Spiele. Zwischen beiden gleich notwendigen Gattungen von Spielen muß man das richtige Verhältnis und die richtige Abwechselung einzuleiten suchen, und zwar nach Maßgabe des Temperamentes der Kinder und sonstiger individueller Verhältnisse. Bei phlegmatischen oder zu ernsten Kindern mögen die stärker erregenden, lustigen, bei zu feurigen Kindern die ruhigen, gemessenen, bei zu flatterhaften Kindern die ernsteren, Ausdauer erfordernden, zu einer längeren Konzentrierung der Aufmerksamkeit anreizenden Spiele vorwaltende Anwendung finden. So läßt sich manche, in einem späteren Alter nicht mehr ausgleichbare, mangelhafte und extreme Seite der kindlichen Individualität jetzt in leichter Weise regulieren, ohne die freie Entwickelung der unter extremen Außenseiten manchmal verborgenen wünschenswerten Anlagen zu beeinträchtigen.

Unter den ruhigen Spielen werden diejenigen den Vorzug vor allen verdienen, welche mit Einfachheit der Mittel, d. h. der Spielwerkzeuge, die vielseitigste Mannigfaltigkeit und Umbildbarkeit verbinden, an die sich anschauliche oder den toten Stoff belebende Ideen leicht anknüpfen lassen, z. B. feuchter Sand, Lehm, grüne Blätter und Ranken, Baukästen, Figuren, die in dramatischer Weise vielfach benutzbar sind, aus Stücken zusammengesetzter Pappfiguren, deren jedes einzelne Stück zu Umgestaltungen in sehr verschiedener Weise verwendbar ist, u. dgl. Solche und ähnliche Spiele vereinigen in der erwünschtesten Weise das Angenehme mit dem Nützlichen. Sie bieten die angemessenste geistige Nahrung, indem sich an ihnen mehrfache lebenswichtige Geistesknospen entfalten, namentlich die Lust und Kraft zu planmäßiger selbstschöpferischer Thätigkeit. Das Kind sucht in dem Spiele nicht Erholung, denn diese braucht es nicht, sondern seine Arbeit, das Mittel für sein Bedürfnis der Kraftäußerungen und Thätigkeit. Das ist es, wie bereits bemerkt, was ihm den Reiz und die angenehme Unterhaltung gewährt, auch wenn Anstrengung damit verbunden ist. Es gewinnt

immer mehr Geschmack daran, mit einfachen Mitteln vielerlei hervorzu-
bringen. Es labt sich an dieser edlen Freude, und diese Freude lockt
weitere erfinderische Thätigkeit hervor: das Kind lernt einen gegebenen
Stoff mit Gewandtheit und erschöpfend behandeln.

Ganz anders verhält sich die Sache, wenn solche Spiele dem Kinde zur
Verfügung gestellt sind, die eine zu große Mannigfaltigkeit der Gegenstände
in sich vereinigen, wie sehr zusammengesetzte Bauwerke, ganze Armeen von
Soldaten, gleich anfangs zu reichlich ausgestattete Küchen, Putzstuben u. dgl.,
oder wenn es zu gleicher Zeit mehrere verschiedenartige Spielwerkzeuge in
die Hände bekommt. Dieser Überfluß erzeugt nur einen schnell ver-
fliegenden Sinnenkitzel. Das Kind weiß nicht recht, wo und was es damit
anfangen soll. Die Aufmerksamkeit wird nicht zu einem bestimmten Ideen-
gange gesammelt und dauernd angezogen. Die Eindrücke verwirren sich
und erzeugen dadurch bald jenes natürliche mißbehagliche Gefühl, welches
haltlos immer weiter drängt. Flatterhaftigkeit, geistige Ungenügsamkeit,
Erschöpfung und endlich Stumpfheit sind die natürlichen Folgen. Die Spiele
werden dann, anstatt geistnährend und geistbildend, geradezu geisttötend.

Möchte doch diese ernste Seite der Kinderspiele mehr beachtet werden!
Fast überall, und besonders in den bemittelten Klassen, namentlich zu
Weihnachten, wird darin gefehlt. Ohne sich der Sache recht bewußt zu
werden, vernichten unzählige Eltern durch falsche Liebe oder eigene
Prunksucht die schöne Blütenkraft des kindlichen Geistes.

Gebt dem Kinde daher immerhin Bilder und verschiedene Dinge auch
zum bloßen Anschauen, damit es Vorstellungen von den Dingen der Welt
erhalte. Aber zum Spielen gebt ihm immer solche Dinge oder Gelegenheiten, wobei es selbst thätig sein kann und zur Thätigkeit angeregt wird,
die, entsprechend der Entwickelungsstufe, dem körperlichen*) und geistigen
Gedeihen des Kindes wahrhaft förderlich sind, an denen es in vollem Maße
Heiterkeit, Mut, Thatkraft, Gewandtheit und Schönheitssinn entfalten kann.
Ziehet aber immer die einfacheren den an Gegenständen reichen Spielen
vor. Verwöhnet das Kind nur anfangs nicht, und es wird genügsam für
immer bleiben, weil es gelernt hat, seinen Stoff gehörig auszunutzen. Und
dazu haben alle unverdorbenen Kinder eine entschiedene Neigung. Auch
vermag das Kind einen einfacheren Spielstoff viel eher vollständig zu beherrschen, und das ist unter allen Umständen nötig. Lasset das Kind
nie mit mehr als einem Spielmittel auf einmal sich beschäftigen.
Ist bei besonderen Gelegenheiten, Bescherungen u. dgl., durch die unab-
weisbare Liebe von Verwandten und Freunden Euer Kind mit Gaben über-

---

*) Die Erfahrung lehrt, daß man bei der Wahl des Spielzeuges alle Möglich-
keiten einer falschen, Schaden oder Gefahr bringenden Benutzung berechnen muß.
Namentlich sind verletzende, schädliche Farben enthaltende und kleine, verschluck-
bare Gegenstände fernzuhalten.

schüttet worden, so stellet alsbald alles Überzählige beiseite. Bringet davon, in angemessener Abwechselung (denn das Kind bedarf ihrer), ein Stück nach dem anderen in Gebrauch. Aber haltet darauf, daß der Wechsel erst dann eintrete, nachdem das Kind an dem gegebenen Spielmittel seine (körperliche oder geistige) Kraft genügend verarbeitet hat.

Da das Spielzeug das erste Eigentum des Kindes ist, über welches ihm die freie Verfügung zusteht, so läßt sich die Heranbildung noch mancher praktischen Tugend daran knüpfen. Vor allem bietet das Spiel Gelegenheit, Reinlichkeit, Pflegsamkeit und Ordnung zu einem festen Gesetze zu machen. Sucht man nur gleich beim Beginne des Spielalters so einzuwirken, daß das Kind seine Freude und seinen Stolz darin findet, alle Gegenstände und dabei auch sich selbst möglichst sauber und nett zu erhalten, die Sachen vor Verwüstung zu bewahren, und macht man es zur unerlässlichen Bedingung, daß das Kind nie eher ein Spiel verlassen darf, als bis es selbst nach Kräften alles aufgeräumt, eingepackt und an Ort und Stelle gebracht hat, so sind diese Tugenden fürs Leben gewonnen. Es ist dies freilich nur möglich, wenn es der Wärterin des Kindes zur Gewissenssache gemacht wird, ohne dringenden Grund nie eine Ausnahme darin zu machen. Denn wird dem Kinde nur einmal diese kleine Sorge abgenommen, wo es nicht nötig war, so ist sofort in den Augen des Kindes die Regel vernichtet, und ihre Wiedereinführung kostet Mühe und Verdruß.

Eine Art des Spieles darf hier nicht unerwähnt bleiben, die sehr gebräuchlich, aber nur unter der Bedingung einer genauen Überwachung zu billigen ist, da sie ohne diese, anderer Gefahren nicht zu gedenken, dem kindlichen Gemüte leicht verderblich wird: Das Spielen mit lebenden Tieren. Man wählt dazu besonders gern Hunde, Katzen, Kaninchen, Vögel und Insekten. Gemütsverderbnis ist stets damit verbunden, sobald das sich selbst überlassene Kind, welches das Tier nur als einen Spielgegenstand betrachtet, allerhand Quälereien an demselben verschuldet. Anstatt das Gefühl der Unverletzlichkeit und Heiligkeit für alles, was Leben hat, zu wecken und zu beleben, pflanzt man dadurch Roheit, kalte Grausamkeit, ja noch mehr: Gefallen an der Grausamkeit in das noch für alle Eindrücke empfängliche kindliche Gemüt. Die Folgewirkungen, wenn auch durch das spätere Leben etwas abgeschliffen und verdeckt, verlöschen doch nie in der Tiefe des Gemütes und sind von wahrhaft ernster Bedeutung. Sein in Bezug auf die Tiere eingesogenes Gefühl überträgt das Kind, insoweit es kann, auch auf den Menschen. Ein solches Gemüt kann nie von voller Reinheit und Wärme des Gefühles durchdrungen werden. Kann man sich also dessen nicht versichern, daß die Kinder nur in harmloser, freundlicher Weise mit den Tieren umgehen, so halte man sie ja fern davon. Außerdem wird von Tieren, von denen sich das Kind lecken läßt, leicht Keimstoff für Eingeweidewürmer auf den Mund des Kindes über-

6*

tragen, wovon es auf Island zahlreiche traurige Beispiele giebt. Selbst nicht einmal der allgemein übliche Gebrauch, eingesperrte Vögel als Gegenstand der Liebhaberei für Kinder zu machen, ist ganz zu billigen. Schon ein Kind von nur wenigen Jahren fühlt es bald an dem ganzen Benehmen des sehnsüchtig aus seinem Käfig heraussstrebenden Vogels, daß demselben die Hauptbedingung seines Lebensglückes, die Freiheit, fehlt, und daß er eigentlich mehr Gegenstand des Mitleides, als Gegenstand der Freude sein sollte. Das Kind gewöhnt sich allerdings daran und behält schließlich das Gefühl der Freude allein zurück. Mag dies der Fall sein oder mag das Kind das mitleidige Gefühl gar nicht empfunden haben — gleichviel, in beiden Fällen ist stets eine gewisse Abstumpfung des kindlichen Zartgefühles damit verbunden. Aber die Unüberlegtheit geht darin noch viel weiter. Ich habe z. B. selbst gesehen, daß noch dazu hochgebildete Eltern ihren Kindern Maikäfer gaben, um sie an lange Fäden zu knüpfen und durch boshaftes Zurückreißen des auffliegenden Tieres sich zu ergötzen. War ein Käfer unbrauchbar geworden, so wurde ein frischer geholt. Was soll man dazu sagen?! Die Häufigkeit solcher und ähnlicher Mißbräuche (wohin auch das Einfangen von Schmetterlingen und Käfern gehört), beweisen, wie viel noch fehlt, bis die Grundregeln der Erziehung zu allgemeiner Erkenntnis durchdringen. Aus gleichem Grunde suche man auch das erlaubte Töten von Tieren jeder Art der Wahrnehmung kleiner Kinder möglichst zu entziehen und älteren Kindern durch Vernunftgründe auseinanderzusetzen und zu rechtfertigen.

Eine andere Art geistbildenden Einflusses haben die gemeinschaftlichen Kinderspiele. Hier ist weniger die Behandlungsweise des Spielstoffes, sondern vielmehr der Wechselverkehr der Kinder untereinander Gegenstand der erzieherischen Beachtung. Das hierauf Bezügliche fällt daher zusammen mit dem nächstfolgenden Artikel.

Hier nur noch in Betreff der Spiele dieses Alters eine Schlußbemerkung.

Die Kinderspiele vereinigen in sich, wie wir sahen, die unterhaltende mit der bildenden Eigenschaft. Es ist daher der fortschreitenden Entwickelung des Kindes recht angemessen, wenn bei der Wahl der Spiele für die letzten Jahre dieses Zeitabschnittes, für das 5.—7. Jahr, auch auf solche Spiele mit Rücksicht genommen wird, welche eine passende Vorbereitung für den künftigen Unterricht bilden. Denn der eigentliche methodische Schulunterricht darf in dieser Altersperiode durchaus noch nicht begonnen werden. Die hohe Wichtigkeit dieses Grundsatzes wird bei Betrachtung der dritten Erziehungsperiode näher erörtert werden. Läßt man also das Kind zwischen dem 5. und 7. Lebensjahre unter einiger leichter Anleitung mit Buchstabenspielen, mit Nachahmen von Buchstaben, Worten und Sätzen auf Schiefertafeln, mit Zähltafeln u. dgl. hin und wieder je

nach Neigung des Kindes sich beschäftigen, so lernt es die Anfangsgründe des Lesens, Schreibens und Rechnens spielend und hat somit
einen recht willkommenen Vorsprung für die Schulzeit gewonnen, ohne daß
seine körperliche und geistige Entwickelung durch jene naturwidrige Ver-
frühung des Schulunterrichtes untergraben worden ist.

Jeder Menschenfreund kann daher die in neuerer Zeit allerwärts auftauchenden Spielschulen, Kindergärten und Kinderbewahranstalten als einen
hochwichtigen Fortschritt nicht anders als mit dem freudigsten Willkommen
begrüßen, vorausgesetzt, daß sie nach richtigen Grundsätzen geleitet werden
und besonders ihre Grenzen nicht überschreiten. Denn außer vielen anderen Segenswirkungen haben sie auch diese, daß die Eltern, welche meistens
nicht wissen, was sie mit den 4—5 Jahre alt gewordenen Kindern im Hause
anfangen sollen, nicht aus eben dem Grunde verleitet werden, ihre Kinder
vorzeitig in den Unterricht hineinzutreiben, der bei noch nicht vorhandener
Reife ein Saft und Kraft vernichtendes Lernjoch ist.

2) Das Kind mit anderen Kindern.

Ist der Umgang mit seinesgleichen dem Menschen im allgemeinen die
ergiebigste Quelle für seine geistige Nahrung, das naturgemäßeste Mittel
für seine geistige Belebung, Läuterung, Verjüngung und Veredelung, daher
ein wesentliches Lebensbedürfnis, so gilt dies im höchsten Grade vom Kinde.
Unter seinesgleichen fühlt sich das Kind erst ganz heimisch und behaglich.
Hier ist die für seine natürliche Entfaltung fruchtbarste Sphäre. Durch
diesen Wechselverkehr und Wetteifer wird jeder noch so verborgene Funke
der geistigen Individualitäten der Kinder geweckt und entflammt. Leben
entzündet sich an Leben, wie Flamme an Flamme. In dieser belebenden
Wirkung liegt der angenehme Reiz, welcher dem natürlichen Bedürfnisse
des Kindes so ganz entsprechend ist. Erfindungsgabe, Heiterkeit, Witz,
Entschlossenheit, Mut beziehen aus dieser Quelle ihre Hauptnahrung. Der
diesem Alter ohnedies eigene Nachahmungstrieb ist in solchen Momenten am
lebendigsten. Die Pforten des geistigen Inneren sind für alle Arten der
Einwirkung geöffnet.

Es versteht sich daher von selbst, daß man, soweit als eben möglich,
für den Umgang die bestgearteten Kinder wählen wird. Doch braucht man
darin nicht zu ängstlich zu sein, sobald nur für gehörige (am besten
unmerkliche) Überwachung gesorgt ist, die um so strenger sein muß,
je weniger noch die einzelnen Glieder der Gesellschaft hinsichtlich ihres
ganzen Wesens durchforscht sind. Ist nur die überwachende Person dafür
besorgt, daß kein unedles oder sonst nachteiliges Saatkorn, welches mehr
oder weniger immer dazwischen fallen wird, in den kindlichen Naturen
festwurzeln könne, sondern alsbald und für immer entfernt werde, so lasse
man übrigens dem Unterhaltungsgange seinen freien Lauf. Die Fehler des

einen bringen durch gegenseitige Abspiegelung für alle Gewinn. Man erkennt das Falsche und Unrechte viel schneller und vollständiger an anderen als an sich selbst, und: der Schatten hebt das Licht.

Die geselligen Spiele der Kinder sind teils ruhiger Art, teils mit körperlicher Bewegung verbunden. Man gönne ihnen in richtiger Abwechselung beide Arten, mit etwas vorwaltender Begünstigung der letzteren. Besser ein munteres, selbst etwas wildes (doch nie rohes) Austummeln als Schläfrigkeit.

Ein wichtiger praktischer Nutzen des Umganges und besonders der gemeinschaftlichen Spiele der Kinder besteht darin, daß sich der Eigenwille an einem gleichberechtigten anderen Willen bricht. Das Kind lernt seinen Willen mit dem Willen anderer in Einklang bringen, wobei, wenn nur das überwachende Auge Gerechtigkeit walten läßt, unbeschadet der individuellen Selbständigkeit, manches Schroffe, manches Scharfe und Eckige ganz von selbst sich glättet und rundet. Ein großer Gewinn fürs Leben! Mit dieser Eingrenzung des Eigenwillens fällt die Abschleifung des Eigensinnes, die Umdämmung des Übermutes und die Herabstimmung der allzu großen Reizbarkeit, Launigkeit und weichlichen Empfindelei zusammen. Mit etwas Takt begabt, wird die Oberleitung ihre Aufgabe, alles im richtigen Geleise zu erhalten, hier leichter erfüllen können, als wenn sie es mit dem einzelnen Kinde zu thun hat. Nur muß jeder Gifttropfen von Ungerechtigkeit, ernster Kränkung, des Spottes, Hohnes, Neides, böswilliger Neckerei und Schadenfreude ein für allemal aus dem Kreise verbannt werden. Munterkeit und Frohsinn sollen ungetrübt walten, Scherze und Neckereien in den Grenzen voller Harmlosigkeit bleiben. Rechtzeitig ein Wink, ein Wort von seiten der Aufsicht, oder, wo nötig, das augenblickliche Ausschließen des Schuldigen aus dem Kreise der übrigen, zuweilen vielleicht ein belebender Anruf, — ist alles, um die Kinder in der richtigen Sphäre zwischen den Wendepunkten zu halten. Durch Konsequenz und Takt der Oberleitung gewinnen die Kinder überaus schnell selbst so viel natürlichen Takt, daß dem überwachenden Auge fast nur noch eine passive Rolle übrig bleibt. Nur muß man es verstehen, in ihnen, wie überall so auch hier, das Ehrgefühl für ein richtiges Benehmen rege zu erhalten.

Ein besonderes Interesse gewährt dem denkenden Beobachter die Neckhaftigkeit, die der kindlichen Natur so allgemein eigentümlich ist und tief in ihr wurzelt. Das Kind neckt gern andere und läßt sich, aber nur in harmloser Weise, gern necken. Diese Eigenschaft ist begründet in dem natürlichen Bedürfnisse einerseits nach gemütlicher Anregung, nach Veränderung der Situationen (denn nichts ist ihm unerträglicher als langdauernde abwechselungslose Situationen) und andererseits nach Ausführung von Einwirkungsakten auf seine Umgebung, nach Effekten überhaupt. Die

Neckhaftigkeit ist also in Wirklichkeit nichts anderes als die Offenbarung des überaus lebendigen kindlichen Thätigkeitstriebes, der, da zur Verwendung desselben für ernste Zwecke noch der Sinn und die reifere Verstandeskraft fehlt, in der gemütlichen Sphäre sich äußert. Das Kind lebt nur im Spiele, es spielt also auch mit seiner lebenden Umgebung. Wohl aber verlangt dieser an sich unschuldige und echt kindliche Trieb, der innerhalb der Harmlosigkeit eher zu fördern, keineswegs aber durch finsteren Ernst zu hemmen ist, die Wachsamkeit eines verständigen Auges, ganz besonders bei Knaben, weil er sehr leicht in das Gebiet der Gefühllosigkeit, Schadenfreude und Roheit sich verirrt und darin festwurzelt, oder auch selbst in unschuldiger Form durch das Übermaß zur bleibenden Flatterhaftigkeit führt. Der bestehende Liebreiz dieses kindlichen Treibens darf jene wohl zu beachtende feine Grenzlinie nicht überschen lassen.

Das gesellige Leben der Kinder untereinander bietet zugleich die passendste Gelegenheit, um der Stimmung mancher zarteren Saiten des Gefühles den reinen Grundton zu geben. Es sind diese: Verträglichkeit, gemessene Nachgiebigkeit, Achtung vor fremdem Eigentume, bereitwilliges und freudiges Mitteilen vom eigenen Besitze, allgemeines Zartgefühl und Schamhaftigkeit.

Wenn das Kind unter seinen Gespielen ist, so tritt seine volle natürliche Individualität am reinsten hervor. Das damit verbundene unbefangene Sichselbstvergessen öffnet jede, auch die tiefste Falte seines Inneren. Das Kind läßt sich hier am vollkommensten durchschauen. Da nun die volle Erkenntnis der individuellen Eigentümlichkeiten eines Kindes für Eltern und Erzieher die erste Bedingung des ganzen Erziehungswerkes ist, so finden diese darin ein sehr ausgiebiges Mittel für ihre Beobachtung und für die Feststellung ihres erzieherischen Standpunktes.

Es ist demnach nicht zu verkennen, daß beides, sowohl die Beschäftigung des Kindes mit sich selbst, das Alleinspielen, als der Umgang mit anderen Kindern, das gemeinschaftliche Spielen, gleich wichtige Vorteile bietet, daß beides gleich notwendige Lebensbedürfnisse sind. Soweit als irgend möglich, suche man also die Zeit des Kindes gleichmäßig in entsprechender Abwechselung damit auszufüllen. Da wo ein mehrgliederiger Geschwisterkreis fehlt, nehme man ja auf Einleitung eines regelmäßigen anderweiten Umganges Bedacht. Er ist selbst, wo Geschwister nicht mangeln, wenigstens hin und wieder ein Bedürfnis für die Allseitigkeit der Ausbildung. Um alle die schönen Früchte des Umganges in vollem Maße zu erlangen, ist es freilich erforderlich, daß die Altersunterschiede nicht 2—3 Jahre übersteigen. Innerhalb dieser Grenze ist der Vorteil begreiflicherweise am meisten auf Seiten der jüngeren Kinder. Doch sind ja die speziellen Verhältnisse und Thunlichkeiten in dieser Beziehung so unendlich vielgestaltig, daß man im einzelnen Falle mit dem eben Erreichbaren sich begnügen muß.

Nur lasse man in keinem Falle ein Kind ganz ohne kindliche Genossenschaft aufwachsen. Als ein Wunder wäre es zu betrachten, wenn ein solches Kind nicht zu einem altklugen Sonderlinge, zu einem für das praktische Leben untauglichen Menschen, oder zu einem bemitleidenswerten Melancholiker würde.

3) Das Kind mit seiner Wärterin.

Das hier Bemerkte erstreckt sich auf das direkte Pflegeverhältnis, mag dieses die Mutter oder nächst ihr noch diese oder jene andere Person betreffen, welche als Erzieherin, oder als Wärterin, oder als eine Person von den Dienstleuten des übrigen Hauswesens um das Kind regelmäßig und dauernd beschäftigt ist. Wir werden daher unter „Wärterin" hier die pflegende Umgebung des Kindes überhaupt verstehen.

Die erste Bedingung, an welche die Wahl der Wärterin zu knüpfen ist, besteht offenbar darin, daß sie die Gewähr der strengsten Gewissenhaftigkeit bietet. Wir verstehen darunter nicht bloß das, womit sich die meisten Eltern begnügen, nicht bloß jene liebende Sorgfalt für das Kind, vermöge welcher die Wärterin, sich selbst überlassen, nach ihren eigenen immerhin gutgemeinten Gedanken mit dem Kinde verfährt, sondern wir meinen die strengste Gewissenhaftigkeit hinsichtlich aller beim Wechselverkehre zwischen Wärterin und Kind in Betracht kommenden Erziehungsgrundsätze, und zwar genau derselben, wie sie von den Eltern bestimmt sind und von ihnen selbst beobachtet werden. Es versteht sich, daß die Wärterin beim Antritte ihres Amtes in diese Grundsätze gehörig eingeschult und, wenigstens in der Anfangszeit, umsichtig überwacht werden muß. Es ist kein Erziehungsplan durchführbar, kein berechnetes Erziehungsresultat zu erreichen, wenn das Kind nicht, wenigstens in den Hauptpunkten, überall gleichen Grundsätzen begegnet. Abweichende oder wohl gar entgegengesetzte Grundsätze auf der einen Seite, vernichten alles von der anderen Seite Aufgebaute. Konsequenz ist die Grundbedingung alles erzieherischen Gelingens. Hier gilt es den vollen Ernst, die volle Energie der Eltern, besonders hier wird oft der väterliche Nachdruck unentbehrlich. Zu allermeist wird man darauf zu achten haben, ob die Wärterin fähig ist, die so gewöhnlichen eigenen Schwächen niederzukämpfen, wo es darauf ankommt, dem Kinde diese oder jene Überwindung, diese oder jene Versagung aufzuerlegen. (Man vergleiche hierüber S. 44 u. 45.) Bei den einmal herrschenden, mangelhaften Ansichten über Erziehung wird man oft schon zufrieden sein müssen, wenn auch die Wärterin am Erziehungsplane nicht weiter aufbauen hilft, wenn sie nur mühsam Aufgebautes nicht niederreißt, und sodann, wenn sie nur, in Bezug auf das äußere Leben des Kindes, dasselbe möglichst frühzeitig in aller Hinsicht an eine feste Ordnung und Pünktlichkeit gewöhnt.

Je mehr das Kind dieses Alters der Wärterin allein überlassen wird, um so bedeutungsvoller ist die Wichtigkeit der richtigen Wahl derselben. Denn, in den ersten Lebensjahren, wo die zarten geistigen Keime des Kindes aus dem Schlummerzustande zur Entwickelung erwachen, liegt die Gestaltung der Grundlage des Gemütes und Charakters am meisten in der Hand derjenigen Personen, welche im andauernden Verkehre mit dem Kinde sind.

Von dem Verhältnisse zwischen Kind und Wärterin und den unendlichen Einzelnheiten desselben ein vollständiges Bild zu entwerfen, ist eine Unmöglichkeit. Es wird für unsern Zweck genügen, wenn wir die hervortretendsten und eigentümlichsten Punkte dieses Verhältnisses einer Besprechung unterwerfen, da das Verhalten in allen übrigen Einzelnheiten ohnehin durch die allgemeinen Grundsätze klar genug vorgezeichnet ist.

Ein wichtiges, dem Kinde dieses Alters wahrhaft unentbehrliches Unterhaltungs- und Bildungsmittel, welches am meisten im Bereiche der Wärterin liegt, ist das Erzählen und Erzählenlassen. Fühlt sich doch der Mensch in jedem Lebensalter durch Erzählungen, wenn sie gut nach Form und Inhalt sind, eigentümlich angezogen, wie sollte nicht das Kind auf das Lebhafteste sich dafür interessieren, da es ja bei der Kürze seiner Vergangenheit noch den vollsten Durst nach Aufnahme von Gedanken- und Lebensbildern in sich fühlt! Aber eben diese stete, fast gierige Bereitwilligkeit der Kinder zum Anhören von Erzählungen aller Art macht große Vorsicht in der Wahl des Stoffes nötig. Das gute wie das schlechte Samenkorn wird gleicherweise von diesem nach allen Seiten hin offenen Boden aufgenommen.

Unbegreiflich ist es, wie die Ansicht, daß Fabeln und Märchen eine passende Geistesspeise für das zarte Kindesalter seien, noch bis auf den heutigen Tag sich erhalten und sogar von vielen Pädagogen in Wort und Schrift immerfort als richtig festgehalten werden konnte. Die richtige, dem Geiste wahrhaft gedeihliche Auffassung dieser Art von Erzählungen ist nur möglich bei einem gewissen Grade von Selbständigkeit des Denkens, wie er in der Regel in Ansehung der Fabeln nicht vor dem 9. oder 10., in Ansehung der Märchen nicht vor dem 12.—14. Jahre erreicht wird. Bei soweit gereiften Kindern erst sind beide Arten von Erzählungen an der Zeit. Das Kind hat in den ersten Jahren des erwachten Selbstbewußtseins noch genug zu thun mit Erfassung und Zurechtlegung der Wirklichkeit. Es muss erst den Boden der Wirklichkeit sicher unter den Füßen haben und immer leicht wiederfinden können, bevor es kleine Ausflüge in die dichterische Gedankenwelt (für welche überdies das Verständnis der Schönheit sich erst später entwickelt) ohne Gefahr der Verirrung unternehmen darf. Fabeln und Märchen bringen in dieser Altersstufe Unsicherheit und Verwirrung in die ohnehin noch lockeren Begriffe. Wenn die Kinder in ihren Spielen, wie sie es so gerne thun, menschliche Figuren redend einführen, so darf daraus kein Beweis für die Zuträglichkeit der Fabel genommen werden; denn da ist keine Fälschung des Begriffes, sondern nur eine vom Kinde selbst willkürlich erzeugte, daher ihm klar bewußte Belebung des vor den Augen befindlichen und begrifflich richtig erfaßten Gegenstandes damit verbunden. Werden aber Tieren, Pflanzen, Steinen menschliche Stimmen beigelegt, wie in der Fabel, so laufen die Begriffe: Tier, Pflanze, Stein und Mensch, durcheinander.

Grundbedingung für die erste Geistesnahrung ist volle Klarheit und Wahrheit der Begriffe. In diesem Alter wird ein kräftiges Gedeihen des Geistes nur durch einfache und natürliche Nahrung erzielt. Was künstliche Leckerbissen für den körperlichen Magen des Säuglings sein würden, das sind jetzt Fabeln und Märchen für den geistigen Magen. Sie erzeugen unreines Geistesblut.

Das Märchen wirkt ganz besonders noch dadurch verderblich, daß es in mehr oder weniger unheimlichen, schauerlichen, gransigen Gemütseindrücken, wonach gerade die Kinder vermöge der großen Lebendigkeit ihrer Phantasie recht lüstern sind, seine Spitze hat. Es wirkt auf dieses Alter ähnlich wie die Vergiftung der Kindesseele durch Gespenstergeschichten. Vorzeitig genossen, erschwert die Fabel das Festwurzeln der Wahrhaftigkeit der Gesinnung, bahnt den Weg, wenn auch nur indirekt, zur Lüge, flößt das Märchen Furcht und Aberglauben in das kindliche Gemüt. Wer nur einigermaßen das Innere des Menschen prüfend beobachtet hat, der weiß, wie fest diese drei eng verschwisterten Dämonen des Schattenreiches wurzeln, wenn sie unter irgend einer Form in der zarten Jugend sich einmal eingeschlichen haben, wie oft selbst die spätere bessere Erkenntnis und Willenskraft nicht mehr vermag, sie mit allen ihren Wurzelfasern auszurotten.

Warum also wählt man immer gerade solche vorzeitige und deshalb gefährliche Geistesnahrung? Läßt man sich bestechen durch den damit leicht zu reizenden geistigen Sinnenkitzel der Kinder? Ist man denn verlegen um anderen gleich schmackhaften, dabei aber unschädlichen und gedeihlichen Stoff? O, gewiß nicht! Gebet den Kindern Erzählungen aus dem reichen Bilderbuche des realen Lebens der Gegenwart (denn das Kind dieses Alters lebt nur in der Gegenwart), harmlose, einfache, liebliche oder mit einer gesunden Moral verknüpfte Genrebilder, dazwischen zur Abwechselung einfach lustige, komische Geschichtchen.

Diese erwähnten recht ernstlichen nachteiligen Einflüsse drohen unseren Kindern sowohl von seiten eines ziemlich umfänglichen Teiles der gegenwärtigen Kinderlitteratur, als auch von seiten der Wärterinnen. Da nun die Kinder wohl meistens einen großen Teil der Zeit den Wärterinnen allein anvertraut sind, und gerade von dieser Seite her, oft aus Unkenntnis, das Einschleichen jener Einflüsse am leichtesten und häufigsten erfolgt, so

fragt es sich: was ist zu thun, um sich dagegen sicherzustellen? Der beste
Weg, um sich eines nur heilsamen Einflusses der Erzählungen zu versichern,
ist wohl der, daß man der Wärterin sorgfältig ausgewählte Kinder-
geschichten zu lesen giebt und es ihr zur Gewissenssache macht, keine
anderen als diese nach und nach dem Kinde zu erzählen. Die Wärterinnen
gehen meistens sehr gern darauf ein, weil sie dadurch der Verlegenheit,
auf Erzählungsstoff zu sinnen, enthoben sind. Sodann möge man der Wärterin aber auch empfehlen, sich jede vorerzählte Geschichte von dem Kinde
zu verschiedenen Zeiten nacherzählen zu lassen. Dadurch wird die Auf-
fassungsgabe des Kindes geschärft, das Gedächtnis und die Sprachfertigkeit
geübt, und das Interesse an der Sache ausnehmend gehoben. Hierbei sei
nochmals an die hohe Wichtigkeit erinnert, das Kind gleich von Anfang an
zu einem nach Form und Inhalt richtigen und klaren Sprechen heranzubilden (vgl. S. 78). Der neuerdings durch die Kindergärten eingeführte
einfache, fröhliche Gesang und tänzelnde Bewegung im „Ringelreigen"
u. s. w. bieten eine Handhabe für den vorigen Wunsch und eine gesunde
Abwechselung.

Gar häufig findet man, daß die Wärterinnen es lieben, gewiße gewaltsame Gemütseindrücke den Kindern zu bereiten, sei es aus Neckerei,
sei es als Zuchtmittel: Schreck, Furcht als Drohung oder Strafe, freudige
Überraschung als Belohnung. Es bedarf wohl keiner weiteren Auseinander-
setzung, daß alle sehr heftigen, erschütternden und gar nicht vorbereiteten
Gemütseindrücke überhaupt, besonders dem frühen kindlichen Alter geradezu gefährlich und durch keinerlei damit verbundene Absicht zu rechtfertigen sind. Kein Mensch kann einen urplötzlichen heftigen Gemüts-
eindruck, sei er ein schreckhafter oder ein freudiger, in seinen Folgen, die
zuweilen nicht bloß vorübergehender Natur sind, vorher berechnen. Aber
manche derselben aus der Gattung der niederdrückenden, wie: Furcht,
Rührung u. dgl. sind, auch wenn sie allmählich und in minder heftiger Weise
einwirken, darum nicht minder verderblich.

Vor allem gilt dies von der Furcht in jederlei Gestalt, jener Lähmung
aller edlen Geisteskräfte, die, einmal eingenistet, oft das ganze Leben vielfach
hemmt und verfinstert. Leider werden manche Wärterinnen, die zu bereits
verzogenen, an Gehorsam nicht gewöhnten Kindern gestellt sind, durch das
böse Beispiel der Eltern und anderer Kindermägde verleitet, zu diesem
traurigsten aller Zuchtmittel ihre Zuflucht zu nehmen. So zieht ein Fehler
immer weitere und ernstere Fehler nach sich. Von der Furcht, welcher
Art sie auch sei, muß das kindliche Gemüt unter allen Umständen vollständig frei erhalten werden. Wir werden bei einer
späteren Gelegenheit auf diesen wichtigen Punkt zurückkommen.

Auch die geflissentliche Rührung des kindlichen Herzens durch öftere
Erzählungen oder Anschauungen, welche Wehmut und tiefschmerzliches

Mitgefühl erzeugen, verdient volle Mißbilligung. Nicht gesundes, thatkräftiges Zart- und Mitgefühl wird dadurch entwickelt — dazu bieten sich im Rosengarten des kindlichen Lebens genug andere, das Gemüt hebende und kräftigende Gelegenheiten —, sondern das Umschlagen des natürlichen Gefühles in weinerliche, weichliche Empfindelei oder in schwermütige Lebensstimmung begünstigt. Nur etwa als Heilmittel eines bereits verdorbenen und verstockten kindlichen Gemütes würde ein solches Verfahren ausnahmsweise sich rechtfertigen lassen, aber auch dann nicht weiter, als es zum Auftauen der Eisrinde des Herzens erforderlich ist.

Unbesonnene Liebe verleitet die Wärterinnen oft zu übertriebenen (scherzend-spielenden) Erregungen der Kinder, so daß letzteren die nötigen Pausen für stille Beschäftigung und Erholung in nachteiliger Weise gekürzt, und nicht selten Zufälle krankhafter Nervenerregung bereitet werden. Eine durchaus verwerfliche Unsitte ist das Scherzen mit den Kindern durch Kitzeln. Sie legt den Grund zu bleibender Nervenüberreizung, roher Sinnlichkeit und Laster.

Unter die ebenfalls unüberlegten, gewöhnlichen Gebräuche der Wärterinnen gehört der: das Kind, wenn es darüber weint, daß ihm durch Stoß, Fall, Beschädigung etc. mittels eines lebenden oder leblosen Gegenstandes, zufällig oder nicht, wehe geschehen ist, dadurch zu beschwichtigen, daß sie die Veranlassung bedrohen oder schlagen oder gar das Kind auffordern, dasselbe zu thun. Anstatt durch ein kurzes Wort, durch eine Ermahnung zur Achtsamkeit, das Kind zu beruhigen, schnell darüber hinzugehen, der Veranlassung nur in möglichst entschuldigender Weise zu gedenken und so das Kind zu milder, verzeihender Gesinnung zu stimmen, wird durch jene Unüberlegtheit geradezu der Trieb zur Rache geweckt, eine Handlung der Roheit als etwas Erlaubtes hingestellt. Nicht einmal im Scherze dürfen solche Gesinnungen Nahrung erhalten, solange das Kind in der Unterscheidung des Scherzes und Ernstes noch nicht ganz fest ist.

Je mehr die Wärterinnen der Gegenwart der Eltern entzogen sind, um so häufiger kommen sie in die Lage, zu direkten Zuchtmitteln ihre Zuflucht nehmen zu müssen. Noch als eine Streitfrage gilt zur Zeit die: was ist, alles erwogen, besser, soll den Wärterinnen im allgemeinen für gewöhnliche Fälle ein direktes Strafrecht, auch nötigenfalls das der körperlichen Züchtigung, zuerkannt werden oder nicht? Die Frage ist, ganz im Interesse der Kinder selbst, offenbar nur zu bejahen; und es muß der Wärterin zur Pflicht gemacht werden, in jedem erforderlichen Falle von diesem Rechte Gebrauch zu machen. Soll ein reines und volles Erziehungsresultat erreicht werden, so darf das Kind aus der Bahn seines ganzen Verhaltens, die ihm einmal als die richtige vorgezeichnet ist, nicht heraustreten. Dies ist aber sehr bald der Fall, sowie das Kind merkt, daß seiner Umgebung der Achtung gebietende, nötigenfalls nachdrucksvolle Ernst fehlt. Nichts wirkt störender auf die ganze Richtung des kindlichen Sinnes, als wenn das Kind durch wesentliche Verschiedenheit in der Behandlung irre gemacht wird in den Begriffen des Erlaubten und des Nichterlaubten. Das lange Verschieben einer verwirkten Strafe bis zum Dazutreten der Eltern ist in diesem Alter mit flüchtigem Sinne, wo alles Unangenehme schnell abgethan und vergessen sein muß, ein verfehltes, oft ganz verkehrt wirkendes Verfahren. Ohne Strafrecht ist die Beaufsichtigung der Kinder überhaupt eine halbe Maßregel. Auch ist mit der Verweigerung des Strafrechtes am meisten jenes Risiko verbunden, daß die Wärterin, durch die Verlegenheit gedrängt, zu verderblichen Zuchtmitteln, wie Furcht, Schreck u. dgl., ihre Zuflucht nimmt oder sich soweit vergißt, dem weinerlichen Eigensinne und Trotze des Kindes nachzugeben, anstatt ihm entschieden zu widerstreben und ihn zu bestrafen. Die Besorgnis endlich, daß die Wärterin einen falschen Gebrauch von ihrem Strafrechte machen könne, fällt weg, sobald — wie ja überhaupt vorauszusetzen — das Kind ihr allein nicht eher überlassen wird, als bis sie in ihrem ganzen Werte genügend erprobt ist.

Noch ein disziplinarischer Punkt ist hier hervorzuheben. Da eine verständige Erziehung sowohl auf innere wie auf äußere Selbständigkeit des Zöglings innerhalb der von höheren Rücksichten gebotenen Grenzen hinzuarbeiten hat, so kann in Bezug auf die äußere Selbständigkeit von seiten der Wärterin oder der Hausbedienung viel verdorben werden. Die in der Regel allzugroße Bereitwilligkeit, den Kleinen alles so bequem und so leicht wie möglich zu machen, führt oft zu weit und läßt den Zeitpunkt vergessen, wo die Kinder sich selbst helfen und bedienen lernen sollen. Abgesehen von dem praktischen Nutzen ist dies in moralischer Beziehung wichtig genug. Das Kind bekommt ein gewisses Selbstvertrauen, wodurch seine ganze moralische Kraft gehoben wird; es wird dadurch von selbst zur Mäßigkeit und Bescheidenheit im Angewöhnen von Bedürfnissen für sich und zur Gefälligkeit gegen andere geführt; und besonders: es wird dadurch gegen den sittenverderblichen Hochmut den Dienstleuten oder überhaupt tiefer gestellten Personen gegenüber — jene leider so gewöhnliche Sinnesgemeinheit — geschützt. Als Regel halte man daher fest: Alles, was, unbeschadet höherer Rücksichten, das Kind an sich selbst und für sich selbst oder für andere thun kann, das lasse man es auch allein thun. Schon vom dritten, vierten Jahre an gewöhne man die Kinder an allerhand kleine, angemessene Verrichtungen und empfehle den Wärterinnen, diese Gewöhnung zu unterstützen. Vom fünften, sechsten Jahre an sind die meisten Kinder befähigt, sich größtenteils allein an- und auszukleiden u. s. w. Nur muß man sich anfangs etwas Mühe mit der Anweisung dazu geben, ein wenig Geduld haben und hauptsächlich konsequent sein in der Zurückhaltung des vorzeitigen Dazwischengreifens. Das aber, was das Kind angewiesen ist von anderen bis herab zu den untersten Dienstboten zu verlangen, darf ihm stets nur unter der Bedingung gewährt werden, daß es das Verlangen bittend ausspricht.

Um einen Vorsprung für die intellektuelle Bildung zu gewinnen, wählt man oft den Weg eines in verschiedenen Sprachen mit den Kindern verkehrenden Umganges. Wenn dies nicht früher geschieht, als bis das Kind fest in der Muttersprache geworden, dies nächst dieser in nicht mehr als einer Sprache geschieht und dabei Zwang und Anstrengung vermieden werden, so ist im allgemeinen dagegen nichts einzuwenden. Denn daß das Aufnehmen von zweierlei, ohne Anstrengung zu erlernenden Umgangssprachen auch der Gründlichkeit der Sprachkenntnis keinen Eintrag thut, ergiebt sich zur Genüge aus Beispielen im großen, wie wir sie von den Bewohnern solcher Orte und Gegenden entnehmen, wo zweierlei Sprachen herrschend sind, z. B. an fast allen Sprachgrenzlinien.

4) Das Kind mit seinen Eltern.

Der Übersichtlichkeit und Abrundung des ganzen Erziehungsbildes schien es entsprechend, unter diesem besonderen Artikel nur diejenigen Punkte zusammenzufassen, hinsichtlich deren der erzieherische Einfluß gewöhnlich und in der wirksamsten Weise direkt von den Eltern ausgeht. Unklarheiten des Erziehungsbildes werden daraus nicht entstehen können, da als selbstverständlich vorauszusetzen ist, daß die Leitung des ganzen Erziehungswerkes, ob direkt ob indirekt, doch immer in den Händen der Eltern liegt, also auch alle in den übrigen Artikeln anschaulich gemachten Punkte und Grundsätze zunächst immer die Eltern angehen.

Unter allen geistigen Einwirkungen ist die Bildung, Veredelung und Befestigung des Charakters durch Nährung der Liebe zum Guten und des Abscheues gegen alles Schlechte die erste und oberste. Sie bleibe für immer der Erzieher wichtigste Sorge.

Sobald das Kind in der Entwickelung soweit vorgeschritten ist, daß es in dem Kreise seiner Umgebung sich zurechtgefunden und seine natürlichen Verhältnisse in den Hauptumrissen erkannt hat, so seid Ihr es, Eltern, auf welche das Auge und das Ohr des Kindes immer zunächst und zumeist gerichtet ist. Euer Vorbild, Euer Beispiel ist es, nach welchem sich die ganze kindliche Natur am liebsten und am leichtesten formt. Durch den angeborenen Nachahmungstrieb ist das Kind auf gute Vorbilder von Natur angewiesen. Daher auch, wenn das älteste von Geschwistern gut geartet ist, die jüngeren sich viel leichter erziehen lassen. Anschauliche lebende Beispiele sind überhaupt die direkteste und wichtigste menschliche Geistesnahrung und daher das wirkungsreichste Erziehungsmittel. Es ist fertige Geistesnahrung, die unmittelbar aufgenommen und angeeignet wird, so wie sie dargeboten ist. Ein Beispiel wirkt mehr als hundert Worte. Bedenket das wohl und bestrebet Euch, Eurem Kinde immer

so entgegenzutreten, daß Ihr ihm in aller Beziehung als Musterbild der
Humanität und Tugendhaftigkeit gelten könnet! Bedenket dabei aber
auch, daß die Kinder sehr bald Schein von innerer Wahrheit unterscheiden
lernen, und daß nur aus letzterer ihnen Segen quillt.

Eure ganze Erscheinung sei daher dem Kinde gegenüber, vorzüglich
während dieser Altersperiode, so lange wie nur irgend möglich von der
Glorie der Heiterkeit umstrahlt. Heiterkeit ist die Sonne des geistigen
Lebens. Unter ihren Strahlen nur erblüht das ganze geistige Gedeihen
des Kindes, wird jede, so besonders auch die kindliche Seele empfänglicher
für alle Einwirkungen, wird das Schwere leicht, das außerdem Unmögliche
möglich. Und muß auch zuweilen der erzieherische Ernst dazwischentreten,
so sei das immer nur eine, nach Entladung ihrer fruchtbringenden Wirkung
schnell verwehte Wolke. Hat Euch der Ernst des Lebens die eigene Heiterkeit geraubt und an Eurer Erscheinung nicht wenigstens den freundlichen
Ernst übrig gelassen, so vermeidet lieber so lange dem Kinde Euch zu
zeigen. Steigt aus des Kindes Seele ein Wölkchen in die Höhe, so scheucht
es schnell hinweg durch Eure Heiterkeit, doch aber nie durch gesin-
nungverderbende Mittel oder überhaupt auf Kosten höherer Grundsätze. Denn nimmermehr darf, wo es gilt, der erzieherische Ernst zu
lange auf sich warten lassen. Ist erst der Himmel ganz umzogen, so
bricht sich schwerer das Gewölk. Rechtzeitig ein kräftiges Wort, ein von
fern drohender Blitz, welcher nötigenfalls dazwischenfährt, macht am schnellsten den Himmel wieder klar. Es ist sehr wichtig und bildet das Fundament
der Stimmung fürs ganze Leben, daß das Kind jede grundlose Übellaunig-
keit, trübe oder gar schmollende Stimmung als etwas durchaus Verbotenes
betrachte, weil dann das jedesmal sofort und unwillkürlich eintretende Gefühl des Verbotenen das Sichhingeben an die Laune gleich anfangs ab-
schließt, und so die Kraft gegen dieselbe durch die leichter gemachten
Siege gestärkt wird. Das Kind gewinnt an geistiger Elastizität, lernt sich
schnell sammeln und aufraffen. Umgekehrten Falles, wenn man der Laune
die Zügel läßt und ihr Austoben passiv abwartet, wächst ihre Macht sehr
bald bis zur Unbesiegbarkeit. Was aber die anfangs unschuldig scheinende
Laune auf ihren unvermerkt weiter schreitenden Entwickelungsstufen für
ein lebensfeindlicher Dämon ist, das — wissen wir alle.

Bedarf das Kind zuweilen noch einer kräftigen äußeren Anregung zur
Heiterkeit — und mehr oder weniger wird man es bei keinem Kinde
daran fehlen lassen dürfen — nun, so sind Musik, Gesang, Tanz und Spiel
die natürlichsten, stets willkommenen Mittel. Spielet und scherzet zuweilen
selbst mit den Kindern. Auf keine andere Weise als diese gewinnt man
so leicht und so sicher ihre Herzen. Rauschende (natürlich immer von
Roheit fern bleibende) Lustigkeit muß aber als Würze gelten, nicht zur
gewöhnlichen Kost werden. Sonst verliert sie ihre edle Reizbarkeit und

artet endlich aus zum maßlosen Sinnentaumel. — Vom Bereiche des Scherzes wird man natürlich alles dasjenige fern zu halten haben, was in den Augen des Kindes als ernsthaft und Achtung gebietend erhalten werden muß. Überhaupt ist es wichtig, das Kind nie in Unklarheit über seine Situation kommen zu lassen. Es muß immer bestimmt wissen, woran es mit seiner Umgebung ist, ob Scherz ob Ernst im Augenblicke waltet.

Eine Tochter der Heiterkeit ist die Liebe. Damit in dem Herzen des Kindes die Liebe der Grundton sei und bleibe sowohl in dem Verhältnisse des Kindes zu Euch, als zur ganzen Welt, bedarf es keiner Einsaat, denn die Keime sind als Gottesgabe schon vorhanden, noch ehe sie sich äußern; sondern diese Keime bedürfen zu ihrer ungestörten Entfaltung nur treuer Pflege, sanft erwärmender Belebung und, wenigstens für die Anfangsreihe der Lebensjahre, möglichste Fernhaltung aller direkt feindseligen Einflüsse. Die Liebe ist das Band, welches Euch und das Kind gegenseitig für immer umschlingen soll. Sie sei daher auch die Grund-Triebfeder des ganzen Erziehungswerkes durch alle seine Einzelnheiten hindurch.

Die natürlichste Pflege und Belebung der kindlichen Liebe ist Eure Gegenliebe. Sie schützt Euch selbst gegen Härte und Ungeduld. Alle Eure Beziehungen zum Kinde, alle Eure Einflüsse auf dasselbe müssen sich auf Liebe gründen, d. h. auf die wahre reine (nicht selbstsüchtige) und vernünftige Liebe. Auch soll die Liebe nicht eine weichliche, die in verderblicher Weise die ganze Charakterkraft untergräbt, sondern eine kräftigende sein. Nicht Liebe ist es, wenn Ihr für das Kind dieses oder jenes thut, mit dem Kinde dieses oder jenes vornehmet, was bei gründlicher Prüfung ausschließlich aus Eurer Selbstliebe hervorgeht, aus eigener Liebhaberei, Eitelkeit, dem Streben sich so oder so mittels des Kindes zu unterhalten und zu vergnügen, oder aus anderen Nebenzwecken. Noch weniger hat mit wahrer Liebe jene sogenannte Affenliebe etwas gemein, die, das wahre Wohl des Kindes mißachtend, aus Furcht vor kleinen augenblicklichen Überwindungen, Versagungen und Verdrießlichkeiten, die falschen Triebe und Gewöhnungen des Kindes nährt, die also eine unbesonnene Schwäche, hinsichtlich ihrer Folgen geradezu eine schwere Versündigung am Kinde ist. Nein, nur die, das edle Ziel der Erziehung immer fest im Auge behaltende, nötigenfalls sich selbst verleugnende, ist die wahre elterliche Liebe.

Unter dieser wird auch im kindlichen Herzen die Liebe sich rein und edel entwickeln, denn sie ist auf Achtung gegründet. Mehr und mehr wird das Kind erkennen lernen, daß Eure Liebe nicht in einem blinden, maß- und schrankenlosen Entgegenkommen besteht, sondern unter der Oberleitung gewisser fester Gesetze und Bedingungen sich äußert. Es wird fühlen lernen, daß selbst hinter Eurem Ernste und Eurer Strenge nur die gute Absicht, die Liebe, steht und wirksam ist, wie die Sonne hinter Wolken.

114

Der Begriff des Guten, Rechten und Wahren, den in den Augen des Kindes Ihr zunächst repräsentiert, wird in ihm zur vollen Herrschaft gelangen und es mit Achtung vor Eurem Willen erfüllen. Die Liebe wird dann mit der Achtung eng verschwistert sein und in derselben erst ihren wahren Wurzelgrund finden. Eine Liebe ohne Achtung ist nur eine Scheinliebe, eine Laune, von der augenblicklichen Stimmung und Willkür abhängig.

Bedenket aber wohl, daß nicht Eure Worte allein die edle Richtung des kindlichen Herzens entwickeln können, sondern daß es Euer ganzes, dem Kinde wahrnehmbares Benehmen nach allen Seiten hin, Euer Vorbild ist, welches in der noch weichen Seele des Kindes sich abdrückt. Euer Vorbild ist die geistige Atmosphäre, welche das Kind einatmet. Und zwar zieht alles Edle und Gute, ebenso wie umgekehrt alles Rohe und Schlechte, welches von Euch sich abspiegelt, als unmittelbarer Gefühlseindruck schon in der frühesten Zeit in das kindliche Gemüt ein, weit früher als die Entwickelung der Sprache und das allgemeine Verständnis der Dinge selbst noch den ersten Grad der Reife erlangt haben.

Einer der vielen Strahlen der Liebe ist die Dankbarkeit im engeren Sinne, d. h. die Rückstrahlung der in einzelnen Handlungen empfangenen Liebesäußerungen; denn im weiteren Sinne fließen Dankbarkeit und Liebe beim Kinde, welches ja eben durch nichts weiter als seine liebende Gesinnung zu danken vermag, völlig in eins zusammen. Zwar werden immer anfangs direkte Aufforderungen zu den gebührlichen Dankesbezeigungen nicht ganz umgangen werden können, doch ist es sehr ratsam, mit denselben so zurückhaltend wie möglich zu sein, damit nicht das Gefühl — wie es bei allen zarten Gefühlen so leicht möglich — unter der Form leide oder wohl gar erlösche. Man sei daher ja nicht pedantisch in der Form. Auch müssen die direkten Aufforderungen immer erst durch eine unbeteiligte dritte Person erfolgen. Beispiel und indirekte Erregungen des Dankgefühls stehen stets in erster Reihe und müssen in erschöpfender Weise versucht worden sein, ehe man zu jenen seine Zuflucht nimmt.

Die wahre Liebe und Dankbarkeit äußern sich aber nicht bloß durch Blick, Mienen und Worte, sondern auch und hauptsächlich durch Handlungen. Erst durch Werkthätigkeit erhalten die liebenden, dankbaren Gesinnungen den Stempel der vollen Wahrheit und kräftigen sich in sich selbst. Erst dadurch wird das Kind sich selbst derselben recht bewußt und von ihnen ganz durchwärmt. Wie beschränkt auch der Wirkungskreis des Kindes darin ist, so finden sich doch immer genügende Gelegenheiten, um die Kraft der werkthätigen Liebe zu üben und zu stärken, und es ist wirklich notwendig, dergleichen dem Kinde zu bieten. Dazu ist besonders die sanfte Hinleitung zu verschiedenen kleinen Aufmerksamkeiten, Gefälligkeits- und Liebesdienstleistungen zu empfehlen. Die Hinleitung geschehe aber auf indirekte, zarte Weise, so daß das Kind den die innere Kraft und

Neigung hebenden Eindruck bekommt, als thue es die Handlung rein aus eigenem Antriebe. Z. B. durch bezügliche Erzählungen gleicher Handlungen anderer Kinder; oder der Vater sagt zum Kinde: die Mama würde sich gewiß recht freuen, wenn jemand das dort täglich auf ihren Platz legte. ohne daß sie erst nötig hätte, danach zu fragen u. dgl. Vorzüglich geeignet sind solche Gelegenheiten, die sich häufig und regelmäßig wiederholen. Dadurch wird die Aufmerksamkeit des Kindes rege erhalten, es sinnt auf immer neue Gelegenheiten, und so bilden sich die Freudigkeit und Willigkeit für Liebesdienste und für Gewandtheit selbst zu fühlen und zu sehen, wo es fehlt, zur edlen Gewohnheit.

Diese Sinnesrichtung bahnt den Weg zu allen übrigen der Liebe entstammenden Tugenden. Das Kind hat nach und nach gelernt, sich wenigstens in die äußere Lage anderer hineinzudenken und ist daher für Mitfreude und Mitleid durch und durch empfänglich. Das letztere würde sogar eine zu tief erschütternde, in ihren Folgen bedenkliche Wirkung äußern können, wollte man das Kind schweren Erregungen desselben aussetzen. Nur rohen oder wirklich stumpfen Kindern mag eine kräftigere Dosis solcher Erregungen zuweilen heilsam sein.

Hat das Kind in den liebevollen Gesinnungen zu seinen Eltern sich befestigt, so wird es dieselben in entsprechendem Verhältnisse auf seine sonstige Umgebung und ganze übrige Welt von selbst übertragen, natürlich auch hierin immer dem Vorbilde seiner Eltern folgend.

Wir wenden uns nun zu einem anderen Kernpunkte des geistigen Inneren, dessen Ausbildung der direkten Ein- und Mitwirkung der Eltern am meisten bedarf. Es ist die sittliche Willenskraft — das Siegesschwert im dereinstigen Lebenskampfe. Erschrecket nicht, liebende Eltern, über dieses Wort. Das wahre und hohe Ziel des menschlichen Lebens (s. S. 4) kann und soll ja nur durch edlen Kampf teils mit uns selbst (im Glücke wie im Unglücke), teils mit dem äußeren Leben errungen werden. Ob er für unsere Kinder leicht oder schwer — wir wissen's nicht, wie auch immer die Perspektive menschlicher Berechnung nach den Verhältnissen der Gegenwart beschaffen sein möge. Diesen Kampf können und sollen wir ihnen nicht ersparen, denn er ist Grundbedingung des Lebens. Ohne Kampf kein Sieg, und ohne diesen kein wahres Lebensglück. Wohl aber können und sollen wir sie nach Möglichkeit ausrüsten mit der Waffe, um den Kampf würdig durchzuführen, um das hohe Glück des Sieges zu erkämpfen — und diese Waffe, mit welcher sie freudigen Mutes in das Leben hineingehen können, ist eben die sittliche Willenskraft. Erhält dieselbe auch erst später ihre volle Weihe durch die Segnungen der Religion, so muß doch lange vorher, schon im zarten Alter, die Grundlage jener Kraft geschaffen, der Boden fähig gemacht werden, das göttliche Samenkorn in sich aufzunehmen. Außerdem fällt dieses auf rohen steinigen Boden, in welchem es zu segensvoller Fruchtentwickelung nimmermehr gedeihen kann.

Eine vernünftige Erziehung muß aber den Grund legen, muß den Zögling rüsten für alle Möglichkeiten des späteren Lebens, für den leichten wie für den schwersten Lebenskampf, damit Glück nicht zur Erschlaffung und Hohlheit, Unglück, selbst das schwerste und unerwartetste, nie zur Vernichtung führen könne. Die Schule des Lebens verlangt Kraft und Mut, ja zuweilen — wer kann es voraus berechnen? — in einem fast übermenschlich scheinenden Grade. Die innere Kraft des Menschen soll allen Möglichkeiten gewachsen sein und am Kampfe immer mehr erstarken. Denn jedem Menschen ohne Unterschied sollen alle Möglichkeiten des Schicksales offen stehen. Dies ist der Grundzug der Weltordnung und der göttlichen Menschenerziehung. Jede Verweichlichung gebiert traurige Folgen. Blicket hinein ins Leben, wo es auch immer sei! Gott verweichlicht den Menschen nicht. Wenn der Mensch sich selbst verweichlicht oder von anderen verweichlicht wird, so führt dies abwärts vom Lebensziele, dem Lebensunglücke früher oder später in die Arme, bereitet vor, wie alles, was die innere selbsteigene Kraft schwächt, statt zum Siege, zur Niederlage in den Prüfungen und Schlägen des Schicksales. Nur allein die durch Übung von Jugend auf erstarkte sittliche Willenskraft, die edle Tapferkeit im Lebenskampfe, führt zum Siege, schafft wahres, inneres Lebensglück. — Wenn daher die Eltern meinen, ihren Lieblingen durch solche Nachgiebigkeiten oder Liebesleistungen, welche auf Kosten höherer Rücksichten, auf Kosten der inneren Kraftentwickelung geschehen, die wahre Liebe zu beweisen, so irren sie entsetzlich. Dies ist das Gegenteil der vernünftigen, allein wahren Liebe, ist jene traurige Muhmenliebe oder Affenliebe, die einst von den Kindern selbst tief beklagt, wohl gar verwünscht wird.

Die Mittel und Wege nun, die sittliche Willenskraft, den Charakter, zu entwickeln und zu befestigen, brauchen nicht erst gesucht zu werden; das Zusammenleben bietet sie fast in jedem Augenblicke nach allen Richtungen hin. Die allgemeinste Bedingung zur Erreichung dieses Zieles ist der unbedingte Gehorsam des Kindes. Er ist ein unantastbares Heiligtum, der alleinige Wurzelboden der Achtung und mithin der wahren kindlichen Liebe, die Grundlage der Selbstbeherrschungskraft, der Kraft der geneigten Unterordnung des eigenen Willens unter einen höheren Vernunftwillen, also der Keim aller Sittlichkeit und Religiosität.

War das Kind schon in der ersten Altersperiode auf dem Wege der Gewöhnung zum unbewußten Gehorsam geführt worden, so ist es nunmehr an der Zeit und zur Erreichung des würdigen Erziehungszieles unerläßlich, daß diese Gewohnheit nach und nach zu einem Akte des freien Willens erhoben, daß der Gehorsam ein selbstbewußter werde (vgl. S. 41). Das Kind soll nicht zum blinden Sklaven eines anderen Willens, sondern zu

7*

edler Selbständigkeit und Vollkraft des eigenen Willens erzogen werden. Es soll das Gute und Rechte selbst wollen lernen und bedarf nunmehr nur sanfter und indirekter Anregungen. Durch die vorherige Gewöhnung ist dieser Übergang sehr erleichtert. Das Kind muß allmählich mehr und mehr erkennen lernen, daß ihm die physische Möglichkeit gegeben ist, anders zu wollen und zu handeln, daß es aber aus freier Selbstthätigkeit und Liebe sich zu der moralischen Unmöglichkeit erhebe, anders zu wollen und zu handeln. Dies wird erreicht: einesteils durch kurze Angabe der Gründe der Ge- und Verbote, insoweit es angemessen und thunlich (denn selbstverständlich muß sich das Kind auch bescheiden und ebenso unbedingt gehorchen, wenn zuweilen die Angabe des Grundes unterbleibt); anderenteils durch erzählende Hinweise auf die auch im Kinde liegende Willensfreiheit: „du könntest wohl anders, aber ein gutes Kind will nicht anders", sowie durch Erläuterung von betreffenden Beispielen anderer Kinder. Nur vergesse man nie, daß die Worte der Gebote oder Verbote selbst klar, kurz und entschieden ausgesprochen werden müssen. Auch sind zu obigem Zwecke die begangenen eigenen Fehler des Kindes recht wohl zu benutzen, wenn man nicht unterläßt eine Moral daran zu knüpfen. Für gutgezogene Kinder bedarf es nur einer Erinnerung an solche selbst erlebte Fälle, um sie bei drohenden Wiederholungsfällen sofort auf den rechten Weg zu bringen. Eigene Erfahrung ist stets die eindringlichste Lehrmeisterin.

Eine Hauptbedingung für die dauernde Erhaltung des kindlichen Gehorsams, welche von den Eltern oder überhaupt allen, die Gehorsam fordern, zu erfüllen ist, beruht in der festen Konsequenz der Grundsätze — hier steht die Klippe, woran so viele gute Erfolge scheitern. Das Kind muß immer bestimmt wissen, woran es ist, was recht und was nicht recht, was geboten oder erlaubt und was verboten ist. Außerdem verliert es seinen Halt, und somit erlangen bald die meist noch rohen Naturtriebe das Übergewicht, die Richtung ist verloren. Nichts ist daher für den Charakter des Kindes verderblicher als willkürlicher, launenhafter Wechsel und Schlaffheit der Grundsätze oder Parteilichkeit seiner gebietenden Umgebung. Für Gerechtigkeit hat das Kind früh schon einen feinen Sinn; sie flößt ihm volle Achtung ein.

Auch ist notwendig, daß sich die Konsequenz auf unabänderliche Durchführung des einmal Geheißenen erstrecke. Um aber dessenungeachtet der Selbstbestimmbarkeit des Kindes in allmählich weiterem Kreise Freiheit zu lassen und dieselbe so durch Übung zu stärken, gebiete und verbiete man nicht mehr. als eben nötig und durchführbar, halte aber dafür desto fester auf Erfüllung des Verlangten. Alles unbedingt Ge- und Verbotene oder überhaupt Bestimmte stehe unwandelbar fest. Selbst jeder Versuch des Kindes, davon auch nur ein Jota abzumäkeln, werde durch ernste

Rüge sofort niedergeschlagen. Alles bedingt Ge- und Verbotene stehe und falle mit der Bedingung. Jedes, auch das geringste Schwanken in der Strenge dieses Grundsatzes erschwert den Akt des Gehorsams den Eltern und dem Kinde. Nicht der Schwäche des Kindes darf man zu Hilfe kommen wollen, sondern seiner Kraftentwickelung, und dies geschieht nur durch die elterliche Festigkeit. So nur behält das Kind die volle Achtung vor den Grundsätzen und vor den Personen. Bei Kindern, die bereits einige Jahre alt geworden und nach diesen Grundsätzen erzogen sind, kann man auch schon den befehlenden Charakter des Verlangens. als für die meisten Fälle entbehrlich, in den des Wunsches umwandeln und gewinnt dadurch einen großen Spielraum für die freie Entwickelung ·der selbsteigenen Willenskraft des Kindes.

Fast bei jedem Kinde aber, selbst dem bestgezogenen, taucht wenigstens einmal (bei richtigem erzieherischen Verfahren aber auch nicht leicht öfter) die Erscheinung der Widerspänstigkeit oder des Trotzes auf — ein Überbleibsel der natürlichen Roheit, welche das erwachende Selbstgefühl nach der falschen Richtung zieht. Meist fällt dies gegen das Ende des zweiten Jahres. Das Kind verweigert plötzlich und oft in überraschender Weise gerade da, wo es seit lange schon die vollste Willigkeit gezeigt hat. den Gehorsam. Die Veranlassung dazu mag sein welche sie wolle, eine bedeutendere oder an sich ganz gleichgültige — gleichviel, es kommt alles darauf an, daß der Trotz gebrochen werde, und zwar auf der Stelle bis zur Wiedererlangung des vollen Gehorsams, nötigenfalls durch wiederholte fühlbare Züchtigung mit dazwischen gegönnten Erholungsmomenten. So ist die Sache in der Regel mit einem Male abgemacht, außerdem aber riskiert man einen ungünstigen Wendepunkt im ganzen Benehmen des Kindes. Das sofortige Brechen des Trotzes gelingt stets beim ersten Aufkeimen desselben. Laßt Euch davon nicht zurückhalten durch falsche Weichheit gegen das Kind oder durch schlaffe Selbstschonung, oder durch jenen verkehrten Glauben, es werde dadurch die Willenskraft überhaupt geschwächt. Denn, glaubt nur, das Kind leidet unter dem inneren Seelenschmerze und Seelendrucke des trotzigen Sinnes in Wirklichkeit unendlich mehr als unter dem flüchtigen Hautnervenschmerze Eurer Streiche. Je früher Ihr es also davon befreit, um so größer die Wohlthat, um so mehr wird das Feld gereinigt und frei gemacht für die später in positiver Weise zu fördernde Entwickelung der Keime des edlen Willens, um so mehr die Willenskraft in dieser Richtung genährt und befestigt. War aber die Entwurzelung dieses ersten Aufkeimens versäumt, so ist das sofortige Erzwingen des vollen Zieles weder thunlich noch ratsam. Dann bleibt der konsequente allmähliche Verfolgungsweg allein übrig.

Hieran reiht sich die Betrachtung über Belohnungen und Strafen. Wir gehen in Ansehung dieser beiden Punkte am sichersten an der Hand

der allgemeinen Regel: Behandle das Kind stets genau so, wie es
sein Benehmen verdient. Nur dürfen unter Benehmen nicht etwa
die Handlungen des Kindes verstanden werden, sondern nur die den Handlungen zu Grunde liegenden Gesinnungen, die innersten Beweggründe. Auf diese nur haben wir einzuwirken. Hierin werden unglaublich
viel Verkehrtheiten begangen. Eine kindliche Handlung ohne Gesinnungsfehler, die vielleicht gerade für die Eltern etwas Verdrießliches hat, z. B.
die absichtslose Beschädigung oder Vernichtung eines Gegenstandes u. dgl.,
wird hart gerügt, anstatt es hier mit einem ruhigen Verweise abgethan
wäre; dagegen eine andere, die in ihrer äußeren Bedeutung gleichgültig
ist, hinter welcher aber ein recht ernster Gesinnungsfehler: Unwahrheit,
Trotz u. s. w., steckt, wird unbeachtet gelassen, wohl gar nach Befinden
belächelt. Wenn einem Kinde geheißen ist, etwas mit der einen bestimmten Hand zu überreichen, es beharrt aber eigenwillig darauf, statt dieser
die andere Hand dazu zu nehmen — was in der Welt könnte wohl gleich-
gültiger sein als das Äußere dieser Handlung: der vernünftige Erzieher
aber wird nicht eher ruhen, als bis die Handlung dem Geheiße vollkommen
entsprechend ausgeführt und der unreine Beweggrund ihr genommen ist.

Behandeln wir also das Kind immer genau so, wie es seine Gesinnungen verdienen, die sich ja unverkennbar in seinem ganzen Wesen
abspiegeln, so werden wir, solange diese den unschuldig natürlichen Charakter haben, ihm nur mit heiterer Freundlichkeit begegnen, ihm unsere
Liebe in vollem Maße empfinden lassen. Wir werden aber umgekehrten
Falles, sobald der Keim einer unrechten Gesinnung hervortritt, stets und
sofort durch den Ernst unserer Erscheinung ihm den Leitfaden für die
Richtung seines Inneren geben müssen. Bleiben hierin die Eltern sich
selbst treu, so werden sie bald durch den Eintritt jenes schönen Verhältnisses belohnt, wo das Kind fast durchgehends nur durch den elterlichen
Blick regiert wird.

Viele Eltern lassen sich von der fest beharrlichen Durchführung ihrer
Grundsätze, wenn dieselbe bei den Kindern auf besondere hartnäckige
Schwierigkeiten stößt und deshalb immer ernsteren Nachdruck verlangt,
durch die Besorgnis zurückhalten, bei den Kindern etwas an Liebe einzubüßen. Diesen Fällen begegnet man nicht nur, wo es sich um Fehler, die
aus kindlicher Vergeßlichkeit und Leichtsinn hervorgehen, sondern auch,
wo es sich um wirkliche und recht ernste Gesinnungsfehler handelt. Eine
solche Besorgnis beruht aber durchaus auf Täuschung. Denn im Gegenteile schwächt jedes Nachlassen, jede Ermüdung des erzieherischen Ernstes
vor Erreichung des Zieles die kindliche Achtung und sonach die mit dieser
stets steigende oder fallende Liebe. Bleiben sich nur die Grundsätze immer
treu und gerecht, so erkennt das Kind sehr bald, daß die etwaige häufige
Wiederholung ernster Scenen einzig und allein seine eigene Schuld ist, und

wird sich der Beharrlichkeit früher oder später fügen, ohne eine Spur von Bitterkeit zurückzubehalten. Die vermeintlichen liebeschwächenden Einflüsse des disziplinarischen Ernstes finden ihr reichliches Gegengewicht in dem so lange unwandelbaren liebenden Entgegenkommen der Eltern, als dies nicht durch das Benehmen des Kindes verwirkt ist.

Was nun die speziellen und direkten Belohnungen betrifft, so sind unter den Pädagogen die Ansichten darüber sehr geteilt. Die Mehrzahl derselben spricht sich mehr oder weniger für Beibehaltung derselben in gewissen Fällen aus. Allein wenn man, wie es doch für den Erzieher notwendig ist, ganz und gar in die Seele des Kindes sich hineindenkt, so wird man schließlich genötigt, ihnen die Tauglichkeit als regelmäßiges Erziehungsmittel durchaus abzusprechen. Wenn man eine direkte und spezielle Belohnung auf eine gute Handlung des Kindes folgen läßt oder dieselbe gar erst durch solche Versprechungen hervorzulocken sucht, so wird zwar die Wiederholung der Handlung veranlaßt, aber der innere Beweggrund dazu wird in einen unreinen verwandelt und erniedrigt, die Gesinnung also, auf die allein wir ja unser Augenmerk zu richten haben, die allein den Wert der Handlung bestimmt, verdorben. Das Kind gewöhnt sich, das Gute zu wollen und zu thun nur wegen der in seinen Augen viel stärkeren äußeren, mehr oder weniger sinnlichen Reizmittel. Der nur mild glimmende Funke des reinen Beweggrundes erlischt gänzlich. Der Sinn für das Gute an sich überhaupt erstirbt in seinem Entstehen. Die Tugend wird zur Spekulation herabgewürdigt, statt ihrer Egoismus genährt. Man täusche sich ja nicht durch die Hoffnung, daß ein späterer Übergang dies ausgleichen könne. Wenn die Beweggründe zu guten Handlungen nicht von Anfang an möglichst rein erhalten werden, so setzt sich das Unreine fest und gewinnt die Oberhand. Wie man sich gewöhnt, so hat man sich. Es ist daher das allein Richtige, gleich mit guten Gewohnheiten zu beginnen. Die Bildung guter Gewohnheiten ist zu Anfang nicht schwerer als die der schlechten. Und sollte es ja zuweilen nicht gelingen wollen, so denke man: lieber eine gute Handlung weniger als eine nur scheinbar gute, im Grunde aber unreine Handlung.

Als notgedrungenes Heilmittel (aber auch dann nur als kurzes Übergangsmittel) bei bereits verzogenen, verwilderten, also moralisch kranken Kindern mag diese Belohnungsmaxime, ein lockendes Versprechen, eine hübsche Erzählung, eine Blume oder ein anderes passendes Geschenk u. dgl. (nur nicht etwa in Form von Näschereien oder ähnlichen grobsinnlichen, schon körperlich schadenden Reizen), sich hin und wieder rechtfertigen lassen, um solche Kinder erst mit dem Gefühle, eine wenn auch nur äußerlich gute Handlung gethan zu haben, bekannt zu machen; gleichwie ja auch eine giftige Arznei in wohlberechneter Dosis zuweilen die Krankheit besiegt. Nimmermehr aber können solche unedle Reize als normale Erziehungsmittel gelten. Darunter nicht mit zu begreifen sind diejenigen Fälle (die überdies erst bei Kindern der späteren Altersperiode vorzukommen pflegen), wo spezielle Belohnungen für solche Leistungen oder Arbeiten erteilt werden, die außergewöhnlich sind und über das Pflichtgebiet des Kindes hinausgehen. Diese in ihrem Zusammenhange unschuldigeren Belohnungen haben mehr den Charakter des berechtigten Erwerbes.

Nein, die einzige dem Erziehungsziele entsprechende Belohnung der guten Gesinnungen und Handlungen des Kindes ist ein anerkennendes Wort, ein höherer Grad von Zufriedenheit und Freundlichkeit der Eltern, auch zuweilen ein liebevolles Mitspielen und Mitscherzen. Das unverdorbene Kind findet darin seinen süßesten Lohn und verlangt nach keinem anderen. Selbst mit dem Lobe muß man gemessen sein und nicht zuviel davon auftragen. Das Zuviel macht bald stumpf für das Lob überhaupt und erzeugt überdies im Kinde den Glauben, daß es etwas Außerordentliches gethan habe, also Selbstüberschätzung. Ebenso ist Vorsicht nötig, wenn Lob und Tadel durch Vergleich eines Kindes mit einem anderen ausgesprochen wird. Wenigstens darf das gelobte und als Muster hingestellte Kind nicht gegenwärtig sein, wenn das andere getadelt wird. Sonst sind Selbstüberhebung auf der einen, und nachteilige Niederdrückung auf der anderen Seite unvermeidlich.

Sodann werden spezielle Belohnungen aber auch durch konsequent richtige Behandlung des Kindes ganz entbehrlich, wenn auftauchende unrechte Gesinnungen und Handlungen durch festen Ernst oder nötigenfalls Strafen sofort abgeschnitten werden. Ist die Richtung nach unten geschlossen, so bleibt nur die Richtung nach oben offen. Die edlen Keime der menschlichen Natur sprossen in ihrer Reinheit fast von selbst hervor, wenn die unedlen (das Unkraut) rechtzeitig verfolgt und ausgerottet werden. Dies freilich muß mit Rastlosigkeit und Nachdruck geschehen. Es ist ein sehr verderblicher und doch so häufiger Irrtum, wenn man sich durch die Hoffnung einschläfert, daß Unarten und Charakterfehler kleiner Kinder später sich von selbst verlieren. Die scharfen Spitzen und Ecken dieser oder jener geistigen Fehler runden sich zwar nach Umständen etwas ab, aber, sich selbst überlassen, bleibt der Wurzelstock in der Tiefe stecken, fährt mehr oder weniger immer fort in giftigen Trieben emporzuwuchern und somit das Gedeihen des edlen Lebensbaumes zu beeinträchtigen. Die festwurzelnde Unart des Kindes wird am Erwachsenen zum ernsten Charakterfehler, bildet auch den Keim, je nach den Berührungen und Zusammenwirkungen der späteren Lebensverhältnisse, entweder von Geisteskrankheiten, oder von Laster und Verworfenheit.

Je sorgfältiger aber die unedlen Keime gebrochen und entwurzelt werden, um so offener wird das Feld für die Keime edler Natürlichkeit, um so freieren Spielraum können und sollen wir auch der unschuldigen, harmlosen Willensthätigkeit des Kindes überhaupt lassen. Es ist dies nötig, damit die selbstständige, freie Willens- und Thatkraft in der erwünschten Richtung sich von Stufe zu Stufe entwickele. Daher ist auch der entgegengesetzte Fehler, das Zuviel-Erinnern, Zuviel-Befehlen, Zuviel-Bemuttern zu vermeiden — ein Fehler, in welchen besorgte Mütter und Eltern, denen vorläufig nur ein Kind beschert ward, oft verfallen. Das Kind verläßt sich dann zu sehr auf die Erinnerungen, lernt nicht auf sich selbst achten, hängt sich gleichsam in den Zügel, bleibt also unselbständig, oder es wird dagegen abgestumpft. Das nach beiden Seiten hin richtigste Verfahren läßt sich etwa so andeuten. Das Kind kennt die allgemeinen Grundsätze, die Erinnerung an diese wird nur in den Fällen thatsächlicher Aufforderung dazu aufgefrischt. In allen besonderen Fällen, diesem oder jenem Vorhaben, z. B. einem Spaziergange, Besuche u. dgl. werden dem Kinde wo nötig vorher kurze Verhaltungsregeln gegeben. Nun muß man es aber bei einem passiven Überwachen möglichst bewenden lassen. Ist etwas ernstlich zu Rügendes vorgekommen, so wird das Kind nachher zur Rechenschaft gezogen. So bekommt es seine Lehre für künftig und wird bald lernen, immer mehr und in allen Beziehungen an sich selbst zu denken, sich ohne Zügel im richtigen Geleise zu halten. Der Mensch wird durch selbst gemachte Erfahrungen, durch selbst begangene Irrungen am schnellsten zur Erkenntnis des Wahren und Rechten geführt. Wer immer vom Straucheln zurückgehalten wird, lernt nicht sicher gehen. Überhaupt muß man Ermahnungen zum Guten und Belehrungen stets für die Zeitpunkte aufsparen, wo volle Empfänglichkeit dafür beim Kinde vorhanden ist, sie an geeignete, wo möglich anschauliche Fälle anknüpfen. Sonst schwächt man ihre Kraft für immer.

Daß Strafen überhaupt unentbehrlich sind als Erziehungsmittel, kann von niemand bezweifelt werden, der je Kinder unter sich gehabt hat. Je früher das Alter, je ausschließlicher also die körperliche Seite das ganze Leben des Kindes beherrscht, um so mehr wird das Strafverfahren auf diesen Weg angewiesen sein.

Bevor die erzieherische Leitung ausschließlich auf milde Liebe sich beschränken kann, müssen erst die unedlen Keime der rohen Natürlichkeit, da wo irgend nötig, durch Ernst und Strenge entkräftet sein. Ein grundsätzliches Erziehen nur durch Liebe (die falsche) beruht auf einem verderblichen Verkennen der kindlichen Natur. Sollen aber die Strafen ihren einzig wahren Zweck, die Besserung der Gesinnung, erreichen, so ist dabei manches wohl zu berücksichtigen. — Erstens gilt als allgemeine Vorbedingung, daß das Kind für den gegebenen Fall zurechnungsfähig ist, das Unrechte der Handlung ihm also nicht unbekannt war. Denn außerdem müßte die Strafe vorher angedroht gewesen sein. Soweit wie möglich, ist es überhaupt zweckdienlicher, vor der Vollziehung einer Strafe die Androhung derselben erst zu versuchen. So behält die Strafe immer den Charakter einer vollkommenen humanen Gerechtigkeit. Es versteht sich, daß man auch in Drohungen sparsam, aber in Erfüllung derselben wahr und konsequent sein muß. Dann verringern sie bald die Straffälle. Leere Drohungen aber nehmen die Achtung. Zu langes Zögern mit verdienter Strafe wirkt sogar als Reiz zum Bösen. — Zweitens muß die Strafe der Sache angemessen, aber immer ernst und entschieden sein. Wo das strafende Wort als nicht mehr ausreichend betrachtet wird, sind diesem Alter kurze, von den Eltern bald zu vergessende körperliche Züchtigungen am angemessensten. Bei richtig behandelten Kindern werden sie über das 5., 6. Jahr hinaus, wo die geistigen Strafmittel die körperlichen entbehrlich machen können und sollen, kaum noch nötig sein. Lange hingezogene Strafen, wie Entziehung gewohnter Bedürfnisse, Versagung von Vergnügungen u. dgl., verfehlen, wenigstens in diesem, noch zu flüchtigen Alter den inneren, hauptsächlichen Zweck, führen leicht zur Bitterkeit. Aus gleichem Grunde hat sich der Strafvollzieher vor maßloser Leidenschaftlichkeit und vor Unüberlegtheit in der Wahl der Strafart, sowie die Umgebung vor jeder auch noch so entfernten Spöttelei zu hüten. Die Schnelligkeit des Vergessens eines Strafereignisses stehe genau im entsprechenden Verhältnisse zur Größe der Schuld, d. h. der Gesinnungs-Schuld. — Drittens wirkt es heilsam auf die Gesinnung, wenn das Kind nach jeder Bestrafung, nachdem es sich wieder gesammelt hat (am besten von einer dritten Person), sanft angehalten wird, als Zeichen der Bitte um Verzeihung (nicht etwa, wie man ehedem verlangte, um zu danken) dem Strafvollzieher die Hand zu reichen. Von da an sei alles vergessen. Ist die Aufforderung ein paarmal geschehen, so wird das Kind später jedesmal die Verpflichtung fühlen, freiwillig entgegen zu kommen. Dies sichert gegen die Möglichkeit eines zurückbleibenden trotzigen oder bitteren Gefühles, vermittelt das Gefühl der Reue (das nächste Ziel jeder Strafe) und die daraus hervorgehende Besserung und giebt überhaupt dem Kinde den heilsamen Eindruck, daß seinerseits dem Strafvollzieher gegenüber immer noch etwas gut zu machen sei, nicht umgekehrt, wenn auch vielleicht einmal ein Wort oder ein Schlag mehr als nötig gefallen sein sollte. Überhaupt darf ein Bitten um Liebe nie anders als von Seite des Kindes geschehen.

Daß manche Pädagogen der neueren Zeit die Bitte des gestraften Kindes um Verzeihung für unpassend erklären, hat wohl nur darin seinen Grund, daß sie dabei Kinder einer späteren Altersperiode im Sinne gehabt haben. Es steht freilich schlimm um die Erziehung, wenn Kinder von 8, 10 oder noch mehr Jahren noch durch empfindliche Strafen behandelt werden müssen. Wo dies aber der Fall, und das kindliche Herz nicht schon vorher zu dieser reuigen Umkehr gewöhnt war, kann man allerdings nicht erst mit dem Abbitte-Verfahren beginnen. Da läßt das Gefühl der ernsteren niederdrückenden Beschämung oder eine trotzige Gesinnung, die nun nicht mehr so schnell umzustimmen ist, jene liebend ausgleichende Gesinnung nicht aufkommen, und die Nötigung zu dieser Handlung würde eine verfehlte Wirkung thun. Die Zeit der heilsamen Wirkung körperlicher Strafen ist überhaupt vorüber. Anders aber bei der hier gemeinten Altersstufe von 3, 4, 5 Jahren. Wenn es hier unterlassen wird, riskiert man stets, daß der Hauptzweck jeder Strafe, das wahre ernstliche Reuegefühl nicht erzielt wird, sondern statt dessen der Kern eines bitteren Gefühles in der Tiefe des kindlichen Herzens sitzen bleibt. Man würde ja auch, wenn man das Verfahren überhaupt verwerfen und eine Zumutung darin finden wollte, damit dem gestraften Kinde ein gewisses Recht des Zürnens gegen den Strafvollzieher zugestehen, was doch vor einer vernünftigen Pädagogik nicht stichhaltig ist.

Es könnte vielleicht als ein Widerspruch erscheinen, daß, wenn auf der einen Seite spezielle Belohnungen gemißbilligt werden, insofern sie den sittlichen Wert einer Gesinnung und Handlung vernichten, doch auf der anderen Seite specielle Strafen gebilligt und sogar als unentbehrlich hingestellt werden. Zu einer vollkommen sittlichen Handlung gehört allerdings, daß der Weg nach beiden Richtungen hin frei sei. Allein eine Sittlichkeit in diesem Sinne von Kindern des in Rede stehenden Alters zu verlangen, hieße etwas Unnatürliches und Unmögliches verlangen. Es kann nur Aufgabe des Erziehers sein, zunächst in dem Kinde Abscheu vor den unsittlichen Trieben zu erzeugen, die vermöge der noch rohen Natürlichkeit anfangs immer überwiegend sind, um so dasselbe zu befähigen, in den späteren Altersperioden nach und nach zur vollen sittlichen Freiheit sich aufzuschwingen. Es ist aber dazu unerläßlich, daß gleich anfangs die Richtung nach unten abgesperrt werde, und sicherlich das zweckdienlichste Verfahren, nur in der Richtung nach oben die möglichste Freiheit zu lassen. Wollte man auch den breiteren Weg offen lassen, so würde der schmalere nicht gefunden werden, trotz aller jener künstlichen und verderblichen Lockungen. Durch Erschwerung des Bösen soll das Gute leichter gemacht werden. Nur die positive Nötigung zur Sittlichkeit (vorzüglich durch niedrige Mittel) vernichtet den Kernpunkt derselben, nicht aber die negative: denn wer das Unrechte und Schlechte unterläßt, braucht deshalb noch nicht das Gute zu thun. Zwischen beiden Punkten liegt sehr viel Indifferentes und Erlaubtes in der Mitte, was den Spielraum für die kindliche Willensfreiheit umfassend genug macht.

Rechtzeitige elterliche Strafen sind also die größten Wohlthaten. Sie sind fruchtbringende, leicht vorübergehende Wolken, hinter denen ja doch immer die Sonne der Liebe steht. Werden sie unterlassen, wo sie notwendig wären, so straft, ob früher ob später, an ihrer Stelle das Leben.

Die Strafen des Lebens aber sind schwere und oft vernichtende Ungewitter, sind hart, bitter und lang und führen, wenn überhaupt, es doch erst auf schwer gewundenen Umwegen zum Ziele der Strafe, zur Besserung. Ein sicherer Prüfstein für die Gediegenheit der sittlichen Willenskraft ist die Wahrheitstreue. Sie ist der Boden aller Sittlichkeit, ihr Gegensatz, die Lüge, die gemeinschaftliche Quelle alles Niedrigen und Schlechten. Und doch, wie selten ist die volle probebeständige Wahrhaftigkeit! Befremden kann dies freilich nicht, wenn man sieht, wie unbedacht und leichtsinnig bei der Erziehung im allgemeinen darin verfahren wird. Wir wollen hier nicht die leider auch in gebildeten Ständen häufig zu findenden gänzlichen Verwahrlosungen als Maßstab nehmen. Schon die minder schlimmen Fälle sind schlimm genug, wo dem Kinde zwar die nackte Lüge als etwas Häßliches hingestellt, aber ihr Same doch reichlich ausgestreut wird durch zugelassene und sogar veranlaßte Notlügen oder die mit dem bestechenden Kleide des Scherzes und der Schalkheit umhangenen halben Unwahrheiten, Ausschmückungen, Übertreibungen, Entstellungen, Täuschungen. teilweisen oder gänzlichen Verheimlichungen.*) Wenn nicht schon im kindlichen Herzen die Wahrheitstreue durch Einprägung einer heiligen Scheu vor jedem Schimmer von Unwahrheit befestigt wird, wie soll man sich da wundern, wenn im späteren Leben mit seinen wirklich oft die ganze Kraft verlangenden tausenderlei Versuchungen zur Lüge ihre schon in der Jugend vorbereitete Herrschaft immer weiter greift?

Wollt Ihr, Eltern, daß Eures Kindes Seele rein und durchsichtig bleibe bis auf ihren tiefsten Grund, so müßt Ihr dem Kinde gegenüber vor allen selbst immer und bis auf die unbedeutendsten Kleinigkeiten herab durchaus wahr sein, müßt im Einklange mit der sonstigen Umgebung des Kindes durch gewissenhafte und nachdrückliche Vertilgung jeder Spur des Unreinen dahin zu wirken suchen, daß das Kind durch das Gefühl eines inneren Schreckes sofort abgelenkt wird, wenn es zuweilen von einem aus seinem Inneren aufsteigenden Hauche von Unwahrheit beschlichen werden sollte. Ebenso gehört dazu, daß das Kind von dem Gefühle der Unmöglichkeit durchdrungen wird, irgend etwas wissentlich und auf die Dauer vor Euch in seinem Herzen zu verschließen. Ohne diese unbedingte Offenherzigkeit fehlt der Erziehung der sichere Boden. Um aber dahin zu gelangen, ist außer dem Angeführten noch eine Bedingung zu erfüllen. Ihr müßt nämlich dem Kinde erleichternd zu Hilfe kommen, damit es den zum strengen Festhalten an der Wahrheit oft erforderlichen Mut in sich aufnehmen und befestigen könne, d. h. im Falle eines freiwillig offenen

---

*) Hiervon wohl zu trennen sind jene unschuldigen und natürlichen Phantasiefärbungen, die an dem Inhalte des wirklichen Stoffes nichts ändern, sondern nur der Form der Darstellung angehören, ihr Anschaulichkeit und Leben verleihen.

und vollen Bekenntnisses einer Schuld die letztere ausdrücklich aus Rücksicht auf die Offenheit merklich milder beurteilen und ahnden, dagegen umgekehrten Falles die Schuld einfach, die damit verbundene Unwahrheit aber zehnfach bestrafen.

Endlich bedarf die sittliche Willenskraft zu ihrer Entwickelung noch der altersgemäßen Übung in der Selbstbeherrschung geistiger Schwächen. Bekanntlich verstehen wir unter geistiger Schwäche mehr eben den Mangel an Kraft zum Guten und Vernünftigen, als positive sittenwidrige Gesinnung. Es gehören also hierher die Überwindungen gewisser die Entwickelung geistiger Schönheit und Vollkommenheit hemmender Gegensätze.

Wer dächte dabei nicht zunächst an die Furcht, nämlich die grund- und wesenlose, welche Gefahren sieht, wo noch keine sind, oder welche leere Phantasiegebilde zum Gegenstande hat. Furcht wie Schreck wirken lähmend auf die körperlichen und geistigen Kräfte zugleich, nur daß der letztere meist vorübergehend einwirkt, während die erstere ein dauernder und immer tiefer wurzelnder Schwächezustand, ein Hemmschuh aller Thatkraft ist. Es ist deshalb so überaus wichtig, die Kinder vor diesem Dämon zu wahren, weil laut bekannter Erfahrung kein anderer Eindruck in der kindlichen Seele so leicht bleibende Aufnahme findet und dann auch im späteren Leben so hartnäckigen Widerstand leistet als eben dieser.

Wir schützen die Kinder dagegen am sichersten, wenn wir den natürlichen mutigen Sinn auf alle Weise beleben und befestigen und dazu jeden gelegenen Augenblick, jeden Spaziergang, jedes einzelne paßliche Vorkommnis des alltäglichen Lebens benutzen, selbst wenn auch zuweilen eine Überwindung elterlicher Besorgnis erforderlich ist. Ebenso muß sich aber auch die Umgebung der Kinder in dieser Hinsicht beherrschen lernen, damit nicht durch irgend eine Äußerung von Furcht, Angst, Schreck (z. B. durch schreckhaftes Aufschreien bei kräftigen Donnerschlägen u. dgl.) ein zündender Funke in des Kindes Seele geworfen werde. Wer sich nicht beherrschen kann, entziehe sich wenigstens in allen solchen Situationen dem Wahrnehmungskreise der Kinder. — Mut gehört überhaupt zum Leben. Er trägt uns über tausend Klippen hinweg, an welchen der Schwächling zurückprallt oder scheitert. Für Entschlossenheit und Mut ist auch das aufkeimende kindliche Ehrgefühl, was dem Erzieher dabei trefflich zu statten kommt, am frühesten empfänglich. Nur ist es natürlich Sache des Erziehungstaktes, den Mut des Kindes zu einem verständigen, besonnenen zu machen, ihn also mit der nötigen Vorsicht zu paaren. Durch fleißige und namentlich in den früheren Kinderjahren überwachte Mutübungen erlangt das Kind darin bald Gewandtheit und Zuverlässigkeit. Dies alles lernt sich nicht auf dem Schoße.

Gegen jene wesenlose, unheimlich schauerliche Furcht, die der geistigen

Lüsternheit der Kinder so mundrecht ist, und welche durch unbedachte
Erzählungen, Lektüre und andere Eindrücke des Umganges eingeimpft
wird, schützt freilich nur die strengste Abhaltung aller dieser Unbesonnen-
heiten. Ist ein solcher Funke schon in die kindliche Seele gefallen, so
säume man ja nicht ihn baldmöglichst zu ersticken. Dazu dienen vorsichtig berechnete, in unmerklicher Allmählichkeit sich steigernde Übungen.
Man geht z. B. mit dem Kinde unter irgend einem Grunde an finstere
Orte, verweilt daselbst immer länger und länger. In gleichgültigem, nicht
ernstem Tone läßt man nachher und gelegentlich kurze Erläuterungen
über die Lächerlichkeit und Albernheit solcher Vorstellungen einfließen.
Später giebt man dem Kinde Veranlassung zum Alleingehen u. s. w. Auch
aus diesem Grunde ist die Gewöhnung der Kinder an das Schlafen in
ganz dunklen Räumen dem Gegenteile vorzuziehen.

Nahe verwandt mit der Furcht ist jener, besonders bei Mädchen
häufige, übertriebene Ekel und schreckhafte Abscheu vor manchen
unschädlichen Tieren, namentlich aus der Insekten- und Amphibienklasse,
oder vor manchen anderen unschuldigen, nur etwas unangenehmen Gesichts-
oder Gehörseindrücken. Ebenfalls eine Schwäche, die das Leben vielfach
stört und weitergreifend später leicht in allgemeine Empfindelei, krankhafte Nervosität und Hysterie übergeht. Auch hier muß durch Belehrung über die Zwecke der Natur und durch systematisches Vertrautmachen
die Überwindung alsbald durchgesetzt werden. Alle solche und ähnliche
Schwächen, sind sie einmal nur kräftig besiegt, bleiben es für immer.
Auch der Schwindel bei kreisenden Bewegungen oder beim Sehen in
die Tiefe ist meistenteils eine solche, durch konsequente Übung überwind-
bare Schwäche. Kurz, wo sich nur irgend eine Schwäche, sei sie mehr
körperlicher oder mehr geistiger Art, entdecken läßt, muß sie auf beharrliche Weise verfolgt werden bis auf die letzte Spur. Noch hat man ihre
Ausrottung in der Gewalt, später nicht mehr.

Giebt man dagegen solchen und ähnlichen Affekten nach, d. h. sucht
man sie nur zu meiden statt zu überwinden, so führt dies in den weiteren
Konsequenzen leicht zu jenem Zustande reizbarer Schwachnervigkeit, welcher
die daran leidenden Personen, gegenüber den unvermeidlichen Rauheiten
des Lebens, oft wahrhaft unglücklich macht.

Ein weites Feld für die Entwickelung und Bewährung der Willenskraft bieten die durch Verhältnisse bedingten Entbehrungen, Versagungen, ferner die Überwindungen von unreinen Affekten
und Leidenschaften, von Schwierigkeiten, von kleinerem oder
größerem Ungemach, von körperlichen Nöten und Schmerzen.
Die hohe Wichtigkeit der Willenskraft in diesen Richtungen erstreckt sich
ebensowohl auf den ganzen übrigen sittlichen Charakter, der daraus Kraft
und Halt auch nach anderen Richtungen hin gewinnt, als auch auf das

ganze praktische Leben; denn dessen zahlreichen trüben Eindrücken wird
dadurch jede dauernd verstimmende, niederdrückende, unerträgliche Einwirkung genommen, mithin dem eigentlichen Stachel alles Lebensunglückes
die Spitze gebrochen. Wie jede Kraft, so ganz besonders verlangt auch
die Willenskraft in diesen Beziehungen zu ihrer vollen Erstarkung angemessene, aber recht fleißige Übung, und zwar von Jugend auf. Die
Willenskraft kann nur durch Übung und Kampf errungen werden. Je
zeitiger damit begonnen wird, desto mehr erleichtern wir den Kindern
den Sieg, der bei richtigem Verfahren überhaupt viel leichter zu erlangen
ist, als die meisten Eltern glauben. Wenn man aber, wie leider so gewöhnlich, durch unbedingtes grundsatzloses Nachgeben umgekehrt die
Schwächen (die unedlen Keime) nährt, wie ist da an ein Aufkommen der
Kraft (der edlen Keime) zu denken? Ist einmal der Wille gut gerichtet
und kampfesmutig, so werden die meisten vorkommenden Schwierigkeiten
und Prüfungen des Lebens die Kraft steigern, während sie bei willens-
trägen Kindern die Kraft immer mehr herabdrücken. Wie viele Prüfungen im Leben, welche der in der edlen Überwindungskraft von Jugend
auf geübte Mensch standhaft und würdig besteht und aus denen er geläutert hervorgeht, werden für den Nichtgeübten zu Mitteln geistiger
Vernichtung!

Die Kinder müssen überhaupt gewöhnt werden, die Anstrengungen
des Willens nach den verschiedensten Richtungen hin nicht zu scheuen,
sondern vielmehr öfters zu suchen. Dies gelingt dadurch, daß wir solchen
Übungen, wo irgend angemessen, den Anstrich des Heiteren zu geben
und dafür immer das Ehrgefühl möglichst zu gewinnen suchen.
Wollt Ihr, Eltern, das wahre Lebensglück Eurer Kinder nach Möglichkeit
begründen, so versäumt keine passende Gelegenheit, um diesen Panzer
gegen das Unglück fest und dauerhaft zu bilden. Das tägliche Leben
bietet solche Gelegenheiten in Menge, denn gerade die kleinen Gelegenheiten sind die wichtigsten, da sie wegen ihrer Häufigkeit das beste Übungs-
mittel bilden und für manche solche geflissentlich anzustellende Charakterproben die Auswahl zu zeitgemäßer Wiederholung gewähren. Es muß
grundsätzliche Maxime sein, hin und wieder die Überwindungskraft der
Kinder zu sondieren und nach Befinden aufzufrischen. Wenn Schwächen
und Launen einmal groß gewachsen sind, so herrschen sie fort trotz ge-
reifter besserer Erkenntnis.

Es versteht sich von selbst, daß dieses Bestreben nicht etwa in eine
übertriebene Kürzung des Lebensgenusses ausarten darf. Denn andererseits
sollen wir ja die Heiterkeit nach Möglichkeit fördern und beleben, insoweit
es unbeschadet des Erziehungszieles geschehen kann. Und gerade nur erst
durch richtiges Einteilen und Abwägen zwischen Gewährung des Genusses
und Übung in der Selbstbeherrschung bringen wir es dahin, daß endlich

die Heiterkeit die siegende Oberhand behält trotz aller der im Leben doch
einmal unvermeidlichen Entbehrungen und Überwindungen. Die Heiterkeit kann nur gewinnen, wenn die Schutzwaffe gegen ihren Hauptfeind
geschärft ist. Des näheren Verständnisses halber mögen hier einige spezielle
Beispiele folgen.

Daß die Sinnlichkeit der allgemein herrschende Charakterzug und
zwar teilweise auch bei solchen Menschen ist, die doch eine bessere Erkenntnis in sich tragen, kann nicht eben befremden, da man auf vernünftige Niederhaltung und Unterordnung der sinnlichen Triebe bei der
Jugend teils zu wenig Wert legt, teils mit den dazu führenden Einwirkungen erst beginnt, wann es schon zu spät ist. Wie jedem Grundzuge
des Charakters, so muß auch diesem in frühester Jugend die Richtung
gegeben werden. Der roh natürliche Trieb zur Sinnlichkeit hat noch kein
Gegengewicht. Dieses muß frühestmöglich entwickelt, nicht aber der Sinnlichkeitstrieb allein ohne das gleichzeitige Gegengewicht genährt werden.
Es muß diese Überzeugung allgemeiner werden, daß es für Kinder charakterverderblich ist, wenn der Gaumenkitzel als gewöhnliches Mittel zur Freudebereitung und als stehende Form für Geschenke gewählt wird. Die Kinder
werden geradezu lüstern und dadurch auch in anderer Beziehung grobsinnlich gemacht. Für Geschenke, womit ja Kinder überhaupt nicht verwöhnt werden dürfen, hat man in einfachen hübschen Unterhaltungsmitteln, Spielgegenständen u. dgl., und für sonstige Bereitungen unschuldiger Freude durch Vergnügungen aller Art Auswahl genug. Man scheue
nicht die Überwindungen, die man dadurch sich selbst mehr als den
Kindern auferlegt, sie belohnen sich reichlich. Man stärke vielmehr die
Kinder durch jeweilige kleine Übungen in der Entbehrung, indem man
dieses oder jenes von entbehrlichen Genußmitteln an ihnen vorübergehen
läßt und dabei ihr Ehrgefühl für die Kraft des Entbehrens zu wecken
sucht. Wo mehrere, im Alter nicht zu ungleiche Geschwister beisammen
sind, läßt sich eine solche Tendenz recht entsprechend ordnen durch regelmäßige Abwechselung der Entbehrungen, z. B. des Obstgenusses, Nachtisches, zuweilen eines Vergnügens u. s. w., so daß bei jedem Kinde Genuß
und Entbehrung immer im Gleichgewichte bleiben. Eine gleichzeitig von
der Gesundheitsrücksicht dringend gebotene Übung in der Selbstbeherrschung ist die geduldige Zurückhaltung des Durstes bei erhitztem Körper.
Gerade an solchen und ähnlichen scheinbaren Kleinigkeiten erstarkt die
Kraft des Entbehrens überhaupt am schnellsten. Denkt man aber, wie
leider so gewöhnlich, gar nicht an eine entsprechende Übung dieser Kraft
auch schon in der Jugend — wo soll sie dann im späteren Leben herkommen?

Die Bequemlichkeit ist die Mutter geistiger und körperlicher
Schlaffheit, Weichlichkeit und Faulheit und eine wahre Fessel des

Lebens. Sie wächst mit den Jahren und wird unüberwindbar. Eine große Wohlthat ist es daher für die Kinder, wenn sie von allen diesen lebenfeindlichen Schwächen, die sich so leicht und unmerklich einnisten, frei erhalten werden. Dies wird erreicht, wenn wir streng darauf sehen, daß das normale Wechselverhältnis zwischen Wachsein und Schlaf geregelt bleibt, halbes Ruhen in dehnenden, sielenden Lagen aber nicht geduldet wird, daß die Kinder in den Zeiten, wo sie munter sein sollen, keine unausgefüllten Lücken haben und sich gewöhnen, in aller Beziehung sich straff und rührig zu halten, daß überhaupt jede Verführung zur Bequemlichkeit und Schlaffheit (so z. B. auch die Sophas in den Kinderstuben) von ihrem Kreise fern gehalten werden. Teils zur Ausfüllung müßiger Augenblicke, teils zur Bildung praktischer Thätigkeit eignen sich sowohl für Knaben wie Mädchen etwa vom fünften Jahre an kleine, aber regelmäßig zu übertragende häusliche Beschäftigungen.

Auch aus Verlusten (z. B. von Spielsachen oder anderen Gegenständen der Liebhaberei), welche das Kind mit oder ohne seine Schuld treffen, soll es Nutzen ziehen für Erstarkung seiner sittlichen Willenskraft. War eigene Schuld die Ursache, so diene es als einfache Lehre. Geschah der Verlust ohne Schuld des Kindes, so möge das Trostwort darin bestehen, daß die Eltern irgend ein Beispiel eines viel bedeutenderen Verlustes aus ihrer eigenen Lebenserfahrung dem Kinde vorführen. Überhaupt ist es für die Kinder lehrreich, wenn die Eltern nicht jedes eigene Ungemach den Kindern geflissentlich verschweigen, sondern ab und zu auch ihnen davon Kenntnis geben und zugleich vorbildlich zeigen, wie der Mensch jedes Unglück würdig tragen lernen muß. Ganz verkehrt aber und geradezu den Charakter des Kindes schwächend ist es, wenn die Eltern, wie so häufig, das Kind über einen erlittenen Verlust dadurch trösten, daß sie bemüht sind schleunigstmöglich einen Ersatz zu schaffen. Man hüte sich davor ganz entschieden. Die Lehre darf man dem Kinde nicht ersparen oder vielmehr entziehen wollen. Das Kind muß den Verlust in einer seinem Alter angemessenen würdigen Weise tragen lernen. Erst wenn es dies bewiesen hat, mag ihm ein Ersatz werden. Aber auch dann ist es besser, den Ersatz unter der Form eines neuen Geschenkes, ohne Bezugnahme auf den Verlust, zu gewähren. Gilt dies von allen Verlusten, auch den unverschuldeten, so ist um so strenger bei den irgendwie verschuldeten darauf zu halten.

Bei unbedeutenderen, vorübergehenden körperlichen Schmerzen lehre man die Kinder das Ertragen durch kräftigenden, schnell ablenkenden Zuspruch. Bei ernsteren Schmerzen und Leiden bezeige man seine liebevolle Teilnahme, aber durchaus nur in aufrichtender, kräftigender Weise, ja nicht durch leeres Klagen und Bedauern. Das Klagen schwächt. Die weiche Teilnahme, das Bedauern, spare man auf bis nach überstandenem Leiden. Bei unverschuldeten einfach verdrießlichen Vorfällen ist ein leichtes

Schreber, Buch der Erziehung. 3. Aufl.

8

und heiteres Darüberhingehen, in welches die Kinder gern mit einstimmen, das beste. Müssen Schwierigkeiten und Unannehmlichkeiten in aktiver Weise überwunden werden, so ist die Hauptregel, die Kinder schnell und energisch (durch kräftigen Zuspruch) durch und darüber hinweg zu führen. Durch Zögern, langes Anschauen oder Umkehren wächst die Schwierigkeit in der Einbildung der Kinder zu einem unüberwindlichen Riesen. Schnelle Überwindung giebt das erhebende Gefühl des Sieges, welches den Mut für künftige Fälle kräftigt.

Nebst der Liebe und der sittlichen Willenskraft haben wir als die dritte Grundkraft des menschlichen Geistes zu erkennen die Denkkraft.

Die Quelle, aus welcher die geistigen Kräfte, und unter ihnen ganz besonders die Denkkraft, ihre erste Nahrung und die Fähigkeit zu immer weiterer Entwickelung beziehen, ist der Wahrnehmungskreis des Individuums, sind die Wechselwirkungen, in welche der kindliche Geist mit seiner Außenwelt tritt. Von der Art und Weise, wie die Außenwelt auf das Kind einwirkt und wie letzteres diese Einwirkung auffaßt und in sich verarbeitet, hängt die Gestaltung seiner Denkkraft ab. Das wichtigste und allgemeinste Mittel, sich in der Welt zurecht zu finden und zum Erkennen der Wahrheit in allen Beziehungen zu erlangen, ist die Sprache. Diese, als der direkte Gedankenaustausch, ist daher auch das hauptsächlichste Mittel für die Umgebung des Kindes, um auf die Gestaltung seiner Denkkraft einzuwirken.

Wollen wir den rechten Weg finden, um das unsrige beizutragen, daß das Kind richtig, klar und kräftig (d. h. schnell und umfassend) denken lerne, so müssen wir uns auf den Standpunkt des kindlichen Geistes herab versetzen und uns vergegenwärtigen, welche Thätigkeitsstufen der Geist zu ersteigen hat, um auf die Höhe des klaren Denkens zu gelangen, um einen fertigen Gedanken zu bilden.

Aus der unmittelbaren Wahrnehmung der Gegenstände durch die Sinne, am meisten durch Sehen, Hören, Fühlen, bildet sich das Kind Vorstellungen (Gehirnbilder), aus der geistigen Zusammenstellung dieser, Begriffe. Durch Vergleichung der verschiedenen Begriffe untereinander entstehen Urteile, und aus diesen bei höherer Entwickelung endlich Schlüsse. Der einzelne Baum, den das Kind vor seinen Augen hat, erzeugt die Vorstellung, das Bild eben dieses Baumes. Hat das Kind viele, unter sich verschiedene Bäume gesehen, so denkt es bei dem Worte „Baum“ nicht mehr an einen einzelnen, sondern an die gemeinschaftlichen Merkmale aller Bäume — es hat den Begriff „Baum“ in sich aufgenommen. Vergleicht es diesen Begriff mit anderen, so kommt es zu dem Urteile: „ein Baum gehört zu den Dingen, die mehr hoch als breit sind“. Hat es sich überzeugt, daß man einen Baum nicht umstoßen kann, so gelangt es endlich zu dem Schlusse: „der hohe Baum hat einen schmalen Stamm und steht doch fest, er muß also unter der Oberfläche des Bodens seine Befestigung haben“.

Nun ist aber wohl zu erwägen, daß das Kind zwar zu den durch direkt sinnliche Wahrnehmung eingeführten Vorstellungen, zu den daraus abzuleitenden Begriffen u. s. w. mit Hilfe der Sprache ziemlich schnell gelangt, daß es aber, um erst das eingesammelte Material gehörig zu verarbeiten, auf dieser Stufe der Begriffsbildung lange stehen bleiben muß (in der Regel bis zum siebenten, achten Jahre hin), ehe es weiter, ehe es zur Bildung abstrakter — außer- und übersinnlicher — Begriffe, denen keine gegenständliche, durch die Sinne aufnehmbare Vorstellung zu Grunde liegt, übergehen kann. Dies ist in pädagogischer Hinsicht außerordentlich wichtig und wird gleichwohl unglaublich oft übersehen.

Die praktischen Folgerungen aus diesen Betrachtungen ergeben sich leicht. Wir werden vor allen Dingen die Organe der Auffassung, die Sinnesorgane, auf alle Weise zu üben und zu schärfen suchen müssen, um dem Kinde zu allseitig richtigen Gedankenbildern zu verhelfen. Dazu dient die fleißige Hinlenkung der kindlichen Aufmerksamkeiten auf scharfe und bis ins Kleine gehende Beobachtung aller (großer und kleiner, naher und ferner) Gegenstände, auf Vergleiche derselben untereinander (Aufsuchung aller Ähnlichkeiten und Unterschiede), auf Abschätzung der Entfernungen durch Betasten, Auge und Ohr, besonders auf Spaziergängen, indem man, sobald das Kind einige Zahlenbegriffe hat, z. B. kleine Entfernungen, erst von ihm selbst nach Schritten abschätzen und dann ausschreiten läßt u. dgl. m. Sodann werden wir alle bemerkbar werdenden Unklarheiten der kindlichen Auffassung berichtigen und sorgfältig darauf halten müssen, daß das Kind sich gewöhne, seinen Gedanken einen klaren und bestimmten Ausdruck zu geben.

Im belehrenden Umgange mit Kindern muß man zwar zu ihnen soweit herabsteigen, als nötig ist, um ihre Fassungskraft zu erreichen, doch aber es ihnen nicht zu bequem machen wollen, d. h. man muß den Standpunkt festhalten, wobei sie mit ihrer Denkkraft sich immer noch etwas heraufzuarbeiten haben. Diese Mitwirkung bei der gewährten geistigen Ernährung ist der heilsame Reiz, welcher Lust und Kraft zur weiteren Ausbildung steigert.

Um diesen natürlichen Gang der Entwickelung der Denkkraft nicht zu durchkreuzen und zu verwirren, haben wir also immer als eine Hauptbedingung die zu betrachten: daß wir im Umgange mit Kindern dieser Altersstufe uns möglichst innerhalb des Bereiches derjenigen Begriffe halten, die für sie direkt und schnell faßlich sind, also der aus sinnlichen Vorstellungen hergeleiteten, dagegen von allem Außer- und Übersinnlichen absehen müssen.

Dies führt uns auf die hochwichtige Erziehungsfrage: Soll das Kind schon in diesem Alter auf Religionsbegriffe hingelenkt und zu einigen Religionsübungen herbeigezogen werden? — eine Frage, deren entschiedene Verneinung aus obigem hervorgeht. Die gute Absicht vieler Eltern und Lehrer, die Keime der Religiosität recht tief in das kindliche Herz einzupflanzen, wird durch vorzeitiges Beginnen verfehlt, statt des gewünschten Erfolges das Gegenteil, entweder das Einwurzeln verkehrter Begriffe, oder Abstumpfung und sogar Abneigung, bewirkt, welche auch noch in die Altersperiode hinüberreichen, in der das Kind seiner natürlichen Entwickelung nach für die höhere geistige Nahrung befähigt wäre. Man sage nicht, daß relgiöse Übungen schon als rein äußerliche Handlungen durch die Gewöhnung daran einen Wert haben, und daß mit den Jahren der wachsenden Erkenntnis der innere Wert dieser Handlungen von selbst hinzutrete. Es ist psychologisch tief begründet, daß eine jahrlang gedankenlos begangene Handlung den Charakter der Gedankenlosigkeit mehr oder weniger immer behalten wird, eben wegen der einmal angenommenen Gewöhnung an die Gedankenlosigkeit. Nein umgekehrt, das Verständnis der Handlung muß zuvor geweckt sein, damit letztere gleich beim Beginnen ihren wahren Charakter erhalte. Dann wird auch die Gewöhnung daran, zu deren Bildung das reifere Kindesalter geeignet ist, eine um so dauerhaftere Festigkeit erlangen, weil der innere Drang dazu mit angewöhnt worden ist.

Die Ahnung des Göttlichen, das dunkle Gottesbewußtsein, ist als der edelste Keim des menschlichen Geistes demselben angeboren. Dies beweisen selbst die noch auf der Stufe der Kindheit stehenden kulturlosesten Völker. Diese Ahnung, unterstützt von dem natürlichen Bedürfnisse des Kindes, den Kreis seiner Gefühle und Begriffe zu erweitern, erzeugt in ihm nach und nach eine Sehnsucht, ein Suchen nach Gott. Hiermit ist erst der rechte Zeitpunkt der geistigen Ausbildung gekommen, welcher ein behutsames Einführen in das Heiligtum der Religion gestattet und einen wahrhaft gedeihlichen Erfolg davon hoffen läßt. Dies fällt aber gewöhnlich erst in diejenige Entwickelungszeit, wo ein etwas ernsteres Anschauen und Prüfen der Dinge beginnt, gegen das 8. oder 9. Jahr.

Soll nun aber bis dahin von der kindlichen Seele alles fern gehalten werden, was sich auf Religion bezieht? O, nein! Nur soll jener Sehnsuchtskeim und das daraus aufblühende Gefühl nicht vor seinem Erwachen erstickt werden durch vorzeitiges Aufdringen des religiösen Sinnes, durch vorzeitige Nötigungen zum Mitbeten — welches dann, und oft für immer, zur leeren Form herabgewürdigt wird —, oder zum Mitbesuche der Kirche, welche dem Kinde dadurch zu einem Strafhause gemacht wird —, oder zum Anhören religiöser Belehrungen, Betrachtungen u. s w. —, die das Kind nicht zu fassen vermag. Der wahre religiöse Sinn kann nur frei aus dem Inneren heraus sich entwickeln, nicht von außen gewaltsam aufgepfropft werden. Jeder Zwang übt hier eine vernichtende Wirkung. Dies gilt als tief begründetes psychologisches Gesetz für jede Richtung des geistigen Gefühles, für das religiöse und sittliche wie für das ästhetische Gefühl. Die Religion entfaltet sich nur da zum herrschenden Genius des Lebens, wo sie wurzelächt ist.

Jenes stille Suchen nach Gott sollen wir im Kinde vorsichtig begünstigen und, wo es gänzlich fehlen sollte, wecken. Wir sollen, wie es die Gelegenheit bietet, zuweilen erhebende und heiligende Empfindungen einziehen lassen, aber nur durch Wahrnehmungen, hervorgerufen besonders durch sinnige Betrachtungen von Naturschönheiten aller Art (von Blumen, Tieren, Wald, Fluren, von erhebenden Bildern der Erdoberfläche und des Himmels, der Morgen- und Abendröte, des Mondes, heller Sterne) oder durch passives Anschauen anderer zur Andacht erhebender Scenen, z. B. durch einen kurzdauernden Blick auf eine andächtige Gemeinde u. dgl. Fragt das Kind hier oder da nach dem Urquelle der Dinge, oder scheint es auch ohne Frage in einer dafür empfänglichen Stimmung, so nennen wir ihm Gott als liebenden Weltvater (darum in diesem Alter niemals im unmittelbaren Zusammenhange mit solchen Ereignissen, die leicht Furcht erregen, wie Sturm, Donner etc.), brechen aber hier ab und antworten, wenn es tiefer eindringen will mit seinen Fragen: „das weitere sollst du später erfahren". So nähren wir auf eine heilsame Weise die Sehnsucht und halten das kindliche Gemüt offen für die spätere Aufnahme der vollen Befriedigung. Der natürliche Weg zu diesem Ziele läßt sich also mit kurzen Worten so bezeichnen: Wir sollen das Kind auf dieser Altersstufe von speziellen Religionsbegriffen und äußeren Religionsübungen fern halten, dagegen bis zur nötigen Reife der Denkkraft seine Gefühle allmählich mehr den Armen der Religion entgegenführen.

Am Schlusse dieses Abschnittes haben wir noch der Pflege des Ehrgefühles (der aus der Summe aller persönlichen Eigenschaften resultierenden Selbstabschätzung)*) zu gedenken, welches als der Inbegriff und als der Gradmesser des ganzen moralischen Wertes, als der Halt und als einer der Haupthebel des menschlichen Charakters zu betrachten ist. Die Erziehung hat im allgemeinen dafür zu sorgen, daß es durch, der betreffenden Lebensstufe angemessene, Weckung, Regelung und Schonung zwischen den Extremen der Stumpfheit und der Ehrsucht gehalten werde und immer am meisten auf Punkte von wesentlicher innerer Bedeutung gerichtet

---

*) Wir behalten den Ausdruck „Ehrgefühl" bei, weil er durch den Gebrauch allgemeinere Sicherheit des Verständnisses erlangt hat, als die ebenso statthaften Benennungen „Ehrbewußtsein" oder kurzweg „Ehre". Psychologisch noch bestimmter definiert ist Ehre: das selbstbewußte Streben auf der Stufenleiter guter Eigenschaften höchstmöglich aufzusteigen und in diesem Streben von anderen anerkannt zu werden.

bleibe. Man bedenke, daß das richtige edle Ehrgefühl einerseits mit Selbstachtung, andererseits mit Bescheidenheit, beide der Lebensstellung des Individuums angemessen, stets Hand in Hand geht. Daraus geht hervor, daß das kindliche Ehrgefühl, gemäß dem stufenweisen Aufsteigen im Leben, eine danach modifizierte, aber auch intensiv und extensiv gesteigerte Entwickelung erhalten müsse; nur darf seine selbständige Kraft, besonders in den früheren Kinderjahren, nicht durch gar zu häufige Berufungen auf dasselbe abgestumpft werden.

5) Das Kind mit fremden erwachsenen Personen (außerhalb des Familienkreises).

Die bisher besprochenen Verhältnisse und Beziehungen des Kindes bilden zwar die wesentlichsten Anhaltpunkte für die Beurteilung und das Verfahren des Erziehungswerkes während dieser Altersperiode. Allein beim Zusammensein des Kindes mit fremden erwachsenen Personen treten doch noch einige Erscheinungen zu Tage, die, obschon zur harmonischen Ausbildung mitgehörig, bisher noch nicht berührt wurden, weil sie hier erst ihre volle Seite darbieten.

Jedermann liebt an den Kindern die unschuldige volle Natürlichkeit, besonders jene Natürlichkeit, von welcher die rohe Seite ganz abgestreift ist, und aus welcher schon ein gewisser Zug des Edlen hervorblickt. Diese Natürlichkeit besteht in liebenswürdiger Unbefangenheit in einem freien und offenen Entgegenkommen.

Kinder, die sich in das richtige Verhältnis zu ihrer nächsten Umgebung hineingelebt haben, denen Achtung und Liebe zu natürlichen Gefühlen geworden sind, werden in ähnlicher Weise der ganzen Welt entgegentreten. Zeigt sich auch bei der Mehrzahl von ihnen, wenn sie mit ganz fremden Personen in Berührung kommen, anfänglich eine gewisse Befangenheit, so ist diese bei gutgearteten Kindern doch nur die sehr bald zurückfallende Hülle einer löblichen Ehrerbietung und Bescheidenheit. Man wird in dieser Beziehung natürlich nur beschränkte, den Altersverhältnissen angemessene Ansprüche machen. Es genügt und ist eben der richtige Grad des kindlichen Verhaltens, wenn nur zunächst alles rohe, sodann alles vorlaute und altkluge Wesen daraus entfernt ist. Denn ein weiteres Einengen der Kinder in die für Erwachsene geltenden Formen der Artigkeit und Wohlanständigkeit taugt am allerwenigsten für dieses Alter. Es artet leicht dahin aus, daß die Kinder zu hohlen Drahtpuppen werden, daß Natürlichkeit, Herzlichkeit, innere Wahrheit, die Blüte der kindlichen Natur, vernichtet wird.

Bei anhaltendem Aufenthalte der Kinder unter anderen Personen ist eine umsichtige Achtsamkeit erforderlich, damit nicht, wie so oft, durch vielleicht wesentlich abweichende oder entgegengesetzte Einflüsse die mit Mühe erbauten Erziehungsfrüchte leiden oder verloren gehen. Dies gilt namentlich von den nächsten Verwandten und Freunden des Hauses, ganz besonders von den Großeltern. Diese letzteren sind die einzigen Personen, denen, wenn die Eltern die Erziehung vernachlässigen, freilich also nur sekundär, des Recht und die Pflicht der Erziehung insoweit möglich zukommt. Wo die Eltern planlos ihre Kinder heranwachsen lassen, können die Großeltern ausgleichend und nachhelfend viel Gutes wirken. Wo aber die Eltern ein auf festen Grundsätzen beruhendes Erziehungssystem befolgen, da werden vernünftige Großeltern, auch wenn sie abweichende Ansichten haben sollten, aus wahrer Liebe zu den Ihrigen die elterlichen Grundsätze den Kindern gegenüber festhalten, weil Widersprüche in der Erziehung nach allen Richtungen hin jeden Erfolg vernichten. In den beklagenswerten Fällen, wo Großeltern als Gegner der elterlichen Erziehungsgrundsätze (meistens aus Schwäche) fortwirken, bleibt den Eltern nichts übrig, als mit entschiedener Festigkeit der obenanstehenden Pflicht gegen ihre Kinder alle übrigen Rücksichten unterzuordnen.

—

III. Teil.

Achtes bis sechzehntes Lebensjahr. Lernalter.

Vorbemerkungen.

War die Erziehung während der beiden früheren Altersperioden in richtiger Weise geleitet worden, und waren die Eltern schon in den letzten Jahren der zweiten Periode durch manches glückliche Resultat ihrer Bestrebungen erfreut worden, so nimmt jetzt für sie die eigentliche Erntezeit ihren Anfang, wo sie für die vielen mit Selbstüberwindung und Opfern aller Art verbundenen Mühen und Sorgen durch die süßesten Freuden reichlich belohnt werden. Ist auch manches noch zu thun übrig, tauchen auch manche bald näher zu besprechende neue Sorgen und Mühen auf, ist auch menschlicher Unvollkommenheit gemäß mancher einzelne Punkt hinter dem Ideale zurückgeblieben, manche Lücke noch zu füllen, manche Unebenheit auszugleichen, — so ist doch, sowohl auf körperlicher wie geistiger Seite, in den Hauptpunkten ein guter fester Grund gelegt, auf dem sich mit erhöhter Sicherheit weiter bauen läßt. Die Entwickelung des Kindes ist in jeder Hinsicht in den richtigen Bahnen, das ganze Erziehungswerk ein ungleich leichteres geworden.

Wie nun aber bei solchen Kindern, welche die ersten sieben Lebensjahre durchlaufen sind und ihrem ganzen Wesen nach zu den verzogenen, falsch gearteten gerechnet werden müssen? Die Erziehung eines vollkommen befriedigenden Endresultates der Erziehung ist dann freilich sehr in Frage gestellt. Oft wird man sich mit teilweiser Nachhilfe und Ausbesserung begnügen müssen. Das ganze fernere Erziehungswerk ist hier eine um ein Bedeutendes schwerere Arbeit. Dessenungeachtet muß in jedem Falle das irgend noch mögliche versucht werden, denn die Entfernung eines jeden einzelnen Zweiges oder Blattes vom Unkraute ist ein wichtiger Gewinn fürs Leben.

Die am Kinde haftenden Folgen der Mängel und Fehler in der Erziehung sind als krankhafte Zustände zu betrachten. Demnach wird die nächste Aufgabe einer solchen Erziehung in einem heilenden, umbildenden

Bestreben bestehen müssen. Es tritt hier auf körperlicher und geistiger Seite die Notwendigkeit der Abgewöhnungen in den Vordergrund.

Jedermann weiß, wie ungleich schwieriger es ist, festgewurzelte Gewohnheiten abzulegen und mit entgegengesetzten zu vertauschen, als neue Gewohnheiten anzunehmen. Es bedarf also auf Seite des Erziehers zunächst eines höheren Grades von Geduld und Ausdauer und sodann, zur Ergreifung des eben entsprechendsten Verfahrens, eines genauen Erkennens der individuellen Eigentümlichkeiten des Zöglinges. Nicht alles auf einmal in Angriff nehmen — die Kraft des Zöglinges wird sonst zersplittert —, sondern einen Feind nach dem andern bekämpfen! Erst wenn das Feld geräumt ist, kann man mit Erfolg die entgegengesetzten Richtungen einschlagen. Man muß in mehreren Punkten und auf längere Zeit erst rückwärts gehen, bevor man in der direkt entwickelnden Erziehung mit vollen Segeln wieder vorwärts steuern kann. Z. B. läßt sich auf körperlicher Seite äußerste Verweichlichung nicht sofort in vollkräftige Abhärtung, auf geistiger Seite eingewurzelte trotzige Gesinnung nicht sofort in freiwilligen liebenden Gehorsam umwandeln. Schroffe, zu gewaltsame Maßregeln verfehlen in der Regel ihren Zweck, indem sie die Grundbedingung jedes guten Erziehungserfolges, Vertrauen und Liebe des Zöglinges zum Erzieher, leicht untergraben. Und doch ist andererseits ein vollständiges und sofortiges Abbrechen der fehlerhaften Neigungen durchaus unerläßlich. Es muß ihnen alle fernere Nahrung entzogen werden. Die vielen Zwischenstufen sind halbe Maßregeln, immer wieder halbe Rückschritte, auf denen die Kraft zum Vorwärtsschreiten erlahmt, ehe man auf dem richtigen neuen Ausgangspunkte angekommen ist. Also wird das richtigste Verfahren im allgemeinen darin bestehen: daß man nicht den sofortigen Übergang von einem Extreme zum anderen erzwingen wollen darf, sondern daß man immer zuerst den mittlen Indifferenzpunkt zu gewinnen suchen muß, um erst von hier aus nach der entgegengesetzten Richtung zu steuern. Die schlechte Richtung muß aber ganz abgeschnitten werden, selbst wenn der Weg nach dem guten Ziele erst später und stufenweise eingeschlagen werden kann. Man muß nur mutig die größeren Schwierigkeiten, welche jeder Anfang mit sich führt, besiegen, und bedenken, daß bei Ausdauer diese Schwierigkeiten mit jedem Tage geringer werden. Kräftiger Anlauf und unverrücktes, aber wohldurchdachtes Festhalten der Richtung läßt am meisten die Erreichung des Zieles hoffen. Es ist freilich nicht zu verkennen, daß zwischen allen diesen Klippen eine feine Grenze hindurchläuft, deren durchaus notwendiges Einhalten oft einen ungewöhnlichen Erziehungstakt verlangt.

Auf Seite des Zöglinges ist die Hauptbedingung einer gründlichen Umgewöhnung, daß er zur Erkenntnis seiner Fehler gebracht und dadurch der ernstliche Vorsatz sich zu bessern in ihm erzeugt wird. Der

Erzieher muß sich also in aller möglichen Weise an den Verstand und das immer mehr zu weckende Ehrgefühl des Kindes zu wenden suchen. Die Abspiegelung an lebenden Beispielen, namentlich von anderen Kindern, verhilft dazu am besten. Ein darauf berechneter Umgang ist daher vor allen Dingen nötig. Am besten ist es, wenn man dazu Kinder wählen kann, die 2—3 Jahre älter sind. Beispiel, Wetteifer und Ehrgefühl wirken hier als mächtige Hebel. Auch ist dies das Hauptmittel gegen jenen Mangel der natürlichen kindlichen Lebendigkeit, gegen Stumpfheit und Trägheit des ganzen Naturells. In schlimmen Fällen wirkt eine Veränderung der ganzen Umgebung oft noch vorteilhaft. Daß in den meisten Fällen alle Gattungen von Erziehungsmitteln überhaupt, Ablenkungen, bestimmtere (ernste und heitere) Beschäftigungen, Ermahnungen, Lob, Tadel, Strafe u. s. w., nach Umständen in Anwendung kommen müssen, liegt auf der Hand. In allen Fällen ist aber eiserne Konsequenz in Festhaltung der aufwärts gehenden Zielpunkte unerläßlich. Die im einzelnen Falle wirksamsten Mittel lassen sich jedoch erst aus der richtig individualisierenden Beobachtung erkennen. Nur zweierlei allgemein wirksame Mittel verdienen hier noch eine besondere Hervorhebung. Das eine besteht darin, auf alle nur mögliche Weise dahin zu wirken, daß das Kind von der Freude an der eigenen Besserung recht durchdrungen und gehoben werde. Wohl verstanden, es darf aber nur eine edle, reine Freude sein, die ihm der Erzieher durch anerkennende, ermunternde Worte und durch immer größeres Vertrauen bereitet. Strenge Maßregeln ohne Erstrebung der Sympathie des Zöglinges verfehlen ihren Zweck gänzlich. Dies beweisen diejenigen Zöglinge, bei denen durch eine, obschon auf richtigen Beweggründen beruhende Strenge alles allein erzwungen werden soll. Sowie die Zöglinge dem Drucke entzogen sind, schlagen sie gewöhnlich in die Extreme um, der Selbsterziehungstrieb ist oft für immer vernichtet. Das andere Mittel: wenn das Kind von einer etwas fremderen, nicht zur gewöhnlichen Umgebung gehörigen Person, vor welcher es vollen Respekt hat (ein Hausfreund, Lehrer etc.), ab und zu über seine Fortschritte in der Besserung kontroliert werden kann. Nach meinen Erfahrungen ist dies der allerkräftigste Stachel für das kindliche Ehrgefühl. Wie groß die Macht ist, die selbst ganz verzogene Kinder noch über sich auszuüben vermögen, beweist die auffällige Verschiedenheit ihres ganzen Benehmens, je nachdem sie wissen, wem gegenüber sie sich befinden. Im Gegensatze hierzu ist die neuerdings zu weit getriebene, oft zu früh gemachte Reizung des Ehrgefühls durch Zensuren und Schulprüfungen als schädlich, der Eitelkeit förderlich und die Gesundheit der Kleinen gefährdend, zu rügen.

Aber auch bei schon erreichter Besserung sei man auf der Hut; denn je länger fehlerhafte Neigungen und Gewohnheiten bestanden haben, desto tiefer sind ihre Wurzeln, und um so leichter tauchen Rückfälle auf. Jedoch

8. bis 16. Jahr.   Vorbemerkungen.   123

auch dann, sowie überhaupt beim ganzen Besserungsverfahren, dürfen niemals solche Einflüsse in Anwendung kommen, welche das Selbstvertrauen, den Mut und die Kraft des Kindes zum Besseren auf die Dauer niederdrücken. Der Grundzug des erzieherischen Verfahrens soll in allen Fällen ein aufrichtender und belebender bleiben.

Nach diesem kurzen Seitenblicke auf regelwidrige, krankhafte Fälle wollen wir zu unserem Normalbilde der direkt entwickelnden Erziehung zurückkehren und annehmen, daß auch der krankhaft beschaffen gewesene Zögling soweit gebracht sei, um in die ihm gebührende Stelle auf der Bahn der weiteren Entwickelung einrücken zu können.

Die nun folgende, zwischen dem siebenten und achten Jahre beginnende Entwickelungsstufe grenzt sich gegen die vorhergehende durch mehrere wichtige Erscheinungen ab, die am augenfälligsten auf der körperlichen Seite hervortreten, aber damit zusammenhängend auch auf der geistigen Seite bemerkbar sind. Es ist die Entwickelungsstufe, mit welcher der Zahnwechsel beginnt, wo das Gehirn seine, wenigstens dem Umfange nach, volle Ausbildung erreicht hat, und wo die durch die Geschlechtsverschiedenheit bedingten Eigentümlichkeiten der allgemeinen Entwickelung merklich werden, wo Knabe und Mädchen schon etwas auseinander zu gehen beginnen. Es sind dies Punkte, welche mancherlei wichtige Modifikationen des erzieherischen Verfahrens bedingen, wie sie an den betreffenden Orten angedeutet werden sollen. In Ansehung des geschlechtlichen Unterschiedes haben wir uns nunmehr etwas näher vor die Augen zu rücken, daß, der künftigen Lebensstellung entsprechend, bei dem Knaben die vorwaltenden Züge der echten Männlichkeit, körperliche und geistige Vollkraft, bei dem Mädchen die der wahren Weiblichkeit, körperliche und geistige Zartheit (d. h. eine mit entsprechender Kraft verbundene Zartheit, die durchaus nicht mit Zärtlichkeit verwechselt werden darf) und eine gewisse Abrundung, vorbereitet werden sollen. Es liegt in der Natur begründet, daß die Erziehung der Knaben in der Regel bedeutend schwieriger ist und einen höheren Grad von Energie verlangt als die der Mädchen. Die Leitung des Knaben verlangt den straffen Zügel da, wo für die des Mädchens meist der sanfte Wink genügt.

Während die erzieherische Aufgabe in geistiger Beziehung bei der vorhergehenden Altersstufe über die Entwickelung der allgemein menschlichen Anlagen nicht hinausging, tritt jetzt die Berücksichtigung der spezielleren und praktischen Beziehungen des Lebens, des Unterrichtes, des künftigen Berufes, sowie der maßgebenden individuellen Eigenschaften des Kindes hinzu. Nebst der Bildung des Menschen soll jetzt auch die Richtung auf Bildung des künftigen Staatsbürgers genommen werden.

A. Körperliche Seite.

1) Nahrung.

Die gesundheitsgemäße Ernährungsweise beruht auch während dieser Altersstufe und für die Zukunft auf denselben allgemeinen Grundsätzen und Regeln, wie sie für die reiferen Jahre der vorhergehenden zweiten Altersperiode angeführt wurden, sowohl hinsichtlich der festen als der flüssigen Nahrungsmittel. Nur ist es, was zunächst die Qualität der Nahrung betrifft, nunmehr angemessen, daß die schwerer verdaulichen Stoffe, wie: Hülsenfrüchte, grüne Gemüse, frisches Obst, Schwarzbrot, gewisse Mehlspeisen, Fette etc., entweder etwas öfter oder ab und zu in ein wenig reichlicherem Verhältnisse als früher dem Körper geboten werden, damit die Verdauungsfunktion ihre volle Kraft erlange. Hitzige Gewürze und Getränke müssen beharrlich vermieden werden. Von Gewürzen bedarf der kindliche Körper eigentlich gar nichts weiter als Kochsalz, dieses aber, gerade wegen des Wachstumes, im vollen geschmackrechten Verhältnisse. Überhaupt verdienen diejenigen Nährstoffe, welche direkt das meiste Material zum Aufbaue des Körpers, insbesondere zum Wachstume und zur Befestigung des körperlichen Gerüstes und Hauptmauerwerkes, des Knochen- und Muskelsystems, liefern, jetzt eine etwas bevorzugte Berücksichtigung. Dahin gehören: saftiges Fleisch (doch nie öfter als einmal täglich), Milch, Ei, Hülsenfrüchte, Roggen- und Weizenmehl, Kochsalz und Wasser. Ein gleichmäßiges Mischverhältnis von Stoffen aus dem Tier- und Pflanzenreiche bildet die gedeihlichste Nahrung. Wegen des lebhaften Stoffumsatzes braucht der kindliche Körper reichliches Getränk: Wasser. Außer diesem sollte nichts von Getränken über die kindlichen Lippen gehen als Milch (die zugleich Speise ist), Kakao oder einfaches leichtes Bier.

Hinsichtlich der normalen Quantität der Nahrung haben wir zu berücksichtigen, daß vermöge des durch das Wachstum bedingten schnelleren Umsatzes der kindliche Körper verhältnismäßig mehr Nahrung bedarf als der erwachsene. Die tägliche Gesamtmenge wird daher jetzt, trotz des immer noch viel kleineren Körpers, durchschnittlich doch ziemlich der eines Erwachsenen gleichkommen, ohne daß deshalb die Grenzen der Mäßigkeit als überschritten betrachtet zu werden brauchen.

Gegen das Verfallen in Unmäßigkeit werden die Kinder überhaupt am sichersten geschützt durch konsequentes Festhalten jener Regel, daß außer den bestimmten Eßzeiten ihnen nie weiter etwas als Wasser gereicht wird, der Gedanke an etwas anderes also gar nicht aufkommen kann. Leider wird aber diese Regel selten konsequent gehalten. Die Folgen sind auf moralischer wie physischer Seite gleich nachteilig. Weiß ein Kind, daß einem solchen Wunsche von irgend einer Seite doch endlich nachgegeben wird, so schleichen sich sehr bald die Unordnung und Unmäßigeit ein. Das Kind kommt zu seinen regelmäßigen Mahlzeiten oft nur mit halbem Appetite, nimmt von den ihm zuträglichsten Nahrungsmitteln, wenn sie seinem immer wählerischer werdenden Gaumen nicht recht zusagen, nur wenig oder nichts zu sich und hält sich dafür desto mehr an die weniger gedeihlichen Zwischenmahlzeiten. Die unmittelbare Folge davon ist unvollkommene, krankhafte Blutbildung. Dieser allgemein verbreitete Fehler der Kinderzucht ist als eine der Hauptwurzeln der Kränklichkeit und Schwächlichkeit unserer Jugend zu erkennen. Eine gesunde Körperernährung ist die erste Bedingung des Aufblühens. Wo gesundes, kräftiges Blut durch einfache gute Nahrung, tüchtige Bewegung und reine Luft gebildet durch die Adern strömt, da wird auch manche erhöhte Anforderung der Zeit (z. B. geistige Anspannung u. dgl.), die unsere blutarme Jugend niederdrückt, weit eher überwunden werden können.

Wir nehmen an, daß das Kind schon in der vorhergehenden Altersperiode von jenen wählerischen Launen in Betreff der Speisen durch feste Konsequenz gereinigt worden war (vgl. S. 51). Sollte noch jetzt etwas der Art auftauchen, so müßte mit um so entschiedenerem Nachdrucke entgegengewirkt werden; denn außerdem entstehen daraus oft unübersteigliche Hindernisse einer gleichmäßigen und gesunden Körperernährung. Dies ist am notwendigsten in Ansehung der Hauptmahlzeit, die in unseren Gegenden meistenteils auf den Mittag fällt. Dadurch, daß wir für diese auch den Haupt-Appetit zu erhalten suchen, begünstigen wir, wie schon früher bemerkt, die Zuführung der dem kindlichen Körper gedeihlichsten Nahrung am meisten. Da nun ohnedies für die jetzige Altersperiode eine täglich viermalige Nahrungszufuhr das entsprechende Verhältnis ist, so normiert sich die betreffende Tagesordnung in der Weise am besten, daß das in dem früheren Schema (S. 49) angegebene zweite Frühstück nunmehr ausfällt und das erste dafür etwas sättigender eingerichtet wird. Die dadurch erzielte längere, überdies meist mit Unterricht ausgefüllte Pause schafft den erwünschten vollen Appetit. Bemerkt sei hierbei, daß für Kinder, die einmal an eine feste Ordnung gewöhnt sind, die kleinen Überwindungen eines vielleicht zuweilen etwas früher sich einstellenden Hungers eine Leichtigkeit sind und bei einiger Ablenkung durch kleine Beschäftigungen die muntere Laune auch nicht im geringsten stören. Nur muß man den allgemeinen Lebensfeind der Langeweile fernhalten. Wie schlimm steht es aber um die Moral, später um die armen Zähne und Mägen, um den gesunden Duft des Atems derjenigen Kinder, welche ihre Vormahlzeit beim Zuckerbäcker abhalten!

Es versteht sich übrigens, daß die allgemeinen Regeln der Diätetik auch hier ihre Geltung haben, wonach die Körperernährung in Qualität und

Quantität den Verhältnissen des Klimas, der Jahreszeit und der Lebensweise anzupassen ist: im Winter der Fleisch- und Fettnahrung, im Sommer der reizloseren, kühlenderen Nahrung eine kleine Bevorzugung gelassen, bei stärkerem Stoffverbrauche durch Kraftanstrengungen die Gesamtmenge der Nahrung etwas vermehrt wird u. s. w. Manche andere Modifikationen werden durch abweichende individuelle Verhältnisse bedingt, müssen aber dann einer speziellen ärztlichen Bestimmung anheimgestellt bleiben.

2) Luftgenuß.

Um der überaus wichtigen Gesundheitsrücksicht in Ansehung des Genußes reiner und besonders freier Luft zu genügen, d. h. um dem Kinde nach Maßgabe seiner weiteren Entwickelung immer die volle Summe dieser Wohlthat zu verschaffen, haben wir die Norm der durchschnittlichen gesundheitgemäßen Dauer des Aufenthaltes in freier Luft in der jetzigen Altersperiode wieder etwas zu erweitern. Die Festhaltung eines solchen Maßstabes ist um so notwendiger für diejenigen Kinder, welche einen großen Teil der Tageszeit in gefüllten Schulstuben zubringen, also deshalb auf einen ausgleichenden Einfluß angewiesen sind. Der Gesundheitszweck verlangt demnach jetzt im Durchschnitte täglich für den Sommer fünf, für Frühjahr und Herbst drei, bei mildem Winterwetter zwei Stunden, bei hartem Froste mindestens eine Stunde Aufenthalt in freier Luft. Ist durch äußere Umstände ein Tag darin zu kurz gekommen, so möge es der folgende Tag ausgleichen, oder durch jene Methode des Fensteröffnens (S. 28 u. 51) einigermaßen für Ersatz gesorgt werden.

Die bei den Kindern auch noch zu Anfange dieser Periode etwas vorwaltende Reizbarkeit der Atmungsorgane, welche sie, und ganz besonders die mit den Luftveränderungen nicht gehörig vertraut erhaltenen Kinder, für katarrhalische Affektionen des Halses und der Lungen (Husten, Bräune u. s. w.) empfänglicher macht, verliert sich in der Regel gegen das zwölfte Jahr hin. Um diese Zeit tritt darin (auch in Bezug auf das entschiedene Seltnerwerden der eigentlichen Kinderkrankheiten) ein auffälliger Wendepunkt ein, selbst bei Kindern, die bis dahin häufig von den hartnäckigsten Zufällen dieser Art heimgesucht waren. Daher braucht man von diesem Zeitpunkte an den Aufenthalt der Kinder in freier Luft, selbst bei den Nord- und Ostwinden des Winters nicht mehr genau auf das oben angegebene Maß von (zusammengerechnet) einer Stunde täglich zu beschränken. Kinder über 12 Jahre können in der Regel den Erwachsenen in dieser Beziehung gleichgestellt werden.

Eine besonnene und naturgemäße Abhärtung des Körpers gegen äußere Einflüsse, wie sie erzielt wird durch volles Vertrautbleiben mit den atmosphärischen Veränderungen, sodann durch den regelmäßigen Gebrauch frischer Waschungen oder Bäder und durch kräftigende Lebensmaximen überhaupt, ist von unberechenbarer Wichtigkeit. Zunächst wird die allgemeine Gesundheit und Lebenskräftigkeit dadurch gestählt, mancher auch von anderer Seite her kommende, außerdem krankmachende Einfluß überwunden, mithin eine größere Ungestörtheit der aufblühenden Entwickelung gewonnen. Sodann sind es namentlich die tausendfachen Erkältungskrankheiten, welchen die Hauptmacht dadurch genommen wird.*) Dergleichen

*) Daß auch abgehärtete Kinder von sogenannten Erkältungszufällen noch zuweilen heimgesucht werden, wird bei verständiger Überlegung den hohen Wert des Abhärtungsverfahrens nicht verringern. Angenommen, das verweichlichte Kind habe im Laufe des Jahres zehnmal, das in entsprechender Weise abgehärtete Kind aber nur zweimal im gleichen Zeitraume an irgendwelchen Zufällen solcher Art zu leiden, so ist doch dieser Gewinn schon gewiß erheblich genug, dazu aber immer auch noch der einer normaleren und dauerhafteren Gestaltung der ganzen Entwickelung zu rechnen. Hierbei sei bemerkt, daß mit dem Begriffe „Erkältung" viel Mißbrauch getrieben wird. Gesundheitsstörungen, für deren Entstehung man keine der sonstigen gewöhnlich angenommenen greifbaren Gelegenheitsursachen aufzufinden weiß, pflegt man durchweg irgend einem, wenn auch meist gar nicht nachweisbaren, Erkältungseinflusse zuzuschreiben, während die allermeisten vermeintlichen Erkältungskrankheiten die Folgen entweder innerer, im Lebens- (Entwickelungs-) Prozesse an sich liegenden Ursachen oder Folgen des ununterbrochenen Wechselverkehrs unseres Körpers mit den atmosphärischen Einflüssen sind. In Betreff der letzteren denkt man zunächst und zumeist immer an die Temperatur; und doch spielen die anderen, in ihrer Gesundheitsbedeutung noch viel zu wenig erforschten barometrischen, elektrischen etc. Verhältnisse der Atmosphäre eine weit wichtigere Rolle. Nur in der mannigfaltigen Verwickelung solcher ursächlichen Verhältnisse, keinesweg in der Temperatur allein, ist der Grund zu suchen für die meist spezifische Besonderheit von Krankheitserscheinungen, die in ihrer gleichartigen bestimmten Weise ziemlich gleichzeitig viele Menschen eines Ortes oder einer Gegend heimsuchen. Einmal werden die Brust-, ein anderes Mal die Unterleibsorgane ergriffen, dann wieder die Augen oder die Ohren, der Mund, die Halsdrüsen, wieder ein anderes Mal sind es Muskelrheumatismen, Schwären oder Fingerentzündungen oder Affektionen des äußeren Hautorganes oder verschiedene andere gleichartige Krankheiten. Eben die Gleichartigkeit solcher unter Tausenden von Menschen herrschenden Zufälle erhebt es doch über allen Zweifel, daß alle die Tausende sich nicht zur gleichen Zeit denselben Gelegenheitsursachen (z. B. einer Erkältung, wofür oft in den Witterungsverhältnissen auch nicht der entfernteste Grund aufzufinden ist) ausgesetzt haben können (denn, selbst dies angenommen, würden bei der unendlichen Verschiedenheit der Naturen auch die Wirkungen ebenso verschiedenartig sich gestalten, wie es bekanntlich bei den entschiedenen Erkältungskrankheiten der Fall ist), sondern, daß die gleichartige Besonderheit der Zufälle in einem unserer Erkenntnis noch verborgenen Zusammenwirken mehrerer oder aller atmosphärischen Verhältnisse oder der im Boden und in der Luft steckenden Ansteckungskeime begründet sein muß, denen wir überall, auch ohne einer Temperaturdifferenz uns ausgesetzt zu haben, unterworfen sind, und woraus sich ein spezifischer Krankheitskeim zu gewissen Zeiten entwickelt, der, wo er einmal Wurzelboden gefunden hat, auch seine bestimmte Krankheitsform zur Erscheinung bringt. Die schwächeren, reizbaren Naturen werden schon beim Herannahen der betreffenden (oft außerdem gar nicht bemerkbaren) Witterungsveränderungen, andere gleichzeitig mit dem Eintritte derselben, die stärkeren, am längsten sich wehrenden Naturen, wenn überhaupt, erst nachher von den Folgen der Einwirkung

Einflüsse haften weniger, oder wenn dies ja der Fall, so geschieht es meist nur in oberflächlicher Weise, sie haben nicht so leicht ernste und tiefgreifende Folgen. Endlich erblicken wir darin aber auch noch ein besonderes Schutzmittel gegen die meisten und oft so gefahrvollen epidemischen Krankheiten der Kinderwelt, wie: Keuchhusten, Scharlach, Masern u. s. w., die unter abgehärteten Kindern erwiesener Weise viel weniger Eingang finden und, wo es der Fall, doch in der Regel leichter und gefahrloser verlaufen.

Bezüglich des ganzen Abhärtungsverfahrens überhaupt kann, dem Entwickelungsgange gemäß, durchschnittlich im zwölften, dreizehnten Jahre wieder ein kräftiger Schritt vorwärts geschehen. Die Kinder müssen durch verständige und konsequente Gewöhnung dahin gebracht werden, daß sie die äußeren Einflüsse mehr und mehr besiegen lernen. Um für das durch allmähliche Gewöhnung Erreichbare wenigstens einen annähernden Maßstab zu erhalten, vergleiche man nur das, was Kinder, die dem Naturzustande weniger entfremdet sind, vertragen können, mit den tausenderlei Nichtverträglichkeiten der, zwar gesund und kräftig geborenen, aber verwöhnten Kindern der meisten Großstädte. Der jetzigen Generation in allen Kulturländern thut allseitige Kräftigung noch sehr not. Mit den angstmütterlichen Maximen körperlicher wie geistiger Verweichlichung erzieht man kein kräftiges Geschlecht.

3) Bäder und Waschungen.

Zur Erfüllung des allgemeinen Gesundheitszweckes der Reinlichkeit, der Erhaltung einer frischen und kräftigen Hautthätigkeit sind Bäder oder Waschungen jedem Lebensalter unentbehrlich. Der von keiner Jahreszeit unterbrochene Gebrauch der Bäder im Freien ist ein Vorzug, der freilich nur den warmen Zonen zu teil wird. Wir Bewohner der kälteren Zonen müssen uns für den größeren Teil des Jahres mit Waschungen oder Hausbädern behelfen. Wenn die Regelmäßigkeit des Gebrauches nicht an der Schwierigkeit der Ausführung scheitern soll, so müssen wir uns an solche Prozeduren halten, welche die wenigst umständlichen, mithin überall ausführbaren, dabei aber doch den Zweck möglichst vollständig erfüllenden sind. Dies sind die Waschungen in Form der kalten Totalabreibungen,

ergriffen. Daher die unendlich häufigen Fehlschlüsse über die Entstehung der Erkrankungen, nebst den daraus resultierenden falschen Lebensmaximen. — Daß der empfänglichere kindliche Körper von solchen Einflüssen vorzugsweise ergriffen werden muß, begreift sich leicht; ebenso aber auch, daß wir die Kinder nur durch entsprechendes Vertrauthalten derselben mit den klimatischen Einflüssen, also durch verständige Abhärtung (nicht aber durch die gewöhnliche Methode des von einemmale zum anderen immer ängstlicheren Zurückziehens) bei gesunder Kost und reiner Luft nach menschlichen Kräften dagegen am meisten zu schützen vermögen.

wie sie S. 54 beschrieben wurden. Diese empfehlen sich auch für das jetzige Alter und für die Folge als das passendste Verfahren, so lange die Jahreszeit freie Bäder nicht gestattet. Die Fortführung dieser Maßregel ist nunmehr dadurch sehr erleichtert, daß die Kinder des jetzigen Alters dabei keiner Unterstützung anderer Personen mehr bedürfen.

Die Benutzung der freien Bäder erhält jetzt noch eine sehr anziehende Seite dadurch, daß die Kinder dieses Alters die heilsame Bewegung des Schwimmens damit verbinden können. Die wesentliche Bedeutung dieser Bewegung für die Gesundheit ist folgende.

Bei der gewöhnlichen Art des Schwimmens liegt der Körper auf der Vorderfläche und macht mit den Armen und Beinen ganz gleichmäßige rhythmische Ruderbewegungen. Die Armbewegungen sind derart, daß sie einen wohlthätigen ausweitenden Einfluß auf die Brust üben. Da nun hierbei die Brust, hauptsächlich mit ihrer ganzen vorderen Fläche, den Widerstand des Wassers zu überwinden hat, und überdies auch der mit dem kalten Bade verbundene stärkere Blutandrang nach den inneren Teilen eine kräftige Atmungsbewegung bedingt, so wird das Schwimmen aus diesem dreifachen Grunde zu einer trefflichen Gymnastik der Atmungsmuskeln. Es ist aber auch Kindern mit schwacher Brust, namentlich anfangs (bis man durch die Beobachtung das individuell zuträgliche Maß gefunden hat), nur mit Vorsicht und Beschränkung zu gestatten.

Die anderen Arten des Schwimmens, wie z. B. das Schwimmen auf dem Rücken, das senkrechte Schwimmen (das sogenannte Wassertreten), kommen hierbei weniger in Betracht, obwohl sie zur Abwechselung passend sind und für gewisse Fälle praktischen Nutzen haben. Das Schwimmen auf einer Seite ist aber, weil dabei in der Regel eine Abwechselung mit der anderen Seite nicht stattfindet, gleich allen anderen einseitigen Bewegungen namentlich für den noch nicht erwachsenen Körper zu widerraten.

Diese gesundheitgemäße Dauer des kalten Bades (s. S. 53) kann zwar für Schwimmer um ein weniges verlängert werden, doch erstreckt sie sich auch dann, selbst bei voller Sommerwärme des Wassers, bis höchstens zu 20 Minuten. Eine darüber hinausgehende Dauer wirkt, statt kräftigend, umgekehrt immer mehr oder weniger erschlaffend, indem die mit jedem Bade verbundene Zurückhaltung der Hautausdünstung und Entziehung der Körperwärme und der Körperelektrizität dann das gewöhnliche Maß der Reaktionskraft übersteigt, mithin nicht schnell genug wieder ausgleichbar ist.

Das Schwimmen macht außerdem vertraut mit einem sonst feindseligen Elemente und ist überhaupt der ganzen jugendlichen Entwickelung so entsprechend, daß keine dazu vorhandene Gelegenheit den Kindern vorenthalten werden sollte. Es ist zu bedauern, daß unter den zur Zeit existierenden Schwimmanstalten noch zu wenige auf Mitbenutzung für das

weibliche Geschlecht eingerichtet sind, dessen körperliche Entwickelung
daraus einen großen Vorteil ziehen würde. Geübte Schwimmer sind sofort mit den wichtigen Regeln zur Lebensrettung Ertrinkender bekannt
zu machen.

4) Schlaf.

Mit Ausnahme der Schlafdauer haben wir alles, was bezüglich des
Schlafes für die vorhergehende Altersperiode geltend gemacht wurde, auch
für die Folge festzuhalten. Die Schlafdauer muß aber nunmehr bestimmter
normiert werden, wenn nicht Unordnung und Mißverhältnis zwischen Thätigkeit und Ruhe, namentlich Langschläferei als eine verderbliche und immer
hartnäckiger werdende Lebensunsitte sich einschleichen soll.

Bis zum Ende der Wachstumsperiode bedarf der Körper eines etwas
längeren Schlafes als im erwachsenen Alter. Wenn nun für den erwachsenen Körper durchschnittlich eine siebenstündige Dauer des Schlafes (bei
körperlich oder geistig sehr angestrengter Lebensweise ein wenig darüber,
etwa bis $7^1/_2$, bei ruhiger etwas darunter bis zu 6 Stunden) das gesundheitgemäße Verhältnis ist, so ist dementsprechend für das kindliche Alter
von 8—10 Jahren durchschnittlich eine neunstündige, in den späteren Jahren
bis gegen die Vollendung des Wachtumes eine achtstündige Schlafdauer
das richtige Maß. Was darüber hinausgeht, ist unnötig und als eine
Gewohnheitssache in vieler Beziehung nachteilig. Durch zu lange Dauer
des Schlafes geht dessen erquickende Wirkung verloren und verwandelt
sich in eine Geist und Körper erschlaffende.

Soll sich eine gute und feste Gewohnheit bilden, so muß darauf
streng gehalten werden, daß die Kinder des Morgens nach dem
Erwachen sofort sich erheben, nie wach oder im Halbschlafe
liegen bleiben. Es ist dies noch aus einem anderen Grunde sehr
wichtig, weil nämlich damit am meisten die Verführung zu einer un-
keuschen Richtung der Gedanken verknüpft ist. Daß man diesen Punkt
schon viele Jahre vor der Mannbarkeitsentwickelung scharf im Auge behalten muß, lehrt die allen Ärzten bekannte traurige Häufigkeit heim-
licher geschlechtlicher Verirrungen von Knaben sowohl wie von Mädchen.
Schon deshalb, aber auch aus allgemeinen Gesundheitsrücksichten ist, wenn
dies nicht schon früher geschehen, von nun an das Schlafen in unge-
heizten Zimmern unbedingt vorzuziehen.

Es ist aber auch nicht gleichgültig, zu welcher Zeit die bestimmte
Zahl von Stunden abgeschlafen wird. Wenn sich auch der Erwachsene in
abweichende Gewohnheiten der Art nach und nach hineinleben kann (ob
ohne allen Nachteil für seinen Lebenszustand überhaupt, ist noch die
Frage), so ist dies doch entschieden nicht der Fall im kindlichen Alter.
Nur diejenige Lebensordnung ist die natürliche, welche sich dem Wechsel

von Tag und Nacht möglichst anschließt. Daß die Nachtzeit vorzugsweise günstig ist den gerade im Schlafe vor sich gehen sollenden inneren, ausgleichenden Funktionen des Lebens (namentlich der Ernährung), beweisen am deutlichsten 1) die niedere Stellung der Körperwärme, der Pulsschläge und der Atemzüge in den ersten Morgenstunden, 2) viele krankhafte (besonders fieberhafte) Zustände, für deren regelmäßig zur Nachtzeit eintretende Verschlimmerung (Ausgleichungsstreben der Natur) durchaus kein anderer Grund sich angeben läßt. Für die kindliche Entwickelung ist daher diejenige Schlafzeit die gedeihlichste, wobei mindestens noch drei Stunden vor Mitternacht fallen und das Kind in der frühen Morgenzeit zu einer bestimmten Stunde aufsteht. Von einem Zwischenschlafe am Tage, dessen das Kind nur während der ersten 3—4 Lebensjahre bedarf, kann jetzt nicht mehr die Rede sein.

Da die Kinder in den Perioden sehr starken Wachstumes, so namentlich um die Zeit der Mannbarkeitsentwickelung, ausnahmsweise ein wenig über die gewöhnliche Schlafdauer nötig haben, so gleiche man dies durch etwas früheres Niederlegen aus, halte aber dessenungeachtet fest an dem Termine des Aufstehens. Außerdem ist es schwer, das Einschleichen der Langschläferei zu verhüten.

Es wurde früher bereits nachgewiesen, daß auf die ganze Dauer der Wachstumsperiode die Art der Lage während des Schlafes entschiedenen Einfluß auf die Körperausbildung hat, und daß die Lage auf dem

Fig. 25.

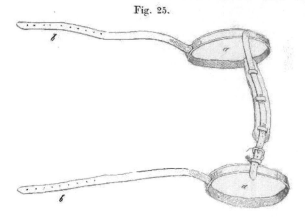

Rücken diejenige ist, welche allen Gesundheitsrücksichten am vollkommensten entspricht (s. S. 55). Für die früheren Altersperioden konnte es als genügend betrachtet werden, wenn durch regelmäßiges Beobachten und, wo nötig, Wenden des schlafenden Kindes auf die allmähliche Bildung dieser Gewohnheit hingewirkt wurde. Jetzt aber genügt dies nicht mehr.

9*

Wenn bei einem Kinde, welches bereits das siebente oder achte Jahr überschritten hat, irgend eine von der Rückenlage abweichende gesundheit-
widrige Art des Liegens im Schlafe zur vorwaltenden Gewohnheit geworden
ist, so ist dieselbe in der Regel dann so fest gewurzelt, daß man zu ihrer
Beseitigung einer zuverlässigeren Maßregel bedarf. Die einfachste und
doch den Zweck vollkommen erfüllende Vorkehrung zeigt vorstehende
Fig. 25, und in der Anwendung veranschaulicht:

Fig. 26.

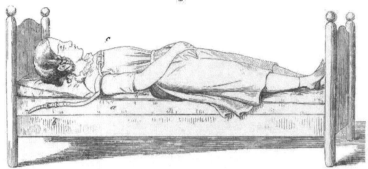

    a zwei ringförmige Schulterriemen, die etwas oberhalb an der Bett-
stelle oder an dem Holzrahmen der Matratze bei *b* befestigt sind. Sie
umfassen, wenn die Arme hindurchgesteckt sind, die Schultern und werden
durch das Riemchen *c* über der Brust lose miteinander verbunden, bloß
zu dem Zwecke, damit sie nicht an den Armen herabgleiten können. Brust,
Unterleib, Arme und Beine bleiben dabei ganz frei. Es ist mit dieser Lage
durchaus kein Zwang und sonstiger Nachteil verbunden. Auch die Bewegung des Oberkörpers behält sogar noch einen kleinen Spielraum, aber
doch wird jedes Umwälzen nach der Seite verhütet, indem, wenn ein solcher
Versuch während des Schlafes gemacht wird, das Kind vermöge der Befestigung der Riemen auf beiden Seiten genötigt ist, in die Rückenlage
zurückzukehren. Kinder mit ruhigem Schlafe gewöhnen sich dadurch so
fest an die Rückenlage, daß diese Vorkehrung schon nach wenig Monaten
des Gebrauches entbehrlich wird. Bei solchen aber, denen ein unruhiger
Schlaf überhaupt eigentümlich ist, thut man wohl, die Einrichtung so lange
beizubehalten, bis das Hauptwachstum des Körpers vorüber ist.

5) Bewegung.

    Die sorgfältige Beachtung dieses Hauptfaktors aller Entwickelung
und alles Lebens wird in dieser Altersperiode um so wichtiger, als die
Anforderungen, welche die notwendige geistige Ausbildung nunmehr an

das Kind macht, das Gleichgewicht der Entwickelung bedrohen. Diese Gefahr ist durch die immer erhöhten Ansprüche der Zeit von Generation zu Generation größer geworden. Das allerdings bestimmungsgemäße geistige Fortbildungsstreben steht mit der Natürlichkeit der menschlichen Entwickelung im Kampfe. Wir müssen daher ernstlich bemüht sein, diese Gegensätze zu versöhnen: das erstere zu fördern ohne der anderen zu schaden. Es ist eine dringende Aufgabe unserer Zeit, die körperliche Seite der Menschennatur auf alle Weise wieder ins Gleichgewicht zu setzen mit der geistigen Seite, d. h. die Entwickelung der ersteren so zu heben, daß sie der Fortentwickelung der letzteren immer gewachsen bleibt. Eine der ersten Bedingungen dazu ist wohlberechnete und allseitige Bewegung, wie sie kein anderer Weg in so umfassender und zugleich für alle Verhältnisse anwendbarer Weise bietet als

Das Turnen. Hierunter begreift man die systematische Übung und Ausbildung der Muskelthätigkeit des ganzen Körpers, sowohl ohne als mit und an verschiedenen Gerätschaften. Das Turnen ist vermöge seiner unbegrenzten Mannigfaltigkeit und vollständigen Allseitigkeit unstreitig das vollkommenste Mittel körperlicher Ausbildung, was wir besitzen. Nur soll dabei nicht das Erlernen von turnerischen Kunstfertigkeiten an sich, sondern stets der Gesundheits- und Lebenszweck das Hauptziel bleiben. Die Hauptfunktionen des organischen Lebensprozesses werden dadurch, direkt und indirekt, in heilsamen Schwung versetzt, die Entwickelung dauerhaft fester Gesundheit, wahrer Schönheit der Körperform, Gewandtheit und praktische Sicherheit aller Bewegungen, sowie auf geistiger Seite besonnener Mut, Geistesgegenwart und Thatkraft begünstigt. Volle Herrschaft über den Körper hebt die Willenskraft überhaupt auf eine höhere Stufe, ist die Vorbedingung geistiger Freiheit. Wir erblicken daher in dem Turnen, wenn es rationell und ästhetisch gehandhabt wird, ein wahres Veredelungsmittel sowohl für die körperliche als auch für die geistige Ausbildung und zugleich ein Verhütungsmittel aller der zahllosen Schwächlichkeitfolgen, Siechtümer, Gebrechen, Bruchschäden und anderer Unfälle.

In unseren jetzigen Lebensverhältnissen bedürfen wir eines derartigen künstlichen Mittels allerdings, schon deshalb, weil bei den hoch gestiegenen Ansprüchen an die geistige und technische Ausbildung auch unsere Jugend nicht mehr so viel Zeit übrig hat, um dem Bedürfnisse körperlicher Bewegung und Ausbildung auf sonst gewöhnlichem und natürlichem Wege genügend zu entsprechen. Der größere Teil der Tageszeit kann in der jetzigen Altersperiode nicht mehr auf beliebiges planloses Austummeln verwendet werden. Auch fehlt den meisten, besonders den Stadtkindern, dazu Gelegenheit und Anregung. Das Turnen bietet nun für diese einander entgegenstehenden Rücksichten eine sehr zweckmäßige Aushilfe. Einerseits entspricht es den Gesundheitsrücksichten auf die vollständigste Weise, alle sonst gewöhnlichen Bewegungsarten darin weit übertreffend, ohne andererseits der für andere Beschäftigungen notwendigen Zeit Abbruch zu thun. Wenn wöchentlich nur 3—4 mal eine Zeit von einer Stunde auf geregelte Turnübungen verwendet wird, so geschieht dem Bedürfnisse der Entwickelung und Ausbildung der Körperkräfte vollständigere Genüge, als wenn täglich mehrere Stunden lang die Körperkräfte in irgend einer anderen Weise geübt würden. Aber auch abgesehen von der Zeitersparnis läßt sich, wie bemerkt, die körperliche Aus- und Durchbildung überhaupt auf keinem anderen als diesem systematischen Wege in ebenso umfassender Allseitigkeit erreichen. — Hierzu kommt noch ein wichtiger spezieller Vorteil, welcher dieser Altersperiode aus der Fortführung einer vollkräftigen Körperbewegung erwächst, nämlich: die Verhütung der vorzeitigen Mannbarkeitsentwickelung — jener Folge eines schlaffen, weichlichen und üppigen Lebens.

Das Turnen besteht also in unmittelbaren (ohne) und mittelbaren (mit oder an Gerätschaften ausgeführten) systematischen Bewegungen. Kinder der in Rede stehenden Altersklasse, Knaben wie Mädchen, sind im allgemeinen als reif auch zur Vornahme des mittelbaren, des Gerät-Turnens zu betrachten. Auch dieses, als zur Vollständigkeit der Ausbildung gehörig, sei daher angelegentlichst empfohlen. Doch wird dabei vorausgesetzt, daß es nie anders als unter sachverständiger Leitung geschieht, damit Übermaß und sonstige Nachteile streng vermieden werden, und damit namentlich der Unterschied in den Bewegungsarten festgehalten wird, wie er je nach der Altersstufe, je nach individueller Körperkonstitution und besonders auch je nach Geschlecht notwendig ist. Denn vorzüglich das Gerät-Turnen bedingt für das weibliche Geschlecht vielseitige Einschränkungen und Modifikationen.

Noch ein wichtiger spezieller Vorzug des Turnens vor allen übrigen gymnastischen Übungen besteht darin: daß es vermöge der Vollständigkeit und Allseitigkeit der damit verbundenen Muskelkräftigung am meisten geeignet ist, schlaffen oder ungleichseitigen Körperhaltungen und Gewohnheiten (die ja meist auf ungleichmäßiger Muskelentwickelung beruhen) entgegen zu wirken, sie sowohl zu verhüten als auch zu beseitigen. Durch systematisch geleitete Turnübungen werden der Rumpf, die oberen wie die unteren Gliedmaßen in allen ihren Teilen gleichmäßig gekräftigt. Diejenigen Muskelpartien beider Seiten des Körpers, welche bestimmt sind, einander das Gleichgewicht zu halten, werden daher durch ganz gleichseitig ausgeführte Turnübungen in dem normalen Gleichgewichtsverhältnisse erhalten oder in dasselbe zurückgeführt, so lange dieses nicht durch wirkliche Bildungsfehler, welche stets spezieller ärztlicher Behandlung überwiesen werden müssen, gestört ist.

Dieser Vorteil ist also nur durch genaue Gleichseitigkeit in der Ausführung der Turnübungen zu erreichen. Es ist nötig, zumeist in betreff des Gerät-Turnens, darauf recht ausdrücklich hinzuweisen, um namentlich die Aufmerksamkeit derer, welche die Leitung der Übungen besorgen, dafür zu schärfen. Denn obschon die meisten Turnübungen an sich gleichseitiger Art sind, so kann doch auch bei diesen die Muskelthätigkeit in ziemlich ungleichseitiger Weise erfolgen und dadurch der Zweck einer harmonischen Körperentwickelung verfehlt werden. Fast jeder Mensch nämlich hat eine Körperseite (gewöhnlich die linke), welche zum Kraftgebrauche weniger befähigt und geneigt ist als die andere, und die er daher gern, selbst oft ohne sich dessen bewußt zu werden, schont. Dies kann nun auch bei an sich gleichseitigen Turnübungen der Fall sein und ist sogar, wie mich vielfache Beobachtungen auf Turnplätzen überzeugt haben, etwas sehr Gewöhnliches, da manche Turnlehrer zu wenig darauf achten. So werden z. B. bei Übungen, die in einem abwechselnden Gebrauche der Arme oder Füße beider Seiten bestehen — wie dies bei vielen Klimmübungen, bei manchen Stütz-, Hang- und Zugbewegungen der Fall ist — statt einer gleichmäßigen Abwechselung zwischen rechts und links nur die Gliedmaßen der ohnehin bevorzugten Seite zum Vorausgreifen und Voraussteigen verwerwendet. So wird ferner bei den verschiedenen Haltungen und Bewegungen durch ungleiche Stellung der Stütz- und Haltepunkte oder des ganzen Körpers die Körperlast in höherem Grade der einen Körperseite zugeschoben und mithin oft in sehr ungleichem Verhältnisse verteilt u. s. w. Wenn man mit der Statik und Mechanik des Baues des menschlichen Körpers und mit der gymnastischen Technik gehörig vertraut ist, so wird man jede derartige Unrichtigkeit, die dem unkundigen Auge in vielen Fällen entgeht, leicht entdecken.

Das unmittelbare Turnen (auch Zimmergymnastik genannt), die allgemeine Grundlage jeder Art von Körperausbildung, hat den Vorzug vor dem Gerät-Turnen, daß es keinerlei Einrichtung bedarf und daher unter allen Umständen ausführbar ist. Wo also die Gelegenheit zu letzterem mangelt, bleibt ersteres das alleinige und überall mögliche Aushilfsmittel. Außerdem muß man bedenken, daß das Klettern an sehr langen (hohen) Seilen bei beiden Geschlechtern bisweilen Reize weckt, welche in diesem zarten Alter durchaus noch schlummern sollten.

Ebenso wie für die vorhergehende Altersperiode ein Schema von Bewegungsformen dieser Gattung bereits aufgestellt wurde, soll auch hier ein solches, wie es für die jetzige Altersstufe am angemessensten ist, folgen. Es ist, mit jenem verglichen, durch mehrere dem reifen Alter entsprechende Bewegungsformen vervollständigt. Hinsichtlich der Gebrauchsregeln und Erläuterungen sei auf dort (S. 65 u. 69) verwiesen. Nur eine Erläuterung ist hier hinzuzufügen, nämlich: daß die auf nachstehender Tabelle mit * bezeichneten Bewegungen als ungeeignet für Mädchen zu betrachten sind.

Fig. 27—58.

Kopfwenden nach jeder   Armkreisen 4, 6, 10 mal.   Kopfkreisen 5, 10, 15 mal.
Seite 3, 4, 5 mal.

 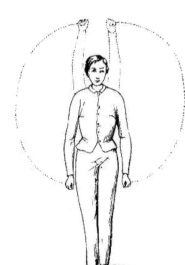 

Ellbögen zurück   Armheben seitwärts   Hände hinten geschlossen
4, 6, 8 mal.   5, 10, 15 mal.   4, 6, 8 mal.

Armstoßen nach vorn
5, 10, 15 mal.

Armstoßen nach außen
5, 10, 15 mal.

Armstoßen nach unten
5, 10, 15 mal.

Armstoßen nach oben
2, 4, 6 mal.

Armstoßen nach hinten
3, 5, 8 mal.

Beinkreisen mit jedem Beine
2. 3, 4 mal.

*Beinheben seitwärts mit jedem Beine
3, 5, 8 mal.

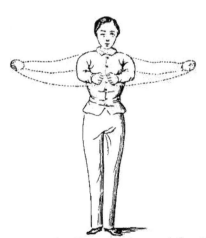

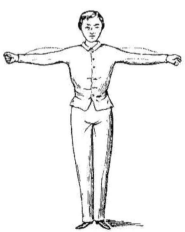

Auseinanderschlagen der Arme 4, 6, 8 mal.

Armrollen 15, 20, 25 mal.

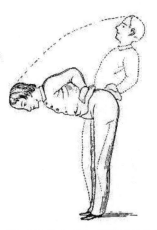

| Rumpfbeugen seitwärts hin und her 10, 15, 20 mal. | Rumpfbeugen vor- und rückwärts hin und her 5, 10, 15 mal. |

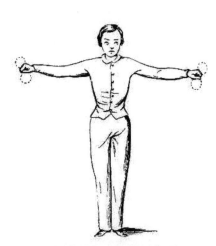

| Achtenbewegung der Hand 10, 15, 20 mal. | Finger-Beugen und -Strecken 6, 8, 10 mal. |

Rumpfwenden nach   Beinzusammenziehen   Beinrollen
jeder Seite 5, 10,   2, 3, 4 mal.   10, 15, 20 mal.
15 mal.

  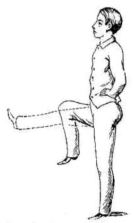

Knie-Strecken und   Fuß-Strecken und   Knie-Strecken und -Beugen
-Beugen nach hinten   -Beugen mit jedem Fuße   nach vorn mit jedem Beine
mit jedem Beine   10, 15, 20 mal.   3, 4, 5 mal.
5, 6, 8 mal.

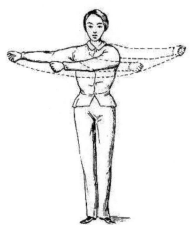

Schnitterbewegung hin und her
4. 8, 12mal.

*Knieheben nach vorn mit jedem
Beine 2, 4. 6mal.

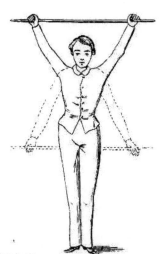

Stabkreisen vor und zurück 2, 6, 8mal.

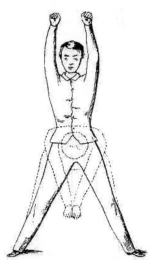

*Axthauen 3, 6, 10mal.

Niederlassen 4, 8. 12 mal. Gehen mit durchgestecktem Stabe
5, 8, 10 Minuten lang.

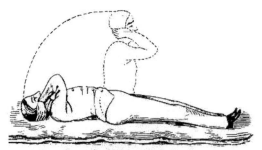

Rumpfaufrichten 2, 4, 6 mal.

Nächst der systematischen Gymnastik, dem Turnen, gewähren noch manche andere Bewegungsarten in der Form von Spielen und Belustigungen körperliche Gewandtheit und Kräftigung, geistige und gemütliche Belebung und Erquickung. Möchte man doch immer, soviel sich Gelegenheit und Zeit dazu bietet, diese Genüsse unserer Jugend gönnen! Sie bedarf ihrer sehr. Es sind die wahrhaft natürlichen und der ganzen Entwickelung gedeihlichen Genüsse. Zeit und Gelegenheit dazu würden sich unter den meisten Verhältnissen in genügendem Maße finden, trotz der erhöhten Anforderungen an die geistige Ausbildung, wenn nicht diese Genüsse durch jene eines verfrühten sozialen Lebens und, namentlich in betreff der Mädchen, durch verkehrte Begriffe von Anstand und Sittsamkeit so häufig verdrängt würden. Wollte man doch bedenken, daß auch gerade die weibliche Jugend unserer Zeit auffrischender Körperkräftigungen dringend bedarf, wenn es nicht immer mehr dahin kommen soll, daß gesunde und kräftige Mütter zu den Seltenheiten gehören.

Außer den mancherlei Lauf-, Fang- und Kampfspielen der Jugend und dem Schwimmen in froher Gesellschaft, dem mäßigen Bergsteigen und vorsichtigen Klettern sind es besonders zwei Belustigungsarten, welche wegen ihrer vielfachen der Gesundheit und Körperbildung förderlichen Eigenschaften hier in der Kürze hervorgehoben zu werden verdienen: das Schlittschuhlaufen und das Stelzengehen. Beide sind für Knaben und Mädchen gleich empfehlenswert.

Das Schlittschuhlaufen hat schon deshalb einen hohen gesundheitlichen Wert, daß es in einer Jahreszeit vorgenommen wird, welche außerdem wenig Gelegenheit zu kräftiger Bewegung in freier Luft bietet. Aber es gewährt auch noch wesentliche spezielle Vorteile. Es ist eine der vorzüglichsten Arten der Fußgymnastik. Um den Körper auf der glatten Fläche des Eises und auf der schmalen Metallklinge des Schlittschuhes im Gleichgewichte zu erhalten, ist ein ungewöhnliches und vielseitiges Muskelspiel, besonders aller unteren Fußmuskeln erforderlich. Die Fußmuskeln werden dadurch sämtlich sehr gekräftigt und somit die ganze Körperhaltung befestigt. Sodann übt diese Bewegung einen entschiedenen und in vielen Fällen sehr willkommenen Einfluß auf Regelung der Fußstellung, auf die normale Auswärtsstellung der Füße. Bekanntlich läßt sich die Erhaltung des Gleichgewichtes und das Ausschreiten auf den Schlittschuhen gar nicht anders bewerkstelligen, als eben durch festes Auswärtsstellen der Füße. Die diese Fußstellung bewirkenden Muskeln werden also vorzugsweise geübt und gekräftigt, und dadurch die Bildung der Gewohnheit einer richtigen Fußstellung überhaupt erleichtert und vermittelt.

Das Stelzengehen stärkt zunächst durch das damit notwendig verbundene kräftige Zurücknehmen der Ellbögen und Schultern die oberen Rücken- und Schultermuskeln. Der Mechanismus dieser Bewegung bringt es sodann mit sich, daß die Füße ebenfalls in der Auswärtsstellung geübt werden. Das Stelzengehen ist daher sowohl eine gute allgemeine Gymnastik, als auch insbesondere ein wirksames Ausgleichungsmittel der aus Schwäche der oberen Rückenmuskeln entstehenden Haltungsfehler (des Vorfallens der Schultern, somit der Engbrüstigkeit u. dgl.) und der Einwärtsstellung der Füße. Von den Varietäten des Stelzengehens ist das Hüpfen auf einer Stelze zu erwähnen und daran zu erinnern, daß, wenn es ausgeübt werden soll, nach der Regel der Gleichseitigkeit dabei auf eine gleichmäßige Abwechselung beider Füße gehalten werden muß.

Tanzen, Reiten, Fechten sind aus mehrfachen Gründen passender einer späteren Altersperiode zuzuweisen.

Bei leichteren Bewegungen, z. B. dem Gehen, ist es recht angemessen, schon jetzt auf Ausdauer hinzuwirken. So ist es von gesunden und kräftigen 7—8jährigen Kindern, selbst Mädchen, nicht zu viel verlangt, auf Fußreisen täglich 6—8 Stunden zu durchwandern. Das Gespräch muß nur nicht auf das Kapitel der Müdigkeit gebracht und, wo es der Fall, schnell abgelenkt werden, dann dauern auch Kinder dieses Alters oft viel leichter aus als Erwachsene. Nach Überwindung der ersten Müdigkeit — welche viele Menschen fälschlicherweise als die Grenze ihrer Leistungsfähigkeit betrachten, über die hinaus kein weiterer Versuch gemacht wird — kommt erst die ausdauernde Kraft recht in Zug.

6) Bekleidung.

Die allgemeinen hinsichtlich der Bekleidung festzuhaltenden Grundsätze, wie solche in dem betreffenden Artikel des II. Teiles aufgestellt wurden, sind auch für die jetzige Altersperiode als maßgebend zu betrachten. Wir haben die Bekleidungsart der Kinder hier nur noch in Ansehung ihres mechanischen Einflusses auf den Körper und ihrer danach zu bestimmenden gesundheitgemäßen Beschaffenheit zu beurteilen. Dieser Punkt beginnt bei dieser Altersstufe unsere volle Aufmerksamkeit in Anspruch zu nehmen, da die Modesucht mit ihren zahllosen Mißbräuchen und Nachteilen die Jugend jetzt schon ernsthaft berührt.

Schutz des Körpers gegen äußere störende und nachteilige Einflüsse, namentlich Erhaltung der nötigen Eigenwärme bei möglichster Nichtbeschränkung aller inneren und äußeren Lebensthätigkeiten, ist der wesentliche Zweck der Bekleidung. Nur insoweit dieser erfüllt ist und es erlaubt, darf die Schönheitsrücksicht, und erst dieser wieder untergeordnet, die Mode mitsprechen.

Jene allgemeine Hauptbedingung für alle Arten der Bekleidung — daß der damit umgebene Körperteil in keiner Weise dadurch benachteiligt und in seiner notwendigen Freiheit gehemmt werde — ist für die ganze Dauer der Wachstumsperiode von doppelter Wichtigkeit.

Wir wollen nun die bei unserer reiferen Jugend üblichen einzelnen Gattungen der Bekleidung, insoweit sie unter diesem Gesichtspunkte in Betracht kommen, einer näheren Untersuchung unterwerfen.

Sowohl die männlichen wie die weiblichen Kleidungsstücke des Oberkörpers (Röcke, Kleider, Jacken, Westen) üben am häufigsten dadurch einen nachteiligen Einfluß auf die körperliche Haltung und Bildung aus, daß sie entweder über der Brust oder in den Armlöchern, oft zugleich an beiden Punkten, zu eng sind.

Sind sie über der Brust zu eng, so wird dadurch natürlich die Atmungsbewegung behindert, die fortschreitende Ausbildung der Atmungsorgane also beeinträchtigt und, bei der hohen Wichtigkeit der Funktion der Brustorgane, eben dadurch die Gesundheit und das Leben an den edelsten Wurzeln bedroht. Nicht minder liegt darin eine mitwirkende Ursache von Fehlern des Knochenbaues. Bedenkt man nun, daß dies oft noch mit einer angeborenen und durch die übrigen Erziehungsmaximen begünstigten Anlage zu einem schwächlichen Körperbaue zusammentrifft, so wird man die Häufigkeit der Eng- und Schmalbrüstigkeit, sowie des Schiefwuchses unter unserer Jugend sehr begreiflich finden.

Sind die Kleidungsstücke in den Armlöchern zu eng, so wird der Blutumlauf in den Armen behindert, jede Bewegung derselben erschwert und durch das natürliche Bedürfnis, der Reibung und dem Drucke sich zu entziehen, diese oder jene nachteilige Haltung und Bewegung veranlaßt. Das letztere ist nicht minder dann der Fall, wenn die Kleider der Mädchen so tief ausgeschnitten sind, daß sie leicht über die Schultern herabgleiten. Das damit verbundene unbehagliche Gefühl veranlaßt ein fortwährendes ungleiches Hoch- und Hin- und Herziehen der Schultern und wird dadurch mit der Zeit leicht der Entstehungsgrund bleibender falscher Gewohnheiten und Haltungen.

Die allergefährlichste und allgemeinste Unsitte ist der Mißbrauch, welcher mit dem Tragen der Schnürbrust getrieben wird. Es ist unerklärlich, daß bei dem immerwährenden Wechsel der Kindermoden, bei dem steten Hin- und Herziehen ihrer Formen von dem einen Extreme zum anderen, und trotz unaufhörlicher Ermahnungen von seiten der Ärzte und Menschenfreunde doch gerade diese Ausgeburt der Mode durch alle Wechselfälle des Zeitgeschmackes hindurch unverändert sich erhalten hat. Die vermeintlich schöne d. h. über den Hüften zusammengepreßte Taille ist der unheilbringende Götze des weiblichen Kleidungsgeschmackes geblieben. Wir müssen auch hier diesen oft schon gerügten Mißbrauch etwas näher beleuchten.

Das Tragen einer Schnürbrust hat überhaupt nur Sinn beim erwachsenen weiblichen Körper, insofern es zum Zusammenhalten des Busens dient, und ist auch da nur insoweit als unschädlich zu betrachten, als dabei sämtliche Rippen ihren vollkommen freien Spielraum bei der Atmungsbewegung behalten. Die Schnürbrust, wie auch die Kleidtaille, darf also nur sanft und lose den Körper umschließen und der freiesten Bewegung der Arme und des Rumpfes durchaus nicht hinderlich sein. Wird sie aber, wie es leider mehr oder weniger allgemeiner Brauch ist, dazu benutzt, die Umrißlinien des Körpers zu verändern, den Körper gerade da, wo er sich nach dem Ideale weiblicher Schönheit*) sanft wölben

---

*) Nur am männlichen Körper ist der normale Bau der Art, daß die seitlichen Umrißlinien von der Brust nach der Hüfte zu merklich zusammenlaufen, durchaus aber nicht am weiblichen Körper.

soll (dicht über den Hüftknochen), zusammenpressen und wespenähnlich einzuschneiden: so werden Veränderung der Form und der Verbindung der Rumpfknochen, Verbildung und Verkümmerung der edelsten Organe der Brust und des Unterleibes mit den zahllosen, früher oder später eintretenden lebensgefährlichen Folgen notwendig daraus hervorgehen müssen. Wer nur einmal den normalen Bau des weiblichen Körpers an naturwahren Statuen betrachtet hat, wird auf den ersten Blick das grell Naturwidrige jener Unsitte erkennen und die Häufigkeit ihrer bösen Folgen, welche von der ärztlichen Erfahrung zur Genüge nachgewiesen sind, leicht erklärlich und selbstverständich finden. Es ist ein Frevel, den sich die Frauenwelt anthut, dessen Strafen nicht nur die eine Generation, sondern durch Vorausverletzung der heiligen Mutterpflichten auch die kommenden Geschlechter treffen.

Die Modesucht ist aber mächtiger als alle Vernunftgründe. Wo diese waltet, bleiben die gutgemeinten Aufklärungen und Belehrungen über nachteilige und gefährliche Folgen ohne Wirkung. Der immer und immer wieder aufgenommene Kampf der Ärzte gegen die Wespentaillen der Frauenwelt hat nun schon zwei Jahrhunderte gedauert, bis jetzt aber noch nicht vermocht, diese Unsitte für immer zu verbannen. Für die Reform einer tiefgewurzelten Verkehrtheit des Geschmackes und der Mode ist aber nach den Erfahrungen des alltäglichen Lebens der Gesichtspunkt der einzige durchgreifend wirksame, von welchem das Unschöne der fraglichen Mode in ein klares Licht gestellt wird. Jedenfalls am wirksamsten wird es sein, wenn jene unnatürliche, nur für einen verschrobenen Geschmack schön erscheinende, zusammengepreßte Taillenform des weiblichen Geschlechtes von seiten der Männerwelt durch Wort und Schrift als wahrhaft häßlich, lächerlich und verächtlich hingestellt wird. Denn alles Naturwidrige ist häßlich. In aller Weise muß auf die öffentliche Meinung so hingewirkt werden, daß das Erscheinen in einer solchen Taillenform als der Ausdruck abstoßender Ziererei und plump aufgetragener und verfehlter Gefallsucht, als eine Schande gilt, ähnlich wie irgend eine unzüchtige Kleidungsweise.

Wenn nun dem erwachsenen Körper durch das enge Schnüren die augenscheinlichsten und ernstesten Nachteile zugefügt werden, um wie viel mehr muß dies beim kindlichen Körper der Fall sein, dessen natürliche Umrißlinien überdies in einem noch grelleren Contraste zu jener Taillenform stehen. Das Einzwängen unerwachsener Mädchen in die gewöhnlichen Schnürbürste ist in der That unverantwortlich. Dadurch wird nicht nur die für die Entwickelung des ganzen Körpers so notwendige freie kindliche Bewegung gehemmt, sondern es verkümmern auch durch den Druck und die Verschiebung die edelsten inneren Brust- und Unterleibsorgane, die blutbildende Leber, die Milz, die Nieren (Wanderniere!), noch

164

ehe sie die Stufe vollendeter Ausbildung erreicht haben. Aus diesen Gründen wird auch der Schiefwuchs durch die gewöhnlichen Schnürbrüste nicht, wie manche glauben, verhütet, sondern geradezu begünstigt.*) Die Verkehrtheit dieser Vorurteile geht so weit, daß viele Mütter es gar nicht mehr begreifen wollen, wie ein Mädchen ohne alles Schnüren wohlgefällig gekleidet werden könne, daß sie nicht einmal den Mut haben, es zu versuchen. Thäten sie letzteres, so würden sie sich bald davon überzeugen. Solche Mädchen, die durch diese häßliche Verkrüppelungstracht bereits verwöhnt sind und die Kraft des Freitragens verloren haben, werden nach kurzer Zeit der Umgewöhnung durch ihre ganze äußere Erscheinung den Müttern die Schuppen von den Augen reißen und freiatmend dankbar aufjauchzen. Wohl ihnen, wenn es dann noch Zeit ist, wenn die in der Dauer unvermeidlichen Folgen, die Verkrüppelung innerer edler Organe, noch rechtzeitig abgewendet werden können.

So lange also nicht der sich entwickelnde weibliche Busen Unterstützung verlangt, halte man durchaus jede Schnürbrust von den Mädchen fern. Für den reinen Schönheitssinn wird dann auch die äußere Erscheinung derselben nichts zu wünschen übrig lassen, d. h. die edelschlanke Form, wo sie vorhanden, in der echten, naturwahren Schönheit erscheinen, und wo sie nicht vorhanden, wenigstens nicht in das schroffe Gegenteil des Schönen, in jene unnatürliche Verunstaltung verwandelt werden.

Die für die Gesundheit der Kinder beiderlei Geschlechtes zuträglichsten Oberkleider sind offenbar die mit Kutten- oder Blousenschnitt, vorausgesetzt, daß die sie zusammenhaltenden Gurte oder Schnuren lose um den Körper befestigt werden. Möchte doch die launische und tyrannische Göttin der Mode einmal die Gnade haben, diese schöne und naturgemäße Tracht den Kindern bis gegen das erwachsene Alter hin zu belassen!

Tadelnswert ist der Gebrauch, die Unterröcke der Mädchen so einzurichten, daß ihr alleiniger Halt im Zusammenbinden über der Hüfte besteht, wodurch eine auf Weichteile treffende einschneidende Wirkung ausgeübt wird. Ein weiterer Nachteil, nämlich Ungleichheit der Körperhaltung, wird dann veranlaßt, wenn man die Mädchen mehrfache Unterröcke auf diese Weise übereinander tragen läßt. Es ist dabei nicht zu verhüten, daß die über den Hüften oft flüchtig und ungleich gebundenen Bänder, durch die Last der Röcke herabgezerrt, auf der einen Seite mehr einschneiden als auf der anderen, wodurch das Bestreben, die eine Hüfte einzuziehen, veranlaßt wird. Deshalb ist es erforderlich, daß ein Rock statt durch Bänder in der Taille, durch breite über die Schultern laufende

---

*) Die bei gewissen Rückgratsverkrümmungen unentbehrlichen schnürbrustähnlichen Vorkehrungen sind davon wohl zu unterscheiden. Sie müssen als Heilmittel eine eigens berechnete und immer eine solche Konstruktion haben, daß alle jene Nachteile der gewöhnlichen Schnürbrüste sicher vermieden werden.

10*

Heben am Körper befestigt werde und an diesem einen Rocke der oder die ferneren anderen angeknöpft oder angebunden werden.

Die Hosenträger der Knaben müssen über die Schultern elastisch, die Beinkleider an allen Stellen, besonders aber in der Kreuznaht, bequem und weit eingerichtet sein, wenn die allgemeinen Nachteile des Druckes, der Reibung und der Einschnürung, sowie die Veranlassung ungleichseitiger Körperhaltungen vermieden werden sollen.

Auch die Bekleidung der Füße verlangt eine ernste Berücksichtigung, zunächst wegen der Erhaltung der gesunden Form und Beschaffenheit der Füße selbst, und sodann wegen der Stellung und Haltung des übrigen Körpers, welche von der Beschaffenheit und Stellung der Füße direkt abhängig ist. Da die Füße beim Stehen und Gehen die ganze Körperlast zu tragen haben, so ist es klar einleuchtend, daß eine gleichseitige, gerade und straffe Haltung des ganzen Körpers, auf welche besonders in den Entwickelungsjahren so viel ankommt, nur möglich ist bei normaler Beschaffenheit der Füße und bei vollkommen unbehindertem Gebrauche der Fußmuskeln.

Dessenungeachtet behält auch hierin die Eitelkeit und Modesucht sehr oft den Sieg über das natürliche Gefühl und die verständige Auffassung der Sache. Ganz allgemein sind daher die verschiedenartigsten Verunstaltungen der Füße. Sie sind übersäet mit hornigen Schwielen und Leichdornen — lediglich die Folge von Druck und Reibung des Schuhwerkes. Einzelne Zehen sind mehr oder weniger verkrüppelt, aus ihrer Lage gedrängt und haben ihre natürliche Beweglichkeit gänzlich verloren. So mancher weibliche Fuß, der vielleicht durch die Niedlichkeit seiner äußeren Erscheinung Bewunderung erregen soll, würde, entkleidet gesehen, gerade die entgegengesetzte Wirkung, nämlich ein Staunen über die Häßlichkeit seiner Form, hervorrufen. Bei jedem durch das Schuhwerk zusammengepreßten Fuße kann man eine oder die andere Art der Häßlichkeit seiner inneren Form voraussetzen; und denkt man dabei an die verbissenen Qualen, welche die Besitzerin seinetwegen erdulden muß, so verwandelt sich vollends der beabsichtigte Eindruck des Schönen ins Gegenteil. Es ist Unsinn und Frevel, sich auf Kosten der Gesundheit seine Glieder anders formen zu wollen, als sie von Natur gebildet sind.

Es muß daher als eine ausnahmslose Regel gelten, daß die Füße durch die Art ihrer Bekleidung auf keinerlei Weise in der Freiheit ihres Gebrauches beeinträchtigt werden. Sowohl die Strümpfe (deren Bänder breit und weich elastisch sein müssen, weil sonst Säftestockungen und Blutaderknoten an den Füßen veranlaßt werden), als ganz besonders die Schuhe, Stiefel oder was sonst den Fuß umschließt, müssen stets eine solche Weite haben, daß der Fuß an keiner Stelle Reibung oder Druck erleidet, und daß jede einzelne Fußzehe ihre freie Beweglichkeit behält. Hat die Fußbekleidung dieses Erfordernis nicht, so darf man sie nicht einen Tag, ja selbst nicht eine Stunde an den Füßen dulden. Besonders erleidet der weichere kindliche Fuß durch unpassende Bekleidung, namentlich durch die hohen Absätze, selbst bei kurzdauerndem Gebrauche lange nachwirkende üble Folgen und ist außerdem bei kalter Jahreszeit bekanntlich dem Erfrieren sehr leicht unterworfen. In der Folge bewirken hohe Absätze Verschiebungen des Beckens (bei späteren Lebenspflichten gefährlich) und der Wirbelsäule.

Man findet oft, daß in Bezug auf das Maß des Kinderschuhwerkes dem während des Gebrauches zu erwartenden Wachstume nicht genügend Rechnung getragen wird. Auch ist das jedem einzelnen Fuße genau anzupassende Maß nicht am gehobenen Fuße, wie es die Schuhmacher zu thun pflegen, sondern nur am aufgesetzten Fuße abzunehmen, weil der Fuß durch die auf ihn fallende Körperlast in seiner Form und seinen Umrissen verschiedentlich verändert wird, je nach der größeren oder geringeren Nachgiebigkeit der Fußknochenverbindungen und je nach der Verschiedenheit der Körperlast selbst. Man hüte sich übrigens, der manchen Schuhmachern sehr geläufigen Vertröstung Gehör zu schenken: daß ein neuer Schuh oder Stiefel, wenn er anfangs auch etwas eng sei, durch allmähliches Austreten die bequeme Weite erlangen werde. Ein dem Fuße unschädliches, richtig passendes Schuhwerk muß gleich beim erstmaligen Anziehen die volle Bequemlichkeit haben. Außerdem taugt es nichts, sondern verderbt den Fuß schon während der Dauer des Austretens und läuft übrigens, wie jeder gewaltsam ausgedehnte Stoff, bei jedesmaligem Naßwerden wieder auf die anfängliche Enge zusammen.

Hat aber der Fuß eines Kindes durch das Schuhwerk schon gelitten und Schwielen oder Leichdornen erhalten, so ist, nach vorausgeschickter Anwendung erweichender Mittel und nach Abtragung der über die Hautoberfläche hervorragenden hornigen Partien, das einzige radikale, zuverlässig wirksame Mittel: daß man nie wieder ein enges Schuhwerk an den Fuß kommen läßt. In das andere Extrem — eine zu große, unverhältnismäßige Weite des Schuhwerkes — zu verfallen, hat man so leicht nicht Ursache zu befürchten, indem sich dies dadurch von selbst verbietet, daß das Schuhwerk am Fuße nicht haftet.

7) Körperform, Haltungen und Gewohnheiten.

Die körperlichen Haltungen und Gewohnheiten, welche teils an sich, teils und vorzüglich wegen ihres Einflusses auf Bildung der Körperform von Bedeutung sind, nehmen nunmehr, besonders wegen der vermehrten Beziehungen zum praktischen Leben, in manchen neuen Punkten unsere Aufmerksamkeit in Anspruch. Ihr Einfluß auf Bildung der Körperform ist am bedeutendsten in den Perioden des schnellen Wachstumes. Solcher

Perioden fallen mehrere in diesen Zeitraum, die stärkste gegen Ende desselben zur Zeit der Mannbarkeitsentwickelung. Den früher besprochenen, auf die äußere Körperbildung bezug habenden Punkten ist hier noch folgendes hinzuzufügen.

Zunächst hinsichtlich der aufrechten Körperstellung überhaupt bilden zweierlei Haltungsfehler oft den Gegenstand des Ärgernisses für die Eltern und die Umgebung. Das ist das Vorfallenlassen der Schultern und des Kopfes, womit stets eine auffällige Krümmung des oberen Rückens nach hinten verbunden ist. Meistenteils kommen beide Haltungsfehler miteinander verbunden vor und sind oft die Folge eines zu jählingen Längenwachstumes, wobei die Knochen den Muskeln in der Entwickelung vorauseilen, die letzteren demnach zu schwach sind, um die verhältnismäßig zu groß und zu schwer gewordenen Körperteile zu regieren. So lange als die Muskelkräftigung auf die gleich anzugebende Weise noch nicht erreicht ist, lasse man solche Kinder während der Tageslänge 1—2 mal 10—15 Minuten lang in horizontaler Rückenlage ruhen.

Fig. 59.

Nicht selten sind es aber auch bloß Fehler der Angewöhnung, entstanden durch fehlerhafte Haltungen bei den Lernbeschäftigungen, besonders beim Schreiben, namentlich wenn das Kind kurzsichtig ist. Nicht nur, daß dieselben recht markierte Schönheitsfehler sind, denn sie geben den sprechendsten Ausdruck der Schlaffheit, Dummheit und Feigheit, sondern sie wirken auch in gesundheitlicher Hinsicht dadurch nachteilig, daß sie wegen Zusammendrückung des Halses und der Brust die freie Entwickelung der Atmungsorgane beeinträchtigen, und machen Leute kurzsichtig, welche es noch nicht waren.

Zur Bekämpfung dieser Haltungsfehler ist vor allem Übung und Kräftigung der Rücken- und Nackenmuskeln erforderlich. Deshalb ist das nächst Nötige, daß das Ehrgefühl des Kindes in aller Weise für eine bessere Haltung rege gemacht wird. Man lasse das Kind öfter sich seitwärts im Spiegel betrachten, damit es an dem unvorurteilhaften Bilde seiner ganzen Erscheinung selbst Anstoß nehme und durch die zu bewirkende Regulierung seiner Haltung den Unterschied sich veranschauliche, dadurch auch das natürliche, unwillkürlich mahnende Gefühl der richtigen Haltung sich fest einpräge. Sodann dienen zu diesem Zwecke die weiter hinten angeführten Gehübungen mit durch die Arme gestecktem Stabe. Soll dabei recht entschieden auf Geradehaltung des Kopfes hingewirkt werden, so erreicht man dies dadurch am besten, daß man irgend einen kleinen, leicht herabfallenden Gegenstand (ein Körbchen oder ein Brettchen) gleichzeitig auf dem Kopfe balancierend tragen läßt. Auf intensivere Kräftigung der hierbei am meisten in betracht kommenden Muskelpartien wirken zwei gymnastische Übungen: der einfache straffe Handhang an einer horizontalen, z. B. zwischen jeder Thüre leicht anzubringenden und jeden Augenblick beliebig hin- und wegzulegenden Stange (Fig. 59), und eine Übung, welche wir „die Brücke" nennen wollen. Für die erstere Übung ist zu bemerken, daß durchaus jede Schwungbewegung davon ausgeschlossen, der Kopf kräftig zurückgenommen und der Rücken möglichst gestreckt werden muß. Beide Übungen sind längere Zeit hindurch regelmäßig früh und abends jedesmal während einiger Minuten 2—3mal hintereinander, aber stets unter Aufsicht vorzunehmen.*)

Fig. 60.   Fig. 61.

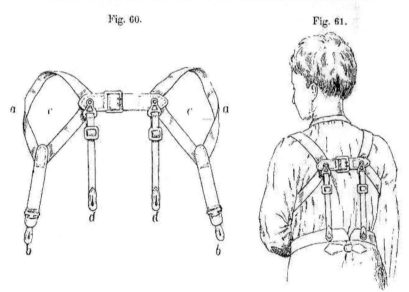

Sollte nun aber trotz der erlangten Kräftigung der Rücken- und Nackenmuskeln die Gewohnheit dieser falschen Haltung so hartnäckig sein, daß noch äußere Hinderungs- und Erinnerungsmittel erforderlich würden, so sind folgende (siehe die Figuren 60—67) am zweckdienlichsten.

Fig. 60 stellt ein Schulterband dar, welches das Vorfallen der Schultern verhindert. Die beiden Teile a a, welche um die vordere Fläche der Schultern

---

*) Die Übung Fig. 59 fördert übrigens, bei regelmäßigem täglichen Gebrauche besonders in den Jahren der Mannbarkeitsentwickelung, die Bildung einer schlanken und edlen Rumpfform und einen kräftigen Brustbau.

zu liegen kommen, werden durch die Bänder *b b* an die Hosen vorn befestigt. *c c* ist der von den Schultern des Kindes ausgefüllte Raum. Das Ganze besteht aus einem nur wenig elastischen Gurtbande, welches auf dem Rücken unter den Kleidern in beliebigem Grade zusammengeschnallt wird. *d d* sind Gurte, welche am Rücken an die Hosen, bei Mädchen an den Rockbund geknöpft werden. Anfangs schnallt man die Bandage lose und nach und nach bis zu dem erforderlichen Grade, wo die Schultern in der richtigen Stellung sind, zusammen. Man läßt sie so lange den ganzen Tag über tragen, bis man die Überzeugung gewonnen hat, daß die Gewohnheit geregelt ist. Fig. 61 zeigt sie in der Anwendung.

Ferner wird durch die Haltungen beim Sitzen die normale Entwickelung und Bildung des Körpers ganz vorzüglich in dieser Altersperiode bedroht, weil der Unterricht und die nunmehr beginnenden ernsteren Beschäftigungen überhaupt ein viel anhaltenderes Sitzen bedingen und zu vielfach nachteiligen Gewohnheiten dabei Veranlassung geben. Gegen die für die sitzende Stellung überhaupt geltenden Gesundheitregeln kommen bei Kindern dieses Alters die einflußreichsten Verstöße in solcher Häufigkeit vor, daß durchschnittlich unter zehn Kindern kaum eines zu finden ist, welches in dieser Hinsicht tadelfrei wäre.

Am allermeisten vereinigt dasjenige Sitzen, wobei die Hände auf der Tafel beschäftigt sind, wie beim Schreiben, Zeichnen, Lesen u. s. w., alle die in der sitzenden Stellung überhaupt vorkommenden gesundheitwidrigen Haltungen und Gewohnheiten in ihrer Gesamtheit. Dieselben sind hierbei auch, wegen des anhaltenden Verharrens in der einmal angenommenen Situation, bei weitem am einflußreichsten. Das Sitzen der Kinder während der Lernbeschäftigungen muß also einer genaueren Prüfung unterworfen werden. Die hierbei vorkommenden verschiedenen Abweichungen von der normalen Haltung lassen sich unter folgenden drei Hauptarten zusammenfassen:

Das schiefe Sitzen. Hierbei ruht bloß ein Ellbogen auf der Tafel, der andere hängt herab. Immer ist damit eine größere oder geringere Drehung des Rumpfes verbunden. Bei genauerer Beobachtung eines in dieser Weise sitzenden Kindes wird man stets finden, daß in einem der ungleichen Stellung entsprechenden Grade die eine Schulter tiefer steht als die andere, das Rückgrat nach der aufliegenden Seite hin verbogen und der hintere Teil der Brustwandung ungleich gewölbt ist. Diese fehlerhafte Gewohnheit ist eine der häufigsten, wenigstens mitwirkenden, Ursachen zur Bildung seitlicher Rückgratsverkrümmungen.

Das Sitzen mit angedrückter Brust. Es ist einleuchtend, daß bei einer solchen Situation die für jeden Atemzug notwendige freie Ausdehnung der vorderen Brustwand gehemmt ist, das Atmen

also nur ein unvollkommenes sein kann. Mangelhafte Entwickelung der Brust, wohl auch Verbildung des Brustbeines und der
Rippen, sowie Anlage zu wichtigen Krankheiten der inneren
Brustorgane, welche früher oder später schleichend hervortreten,
sind die ganz natürliche Folge davon.

Das Sitzen mit stark nach vorn gebogenem Oberkörper
und vorhängendem Kopfe. Die hiermit verbundene anhaltende Zusammendrückung der Brust- und Unterleibsorgane dis-
poniert zu mancherlei auf Stockungen und anderen Funktion-
störungen beruhenden Krankheiten derselben. Durch die Kürze
der Schweite wird Augenschwäche und Kurzsichtigkeit erzeugt.
Die Sehkraft, welche selbst bei angestrengtem, wenn nur der
Einrichtung des Auges entsprechendem Gebrauche bis in das
späteste Alter ungetrübt erhalten werden kann, wird durch diese
üble Gewohnheit vorzeitig, oft schon im ersten Jünglingsalter,
matt und stumpf.

Sehr oft findet man zwei, nicht selten auch alle drei der hier angeführten Gewohnheitsfehler bei einem und demselben Individuum. Um so
vielseitiger sind dann natürlich auch die nachteiligen Folgen. Tausende
legen dadurch, oft schon in früher Jugend, den Grund zu lebenslänglichen
körperlichen Gebrechen irgend einer Art.

Der regelrechte, von allen gesundheitwidrigen Einflüssen freie Sitz
beim Schreiben, Zeichnen, Lesen u. s. w. ist folgender:

a) Der Körper muß mit seiner vollen Breite der Tafel zugewendet
   sein, so daß die Linie, welche man sich von einer Schulter zur
   anderen gezogen denkt, mit der Tafelkante parallel läuft.*)

b) Die Haltung des Rückens muß eine gestreckte sein.

c) Beide Vorderarme müssen bis an den Ellbogen auf der Tafel
   aufliegen. Der Oberkörper bedarf bei seiner behufs des Arbeitens
   etwas nach vorn geneigten Richtung auf beiden Seiten fester
   Stützpunkte. Nur so wird eine ungleichseitige Haltung desselben
   verhütet. Wenn daher manche Schreiblehrer gemäß ihrer besonderen Lehrmethode des Herabnehmen eines oder des anderen
   oder beider Ellbögen unter die Tafelkante verlangen, so ist dagegen zu erwidern, daß jede Methode, mag sie vom kalligraphi-
   schen Standpunkte auch noch so kunstgerecht ersonnen sein und
   erscheinen, von vornherein und ein für allemal verwerflich ist, sobald sie gegen die Gesundheitregeln verstößt. Die Zahl der allein
   schon dadurch schief gewordenen Kinder ist bedeutend genug.

---

*) Die Arbeitstafel darf nie eine andere als eine geradkantige sein. Das Arbeiten
z. B. an einer runden Tafel macht einen richtigen Sitz unmöglich, ist daher ganz
besonders für Kinder durchaus verwerflich.

d) Die Füße müssen bequem (nicht übereinander geschlagen, was wegen der Hemmung des Blutumlaufes und außerdem auch noch aus gewissen delikaten Gründen besonders der Jugend nachteilig ist) aufruhen, entweder auf dem Boden oder, wenn die Füße denselben nicht erreichen, auf einem untergestellten Fußbänkchen. Das Freihängenlassen der Füße stört wegen der Unbequemlichkeit in der Dauer auch die Haltung des übrigen Körpers.

e) Das Verhältnis des Sessels oder der Bank zur Tafel muß ein solches sein, daß die Tafelhöhe der Magengegend des straff sitzenden Körpers gleichsteht. Dieses ist dasjenige Verhältnis, wobei beide Ellbögen gerade bequem aufgelegt werden können und ein gesundes Auge seine richtige Sehweite erhält. Gegen diese Regel wird von seiten derjenigen, welche Kinder zu beaufsichtigen haben, am meisten gefehlt. Es ist in der That unbegreiflich, wie man Kindern, ohne auf eine ausgleichende Nachhilfe Bedacht zu nehmen, zumuten kann, auf Stühlen und an Tischen zu arbeiten, die nur für das Größenverhältnis Erwachsener berechnet sind, da doch das darin liegende Mißverhältnis in die Augen springt. Und doch geschieht dies so oft. Die ausgleichende Nachhilfe ist ganz einfach. Hat die Tafel die gewöhnliche Höhe, so muß man für Kinder den Sitz im entsprechenden Verhältnisse erhöhen: durch Unterlagen von der nötigen Höhe (Kissen u. dgl.) oder, was offenbar das allerzweckmäßigste ist, dadurch, daß man anstatt gewöhnlicher Sessel eines beliebig höher zu schraubenden Drehschemels sich bedient. Das Bänkchen für die Füße muß die Höhe haben, daß letztere in die eben bequeme Sitzlage kommen.

f) Endlich muß der auf der Tafel befindliche Gegenstand der Arbeit (Blatt, Buch u. s. w.) stets gerade vorliegen.

Um die so häufigen und so äußerst schwer zu verhütenden nachteiligen Gewohnheiten der Kinder beim Arbeiten im Sitzen zu umgehen, schlagen manche den Ausweg ein, daß sie die Kinder an einem Stehpulte arbeiten lassen. Hierdurch wird aber in der Sache nichts gebessert. Vielmehr werden durch diese Stellung unrichtige Haltungen eher veranlaßt, weil das Stehen ungleich ermüdender ist als das Sitzen. Man beobachte nur stehend schreibende Personen. Fast immer werden sie nur auf einem Fuße, bald auf diesem, bald auf dem andern stehen, weil das Bedürfnis der Ruhe die Füße abwechselnd dazu nötigt. Fast immer werden sie mit einem großen Teile ihrer Körperlast an das Pult sich lehnen, dabei die Brust andrücken und den Oberkörper und Kopf zu sehr vorbeugen. Kurz, die gerügten Haltungsfehler beim Schreiben werden durch die stehende Stellung mehr begünstigt als verhütet.

Um nun die fehlerfreie Art des Sitzens bei der Arbeit möglich zu machen, bedarf es durchaus einer äußeren Vorkehrung; denn selbst die strengste Beaufsichtigung ist nicht im stande, dies auf die Dauer durchzuführen, schon deshalb nicht, weil es vom Kinde zu viel verlangen hieße, die Aufmerksamkeit auf seine Arbeit zu konzentrieren und gleichzeitig immerwährend auch an seine Haltung zu denken. Für den Verfasser, dem durch den speziellen Beruf vorzugsweise Gelegenheit geboten ist, sich ein genaueres Urteil über die immer mehr zunehmende Häufigkeit und Vielseitigkeit jener nachteiligen Folgen zu bilden, war dies schon längst Gegenstand ernster Aufmerksamkeit. Der Bearbeiter ließ daher an Stelle des

Fig. 62.   Fig. 63.

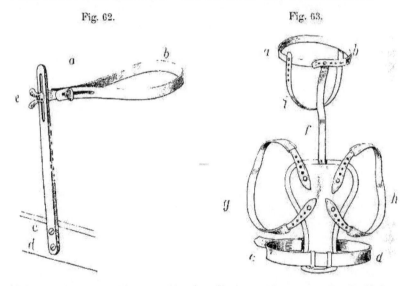

Schreberschen einen Geradhalter*) anfertigen, der sich nach mehrfachen Proben an seinen eigenen Kindern und an den Pfleglingen seiner Heilanstalt in der obenstehenden Form (Fig. 62) am zweckmäßigsten bewährt hat.

Der Geradhalter ist durchweg von Eisen und überall leicht anwendbar. Er ist vermöge der mit e bezeichneten Stellschraube beliebig höher oder tiefer zu stellen, so daß er allen Größenverhältnissen (auch für Erwachsene) angepaßt werden kann. Nachdem zuerst die Höhe des Sitzes reguliert ist, wird der Geradhalter durch Schraube e so gestellt, das der horizontale Reifen a b gerade der Stirnwölbung gleichzustehen kommt. Dieser Reifen verhindert jeden Versuch des Schiefsitzens, des Vorfallens mit Oberkörper und Kopf, des Andrückens der Brust oder des Unterleibes. Bereits falsch

---

*) Der Mechanikus Joh. Reichel in Leipzig verkauft einen Geradhalter (einschließlich gedruckter Gebrauchsanweisung) für 4 Mark 50 Pf.

gewöhnte Kinder bilden sich bei dem ersten Versuche oft ein, an dem Geradhalter nicht schreiben zu können. Man lasse sich dadurch nur nicht beirren, sondern bestehe fest auf Fortsetzung der Versuche — und in kurzem wir das anfängliche Gefühl der Unmöglichkeit in das einer, sogar angenehmen, Leichtigkeit verwandelt sein.

Die obige Form des Geradhalters (Fig. 62) läßt sich auch mit Ausnahme des Stirnteiles in Holz ausführen. Der Apparat wird durch die Schrauben c d an der Stuhllehne befestigt. Der Geradhalter kann sonach beliebig an- und abgeschraubt werden. Eine zweite Form ist von Joh. Reichel angegeben.

Fig. 64.   Fig. 65.

Der senkrechte Stab f läuft in Fig. 63 in ein gepolstertes Rückenschild aus, das ähnlich wie Fig. 60 mittels der Riemen g h die Schultern fängt. Der breite Gurt c d läuft um die Lenden, ohne sie zu zwängen, (die Halfter) das Kinnband i um den Unterkiefer, das Band a b um die Stirn. Dieser Reichelsche Halter eignet sich für Kinder, bei denen eine Neigung zum Buckligwerden bereits vorhanden ist, außerdem paßt er zu Sesseln ohne Rückenlehne und dient auch zum Gebrauche tagsüber ohne Sessel.

Am Hennigschen Halter wird der Stirnreifen b mittels der Schraube a, in welcher das Fenster des Streifenendes verschiebbar geht, der Größe des Kopfes angepaßt.

174

Für Privatunterricht und für Hausarbeit im Schreiben und Zeichnen empfiehlt sich einer der beiden Geradhalter ohne weiteres. In öffentlichen Schulen würde die allgemeine Einführung solcher Werkzeuge sich an den Kostenpunkt stoßen; man wird es angemessener finden, nur die lässigsten Kinder damit zu versehen — die Halterträger werden sich bald so schämen, daß sie sich auch ohne solche gerade zu sitzen befleißigen werden.

Die beiden nächstfolgenden Abbildungen dienen dazu, die Gebrauchsweise und Wirksamkeit dieser Maßregel überhaupt, und sodann, die bei Kurzsichtigkeit notwendige Modifikation des Verfahrens zu veranschaulichen. Fig. 64 giebt ein Bild der gewöhnlichen Anwendungsweise des Geradhalters. Fig. 65 stellt den auch schon bei Kindern nicht gar seltenen Fall von Kurzsichtigkeit dar, wobei die zur regelrechten Körperhaltung beim Arbeiten an der Tafel notwendige Sehweite mangelt. Bei kurzsichtigen Personen ist nämlich die Notwendigkeit, durch ein äußeres Mittel die gesundheitgemäße Haltung beim Arbeiten möglich zu machen, um so dringender, weil dieselben außerdem zu einer solchen Körperhaltung genötigt werden, durch welche sie nebst allen übrigen Nachteilen auch noch einer immer mehr zunehmenden Verschlimmerung ihrer Kurzsichtigkeit preisgegeben sind. Hier muß der Grundsatz festgehalten werden, daß der Gegenstand dem Auge soweit als eben zum Erkennen durchaus notwendig, genähert wird, nicht aber umgekehrt das Auge dem Gegenstande. Dies geschieht am besten durch den Mitgebrauch eines transportablen und beliebig stellbaren hölzernen Pultchens, welches durch Fig. 66 in verkleinertem Maßstabe anschaulich gemacht ist. Achtet man darauf, daß der Gegenstand stets auf dem äußersten Punkte der deutlichen Erkennbarkeit gehalten und das Pultchen nach Maßgabe der etwaigen Besserung des Auges immer flacher gestellt wird, so kann man bei Kindern meistens auch hoffen, daß durch diese stufenweise Übung das Auge nach und nach seine normale Sehweite wiedergewinnen werde.

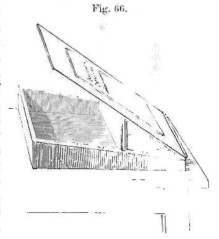

Fig. 66.

Durch den regelmäßigen Gebrauch dieses Geradhalters werden der Beaufsichtigung der Kinder alle jene verdrießlichen und doch fruchtlosen Sorgen und Mühen, welche dieser Punkt außerdem verursacht, erspart. Ein halbes oder höchstens ganzes Jahr des ausnahmslosen Gebrauches ist in der Regel ausreichend, um die Gewohnheit einer regelrechten Haltung bei allen Beschäftigungen im Sitzen so fest zu begründen, daß fernerhin jede künstliche Vorkehrung entbehrlich ist und nur für die Möglichkeit einer rückfälligen Neigung die Maßregel in Bereitschaft bleibt.

Nächst der Berücksichtigung der Art ist aber auch die der Dauer des Sitzens erforderlich. Das Sitzen ist nur eine halb ruhende Körperstellung. Die damit notwendig verbundene Gleichgewichtserhaltung des Rumpfes und Kopfes verlangt, wenigstens beim freien Sitzen, noch eine ziemlich kräftige Anspannung der Rücken- und Nackenmuskeln. Wesentlich erleichtert wird die Thätigkeit dieser Muskeln allerdings, wenn, wie beim Arbeiten an der Tafel, durch Auflegen der Ellbögen Stützpunkte für den Oberkörper hinzukommen. Aber auch dann selbst befinden sich Rücken und Nacken noch nicht im Ruhezustande.

Um daher die Kinder vor Zumutungen sicher zu stellen, welche über ihre Kräfte gehen, muß man auch in dieser Hinsicht bei genauer Individualisierung einen allgemeinen durchschnittlichen Maßstab im Auge behalten. Dieser würde etwa der sein: daß bis zum zehnten Lebensjahre die Kinder überhaupt nie mehr als zwei, später nie mehr als höchstens drei Stunden hintereinander sitzend beschäftigt sein dürften. Überall aber, wo die Verhältnisse eine mehr als zweistündige Ununterbrochenheit der sitzenden Beschäftigung der Kinder unvermeidlich machen, sei es in Schulen, sei es in Fabriken oder sonstwo, sollte wenigstens dafür Sorge getragen sein, daß den Kindern in der Mitte ihrer Arbeitszeit (also eben nach der zweiten Stunde, selbst wenn nur noch eine einzige nachfolgt) Gelegenheit geboten würde, die sitzende Stellung mit einer freien körperlichen Bewegung und Erholung wenigstens auf eine volle Viertel- bis halbe Stunde zu vertauschen. Denn schon der Wechsel der Muskelthätigkeit ist Erholung. Die gewöhnlichen Pausen zwischen den einzelnen Unterrichtsstunden in den Schulen, wobei die Kinder kaum ihren Platz verlassen und nichts weniger als sich behaglich austummeln können, erfüllen diesen Zweck nicht.*) Sehr schwächliche Kinder, namentlich solche, deren Rückenmuskeln in einem vorzugsweise schlaffen Zustande sich befinden (man erkennt dies daran, daß jede etwas andauernde straffe Körperhaltung selbst beim besten Willen ungewöhnliche Anstrengung verursacht), sollte man nach jeder Stunde, die sie sitzend zugebracht haben, wenigstens fünf Minuten liegend ausruhen lassen.

Endlich ist auch darauf Bedacht zu nehmen, daß da, wo Kinder in längerer und ununterbrochener Dauer zum Sitzen genötigt sind, wie z. B. in Schulen und Fabriken, an den Sesseln oder Bänken durchaus Rückenlehnen angebracht sein müssen. Denn bei anhaltendem Sitzen tritt, selbst

_____

*) Vergleiche weiter unten „die speziellen Wünsche" in betreff des Unterrichtes.

wenn das Kind zu den kräftigsten gehört, von Zeit zu Zeit die Notwendigkeit ein, die durch die gleichmäßige Anspannung ermüdeten Rückenmuskeln einen Augenblick ruhen zu lassen. Ist nun keine Rückenlehne vorhanden, so kann sich das Kind auf keine andere Weise helfen, als daß es den Rücken in sich zusammensinken läßt; und hiermit sind stets nachteilige Verbiegungen des Rückgrates und der Beckenknochen verbunden. Gönnt man dem Kinde ab und zu solche kleine Erholungsmomente, so kann man, wie es sein soll, während des Freisitzens eine stets straffe Haltung des Rückens von ihm verlangen. Außerdem verlangt man etwas Unmögliches und schadet dadurch um so mehr.

Den im II. Teile angeführten allgemeinen Rücksichten, welche wegen des Einflusses auf die Körperbildung das Stehen, Gehen, Laufen und andere körperliche Beschäftigungen des täglichen Lebens verlangen, sind im Hinblicke auf das reifere kindliche Alter noch folgende Punkte hinzuzufügen. — Wenn an Kindern der jetzigen Altersperiode noch fehlerhafte Gewohnheiten der Fußstellung bei den verschiedenen Bewegungen haften, oder ein auf Muskelschlaffheit beruhendes unvollkommenes Heben der Füße beim Ausschreiten (der schleifende, latschende Gang), wodurch häufiges Straucheln

Fig. 67.

und Fallen veranlaßt wird, bemerkbar ist, so sind methodische Gehübungen ganz am Platze. Um dadurch zugleich auf die Haltung des ganzen übrigen Körpers regulierend einzuwirken, werden sie am besten abwechselnd in der doppelten Weise, wie es Fig. 67 u. 68 darstellen, ausgeführt.

Auf beiderlei Weise ist mit der Gehbewegung ein kräftiges Zurückhalten der Schultern und eine straffe Streckung des Rückens verbunden. Diese Übungen werden auf ebenem Boden, regelmäßig täglich etwa zweimal in einer Dauer von 10—15 Minuten vorgenommen. Die Aufmerksamkeit muß dabei auf weiter nichts als

Fig. 68.

auf das feste und straffe Aufsetzen und Auswärtsstellen der Füße und auf gute Haltung des übrigen Körpers gerichtet sein. Hauptbedingung ist freilich langes Fortsetzen dieser Übungen. Um sich gegen Unordnung und Vergessen sicherzustellen, muß man bestimmte Zeiten des Tages festsetzen, welche ein regelmäßiges Erinnerungsmittel bieten, z. B. unmittelbar vor dem Frühstücke oder Abendbrote. Der Genuß beider muß an die

Bedingung der vorherigen Erfüllung der Gehübungen geknüpft sein. So wird nach und nach das Gefühl einer richtigen und edlen Körperhaltung zu einer unbewußt natürlichen und mithin bleibenden Gewohnheit. Ist das Kind an eine richtige Fußstellung beim Gehen gewöhnt, so wird es diese Gewohnheit auch bei den anderen Arten der selbständigen Ortsbewegung, dem Laufen (Trottbewegung) und dem Springen (Galoppbewegung) beibehalten und dadurch gegen Fall, Verstauchungen und Verrenkungen der Füße weit mehr sicher gestellt sein als außerdem. Da bei der Galoppbewegung, welche ältere und muntere Kinder sehr lieben, die Füße in ungleichem Rhythmus aufgesetzt werden, wobei der Accent desselben, mithin der grössere Teil der Körperlast immer auf den vorgesetzten Fuß fällt, so muß man darauf achten, daß die Kinder sich auch hierin nicht einseitig gewöhnen, sondern die Rolle beider Füße gleichmäßig wechseln. — Beim Laufen und Springen fallen manche Kinder zu sehr mit der Ferse auf. Die ganze Bewegung bekommt dadurch etwas Schwerfälliges. Jeder Schritt und Sprung erzeugt ein Geräusch, als fiele der Körper plump zu Boden. Es ist dies nicht bloß ungraziös, sondern kann auch wegen der damit verbundenen zu starken Erschütterung des Rückens und Kopfes in der Dauer nachteilig werden. Durch öfteres Hinlenken der Aufmerksamkeit und dadurch, daß man ihnen durch Vormachen beider Arten der Bewegung, der richtigen und der falschen, den Unterschied vor Augen führt, wird ihnen bald eine leichte und elastische Fußbewegung dabei zur Gewohnheit gemacht. — Beim Springen über hohe oder breite Gegenstände, besonders über letztere (wie Gräben u. dgl.) begehen fast alle Kinder den Fehler, daß sie, um das Ziel des Sprunges zu erreichen, den einen Fuß möglichst weit vorausstrecken und so den Sprung mit stark gespreizten Beinen ausführen. Es ist damit die Möglichkeit eines doppelten Nachteiles verbunden: einmal, daß der eine Fuß die ganze, durch den Sprung beträchtlich verstärkte Körperlast auszuhalten hat, deshalb eine Verstauchung der Fußgelenke leichter möglich wird, und sodann, daß durch die gewaltsame und jählinge Spreizung Veranlassung zu Bruchschäden gegeben werden kann. Man halte deshalb darauf, daß die Kinder sich gewöhnen, das Ziel eines jeden Sprunges mit eng aneinander geschlossenen Füßen zu erreichen. Recht praktisch und empfehlenswert sind daher Übungen im Springen mit gleichen (geschlossenen) Füßen, wobei die letzteren auch beim Abspringen, das ohne Anlauf geschieht, nicht voneinander entfernt werden.

Die Rücksicht auf Gleichseitigkeit der körperlichen Haltungen und Gewohnheiten macht sich auch bei manchen Arten von Spielen dieses Alters geltend. Da es z. B. bei Wurf-, Ball-, Reifenspielen u. s. w. mehr oder weniger auf eine gewisse Geschicklichkeit ankommt, die erst durch Übung erlangt wird, so bleibt in der Regel der einmal eingeübte Arm der dabei allein oder vorzugsweise thätige. Den anderen Arm in gleicher Weise einzuüben, wird gewöhnlich aus Bequemlichkeit unterlassen. Daher ist es um so notwendiger, die Kinder dazu ernstlich anzuhalten, weil bei öfterer Wiederholung solcher Spiele die sonst damit verbundene Einseitigkeit der Körperhaltung und Muskelthätigkeit, besonders im jugendlichen Alter, nicht ohne Einfluß ist. Namentlich wird dadurch die Veranlassung zur Ausbildung einseitiger Hochschultrigkeit und zu ungleicher Entwickelung der beiden Brusthälften gegeben. Wo die Gelegenheit zu häufiger Benutzung des Kegel- und Billardspieles vorhanden ist, muß ebenso darauf gesehen werden, daß beide Arme sich einüben, abwechselnd die Hauptrolle zu übernehmen. Die möglichste Gleichseitigkeit des Gliedergebrauches überhaupt ist natürlich am besten erreichbar, wenn diese Gewöhnung in frühester Jugend geschieht. Aber auch bei bereits einseitig gewöhnten Kindern sind die nur anfangs widerstrebenden Schwierigkeiten durch beharrliche Wiederholungen stets besiegbar.

Unter den verschiedenen Arten des Spieles musikalischer Instrumente ist rücksichtlich des Einflusses auf Haltung und Bildung des Körpers das Spiel des Fortepiano das empfehlenswerteste, indem es, ohne irgend Nachteile zu haben, durch gleichmäßige Beschäftigung beider Arme den Vorteil einer ausgleichenden Einwirkung gewährt. Auch das Blasen der Klarinette, des Hornes, der Hoboë u. dgl. könnte in dieser Hinsicht als unschädlich gelten, wenn es nicht wegen der starken Anstrengung der Lungen für Kinder bedenklich wäre. Dagegen ist das Spielen aller Streichinstrumente, sowie das der Harfe, der Flöte, der Zither und der Guitarre der Haltung und Bildung des kindlichen Körpers offenbar nachteilig.

Von den bei häufiger Wiederholung auf die Körperbildung einflußreichen häuslichen Beschäftigungen erheischen die folgenden eine spezielle ärztliche Beleuchtung:

a) Das Tragen von Lasten gehört im allgemeinen nicht zu denjenigen Arten des Kraftgebrauches, welche dem kindlichen Körper dienlich sind, weil nämlich das Rückgrat (auf welches, als den Mittelpfeiler des Körpers, der ganze Druck der Last sich stets konzentriert, mag dieselbe auf dem Rücken, auf dem Kopfe oder auf und an den Armen getragen werden) noch nicht die dazu nötige Festigkeit hat. Deshalb entstehen dadurch nicht selten Rückgratsverkrümmungen.

Wenn daher jedes, wenigstens anhaltende und oft wiederholte Tragen schwerer Lasten, selbst wenn dabei der Schwerpunkt der Last in die Mittellinie des Körpers fällt, Kindern, und zwar am meisten denen mit schwachem Knochenbaue, undienlich ist, so gilt dies selbstverständlich in noch viel höherem Grade von dem Lasttragen auf einer Seite. Da hierbei überdies ein gleichmäßiger Wechsel beider Körperseiten nicht immer ausführbar ist, oft wohl auch gar nicht daran gedacht wird, so ist der nachteilige Einfluß auf den Wuchs und die Form des Körpers um so entschiedener und wird bei häufigen Wiederholungen derartiger Beschäftigungen selten ganz ausbleiben. Die gewöhnlichsten derselben sind: das Tragen kleinerer Kinder auf dem Arme, das Tragen schwerer Schultaschen, das Tragen von großen Gießkannen u. dgl. Da wo eins oder das andere nicht vermieden werden kann, muß wenigstens desto strenger auf gleichmäßige Abwechselung beider Seiten gehalten werden.

Unter allen diesen verschiedenen Arten des Schwertragens bleibt das Tragen von angemessenen Lasten entweder gleichzeitig und gleichmäßig an beiden Armen oder auf dem oberen und mittlen Teile des Rückens für Kinder immer noch die wenigst nachteilige.

b) Das Plätten der Wäsche ist jungen Mädchen durchaus nur unter der Bedingung zu erlauben, daß sie dabei eine gleichmäßige Abwechselung beider Arme beobachten, denn die ungleichseitige Haltung wird hier durch die hinzukommende ziemlich kräftige Muskelthätigkeit der aktiven Seite eine um so einflußreichere. Leider scheitert aber oft jeder Versuch einer Abwechselung mit den Armen an dem Mangel der Geschicklichkeit der anderen Seite.

c) Das Nähen. Nächstdem, daß hierbei, wie bei allen Beschäftigungen im Sitzen, die Krümmung des Rückens vermieden werden muß, ist noch daran zu erinnern, daß für unerwachsene Mädchen das Nähen mit langem Faden unpassend ist, weil durch das regelmäßige Höherziehen des Armes und der Schulter der einen Seite leicht ein Mißverhältnis der Schulterbildung veranlaßt wird.

d) Aus gleichem Grunde ist das Sticken am Rahmen für Mädchen, deren Wachstum noch nicht vollendet ist, gänzlich zu verwerfen und auch späterhin nur mit Einschränkung statthaft. Die ungleiche Schulterhaltung ist hierbei um so bedeutender, als der eine Arm geradezu in entgegengesetzter Richtung, nach unten, seine Bewegungen auszuführen hat.

e) Dagegen ist es ein grundloses Vorurteil, wenn manche Mütter ihren Töchtern von dem sogenannten Übersichgreifen oder Hochgreifen, wie es z. B. mit dem Aufstecken von Gardinen und vielen ähnlichen Beschäftigungen verbunden ist, ängstlich abraten. Die damit verbundene sanfte Dehnung des Körpers nach oben ist dem jungen Körper eher vorteilhaft als nachteilig, sobald nur dabei auf gleichmäßiges Hochstehen beider Arme gehalten wird. Derartige Beschäftigungen können als Ausgleichungsmittel für viele andere, durch entgegengesetzte Körperstellung, durch Zusammendrückung des Oberkörpers nachteilige Beschäftigungen gelten. Fordert nicht das jedem bekannte natürliche Bedürfnis dazu auf, sich von Zeit zu Zeit, besonders nach längerem Sitzen, kräftig nach oben zu dehnen und zu strecken und die gepreßte Brust zu erweitern? An ein sogenanntes Schadenthun durch solche Situationen ist durchaus nicht zu denken.

f) Das Selbstflechten der weiblichen Kopfhaare muß abwechselnd ebenso oft auf rechter wie auf linker Seite geschehen, weil bei jedem einzelnen Male eine ungleiche Stellung der Schultern unvermeidlich ist.

g) Das Zeichnen oder Malen an der Staffelei hat vermöge der beträchtlichen Ungleichhaltung der Schultern, und weil eine Abwechselung dabei nicht thunlich ist, zuweilen (wenn nicht auf andere Weise Ausgleichung geschieht) sogar noch bei Erwachsenen Schiefbildung des Körpers zur Folge, ist daher vor Beendung des Wachstumes von um so entschiedenerem nachteiligen Einflusse.

Nach den hier aufgestellten Grundsätzen und Analogien wird man nun auch alle anderen Beschäftigungen im häuslichen und wirtschaftlichen Leben, bei Handwerken und in Fabriken, wozu Kinder vielfach verwendet werden, und die sich hier nicht alle namhaft machen lassen, hinsichtlich ihres Einflusses auf die Entwickelung des Körpers leicht beurteilen können.

8) Ausbildung und Pflege einzelner Teile.

Während wir die für die früheren Altersstufen bereits anempfohlenen Hinwirkungen auf immer weitere Ausbildung und Schärfung der Sinnesorgane auch in dieser Periode in entsprechend erhöhtem Grade fortzusetzen haben, tritt nächstdem die Rücksicht auf Erhaltung ihrer Vollkraft, auf Abwehr so mancher durch die jetzigen Lebensverhältnisse bedingten Schädlichkeiten als eine recht dringende hervor. Dies gilt am allermeisten von den Augen. Zwar sollte man die Hauptregeln, welche die Erhaltung dieses wichtigsten und edelsten aller Sinne notwendig macht, als allgemein bekannt voraussetzen können. Da aber die tägliche Erfahrung lehrt, daß die gröbsten Verstöße der Art in unbegreiflicher Häufigkeit allerwärts vorkommen, so mögen hier die Hauptregeln mit besonderem Hinblicke auf die gewöhnlichen Verhältnisse der schulfähigen Kinderwelt kurz zusammengestellt werden.

Schwächend, erschöpfend und daher streng zu vermeiden sind folgende Einflüsse:

grelles, blendendes Licht überhaupt, also das Hinblicken nach der Sonne, in die Flamme, auf blendende Schneeflächen, glänzende

11*

Gegenstände, von der Sonne beschienenes weißes Papier, Weiß-
nähterei u. s. w., alle plötzlichen schroffen Übergänge vom Dunkeln
zum Hellen und umgekehrt;

der Mangel der richtigen Schentfernung vom Arbeitsgegenstande:
beim Schreiben, Lesen, Zeichnen, Nähen, Sticken u. dgl. ist die
normale Sehweite durchschnittlich 30 bis 50 Centimeter, zwischen
welchen Grenzen der Arbeitsgegenstand befindlich sein muß, wenn
die Augenkraft bei dauerndem Gebrauche nicht leiden soll;

eine zu starke oder zu schwache oder auch flackernde Beleuchtung
des Gegenstandes der Augenarbeit; am häufigsten wird das Arbeiten
in der Dämmerungszeit verderblich;

Schreiben in der Stellung, bei welcher der Schatten der schreibenden
Hand auf die Papierfläche fällt, welche beschrieben werden soll,
also wo das Licht von rechts kommt;

eine zitternde Bewegung des Gegenstandes der Arbeit, wobei das
Auge in einer die Sehkraft bald erschöpfenden Weise sich fort-
während abmühen muß, den Punkt des deutlichen Sehens (der
Seh-Axe) festzuhalten; dies ist besonders der Fall beim Lesen im
Gehen oder im Fahren, jetzt namentlich auf den Eisenbahnen.

Dagegen stärkend und die Sehkraft erhaltend sind folgende Einflüsse:
die richtige Abwechselung von Nah- und Fernsehen bei entsprechendem Beleuchtungsgrade, sowie von mäßig anstrengendem
und ausruhendem Gebrauche der Sehkraft, so daß anstrengendere
Augenarbeiten stets durch öftere und regelmäßige Erholungspausen
unterbrochen werden; man gewöhne die Kinder an Selbstbeachtung der ersten Spuren von Augenmüdigkeit oder von jenem
bekannten leicht brennenden Überreizungsgefühle: in letzterem
Falle besonders sind, nächst Ruhe, Bähungen der Augen von
mäßig frischem Wasser empfehlenswert;

häufige Sehübungen über mild beleuchtete grüne Flächen entlang,
mit scharfer Fixierung entfernter, eben noch erkennbarer Gegenstände, z. B. der Blick über Wiesen hinweg nach einzelnen Büschen
oder Bäumen; daher haben Jäger und Hirten oft noch bis ins
hohe Alter die schärfste Sehkraft; ebenso Sehübungen in der Nähe,
wie gründliche Anschauungen und Vergleiche kleiner Gegenstände,
z. B. verschiedener Pflanzenblätter untereinander u. dgl.

Ausnehmend wichtig ist es, daß da, wo die Augen schon in der Jugend
etwas zu wünschen übrig lassen, diesem Umstande bei der Wahl des Berufes volle Rechnung getragen wird.

Das von außen her bei weitem weniger gefährdete Gehörorgan
bedarf zu seiner Erhaltung nur Schonung vor Überreizung durch plötzliche,
zu heftige oder durch anhaltende nervenerschütternde Töne und sodann

öftere Reinigung des äußeren Gehörganges von verhärtetem Ohrenschmalze und Unreinigkeiten. Letztere darf nie mit tief eingebrachten harten Gegenständen, wie Haarnadeln, Ohrlöffeln, sondern nur mittels lauen Wassers geschehen. Das beste Übungs- und Verschärfungsmittel für das Gehör ist die Musik. Das Ohr darf durch die Kopfbedeckung oder die Haartracht der Mädchen nicht verpackt werden. Es muß frei bleiben. Sonst leidet das Gehör durch allerhand bald entstehende Ohrkrankheiten.

Die Mundhöhle mit ihren verschiedenen wichtigen Organen verdient eine vielfältige Aufmerksamkeit. Mit der notwendigen gewöhnlichen Reinigung derselben ist keineswegs alles abgethan. Wir müssen bedenken, daß die in ihr enthaltenen Organe ebensowohl das Sprechvermögen als die Nahrungsaufnahme vermitteln und zu ihrer ungestörten Erhaltung einer sorgfältigen Pflege bedürfen. Der Mund ist die Pforte für die körperliche Zufuhr und für die geistige Ausfuhr.

Auf die in der Mundhöhle befindlichen Organe der Wortbildung ist freilich nur eine indirekt nachhelfende Einwirkung möglich. Diese wird oft schon bei der Entwickelung des Sprechvermögens notwendig, aber nicht selten auch jetzt. Durch die mit der Periode des Zahnwechsels verbundenen Veränderungen in dem Gebrauche der Sprechwerkzeuge bilden sich nämlich leicht recht erhebliche Mängel und Fehler der Aussprache, die mitunter die ganze Deutlichkeit der letzteren vernichten oder doch mindestens als ernstliche Schönheitfehler Beachtung verdienen, weil sehr leicht bleibende, später nicht mehr zu besiegende Gewohnheiten daraus werden. Besonders zu erwähnen ist das undeutliche, übereilte Aussprechen der Worte oder Verschlucken der Endsilben, sowie das mangelhafte Aussprechen mancher Konsonanten, wie: s, sch, c, z, d statt t, b statt p, mancher einfachen und Doppelvokale, wie: i statt ü, ei statt eu u. s. w. Das sicherste Verfahren dagegen besteht in methodischen, mit Ausdauer fortgesetzten Ermahnungen und Übungen, welche auf Überwindung der gerade vorhandenen Schwierigkeiten und Unrichtigkeiten direkt gerichtet sein müssen, besonders in scharf kontroliertem Vorlesenlassen. Man bedenke, daß eine schöne Aussprache einer der edelsten Punkte menschlicher Schönheit ist und in unzählig vielen Beziehungen den ganzen geistigen Einfluss eines Menschen auf seine Umgebung bestimmt. Auch die Aussprache an sich ist eines mächtigen Zaubers fähig. — Bei dieser Gelegenheit möge noch einiger häßlichen Angewöhnungen gedacht werden, die wenigstens nach ihrer äußeren Erscheinung und dem Eindrucke, den sie machen, mit jenen verwandt sind, obgleich sie nicht ausschließlich dieser Periode angehören, nämlich: das Schnalzen mit Zunge und Lippen beim Essen, das Schnüffeln mit der Nase beim Atemholen, das schniefende Atemholen, was im Schlafe in Schnarchen übergeht (obgleich dieses oft in einem gewissen Baue der Nase und des Gaumens seinen Grund hat, so vermag doch auch

183

selbst dann der ernste Wille und jeweiliges Wecken aus dem Schlafe sehr
viel darüber), Verzerrungen des Mundes beim Sprechen und andere
Gesichts-Grimassen. — Alle dergleichen Fehler müssen energisch niedergekämpft werden. Bei Kindern, die an gute Zucht gewöhnt sind, hält es
nicht schwer, ihren eigenen ernsten Willen dafür zu gewinnen. Auch haben
diese Übungen in der Beherrschung des Körperlichen an sich schon einen
moralischen Wert. Sie wirken in der Richtung nach allgemeiner Veredelung.
Die selbstbewußte Beherrschung des Körperlichen und Tierischen in einem
Punkte erleichtert und bereitet dieselbe vor auch für andere Punkte. Zudem
vervollkommnen sich die Kinder dabei in der Kunst sich selbst zu objek-
tivieren. Sie lernen auch von dieser Seite her auf sich achten und das
Edelnatürliche von dem Unedelnatürlichen ihrer ganzen Erscheinungsweise
unterscheiden, und gewinnen somit an Takt, der nach und nach zu einer
ganz natürlichen, zwanglosen Lebensäußerung wird.

Unter den Organen der Mundhöhle bedürfen die Zähne der sorg-
fältigsten Beachtung und Pflege. Die abgeworfenen Milchzähne werden
von der Natur ersetzt, aber nicht mehr die in der jetzigen Periode hervorwachsenden. In der Regel lernen wir den hohen Wert der Zähne für
das Sprechvermögen, für den Nahrungsgenuß und als schönsten Schmuck
des Mundes erst dann in vollem Maße erkennen, wenn wir ihr mit Schmerzen
verbundenes Hinschwinden und ihren Mangel empfinden. Es ist Pflicht
der Eltern, die richtige Sorgfalt für Erhaltung der Zähne den Kindern
zur festen Regel zu machen; denn wenn auch die Zähne aus inneren Ursachen vor der Zeit absterben können, so kommt doch im allgemeinen
auf die äußere Sorgfalt das meiste an. Sie beruht auf folgendem:

Täglich werden die Zähne durch tüchtiges Ausspülen mit lauem
Wasser und durch eine (gleich einer Sammetbürste) weiche
Zahnbürste von allen Seiten gereinigt. Auf die zuvor ins Wasser
getauchte Bürste werden 1—2 Tropfen Rum oder Kölnisches
Wasser oder einer passenden Zahntinktur geträufelt. Die gewöhnlichen Zahnbürsten sind zu hart und scharf, greifen in der Dauer
den Schmelz der Zähne und das Zahnfleisch an, ebenso fast aller
Art Zahnpulver, Seife und ähnliche Substanzen. Letztere sind nur
für gewisse Fälle und dann vorübergehend oder ab und zu (nur
nicht täglich) zu gebrauchen. Nach dem Reinigen der Zähne
wird das Zahnfleisch mit den Fingern von allen Seiten angedrückt.
Dies muß man den Kindern durch Vormachen verdeutlichen. Das
Ausspülen der Zähne ist außerdem auch nach jedem Genusse kau-
barer Speise empfehlenswert. Weinstein-Ansatz bildet sich, wo
einmal Neigung dazu vorhanden, trotz harter Bürsten und Pulver
und muß vom Zahnarzt entfernt werden.

Die allergewöhnlichsten, die Zähne vor der Zeit vernichtenden

Schädlichkeiten sind: die grellen Temperaturunterschiede der Speisen und Getränke, der Genuß von scharfen Säuren und das häufige Beißen harter und spröder Substanzen. In Anselnung der Temperaturdifferenzen haben wir zu bedenken, daß die äußere Schicht der Zahnsubstanz (der Schmelz) vermöge ihrer Härte und Sprödigkeit durch starke und plötzlich sie treffende Unterschiede der Temperatur leicht berstet, und von den so entstandenen Rißchen aus die Keime der Zerstörung sich entwickeln. Besonders geschieht dies durch die stark ausdehnende Wirkung eines hohen Wärmegrades, durch heiße Speisen oder Getränke, am allermeisten dann, wenn der Genuß derselben auf den von kalten Stoffen schnell folgt. Die Temperatur der Zähne ist durchschnittlich lich + 28° R. Nun sind aber bei den meisten Menschen die Mundnerven durch die Gewöhnung an heißes Essen und Trinken so abgestumpft, daß sie Suppen, Gemüse, Getränke von + 40° R. und darüber erst mundrecht finden. Ist nun vollends durch einen kurz vorhergehenden Genuß von etwas Kaltem die Temperatur der Zähne auf + 20° und darunter herabgesetzt, so darf man sich bei einer solchen jähen Temperaturdifferenz nicht wundern, wenn dieser oder jener Zahn dadurch zum Untergange vorbereitet wird. Noch schädlicher ist der häufige Genuß des Zuckers und der übersüßen Speisen, der Leckereien und Chokolade, während Saccharin weder die Zähne noch den Magen verletzt.

Endlich verlangen die hervorwachsenden Zähne der Kinder sehr oft auch positive Nachhilfe, damit ihre richtige Stellung und Einreihung erfolge. Hierauf läßt sich durch entsprechendes Drücken mittels der Finger, das einen längeren Zeitraum hindurch regelmäßig wiederholt werden muß, sehr viel Einfluß ausüben. Zuweilen muß aber auch entweder ein überständiger Milchzahn oder ein neuer bleibender Zahn aus Rücksicht auf die übrigen künstlich entfernt werden. Überhaupt kann es nicht genug empfohlen werden, eine regelmäßige, wenigstens halbjährliche Revision der sich entwickelnden Zähne durch den Zahnarzt vornehmen zu lassen. In dieser Periode hat man die Hinwirkung auf Unversehrtheit und Vollständigkeit der beiden Zahnreihen noch in seiner Macht, später nicht mehr.

In nicht seltenen Fällen bildet sich zwischen beiden Kinnladen ein Mißverhältnis durch vorherrschendes Wachstum der Unterkinnlade aus. Es kommt dann nach vollendetem Wachstume zu jener Mißform, wobei die vorderen Zähne der Unterkinnlade, anstatt hinter, vor die entsprechenden Zähne der Oberkinnlade gestellt sind. Es ist dies nicht nur ein recht auffälliger Schönheitsfehler, sondern auch störend für den Gebrauch der

185

Zähne, da ihr harmonisches Zusammentreffen aufgehoben ist. Ein Fall aus meiner eigenen Beobachtung, der ein achtjähriges Mädchen betraf, wird sich am besten zur Mitteilung eignen, da der fragliche Fehler hier in der markiertesten Weise hervortrat, und das gewonnene Endresultat um so mehr maßgebend für ähnliche Fälle betrachtet werden kann. Es kam hier noch dazu, daß auch die Stellung der vorderen Zähne eine entgegengesetzte, das Mißverhältnis vergrößernde war: die der oberen Kinnlade waren etwas nach innen, die der unteren mehr nach außen gerichtet. Da das eingeschlagene Verfahren sich als erfolgreich bewährte, so stehe ich nicht an, es hiermit darzulegen.

Fig. 69.

in der Anwendung:
Fig. 70.

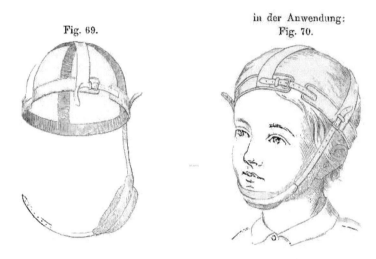

Ich ließ ein Kinnband von weichem Leder fertigen, wie es die Fig. 69 darstellt.

Durch den auf das Kinn und somit die ganze Unterkinnlade ausgeübten gleichmäßigen Druck in der Richtung schräg nach oben und hinten wurde in der Dauer eine Beschränkung des vorherrschenden Wachstumes derselben, und dadurch der Wiedereintritt des ebenmäßigen Verhältnisses beider Kinnladen bewirkt. Der Apparat blieb nur des Nachts zwanzig Monate hindurch in Anwendung, wurde nur in den lästig warmen Sommernächten ausgelassen und verursachte übrigens nicht die geringsten Beschwerden. Gleichzeitig wurden jeden Abend vor dem Anlegen des Apparates die oberen und unteren Zähne in der entsprechenden Weise gedrückt, und so hatte ich die Freude, daß nach Ablauf dieser Zeit die vorderen Zähne der Unterkinnlade, welche anfangs reichlich um einen Viertelzoll vor den Vorderzähnen der Oberkinnlade standen (bis nach vollendetem Wachstume würde das Mißverhältnis mindestens doppelt so groß geworden

186

sein), in die richtige Stellung hinter dieselben traten, und überhaupt das ganze gegenseitige Verhältnis der beiden Kinnladen geregelt war.

Zur Erhaltung der Fülle und Gesundheit des Haupthaares, jener schönen Zierde des Kopfes, besonders des weiblichen, sind die wesentlichsten Bedingungen nächst Gesundheit des Körpers überhaupt: Frei- und Reinhaltung der Kopfhaut (des Wurzelbodens der Haare) durch vorwaltendes Unbedecktlassen des Kopfes (um die freie Ausdünstung der Kopfhaut zu begünstigen), regelmäßiges Durchkämmen und jeweiliges Waschen des Kopfes. Es wird hier die Erinnerung nicht überflüssig sein, daß damit Schonung in mechanischer Beziehung verbunden, also namentlich jedes reißende und besonders die Haare auf die Dauer stark anspannende Verfahren beim Flechten und Aufbinden der weiblichen Kopfhaare vermieden werden muß. Außerdem besteht das allgemeinste Förderungsmittel des Wuchses der Haare im regelmäßigen, etwa allmonatlichen Abspitzen derselben.

Da die nächste Ursache des Absterbens und Ausfallens der Haare eine zweifache sein kann, entweder Blutüberfüllung oder Blutleere der Kopfhaut, so hat man in allen solchen Fällen, wo ein spezielles Hinwirken auf den Haarwuchs notwendig wird, danach am meisten sich zu richten. Bei Blutüberfüllung des Haarbodens erscheint derselbe unnatürlich gerötet, bei Blutleere bleicher und trockener als gewöhnlich. Im ersten Falle sind für die direkte Nachhilfe der naturgemäßesten Mittel: möglichstes Unbedecktlassen des Kopfes, öftere kühlende Umschläge, milde ölige Einreibungen; dagegen im zweiten: mäßiges Warmhalten des Kopfes (jedoch immer mit Freilassung der Ausdünstung), mechanische Reizung durch kräftigeres Kämmen und Bürsten, mit reizenden Bestandteilen versehene ölige Einreibungen. Man sei vorsichtig mit marktschreierisch angepriesenen Verkaufsmitteln dieser Gattung; wenigstens gebrauche man kein solches, ohne seine wesentlichsten Bestandteile zu kennen.

Die Kultur der Haut überhaupt verlangt im kindlichen Alter nichts weiter als den schon besprochenen Gebrauch jener allgemeinen Gesundheitsmittel, der Bäder, Waschungen und Abreibungen.

Den sichersten Schutz gegen übelriechende und wundmachende Fuß- und Achselschweiße gewährt das während solcher Perioden tägliche Aufstreichen von gewöhnlichem, salbenartig erweichtem Töpferthon. Dieser besitzt die Eigenschaft, alle dergleichen Feuchtigkeiten (so auch flechtenartige Wundschärfen) schnell an sich zu ziehen, ohne im geringsten die Absonderung zu unterdrücken. Die Haut wird dadurch trocken und geschmeidig, jeder Geruch entfernt und das Wundwerden verhütet.

Auch Salicylsäurepulver eignet sich zu solchen Zwecken.

Zum Waschen des Gesichtes ist mäßig kaltes Flußwasser ohne Seife am geeignetsten. Will man aus reiner Schönheitsrücksicht auf die Färbung der Gesichtshaut, die zunächst natürlich von dem allgemeinen Gesund-

187

heitszustande abhängig ist und denselben abspiegelt, direkt einwirken, so ist dies nur in gewissen Fällen zu rechtfertigen. Es giebt nämlich Fälle, obschon selten, wo bei wirklich kerngesunder Beschaffenheit der kindlichen Konstitution doch die Gesichtshaut als eine rein örtliche Anomalie eine verhältnismäßige Leblosigkeit zeigt. Hier ist ein, einige Zeit hindurch täglich fortgeführtes sanftes Frottieren der Gesichtshaut mit einer ganz weichen Sammetbürste das natürlichste und unschuldigste Belebungsmittel. — Gegen Neigung der Gesichtshaut zur Bildung von Blütchen, Flecken, Sommersprossen u. dgl. nützen die vielerlei angepriesenen Schönheitsmittel nichts. Das öftere Befeuchten des Gesichtes mit Mandelmilch, welcher ein wenig Essig zugesetzt wird, dürfte noch am empfehlenswertesten sein. Flußbäder wirken langsam, aber meist sicher obigen Übeln entgegen; nur muß die Haut sofort nach dem Bade, nach der Waschung, dem Schwitzen sorgfältig abgetrocknet werden. — Ebenso besteht zuweilen das Ärgernis mancher Mütter in der roten Hautfarbe der Hände und Arme ihrer Töchter, welche Farbe übrigens meist ein Zeichen üppiger Gesundheit, des uns jetzt so oft abgehenden Blutreichtums ist. Wenn nicht zu enger Ärmelausschnitt der Kleidungsstücke und mithin Hemmung des Blutlaufes die Schuld davon trägt, so besteht das einzige, was vernünftigerweise dagegen gethan werden kann, in einem öfteren Streichen von unten nach oben oder in Einwickelungen, welche in derselben Richtung von den Fingern beginnend mittels einer chirurgischen Zirkelbinde für die Nachtzeit angelegt werden. Das Aufstreichen und Einziehenlassen von Citronensaft kann als unschuldiger Versuch einer unterstützenden Einwirkung damit verbunden werden.

Bei Unternehmung aller dergleichen Maßregeln bedarf es aber eines taktvollen Benehmens gegen die Kinder, damit die feine Grenzlinie richtig eingehalten wird zwischen der notwendigen und pflichtmäßigen Selbstachtsamkeit und Selbstsorgsamkeit der Kinder für Gesundheit, Reinlichkeit, Ordnung und Wohlgefälligkeit ihres eigenen Körpers einerseits und — einer unedlen Eitelkeit oder hohlen Äußerlichkeit andererseits. Als wahrhaft häßlich und unwürdig darf immer nur alles Unreinliche, Unordentliche und Naturwidrige, sowie der Mangel an Selbständigkeit, an Selbstbethätlichkeit, die unnötige Abhängigkeit von dem Beistande anderer hingestellt werden. Nur insoweit, in diesem Umkreise aber auch immer, ist das Ehr- und Schamgefühl rege zu erhalten.

In betreff der speziellen Körperpflege verlangt noch ein Punkt die ernsteste Aufmerksamkeit: die Bildung des Rückens. Es wurde früher erwähnt, daß, wenn infolge von erblicher Anlage oder von Krankheiten der Rückenwirbelknochen sich Rückgratsverkrümmungen bilden, die Zeit ihrer Entstehung meistens in das erste Lebensjahr fällt. Das jetzt in Rede stehende Lebensalter ist wieder eine solche Periode, in welcher die Entstehung von Rückgratsverkrümmungen (meist seitlichen) und zwar in ungleich größerer Häufigkeit als im Säuglingsalter vorkommt. Sie entstehen in diesem Alter meistens aus Schwäche der Rückenmuskeln. Die Häufigkeit dieser Gebrechen ist in neuerer Zeit offenbar im Zunehmen. Es mag dies seinen Grund haben in der schon durch mehrere Generationen bemerkbar gewordenen Abnahme der Kräftigkeit des ganzen Bildungstypus, sowie in dem bewegungslosen Stubenleben, besonders der Mädchen, und der einseitigen geistigen Anspannung unserer Jugend überhaupt. Sitzen im Unterricht fünf Stunden lang ist zu widerraten, schon vier Stunden lang bei allen Schwächlingen zu mißbilligen. Durch alles dieses werden schlaffe und falsche Körperhaltungen und Gewohnheiten begünstigt, und somit sind alle Bedingungen zur Entstehung jener Übel gegeben. Es kommt nun ganz besonders bei dieser Art von Bildungsfehlern sehr viel darauf an, daß sie in den ersten Spuren ihrer Entwickelung entdeckt werden. Man erstrecke daher seine Achtsamkeit bis zum Schlusse der Wachstumsperiode des Körpers auch auf die Bildung des Rückens, namentlich bei schwächlichen, sehr schnell wachsenden, zu gesundheitwidrigen Haltungen und Gewohnheiten neigenden Kindern.

Überhaupt, da alle körperlichen Übel und Gebrechen sich weit leichter verhüten als, wenn sie einmal ausgebildet sind, heilen lassen, ja manche nur verhütbar und nicht heilbar sind, so sollten Eltern und deren Stellvertreter es sich zu einer festen Regel machen: ihre Kinder bis zu vollendeter Ausbildung von Zeit zu Zeit einer ganz genauen ärztlichen Untersuchung zu unterwerfen, auch wenn kein besonders dazu mahnender Grund vorhanden ist. Eine solche Untersuchung, mit den nötigen Hilfsmitteln der Stethoskopie, Perkussion u. dgl. versehen, müßte sich aber auf alles, ebensowohl auf etwa verborgene innere Keime von Krankheitsanlagen, als auf die Ausbildung der Körperform, besonders des Rückgrates und des Brustbaues, auf das Verhältnis der einzelnen Teile an sich und zu einander u. s. w. erstrecken. Nur so erhalten die Angehörigen die Beruhigung, nach ihren Kräften alles gethan zu haben, um jeder Abnormität und krankhaften Bildung rechtzeitig zuvorzukommen oder entgegenzutreten. Wie vielerlei Übel und Unschönes in der Welt könnte dadurch abgewendet werden!

B. Geistige Seite.

1) Das Kind im Unterrichte.

Der Unterricht, die Entwickelung des selbständigen Denkens und die systematisch geordnete Mitteilung von Kenntnissen und Fertigkeiten, ist derjenige Teil der Erziehung, welcher in der Regel von den eigentlichen

Erziehern anderen Händen, den Lehrern, übertragen wird. Er hat es zunächst und hauptsächlich mit Erziehung und Ausbildung der praktischen Denkkraft im weitesten Sinne des Wortes zu thun. Da aber jede einzelne Seite der menschlichen Natur nur in ihrer organischen Verbindung mit dem Ganzen richtig aufgefaßt und behandelt werden kann, so liegt es dem Lehrer ob, soweit als seine hierin allerdings viel enger eingegrenzte Lage es irgend möglich macht, zugleich auf Gemüt, Charakter und die körperliche Seite des Zöglinges seine miterzieherische Wirksamkeit zu erstrecken. Eltern und Lehrer, Haus und Schule müssen daher Hand in Hand gehen, wenn das Endresultat der Erziehung ein harmonisches und gediegenes werden soll.

Es kann hier nicht ein spezielles Eingehen in alle die vielseitigen Beziehungen, in welche Lehrer und Schüler zu einander treten, noch weniger ein auch nur summarisch abgerundeter Umriß einer Unterrichtungslehre erwartet werden. Dies kann nur Aufgabe der Schulmänner vom Fache sein und würde daher weit über den Urteilskreis des Verfassers und über die Grenzen dieser Schrift hinausgehen. Nein, es sollen nur einige der wesentlichsten Punkte beleuchtet werden, die sich bezüglich des zur Zeit üblichen Unterrichtswesens vom ärztlich-psychologischen Standpunkte als recht lebhafte Wünsche hervordrängen, welche teils den Wirkungskreis der Lehrer allein, teils aber ebenso den der Eltern berühren.

Die allgemeinste Vordebingung für gedeihlichen Unterricht jeder Art ist organische (körperliche) Kraft und heiterer Sinn des Lernenden. Der Boden des zu bebauenden Feldes muß gehoben, empfänglich, durchdringbar, saft- und kraftvoll sein, wenn ein Samenkorn hineingelegt werden und aufgehen soll. Soweit es auch der Schule irgend möglich, muß darauf immer ihre erste Sorge gerichtet bleiben, müssen darauf alle übrigen pädagogischen Grundsätze und Maßregeln fußen.

Nächstdem würden hier folgende Punkte hervorzuheben sein.

a) Wann soll der Unterricht (nämlich der eigentliche, der methodische Schulunterricht) beginnen?

Wie in jeder anderen Hinsicht, so auch hier, haben wir den Gang der natürlichen Entwickelung zu befragen und diesem uns eng anzuschließen. Die Hauptwerkstätte im kindlichen Organismus, welche für die mit dem Unterrichte verbundenen Thätigkeiten direkt in Anspruch genommen wird, ist das Gehirn. Die ärztliche Beobachtung lehrt, daß das Gehirn durchschnittlich mit Ablauf des siebenten Lebensjahres seine, wenigstens dem Umfange nach, volle, bleibende Ausbildung erreicht. Hiermit ganz übereinstimmend ist die bekannte Wahrnehmung, daß um diese Zeit die geistige Entwickelung einen entschiedenen Wendepunkt zeigt, daß das Kind die bisher eingesammelten Begriffe gründlicher zu zerlegen und zu verarbeiten

beginnt, daß seine bisher flüchtigen und oberflächlichen Fragen eine tiefer
gehende Richtung nehmen, daß es Neigung zu ernsteren und andauernderen
Beschäftigungen verrät, — daß der Lerntrieb, wenn er nicht durch
vorzeitiges Aufnötigen geschwächt oder erstickt wurde, zum vollen Durch-
bruche kommt.

Jetzt also erst, zu Anfang des achten Lebensjahres (bei sehr
schwächlichen, dauernd kränkelnden oder in der Entwickelung zurückgebliebenen Kindern noch etwas später, denn wer lernen soll, muß vor
allen Dingen gesund sein) ist der rechte Zeitpunkt für den Be-
ginn des Unterrichtes gekommen. Jetzt erst kann man in jeder Beziehung erfreuliche Früchte davon erwarten. Es kann dies nicht nachdrücklich genug betont werden. Das Schulgesetz sollte die Aufnahme
vor dieser Zeit, zum mindesten vor dem letzten Viertel des
siebenten Jahres, geradezu verweigern. Denn dieser Mißbrauch ist
für die ganze Generation dasselbe, was das Treibhausleben für die Pflanzen-
welt ist. Der Wurzelsaft körperlicher und geistiger Entwickelung leidet
natürlich um so mehr, je größer der Abstand der Vorzeitigkeit. Solche
Kinder bleiben körperlich schwächlich und geistig verkrüppelt. Die Lern-
kraft ist geknickt, die produktive Geistesthätigkeit (die Urteilsbildung und
die angewandte Denkkraft), worauf ja allein die Lebenstüchtigkeit beruht,
für immer geschwächt.

Fürchtet man etwa, daß das Abwarten des siebenten Jahres ein Zurückbleiben des Kindes hinter den steigenden Anforderungen an geistige Ausbildung oder hinter den Altersgenossen zur Folge haben könnte? — Gerade
das Gegenteil! Man kann sicher darauf rechnen, daß von zwei gleich-
begabten Kindern das eine, welches rechtzeitig den Unterricht begann, ein
anderes, welches einen scheinbaren Vorsprung von vielleicht zwei Schuljahren
hatte, bis gegen das zehnte oder elfte Jahr an geistiger Gesamtentwickelung
nicht nur eingeholt, sondern sogar weit übertroffen haben wird — eben deshalb,
weil das erste vollständig reif dazu war und einen gesunden und kräftigen
Geistesmagen in die Schule mitbrachte. Dieser verarbeitet nun seine dem
Alter angemessenen vollen Portionen leichter und vollständiger, während bei
dem vorzeitigen Verfahren schon die halben Portionen eine kaum zu be-
wältigende Last bilden. Der Gewinn ist also ein körperlicher und geistiger
zugleich. Für kräftige Organe ist gemessene Anstrengung Bedürfnis und
die Bedingung weiterer Kraftzunahme, für schwache oder kranke Organe
aber Verderben.

Was ein Kind vor diesem Zeitpunkte an Vorbereitung zum Unterrichte
spielend und nach eigener, von äußerem Zwange freier, Neigung genießen kann, mag ihm unbedenklich gewährt werden, soweit dazu irgend
Gelegenheit vorhanden, wie z. B. in den Spielschulen und in allen Familien,
wo Vater oder Mutter Sinn dafür hat. Wenn es einige mehr mechanische

Fertigkeiten, die Anfangsgründe des Schreibens, Zeichnens, Lesens, Zählens, oder nur etwas davon auf diese Weise sich angeeignet hat, so wird dies für die Schule schon einen recht merkbaren und willkommenen Vorsprung gewähren. (Man vergleiche hierüber S. 84.) Doch ist auch da, wo dies nicht geschehen konnte, der Nachteil nicht so groß, als daß er nicht gegen die anderen ungleich wichtigeren Vorteile gänzlich verschwände.

b) Ob öffentlicher oder Hausunterricht*)

den Vorzug verdiene, läßt sich im allgemeinen weder nach der einen noch nach der anderen Seite entscheiden. Es kommt alles auf die übrige Beschaffenheit des Unterrichtes und der obwaltenden Verhältnisse an. Es läßt sich überhaupt nur ein Vergleich machen bei Voraussetzung gleicher Tüchtigkeit der Lehrkräfte, sowie der Nichtüberfüllung auf der einen und einer an Zahl nicht zu geringen Schülergemeinschaftlichkeit auf der anderen Seite. Hat unter dieser Voraussetzung der Hausunterricht den Vorzug der größeren Innigkeit zwischen Lehrer und Schüler, einer leichteren Individualisierung, einer bedeutenderen gleichzeitigen erzieherischen Einwirkung, so hat dagegen der öffentliche Unterricht für sich die Vielseitigkeit und größere Intensität des Wetteifers und eine gewiße abschleifende und abrundende Umgangsbildung (schon durch das genauere Sichkennenlernen und gegenseitige Abspiegeln vieler Individualitäten untereinander). Leider wird in den gebildeten Staaten der Wetteifer neuerdings nur zu sehr angespornt; dies erzeugt Mißmut im schwächeren Kinde, sogar Neigung zu Schwermut und Selbstmord. Bei dem Gesamtunterrichte ist freilich auch vorauszusetzen, daß die etwaigen Gefahren eines verderblichen Umganges durch eine desto wachsamere häusliche Erziehung neutralisiert werden.

Alles erwogen, dürften die beiderseitigen Vorzüge vereinigt am meisten da zu finden sein, wo die Umstände einen gemeinschaftlichen Unterricht in einem Kreise von 6, 8, 10 altersgleichen und auch in den übrigen Beziehungen zusammenpassenden Kindern möglich machen.

c) Oberste Grundsätze für die Unterrichtsmethode.

Sie müssen auf zweifelloser psychologischer Erkenntnis beruhen. Es sind drei. Diese sind so umfassend und so ausnahmslos giltig, daß fast alle speziellen Grundsätze für die Methodik des Unterrichtes als natürliche Folgen aus ihnen hervorgehen.

Der erste ist: auf alle mögliche Weise überhaupt, und insbesondere durch die Methode des Unterrichtes die Neigung, das volle Interesse und die Freude am Gegenstande des Unterrichtes im Kinde zu

*) Privat-Lehranstalten sind von dem hier in Betracht kommenden Gesichtspunkte aus im allgemeinen den öffentlichen Schulen gleichzustellen.

wecken und fortdauernd rege zu erhalten. Es muß betont werden: am Gegenstande des Unterrichtes selbst. Dies ist allerdings in vielen Fällen schwer, zuweilen sehr schwer, dennoch muß es unter allen Umständen der Zielpunkt des Strebens für den Lehrer bleiben. Die allgemeinste Bedingung dazu ist die, daß die geistige Nahrung der geistigen Verdauungskraft angemessen sei, daß also die aufsteigende Skala der Unterrichtsgegenstände der nur aus dem gründlicheren Studium der Psychologie der kindlichen Natur erkennbaren Skala der geistigen Entwickelung richtig angepaßt werde. Ein Unterricht, wo die Lust zum Lernen fehlt, ist für den Lehrer und den Lernenden eine zwecklose Qual, für letzteren gerade dasselbe, als wenn eine Speise, und wäre es die bestbereitete, gegen alles Bedürfnis aufgenötigt wird: sie wird entweder nicht behalten, oder nicht verdaut und angeeignet, sie gedeiht nicht, geht nicht ein in Saft und Leben.

Dieses alles ist so selbstredend, daß jede weitere Erwähnung der Sache überflüssig scheinen könnte. Auch giebt der Umstand, daß die wahre Lernlust unter unserer Jugend im allgemeinen eine spärliche ist, an sich noch keinen Grund, um daraus allein auf einen entsprechenden Mangel des Hinwirkens von Seiten der Lehrer zu schließen. Denn einesteils ist die Lernlust eben durch das vorzeitige Beginnen des Schulunterrichtes bei den meisten Kindern geschwächt, anderteils sind die Schwierigkeiten, welche ebensowohl in der Individualität der Lernenden, als in der Natur des Unterrichtsstoffes, wie auch in der Überfüllung mancher Schulen u. s. w. liegen können, zu mannigfaltig und nicht immer ganz besiegbar. Wohl aber richten sich dann die gerechten Wünsche nach Verbesserung an den Lehrerstand, wenn man sieht, daß doch einiges im allgemeinen noch mangelt, was zu Gunsten der Sache recht wohl geschehen könnte, und sogar Mißbräuche noch fortbestehen welche geradezu nach entgegengesetzter Richtung wirken.

Von den letzteren, unter denen auch die Überschüttung mit Lern- und Arbeitsstoff*) anzuführen wäre, möge nur einer der wesentlichsten und noch sehr verbreiteten, wenngleich der Schuldisciplin angehörenden, hier speziell hervorgehoben werden. Es besteht darin: Unterrichtsgegenstände zugleich als Strafmittel zu benutzen. Wie kann man vom Kinde verlangen, daß es seine Zuchtrute aus innerer Neigung wieder küssen solle, daß ihm der Gegenstand, an welchem die mehr oder weniger immer bittere Erinnerung an die Strafe klebt, wieder zum Gegenstande anziehender Freude werden solle? Dies ist eine psychologische Unmöglichkeit. Die betreffende Gattung von Arbeit wird ihm auf lange, wenn nicht für immer

---

*) Die Gesamtsumme der Lern- und Arbeitszeit (einschließlich etwaigen, jedoch nur unter vorsichtiger Berechnung statthaften Privatunterrichts) muß bei einem Kinde von 8—12 Jahren immer noch täglich mindestens vier, bei einem Kinde über 12 Jahre mindestens noch drei Stunden zu Spiel und Erholung übrig lassen, wenn die gedeihliche Entwickelung nicht leiden soll.

verleidet sein. Es gilt aber nicht bloß der gerade gewählten Gattung von Arbeit, sondern es wird dadurch auch jener ohnehin leider allgemeine verkehrte Begriff, und noch dazu von offizieller Seite her, im Kinde bekräftigt, daß alles, was außerhalb des sinnlichen Lebensgenusses liegt, die Berufsarbeit überhaupt, als eine Strafe oder mindestens eine Last zu betrachten sei, der man sich je eher je lieber zu entledigen trachten müsse. Wenn der Lehrer die Schularbeit zur Strafe stempelt, wie kann da der Schüler sie anders betrachten und innere Neigung dazu behalten? Arbeit soll Freude sein und, wo sie es nicht ist, werden! Also lieber jede andere Strafe, nur diese nicht! Handelt es sich bei Einsperrungsstrafen um Ausfüllung der Zeit, so gebe man irgend eine in dieser Beziehung gleichgültige mechanische Beschäftigung auf. Versäumte und deshalb nachzuholende Arbeiten sind nicht Strafen — denn sie sind ja auch bei unverschuldeter Versäumnis zu leisten — sondern durch den Lehrgang erforderlich gemachte Ausgleichungen, und der Begriff der Strafe, wenn eine solche außerdem erteilt werden soll, muß scharf getrennt davon gehalten werden.

In umgekehrter Richtung muß auf alle Weise gewirkt, in das Lernen, in die Arbeit selbst, jeder nur mögliche edle Reiz gelegt, wo es also irgend geschehen kann, im Kinde das Gefühl der Selbstbefriedigung (durch Rückblick auf die Leistungen) und die Hoffnung auf das weitere Gelingen genährt, sowie die praktische Anwendung des Gelernten oft hervorgehoben werden. Als ein besonderer Weg nach dieser Richtung hin dürfte sich vielleicht eignen, wenn für jede Klasse wöchentlich nur 1 oder 2 Extralektionen, gleichsam als höhere Stufe eines passenden interessanten Lehrgegenstandes (z. B. Zeichnen, Singen, Sprachen, Naturwissenschaften) eingerichtet würden, die als Belohnungslektionen nur für die in den allgemeinen Lektionen fleißigen und tüchtigen Schüler zugängig sein dürften, und welchen sicherlich ein allgemeines Zustreben zu teil werden würde. Zeitweiliger Wiederausschluß bereits Eingetretener böte dann zugleich ein psychologisch richtig wirkendes Strafmittel.

Ein anderes noch sehr gewöhnliches unpsychologisches Disciplinarverfahren besteht darin: die Anklägerei der Mitschüler untereinander als regelmäßiges Mittel zur Entdeckung von Vergehen zu betrachten und zu verlangen, oder gar, im Nichtentdeckungsfalle, die ganze betreffende Abteilung, folglich in der Mehrzahl unschuldige Schüler, zu bestrafen. Das erste streut Gehässigkeit zwischen die Schüler, das zweite zwischen Lehrer und Schüler. Letzteres vernichtet außerdem auch noch alle Achtung vor der Strafe. Das psychologisch einzig richtige und für den taktvollen Lehrer sehr gut durchführbare Verfahren in solchen Fällen wird bei einer späteren Gelegenheit (S. 188) Erwähnung finden.

Der zweite jener Grundsätze ist: Anschaulichkeit. Die Notwendigkeit, jeden Unterricht soweit als eben irgend möglich vom Boden der

Anschaulichkeit aus und in seiner Anwendung fürs Leben zu entwickeln, überhaupt auch auf systematische Übung und Schärfung der Sinnesorgane, der Beobachtungsfähigkeit, in jeder Weise Bedacht zu nehmen, ist zwar in neuerer Zeit allgemein anerkannt, aber noch lange nicht allgemein und bis ins einzelne durchgreifend genug befolgt. Die Anschaulichkeitsmethode ist noch vieler weiterer Vervollkommnungen fähig, und die rüstig aufstrebende Pädagogik wird darin sicherlich eine ihrer wichtigsten Aufgaben erkennen. So bietet z. B. die Symbolik, als Mittel der Verarbeitung und Veredelung der rohen Natur- und Sinneneindrücke, ferner die Anknüpfung verschiedener Unterrichtsgegenstände an die Form der Erzählung von Lebensbildern, die Veranschaulichung des Sprachunterrichtes durch jene (psychologisch allein richtige), die Grammatik einschaltend synthetisierende Methode, die belehrende Einführung der Zöglinge in die Natur, in das Verständnis nah und fern liegender Punkte des alltäglichen Lebens, der praktischen Künste u. s. w. ein noch immer nicht genug ausgebeutetes Feld der Benutzung dar. Die hohe Wichtigkeit der Sinneschärfung, Beobachtungsfähigkeit und somit der praktischen Geistesgewandtheit und Urteilskraft springt recht klar in die Augen, wenn man einen aus den Schulstuben und dem Salonleben nicht viel herausgekommenen jungen Menschen in dieser Beziehung mit einem schlichten Naturkinde vergleicht. Während jener in unendlich vielen praktischen Dingen das, worauf es gerade ankommt, entweder gar nicht bemerkt oder nicht zu durchschauen und zu verstehen vermag, sich daher nicht zu raten und zu helfen weiß, trifft dieses, obgleich an geistiger Bildung weit tiefer stehend, auf den ersten Blick das Richtige mit gleichsam instinktartiger Sicherheit.

Ein Punkt noch aus dem ärztlich-psychologischen Gesichtskreise möchte dabei berücksichtigungswert erscheinen. Danach würde der natürlichen Entwickelung am entsprechendsten ein solcher Unterrichtsgang sein, wobei die strengere Anschaulichkeitsmetode in möglichst ausschließlicher und durchgängiger Weise bis wenigstens gegen das 12. Lebensjahr hin fortgeführt würde. Obgleich die Hauptentwickelungszeit noch fern liegt, so fällt doch in diese Zeit ein zwar viel weniger auffälliger, gleichwohl entschiedener Wendepunkt der Entwickelung. Er giebt sich in schon früher erwähnten körperlichen Beziehungen, aber auch auf geistiger Seite zu erkennen. Zunächst beginnt die Blütezeit der Gedächtniskraft, daher jetzt methodische und allmählich gesteigerte Übungen derselben ganz an der Zeit sind. Sodann dringen die Gedanken auf einmal merklich tiefer, das eingesammelte sinnliche Vorstellungsmaterial wird gründlicher zerlegt und verarbeitet — das höhere Abstraktionsvermögen entwickelt sich. Jetzt erst kann daher dasjenige Unterrichtsmaterial, was dem Boden der Anschaulichkeit ferner gerückt ist oder für welches er gar nicht gewonnen werden kann, das

Abstrakte überhaupt, alles Außer- und Übersinnliche, mit wahrhaft gedeih-
lichem Erfolge geboten werden. Es kann in der ganzen Länge vor jenem
Zeitpunkte natürlich nicht alles Abstrakte ausgeschlossen bleiben, wohl aber
darf früher kein Unterrichtsgegenstand von der Form der Anschaulichkeit
ganz entblößt werden, wenn er seine volle Eindringlichkeit erhalten soll.
Der dritte Hauptgrundsatz der Unterrichtsmethode ist: Hinwirkung
auf selbstschaffende Denkkraft (entwickelnder, erregender, heuristi-
scher Unterricht). Das Wissen muß ein lebendiges Wissen sein, wenn es
fruchtbar, d. h. überhaupt für Lebenszwecke verwendbar und förderlich
werden soll — in einem selbständigen, fruchterzeugenden Verarbeiten der
aufgenommenen Geistesnahrung bestehen. Das nächste Ziel bei der Ausbildung der Intelligenz überhaupt muß immer die Entwickelung eines
richtigen selbständigen Urteiles, geistiger Gewandtheit, der Fähigkeit
schnell, gründlich und umfassend zu denken und denkend zu schaffen,
und soweit möglich die Überzeugung von der Wahrheit des Mitgeteilten
sein, wodurch allein das Endziel erreicht, d. h. die gedankenerzeugende
Kraft gebildet werden kann. Überzeugung giebt aber nicht passiver
Autoritätsglaube, sondern sie bildet sich nur durch das Finden der Wahrheit mittels eigener Geistesthätigkeit, des Selbstdenkens; mittels des Zweifels
wird zur Nachuntersuchung angeregt. Da nun die Wahrheit in unendlich
vielen Beziehungen nicht fertig daliegt, sondern erst das Produkt des
Meinungskampfes ist, so soll auch jedes Kind in seiner Sphäre zum
würdigen Mitkämpfer für die Wahrheit erzogen werden, wozu ein tief-
begründetes selbständiges Urteil unentbehrlich ist. Etwaige Ausartung
in Altklugheit muß natürlich der Takt des Lehrers abschneiden. — Beim
Mitteilen positiver Kenntnisse sollte darauf noch viel mehr, als im allgemeinen geschieht, hingewirkt werden. Ein bloß mechanisches Einfüllen von Kenntnissen ohne gleichzeitige Bildung des klaren, durch-
dringenden Verständnisses (der geistigen Verdauung) der Sache und des
Urteiles und ohne dazwischen gewährte Befriedigung des kindlichen
Selbstschaffungstriebes ist eine bloße Abrichtung, eine Überladung des
Geistes mit unfruchtbarem Stoffe, also geisttötend, eine Überfüllung der
geistigen Vorratskammer (des Gedächtnisses) mit rohem und totem Materiale,
welches die lebendige Kraft der geistigen Werkstätte (die selbständige
Denkkraft) erdrückt. Auch ist es ja psychologisch tief begründet, daß
nur die selbstschaffende Geistesthätigkeit jene edelsüße Thätigkeitlust
erzeugt, die als der einzig wahre Hebel jedes Unterrichtes, jeder Art ge-
deihlicher Geistesbildung und — des Wichtigsten von allem — des nie
stillstehenden Fortbildungstriebes betrachtet werden muß. Die reine
Aktivität der Geistesgymnastik schafft den meisten Kraftzuwachs.

Es ist dies nicht so zu verstehen, als solle einer unverhältnismäßigen
oder gar einseitigen Benutzung des entwickelnden Unterrichtes das Wort

geredet werden. Um aus dem Gegebenen das Nichtgegebene suchen und
schaffen zu können, muß natürlich das erstere vorhanden sein. Mit dem
mitteilenden Unterrichte soll der entwickelnde Hand in Hand gehen und
immer nur das festgehalten werden, daß der erstere soviel wie möglich
mit dem letzteren vereinigt werde, nie ganz ohne denselben erfolge, eben
weil nur die Gewinnung der Selbsterzeugungskraft wahren Bildungswert
hat und im Kinde den Mut und das Selbstvertrauen zum Weiterschreiten
belebt. Sehr wichtig ist auch die dadurch bewirkte Zeitersparnis. Denn
je mehr der Unterricht die geistige Selbstthätigkeit anregt, um so mehr
wird er durch diese ergänzt werden, um so prägnanter und kürzer kann
er daher sein. Demgemäß dürfte wohl beim mündlichen Unterrichte
(selbst dem elementaren) die richtig angepaßte katechetische Form, die zum
Selbstdenken anregende Fragen und Aufgaben schnell aufeinander folgen
läßt, zündende Gedanken und fortreißende Übung liebt, den schleppen-
den Lehrgang und die rein examinatorische Form, die sich nur an das
Gedächtnis wendet, mehr und mehr verdrängen.

    Endlich noch

d) zwei spezielle Wünsche,

welche der Verfasser sich erlaubt, denen, die dem hohen Berufe des Lehr-
amtes angehören, vom ärztlichen Standpunkte ans Herz zu legen.

    Die beim Schulunterrichte unserer Zeit so dringend notwendige Rück-
sicht auf körperliche Haltung, Ausbildung und allgemeine Gesundheit der
Kinder führt uns nämlich auf die überhaupt festzuhaltende Regel: daß
kein Kind länger als höchstens zwei Stunden ununterbrochen
sitzend und geistig beschäftigt bleiben sollte. Anhaltendes, durch
keine körperliche Abwechselung (denn schon der Wechsel der Situation und
Muskelspannung ist Erholung) unterbrochenes und bis über den Eintritt
der Rückenermüdung hinaus fortgeführtes Sitzen ist bei Kindern unter
anderem eine der häufigsten Ursachen von Formfehlern des Rückgrates
und Beckens, mithin namentlich für die Zukunft der Mädchen von dem
verderblichsten Einflusse. Sodann ist überhaupt die ununterbrochene geistige
Anspannung für Kinder offenbar erschöpfend. Wie oft findet man Familien,
deren Kinder blühend sind bis zur Schulzeit, von da ab aber blutarm
werden, vielfach siechen und kränkeln, schiefwuchsig werden etc. Die gewöhnliche Ausfüllung der zehnminütigen oder viertelstündigen Zwischenpausen in den Schulen kann für die hier gemeinten Gesundheitsrücksichten
keineswegs genügen. Nur eine dazwischen fallende ausgleichende allseitige Körperthätigkeit kann diesem Bedürfnisse entsprechen. Ich meine
daher, es würde mit den Verhältnissen und dem Gesamtzwecke der Schulen
am besten vereinbar sein, wenn bei mehr als zweistündigem Unterrichte
jedesmal nach der zweiten Stunde die viertelstündige Zwischenpause zur
Vornahme einiger in planmäßiger Abwechselung aus dem S. 136 u. ff.

aufgestellten Schema von Bewegungsformen bestimmt würde. Sollte mehr als eine Stunde geistigen Unterrichtes nachfolgen, so würde dieser viertelstündigen Pause noch eine zweite Viertelstunde zwangloser Erholung zugegeben werden müssen. Dies könnte ganz nach Umständen in inneren oder äußeren Schulräumen geschehen. Jeder der ohnedies fungierenden Lehrer würde, auch ohne sonst mit der Gymnastik vertraut zu sein, danach die einfache Leitung, an Stelle der gewöhnlichen Inspektion, übernehmen können. Nur nach einer solchen auffrischenden Unterbrechung wird man unbedenklich zur Fortsetzung des dann in jeder Beziehung gedeihlicheren Unterrichtes schreiten können. — Hierbei sei erwähnt, daß überhaupt die Gesundheitsrücksicht unserer Schuljugend trotz mancher nicht zu beseitigender Hindernisse doch noch viel mehr gefördert werden könnte, als in Wirklichkeit geschieht. Wie heilsam für Förderung der körperlichen und geistigen Lebenskräftigkeit und zugleich für Innigkeit zwischen Lehrer und Schüler würde es z. B. sein, wenn gemeinschaftliche Ausflüge ins Freie unter Leitung der Lehrer nicht bloß ein-, zweimal im Jahre, sondern zu jeder Jahreszeit womöglich in allwöchentlicher Regelmäßigkeit in den Schulplan aufgenommen würden. Auch der geistigen Vertrocknung und Verweichlichung würde dadurch trefflich entgegengearbeitet, indem keine andere Gelegenheit so günstig ist zur Anfachung der Lebensfrische und der veredelnden Naturbetrachtung, ganz insbesondere zur Sinnesschärfung, zur Weckung und Ausbildung der Beobachtungsfähigkeit, zur Berichtigung des Urteiles über Beobachtungsobjekte, zu allerhand kleinen entsprechenden Mutübungen und anderen moralischen Einwirkungen.*)

Der zweite Wunsch besteht darin: daß in keiner Schule ein populärer Unterricht in der menschlichen Anatomie und Physiologie, mit Anknüpfung der daraus hervorleuchtenden Hauptregeln der Diätetik, vermißt werden möchte. Nur ein Gesamtbild des Körperbaues und der im menschlichen Organismus waltenden Gesetze und Kräfte, soweit sie der kindlichen Auffassung zugängig und dienlich, ist gemeint. In der That unerklärlich ist es, daß man erst in neuester Zeit diese ernsthafte Lücke im Unterrichte zu fühlen angefangen hat. Die Schule hat die Aufgabe, die Kinder zu Menschen zu bilden, die sich in der Welt zurechtfinden sollen, und entläßt sie, ohne daß sie im eigenen Hause Bescheid wissen! Man führt das Kind in die Wunder der Natur — und vor dem Meisterwerke der unserer Wahrnehmung zugängigen Schöpfung läßt man den Vorhang fallen! Wie schön und abrundend ließe sich dieser Zweig des Unterrichtes · der Naturkunde und Naturgeschichte als Abschluß und Krone auf das Haupt setzen! Auch könnte er als die lebendigste Gottesverehrung vielleicht sogar mit dem Religionsunterrichte

---

*) Diese Wünsche des Verfassers sind in Stadt und Land seitdem vielfach befolgt worden.   H.

in eine gewisse Verbindung gebracht werden. Der menschliche Organismus, obgleich nur ein einziger Tropfen im Meere der Schöpfung, bietet an sich schon ein reiches Feld für religiöse Betrachtungen, die vermöge des Vorzuges der Unmittelbarkeit zu den eindringlichsten gehören. Ist doch allein schon der Bau der menschlichen Hand — welcher bei aller Einfachheit doch den kunstvollsten Mechanismus darstellt und den Menschen zu seinen unzähligen Berufsthätigkeiten und immer weiterer Vervollkommnung befähigt — in besonderen Schriften als kräftiges Beweismittel der göttlichen Weisheit auf gelungene Weise benutzt worden. Zu welcher Bewunderung und Andacht wird das Gemüt erhoben, wenn sich die Aufmerksamkeit in den Wunderbau des Fußes, dann des Auges und Ohres und in die leicht erklärbaren physikalischen Gesetze versenkt, auf denen Sehen und Hören beruht! u. s. w.

Abgesehen davon, daß eine überblickliche Kenntnis des Baues und des Lebens unseres eigenen Organismus eine der ersten Anforderungen an jeden ist, der auf Bildung Anspruch macht — wie unberechenbar segensreich würden die praktischen Vorteile sein! Tausende würden das edle Gut der Gesundheit sich bewahren, welches sie aus gänzlicher Unkenntnis derjenigen Gesetze, denen sie am unmittelbarsten unterworfen sind, vernachlässigen oder verwüsten: durch Ausschweifungen aller Art, naturwidrige Lebenssitten, faules oder aber-einseitig geistiges Leben, Schnürbrustfrevel u. s. w. Eine so herangebildete Generation würde der künftigen, wenigstens in physischer Hinsicht, eine verständigere Erziehung zu geben vermögen. Die Ärzte würden auf allgemeineres Verständnis ihrer Anordnungen, daher auf treuere Durchführung derselben, überhaupt auf vernünftigeres Verhalten ihrer Patienten, also auf segensreichere Erfolge rechnen können, die unglaublich oft durch den Unverstand vernichtet werden. Pfuschereien, Marktschreiereien und Betrügereien mit ihren traurigen Folgen, auf diese allgemeine Unkenntnis treffend berechnet, würden unmöglich sein, wenn die öffentliche Meinung darin nur soweit aufgeklärt wäre, um wenigstens die gefährliche Seite an dergleichem Unfuge zu erkennen. Zahllose Verkehrtheiten, welche in Sachen der Gesundheit allerwärts fort und fort geschehen, würden verschwinden. Volle Aufklärung über die Gesetze, auf denen die Kunst, nach allen Seiten hin naturrichtig zu leben, beruht, muß Allgemeingut der Menschen werden. Dies zu lehren, ist eine der obersten Verpflichtungen der Schule. Dagegen stets schädlich und verwerflich ist der Laienunterricht über Krankheiten, namentlich für Schulkinder.

2) Das Kind mit seinen Eltern.

Indem wir an den gleichnamigen Abschnitt des II. Teiles (S. 94 u. ff.) anknüpfen und die dort dargelegten Grundsätze stillschweigend als allgemeine Grundlage auch für das künftige erzieherische Verfahren festhalten, haben wir nun die etwaigen Modifikationen ihrer praktischen Anwendung uns zu vergegenwärtigen, wie sie nach Maßgabe der fortgerückten Entwickelungsstufe erforderlich sind.

Ist das kindliche Gemüt von Liebe, Achtung und allen den daraus hervorquellenden Wärmestrahlen vollständig durchdrungen, so wird nunmehr auch von dieser Seite her der Wille des Kindes immer mehr und mehr regiert und der reinen und edlen Richtung allmählich zugeführt. Daher wird jetzt auch der Gehorsam mehr als ein freiwilliger, selbstbewußter hervortreten. Es ist wichtig, diesen Entwickelungspunkt im Auge zu behalten und nicht durch unzeitige schroffe Eingriffe zu stören. Die Zeit ist gekommen, wo direkte Zwangsmaßregeln allmählich in den Hintergrund zurückgezogen und auf den äußersten Notfall (zur ungeschwächten Erhaltung der elterlichen Autorität) beschränkt werden müssen. Jetzt ist es sogar besser, in nicht zu wesentlichen Punkten hin und wieder und versuchsweise die Zügel zu lassen und erst durch nachherige Korrektion die Gesinnung zu regulieren, als in unausgesetzter Spannung die Zügel zu erhalten. Eher kann für einfache Nachlässigkeiten und Vergeßlichkeiten ein scharfes Erinnern noch längere Zeit beibehalten werden, weil die Achtsamkeit vieler Übung und Aufrüttelung bedarf, ehe sie sich in den festen Takt findet. — Um Gehorsam zu erlangen, appelliere man an die Liebe: „Willst Du mir Deine Liebe beweisen, so thue dieses und unterlasse jenes." Wo das nicht wirkt, ist meistenteils die Erziehung verfehlt. Nicht kalte Gesetzlichkeit, sondern die sonnige Gewalt thatkräftiger Liebe ist der natürliche Genius des Familienlebens, der alle, die Eltern mit den Kindern und die Geschwister untereinander, umschlingt. Die Stelle des kaum mehr nötig werdenden Befehles ersetzt also nunmehr der Wunsch, späterhin der Rat, mit steter Angabe des Grundes. Wenn ja Strafen zuweilen doch noch erforderlich werden, so sind sie in Art und Grad nach dem Grade des kindlichen Ehrgefühles wohl zu bemessen und bestehen am entsprechendsten in zeitweiliger Entziehung der gewohnten Vertrauens- und Liebesäußerungen, von Freiheiten und Vergnügungen. Auch ernsten Tadel erteile man, insoweit möglich, nur unter vier Augen.

Eine ähnliche Willigkeit wie gegen die Eltern werden guterzogene Kinder auch gegen andere Respektspersonen, ganz besonders gegen ihre Lehrer an den Tag legen. Die letzteren haben daran einen sicheren Maßstab für den Stand der häuslichen Erziehung. Verständige und billig denkende Eltern werden in Erwägung der oft überaus schwierigen Stellung der Lehrer die Achtung der Kinder gegen diese stets unangetastet lassen, vielmehr nach Kräften zu stützen suchen, selbst in dem Falle, daß Gründe zur Unzufriedenheit vorhanden wären. Denn in Wirklichkeit sind es ja am meisten die Kinder, auf welche die nachteiligen Folgen des Gegenteiles sich erstrecken, insofern die Lehrzwecke nicht mehr erreicht werden können, wenn das moralische Band zwischen Lehrer und Schüler gelockert oder zerrissen ist.

Immer entschiedener muß nun die Hinwirkung auf Belebung und Erstarkung der sittlichen Willenskraft werden. Der reifende Verstand und das anzufachende Ehrgefühl sind zwei mächtige Hebel, die jetzt bei diesem Bestreben eine recht fühlbare Unterstützung leisten. Es ist sehr ratsam, ihren Beistand recht fleißig anzusprechen, weil so die Willensakte des Kindes zu selbstbewußten, selbstgeschaffenen werden, und der moralischen Selbständigkeit und Freiheit ganz entsprechend vorgearbeitet wird. In manchen Fällen werden sich auch zartere Gefühle, Liebe, Dankbarkeit, Mitleid, das religiöse Bewußtsein zur Mitwirkung eignen. Kurz, man muß je nach den vorliegenden Verhältnissen alle diejenigen Segel spannen, welche dem Ziele gerade am entsprechendsten sind.

Dadurch gelangt man bald dahin, daß das Kind selbst an diesen kleinen Siegen seiner Willenskraft eine innige Freude empfindet. Damit ist sehr viel gewonnen. Am besten und schnellsten wird dies erreicht, wenn sich mit solchen Willensübungen praktische Zwecke verbinden lassen, z. B. Überwindungen und Entbehrungen zu Gunsten der Geschwister oder auch anderer im Leben tiefer gestellter oder hilfsbedürftiger Menschen, — wie denn überhaupt die Wohlthätigkeit nicht durch Mitteilung vom Überflusse, sondern erst durch damit verbundene eigene Beschränkung oder Versagung den vollen moralischen Wert erhält.

Ein Fall möge dies veranschaulichen.

In einer Familie ging einst der allseitige Wunsch auf eine gemeinschaftliche Fahrt nach einer Lustpartie. Es stand nichts im Wege. Die Kinder waren in freudigster Erwartung. Gleichzeitig wurden durch Aufrufe in öffentlichen Blättern milde Beisteuern gesammelt für mehrere Ortschaften, die durch Überschwemmungen verwüstet waren, und deren Bewohner zu Hunderten im Elende schmachteten. Der Vater sagte zu den Kindern: „Wir haben zwar schon unser Scherflein für die Unglücklichen beigetragen; was meint Ihr aber, Kinder, wenn wir die von Euch gewünschte heutige Partie in einen einfachen Spaziergang verwandeln und das dadurch Ersparte auch noch den Unglücklichen zufließen ließen?" Es geschah. Auf dem Spaziergange erfreute man sich unter anderem oftmals in dem Gedanken, daß durch diesen Entschluß zuversichtlich ein paar Kummerthränen mehr gestillt werden würden, und die Kinder kehrten inniger befriedigt und in fröhlicherer Stimmung heim, als sie vielleicht von der Lustpartie zurückgekehrt wären.

Hat das Kind einmal einen vollen Zug aus diesem edlen Freudenbecher gethan, so kann man darauf rechnen, daß es öfter ihn von selbst erfassen, daß es auch ohne äußere Anregung, durch den eigenen freiwilligen Gedankengang zu derartigen Entschlüssen kommen wird. Nun erst, durch den Hinzutritt des freudigen Gefühles, erhält die Entsagung zu Gunsten anderer ihre wahre Weihe. So ein anderer Fall. Die drei ältesten Kinder einer schlichten Familie in dem Alter von 12, 11 und 9 Jahren beschlossen untereinander — es war zu Anfang eines Jahres —, dieses Jahr hindurch die Butter, welche sie gewöhnlich zu ihrem Morgenbrote erhielten, sich zu versagen, das dadurch ersparte Sümmchen schließlich von ihrer Mutter sich zu erbitten, um am Ende des Jahres armen Kindern eine Weihnachtsfreude davon zu bereiten. Es wurde wacker durchgeführt, ohne daß der Entschluß trotz der langen Zeit wankend und irgend eine Auffrischung desselben von außen nötig geworden wäre. Die Eltern begnügten sich mit der stillen Freude, hüteten sich aber wohl, um die Handlung nicht zu entweihen, außer belobender Anerkennung vor jeder Belohnung, wozu die Sache viel Verführerisches hatte.

Die gereiftere Willenskraft soll sich nunmehr auch bewähren im festeren Ertragen von geringeren oder größeren Prüfungen, wie sie gerade das Leben mit sich führt: von Unbequemlichkeiten, Unannehmlichkeiten, Widerwärtigkeiten, körperlichen Schmerzen. Alles Weinen und Klagen muß zwar mit Ruhe, aber mit zunehmender Entschiedenheit von der Umgebung des Kindes niedergekämpft werden. Die weiche, zarte Teilnahme äußert sich immer besser nach überstandener Prüfung als während derselben, wo nur kräftigende Einflüsse stattfinden dürfen. „Was von Deinen Leiden genommen werden kann, mein Kind, soll alles geschehen. Das übrige mußt Du standhaft tragen. Strenge Dich mal recht an zu zeigen, daß Du kein Schwächling bist, sondern daß Du den Mut und die Kraft dazu hast. Du wirst bald fühlen, daß Dein Leiden dann schneller und leichter vorübergeht. Dann wollen wir wieder lustig sein." Ist das Ehrgefühl geschärft, so wird es auch in allen solchen Fällen den trefflichsten Beistand leisten. Sollte noch Klagen und Weinen aus ganz ungenügenden Ursachen zuweilen vorkommen, so muß es sofort und in scharfer Weise abgeschnitten werden.

Im reiferen kindlichen Alter beginnen in der Entwickelung des Charakters die männliche und die weibliche Eigentümlichkeit desselben hervorzutreten und verlangen von Seiten der Erzieher die volle Beachtung. Für den männlichen Charakter ist die aktive Willenskraft, die Kraft des Handelns, des mutigen Vorgehens, die oberste Spitze des Ehrenpunktes, des Triumphes; für den weiblichen Charakter dagegen die passive Willenskraft, die Kraft der Entbehrung, der Ergebung. Wenngleich jeder Mensch, sei er Mann oder Weib, nach einer Vereinigung und immer weiteren Ausbildung beider Richtungen der Willenskraft streben soll, um den Kampf des Lebens siegreich durchzuführen: so liegt doch eine entsprechende Modifikation dieses Mischungsverhältnisses je nach der männlichen oder weiblichen Lebensaufgabe in der Natur und darum auch in der Perspektive des Erziehers.

Keine Gelegenheit darf man vorübergehen lassen, ohne in dem Kinde das Bestreben zu erhalten, jede Art angemessener (körperlicher wie geistiger) Anstrengung, anstatt sie zu scheuen, vielmehr als einen Ehrenpunkt und als Genuß aufzusuchen, ferner Trübsal und Wehe mit Fassung und Demut zu ertragen, den Rauheiten des Lebens Spannkraft entgegenzusetzen und überhaupt jeden unwürdigen Schwächlingssinn, insbesondere recht entschieden die Furcht verachten zu lernen. Dabei ist aber die Benutzung der tausenderlei kleinen Dinge des Lebens unerläßlich. Festigkeit des Nervensystemes, glückliche Geistesgegenwart, Mut und schnelle Entschlossenheit werden nur dadurch gewonnen, daß man die Kinder des reiferen Alters mit Behutsamkeit und allmählicher Steigerung an starke und überraschende Eindrücke gewöhnt, hier und da in kleine, berechnete Gefahren verwickelt und soweit als möglich sich selbst helfen läßt. Ängstliche Eltern glauben sich durch möglichstes Abschneiden aller Risikos am besten gegen Selbstvorwürfe zu wahren, bedenken aber nicht, daß sie durch den dadurch eingeflößten ängstlichen Sinn und seine bleibenden Folgen eine weit schwerere Verantwortung, eine wahre Versündigung auf sich laden, daß die Ängstlichkeit an sich die größte Gefahr ist, daß der ängstliche Mensch Gefahren sieht, wo keine sind, und allen unausweichlichen wirklichen Gefahren weit eher als Opfer fällt als der im mutigen Sinne geübte Mensch. Denn wollt Ihr die Mutübungen aufschieben bis auf den Eintritt ernster, wichtiger Fälle, erst von diesen alles erwarten, so ist es zu spät. Der Affekt des Augenblickes findet keinen vorbereiteten Sinn und wird überwältigend. Wo es gilt, fehlt dann die Bewährung, wenn ihr keine Vorbereitung, keine Übung vorausging. Laßt Eure Kinder durch tapfere Überwindung der kleinen Gefahren in Mut, Kraft, Gewandtheit und Besonnenheit erstarken, dann werden sie auch die größeren Gefahren des dereinstigen Lebenskampfes um so siegreicher bestehen.

Der wahre Mut beruht nicht auf blinder Unkenntnis der (scheinbaren oder wirklichen) Gefahr, sondern auf der wissentlichen Bekämpfung derselben. Die Kinder sollen nun von Jahr zu Jahr mehr vom bewußten Mute beseelt werden. Sie sollen immer mehr die Gefahren des Lebens kennen, aber soweit möglich durch eigene Kraft abwenden und überwinden, nicht aber vor dem überwindbaren fliehen, auch das unvermeidliche Überkommen unbesiegbarer Gefahren ertragen lernen. Selbstverständlich wird bei allen Mutproben der Kinder auf wohlberechnetes Verhalten und da, wo es ernsten Gefahren gilt, auf die nötige Eingrenzung des mutigen Sinnes, auf eine richtige Vereinigung desselben mit Besonnenheit und verständiger Vorsicht zu achten sein. Nur ist dabei in Anschlag zu bringen, daß eine Menge von Gefahren, welche der verweichlichte, furchtsame und durch die Furcht geblendete und gelähmte Schwächling als solche noch

anerkennen muß, für den Mutigen, Entschlossenen, körperlich und geistig
Gewandten in Wirklichkeit gar nicht mehr existieren, daß Mut, Gewandtheit und Sicherheit in Gefahren, denen ja selbst das bewachteste Leben
stets ausgesetzt bleibt, eben nur durch Übung erlangt werden; daß bei
jedem Zusammenstoße im Leben der Mut an sich schon halber Sieg ist;
und endlich, daß nach alter Lebenserfahrung — Gott den Mutigen am
meisten beschützt. Wollte doch Elternliebe also auch in dieser Hinsicht
sich vor Kurzsichtigkeit wahren und bedenken, daß man richtiger für das
Lebenswohl der Kinder sorgt und sie vor den Gefahren der Zukunft in
aller Art mehr schützt, wenn man Mut und Selbstvertrauen in ihnen
entwickelt, als durch übertrieben ängstliches Zurückhalten vor der bloßen
Möglichkeit kleiner augenblicklicher Nachteile! Wohl ist die damit verbundene Überwindung für ein an sich schon ängstliches Elterngemüt
anfangs nicht leicht, aber der Gedanke, daß eine in der That recht ernste
Pflicht es fordert, muß darüber hinweghelfen. Wo nicht — nun so
werdet Ihr allenfalls verweichlichte und lebensuntüchtige Muttersöhnchen
und hysterische Zuckerpüppchen heranbilden, nicht aber Söhne und Töchter,
auf die Ihr mit Stolz und Freude blicken und Euch im Alter stützen
könnt. Mut und Selbstvertrauen sind ja nicht bloß wichtig als Schutz
gegen Gefahren, sondern auch als die Haupttriebfedern aller Thatkraft,
folglich der praktischen Lebenstimmung überhaupt. Woher anders soll
Thatkraft kommen, als aus der That, und woher anders diese, als aus dem
Mute? Auf Entwickelung der eigenen Kraft ist das ganze menschliche
Leben berechnet. Die Grundbedingungen dazu sind Mut und Übung.
Ihrer bedarf in vollem Maße der Knabe, in einem nach dem Charakter
edler Weiblichkeit bemessenen Grade auch das Mädchen.

Es ist als ein recht ernstes Unglück zu betrachten, wenn Kinder unter
kleinmütiger, verzagter Umgebung aufwachsen. Wie traurig: wenn gerade
in Familien, die auf Bildung und Intelligenz Anspruch machen, es ganz
vergessen zu sein scheint, dass der Mut eine überaus wichtige,
mit allen Kräften zu erstrebende Tugend ist; wenn man kindische
Furchtsamkeit und die damit zusammenhängende Erbärmlichkeit des Charakters einwurzeln läßt, wohl gar sie durch Wort und Beispiel nährt!
Man vergißt, daß nur möglichste Besiegung der Gefahren des Lebens
und unbedingte Niederkämpfung jeder Art von Furcht das Leben sichert,
hebt und veredelt, nicht aber stete und unbedingte Flucht vor den Gefahren. Furcht, Schreckhaftigkeit, Kleinmut und Ängstlichkeit schwächen
die Lebenstüchtigkeit und verbittern den Lebensgenuß auf jedem Schritte,
sind Schwäche und Sünde (Mangel an Gottvertrauen) zugleich. Schließlich ist ja doch festes Gottvertrauen und das volle Streben die eigene
Kraft nach Möglichkeit zu brauchen, in allen Fällen der sicherste Schutz
dagegen. Man halte nur den Gesichtspunkt fest, daß sie, wie alle

Schwächen, zu den Unwürdigkeiten gehören, deren sich der Mensch recht ernstlich zu schämen hat, daß es also nicht bloß für den Mann (wiewohl hier in höherem Grade), sondern auch für das weibliche Geschlecht ein Ehrenpunkt ist, allen solchen Gefahren, welche der Verfolgung vernünftiger und höherer Lebenszwecke sich etwa entgegenstellen könnten, die besonnene aber feste Stirn zu bieten, daß am allerwenigsten durch die oft auftauchenden Gedanken an fern liegende Möglichkeiten, die eine fieberhafte Phantasie als maßgebende Gespenster vorzuspiegeln pflegt, das Leben irgendwie beengt werden darf. Es ist für die Kinder ein über das ganze Leben sich erstreckender Segen, wenn dieser Ehrenpunkt in ihnen entwickelt wird, wenn sie, je nach der Stufe ihrer Verstandesreife, nach und nach so gewöhnt werden, daß sie bei voller Kenntnis der möglichen Gefahren des Lebens doch dadurch ihre vernünftigen Beschlüsse und Bestrebungen nie hemmen lassen.

Die erzieherische Einwirkung wird also in ihrer Perspektive stets auf die Entwickelung und Befestigung eines solchen Sinnes gerichtet sein müssen, bei welchem zwar jede frevelnde Tollkühnheit und leere Mutprahlerei ausgeschlossen ist, dagegen, je nach den verschiedenen Anforderungen und Stellungen des Lebens, der würdige, sich über alles erhebende Mut nie fehlen kann, wo ihn vernünftige, und besonders, wo ihn edle Zwecke verlangen. Ohne Mut kein Lebensglück. Betrachtet daher, Eltern, die Befestigung und Steigerung des edlen Mutes in Euren Kindern als eine heilige Verpflichtung.

Ein Hauptgrundpfeiler des edlen, gediegenen Charakters ist ferner die Wahrheitstreue. Die volle, gründliche, probehaltige Wahrheitstreue wird aber dadurch zu einer schwer zu erringenden Tugend, dass der gewöhnliche Lauf des Lebens unaufhörlich Versuchungen zum Abfalle von ihr mit sich führt, daß die Unwahrheit entweder in der Form scheinbar überwiegender Dringlichkeit anderweiter Rücksichten oder in dem gleißnerischen Gewande des Unschuldigen, der Höflichkeitsformen, des Herkömmlichen und Bedeutungslosen und in oft kaum merklichen Übergängen fort und fort an uns herantritt. War daher auch schon in dem früheren Alter des Kindes darin ein guter Grund gelegt, so ist nichts desto weniger auch jetzt und fernerhin eine gleiche Wachsamkeit und, wegen der sich mehrenden Häufigkeit der Versuchungen, eine noch bestimmtere Hinlenkung auf Erkenntnis des innerlich Wahren und Unwahren erforderlich. Die Wahrheit muß dem Kinde, wenn dies nicht schon früher erreicht wurde, doch spätestens nunmehr zu etwas Unantastbarem, Heiligem werden. Gelingt dies jetzt nicht, so kommt es schwerlich im späteren Leben dazu. Gegen die Feigheit und Niederträchtigkeit der Lüge muß der tiefste Abscheu die kindliche Seele durchdringen und das Ehrgefühl in scharfer Wachsamkeit erhalten werden. Da gehört schon ein hoher Grad von

Entsittlichung, wie er in der Kinderwelt noch nirgends zu finden ist, dazu, um gegen die Schmach der Feigheit stumpf zu sein. Wird also das Kind auf diesem Gesichtspunkte, der Lüge und pflichtwidrigen Verheimlichung gegenüber, erhalten, so hält es nicht schwer, die Wahrheitstreue fest zu begründen. Hat man es gleichzeitig mit mehreren Kindern zu thun, so wirkt noch die jedem Kinde natürliche Scheu, vor seinesgleichen als feig und verächtlich zu gelten, kräftig mit, um im etwaigen Falle des Schwankens den Durchbruch der Wahrheit aufzustacheln. Durch stete Festhaltung und geeignete Betonung eines solchen Gesichtspunktes können sich, beiläufig bemerkt, auch die Lehrer diesen Hauptpunkt der Schwierigkeit ihrer Stellung auf die radikalste Weise beseitigen. Wenn der Lehrer streng darauf hält, daß in Zweifelfällen der Schuldige, anstatt von anderen angezeigt zu werden, stets sich selbst nenne und seine Schuld wahrheitgetreu bekenne (wonach die Strafe ausdrücklich deshalb etwas zu mildern), und dafern er es nicht thut, durch den Ausspruch des Lehrers, solange als die Verheimlichung dem Lehrer gegenüber nicht überwunden ist, als unwürdiger Feigling in die Acht erklärt wird: so wird die moralische Macht der besseren Elemente unter den Mitschülern (jener am tiefsten dringende Ehrenstachel der Geltung vor seinesgleichen), also die Scheu vor der Schmach und vor der weit größeren Bestrafung bei dennoch erfolgender Entdeckung, fortan die Keime der Verheimlichung und Lüge nicht mehr aufkommen lassen.

Aber es ist noch nicht alles, wenn der Mensch gegen andere wahr ist, er soll es zugleich auch gegen sich selbst: durch Erfüllung gegebener Versprechen, oder ausschließlich gegen sich selbst sein: durch Festhalten gefaßter Beschlüsse. Zu dieser edlen Charakterfestigkeit führen wir die Kinder hin, wenn wir es ihnen zur Ehren- und Gewissenssache machen: alles vernünftig Versprochene oder Beschlossene — dafern die Bedingungen und Verhältnisse, worauf es gestützt war, inzwischen nicht wesentlich andere werden — unverbrüchlich fest zu halten, schon deshalb, weil es versprochen oder beschlossen war, auch wenn durch Nebenumstände ein Wunsch nach Abänderung des Beschlusses auftauchen sollte. Tritt dagegen eine vorher nicht bedachte höhere Pflichtforderung oder eine Umgestaltung der Grundlagen und Voraussetzungen eines Versprechens oder Beschlusses dazwischen, so würde ein trotzdem unbeugsames Festhalten der letzteren zur Starrheit des Charakters führen. Ist dies aber nicht der Fall, und war der Beschluß überhaupt ein vernünftiger und ausführbarer, so bestehe man also ja auf dessen Durchführung und lasse das Kind vor den etwaigen unerwarteten Schwierigkeiten nicht zurückweichen. Es soll sie überwinden und daraus eine heilsame Lehre ziehen für größere Umsicht bei künftigen Beschlüssen. So nur wird der sichere Grund für jenen Standpunkt gelegt, welcher den Menschen gegen die Gefahr des Irrewerdens an sich selbst schützt, welcher das Selbstvertrauen erhält und kräftigt und das Vertrauen anderer erwirbt.

Das Kind rückt nun in das Alter ein, wo die Keime der Leidenschaftlichkeit nach verschiedenen Richtungen hin deutlicher erkennbar hervorzutreten pflegen. Das ganze Leben wird feuriger, gewaltiger. Was irgend noch in der Tiefe steckt, treibt dabei mit in die Höhe, kommt zum Vorscheine, Gutes wie Schlechtes. Wir gehen hierbei am sichersten an der Hand der allgemeinen Regel: daß sowohl alle unedlen und unmoralischen, als auch alle niederdrückenden Leidenschaften (unter letzteren besonders grundloser Trübsinn, mürrischer, ärgerlicher Sinn) immer sofort durch Ablenkung oder direktes Niederkämpfen im Keime erstickt werden müssen. Es ist höchst wichtig, daß das Kind sich gewöhnen lerne, überall da, wo es Leistungen der moralischen Kraft gilt, den Gedanken des Nichtkönnens, anstatt in ihn sich einzulullen, unter die scharf verbotenen zu rechnen. Im allgemeinen umfaßt dieser Grundsatz zunächst die sittlich-vernünftige Beherrschung der ganzen körperlichen Seite, der Sinnlichkeit im weitesten Sinne des Wortes, sodann die Bekämpfung der Selbstsucht mit allen ihren Seitentrieben. Eine besondere Beachtung verdient nächstdem jene stirnrunzelnde Unleidlichkeit (gegen unerhebliche körperliche wie gemütliche Einflüsse), jener mürrische oder ärgerlich-reizbare Sinn mancher Kinder, der, wenn er nicht bloß vorübergehend als Folge körperlichen Unwohlseins erscheint, als schleichendes Seelengift zu betrachten ist. Er verlangt, namentlich anfangs, eine behutsame, mehr schonende Behandlung, indem er durch möglichste Entziehung aller Nahrung, schnelle Ablenkung und heiter belebenden Zuspruch nach und nach umgewandelt werden muß. Noch gefährlicher ist der, glücklicherweise seltenere, stille, verbissene Ärger oder Kummer über Dinge, die weder abzuändern noch zu vermeiden in des Kindes Macht steht, welchen es aber auch, aus Gefühl des Unrechtes oder aus Furcht ausgelacht zu werden, nicht auszusprechen wagt. An einer Veränderung des ganzen kindlichen Wesens giebt sich das Vorhandensein eines solchen Knotenpunktes, den das Kind aus eigener Kraft nicht mehr zu lösen vermag, bald zu erkennen. Es gilt hier die Verschlossenheit durch herzliche Zusprache unter vier Augen zu öffnen und den faulen Fleck, der sonst unaufhörlich weiter frißt und festwurzelt, mittels fleißiger Nachhilfe gründlich auszuheilen. Wichtig ist es, daß auch keine Spur davon in der Tiefe zurückbleibe; denn alle, auch die schlummernden, Keime des Seelenunkrautes werden, wenn nicht früher, doch im späteren Leben leicht einmal gefährlich, wenn sie von irgend einer Seite her (durch körperlichen oder gemütlichen Impuls) neue Nahrung zum Wiederaufwuchern erhalten. Die Irrenanstalten würden zahlreiche Belege dazu liefern, wenn man die einzelnen Leidensgeschichten der Unglücklichen bis auf ihre letzten

Wurzelfasern herab verfolgen könnte. Hierher gehört die langverhaltene Furcht vor Schulstrafen, Verweisen und Zurücksetzungen.

Ein ganz anderes erzieherisches Verhalten verlangt die Leidenschaftlichkeit in entgegengesetzten Richtungen: in der Richtung nach unschuldiger Freudigkeit und nach edlen Zielen. Eine gewisse Leidenschaftlichkeit in edlen Bestrebungen ist der Entwickelungskeim der vollen thatkräftigen Begeisterungen des reiferen Alters, ohne welche hochherzige Gesinnungen, Großthaten, menschliche Meisterwerke nicht ins Leben treten würden. Doch bedarf es scharfer Wachsamkeit, damit eine solche Leidenschaftlichkeit nicht etwa durch das Umschlagen in hohle Eitelkeit oder in die Vornahme zu vieler gleichzeitiger Wettkämpfe entwürdigt werde, was außerdem im kindlichen Alter sehr leicht geschieht.

Nur der niederdrückenden oder unedlen Leidenschaftlichkeit sollen wir sofort den Lebenskeim abschneiden, um der natürlichen Entwickelung der edlen Geisteskräfte desto freieren Spielraum zu lassen, die, wie alle Lebenskräfte, angemessene Nahrung und Übung verlangen, wenn sie Stärke und Ausdauer gewinnen sollen. Wollten wir auch das edle Feuer sofort mit kalter Hand erdrücken, so würden wir das ganze geistige Leben zu einer frostigen, trockenen und stumpfen Existenz einengen. Es ist hier gerade genug, wenn wir nur den Lebensstrom nötigenfalls leiten und das extremste Übermaß abdämmen: wenn wir die jeweilige rechtzeitige Entfaltung der Freude, auch selbst einer harmlosen Ausgelassenheit, nur vor dem Übergange zur Roheit und die leidenschaftlich edlen Bestrebungen nur vor dem Übergange in Schwärmerei hüten. Von einer ängstlich engen Eingrenzung des kindlichen Lebens in diesen Beziehungen können wir schon deshalb absehen, weil die etwa nötige Selbstbeschränkung und edle Mäßigung hierin, gegen das reifere Alter zu, sich meist von selbst vermöge des natürlichen Entwickelungsganges und der von Herbart so trefflich abgewogenen Rücksichten auf unsere Mitmenschen einstellt, aber auch, wo dies nicht der Fall, die nachhelfende Einwirkung dann immer noch rechtzeitig ·kommt, da die heranreifende Vernunft des Zöglinges die übersprudelnde geistige Kraft zu allen Zeiten viel leichter zügeln, als die erdrückte oder überhaupt fehlende geistige Kraft ersetzen kann. Lebensfroher, thatkräftiger Sinn soll gefördert, nicht aber niedergehalten werden.

Die Ausbildung der Denkkraft in dieser Altersperiode fällt hauptsächlich den Lehrern anheim. Doch ist es als ein großer Gewinn für die Kinder zu betrachten, wenn ihnen, dafern ihre Eltern dazu befähigt und geneigt sind, auch von dieser Seite eine unterstützende Einwirkung zugehen kann. Nur soll dies durchaus nicht etwa falsch verstanden werden, als ob darin irgend ein Entschuldigungsgrund für eine leider von vielen, ja sogar gebildeten Eltern beliebte, ganz verkehrte Maxime gefunden werden könnte. Ich meine jene unbegreifliche Schwäche der Eltern, daß sie ihren Kindern bei manchen vielleicht etwas schwierigeren Schulaufgaben die Mühe des Selbstdenkens und Selbstarbeitens durch direkte Nachhilfe ganz oder teilweise abnehmen. Sie überlegen dabei nicht, daß sie den Lehrer dadurch betrügen, durch Sanktionierung dieses Betruges in den Augen des Kindes auf das letztere den verderblichsten moralischen Einfluß üben und außerdem noch das Kind seines Fortschrittes berauben. Leider verweisen manche Lehranstalten auf das im Elternhause Einzublasende.

Es werden hier nur diejenigen Punkte in spezielle Erwähnung zu bringen sein, hinsichtlich deren die elterliche Mitwirkung in der Regel nicht wohl entbehrlich ist, wenn die Ausbildung der Denkkraft des Kindes eine möglichst harmonische und bestimmungsgemäße werden soll, hinsichtlich deren aber auch oft die einflußreichsten Mißgriffe geschehen.

Die Denkkraft soll von Stufe zu Stufe immer mehr eindringen in die Welt und ihre Verhältnisse. Vom Kennenlernen der Dinge soll der Übergang zum Erkennen, d. h. zum richtigen Verständnisse der Ursachen und Wirkungen, des inneren Wesens und Zusammenhanges der Dinge erfolgen und so der Weg angebahnt werden, welcher mit Hilfe der sich erweiternden eigenen Erfahrung zu einer richtigen Lebensanschauung und zur dereinstigen Ausfüllung der Lebensbestimmung, des Berufes, führt. Das Urteil soll in aller Beziehung berichtigt und in möglichst weitem Kreise vervollkommnet werden. Verständige Eltern können, auch ohne im Besitze einer großen Summe positiver Kenntnisse zu sein, ihren Kindern darin viel nützen, wenn sie nur im stande sind, das tägliche Leben mit seinen bunten Erscheinungen im richtigen Lichte zu erkennen, d. h. wenn sie selbst nur ein gesundes Urteil haben und dieses mit den Kindern bei passenden Gelegenheiten austauschen. Wie oft wird der Trieb der geistigen Entwickelung zurückgehalten durch niederschlagende Abfertigungen kindlicher Fragen: „Das verstehst Du nicht"; „Das brauchst Du nicht zu wissen" etc. Wenn nicht etwa höhere Rücksichten, als nur augenblickliche Bequemlichkeit, eine gründliche Beantwortung verbieten, so thut man daran Unrecht. Benutzt man dagegen solche Augenblicke besonderer Empfänglichkeit für Belehrung (vorausgesetzt eben, daß sie statthaft ist), so befördert man dadurch die Entwickelung und Abklärung des Urteiles ganz bedeutend.

Auf Klarheit und Bestimmtheit der Vorstellungen, somit also auch des Urteiles, auf Schärfung und Kräftigung der Phantasie und des Gedächtnisses kann man unglaublich viel Einfluß üben. Dies ist auf ganz einfachem Wege zu erreichen. Zunächst schärfe man die Aufmerksamkeit der Kinder auf gewisse passende Dinge: Begebenheiten, Erzählungen, sinnliche Anschauungen u. dgl. Ist da der Eindruck des Gehört-, Gelesen-, Gesehenhabens erfolgt, so läßt man bald darauf, solange also die Vorstellung davon noch in ihrer vollen Frische vorhanden ist, dieselbe mit möglichster

Genauigkeit reproduzieren; durch Wiedererzählen oder allerhand sinnliche Nachbildungen, z. B. durch schnelles skizziertes Aufzeichnen insbesondere neuer Gegenstände. Nimmt man sich mitunter diese kleine Mühe mit den Kindern, so wird man durch die erfreulichsten Erfolge belohnt werden. Das Kind soll aber nunmehr sein geistiges Auge gleichzeitig auch nach innen richten lernen; in der Kunst der Selbsterkenntnis eingeschult werden. Die Selbsterkenntnis ist die bekannte Grundbedingung wahrer Lebensweisheit, und doch sind Meister in dieser Kunst so selten. Haupt sächlich ist es Aufgabe der Eltern, hierin den Kindern den Weg zu zeigen. Es hält dies nicht so schwer, wenn man sich nur hin und wieder die Mühe giebt, einzelne Punkte des kindlichen Gedankenganges, einzelne Handlungen des Kindes mit ihm gemeinschaftlich zu zerlegen, die wesentlichen inneren Beweggründe ans Licht zu ziehen, auf Reinheit oder Unreinheit derselben die Aufmerksamkeit zu lenken, die innere Wahrheit der Gedanken zu enthüllen, seine Mängel und Schwächen überhaupt, aber auch den unbegrenzten Wirkungskreis seiner Willenskraft recht klar erkennbar hervorzuheben und so ein möglichst vollständiges Spiegelbild seines Inneren ihm vor Augen zu führen.

Die Übung in der Selbsterkenntnis erleichtert und vermittelt auch das Sichhineindenken in die Lage anderer, jene Geistesrichtung, die, wenn sie mit edler Gesinnung verbunden ist, als die Grundlage der Gerechtigkeit, Billigkeit, des entgegenkommenden Wohlwollens, des Mitgefühls, kurz, aller Humanität betrachtet werden kann. Unter guter Leitung sind Übungen in dieser Richtung, zu denen das tägliche Leben genügende Gelegenheit bietet, ein kräftiges Schutzmittel gegen die Engherzigkeit und Selbstsucht und ein wahres Förderungsmittel praktischer Tugenden. Es ist daher sehr empfehlenswert, die Kinder zumal wohlhabender Eltern öfters darauf zu leiten und sie dabei sowohl aufwärts als abwärts blicken zu lassen.

Denn sie sollen anfangen, mit des Lebens Licht- und Schattenseiten vertraut zu werden, solange sie noch unter leitender Hand stehen, damit Seitenblicke der Art im späteren Leben ihren eigenen Halt und Stand nicht verrücken und verderben. Sie mögen zeitig lernen, daß es jedes Menschen Pflicht ist, in allem, was das Gebiet seiner eigenen Kraft übersteigt, die Fügung einer höheren Hand zu erkennen und zu verehren, also auch in allen gegebenen Stellungen und Lagen des Lebens den Sinn der Zufriedenheit sich zu wahren und sich rein zu erhalten von den niedrigen und unwürdigen Regungen des Hochmutes oder Neides.

Es darf daher nur mit einer gewissen Behutsamkeit geschehen, wenn Kinder durch abwärts gerichtete Vergleiche zu dankbaren Gesinnungen angeregt oder in gewissen Fällen getröstet werden sollen. Wahrhaft heilsam werden solche Vergleiche nur dann, wenn sie mit dem Wunsche verflochten werden,,zur Verbesserung der ungünstigeren Verhältnisse der anderen etwas beitragen zu können.

Wenn ferner bei dieser Umschau die Blicke hin und wieder auf Sittenverderbnis und Laster stoßen, so ist von der leitenden Hand dafür Sorge zu tragen, daß in den Kindern zwar der tiefste Abscheu gegen das Laster an sich erzeugt wird, gegen die damit behafteten Personen aber kein anderes Gefühl als das des innigsten Mitleides aufkommt, daß die Kinder fest daran halten, das richterliche Sittenurteil gegen sich selbst strenger zu handhaben als gegen andere, daß auch im entartetsten Menschen immer noch der Mensch zu ehren ist.

Indem wir so den geistigen Blick des Kindes nach allen Hauptrichtungen hin leiten und regeln, Verstand, Gemüt und Willen in Einklang bringen, bahnen wir den Weg für die immer freiere Entfaltung der höchsten Blüte der Denkkraft — der Vernunft. Sie ist die Herrscherin über alle übrigen Geistesthätigkeiten, welche durch sie in Übereinstimmung erhalten werden sollen. Sie führt auch in jenen schwierigen Lagen, wo gleichzeitige, verschiedene Gefühlsrichtungen und Pflichten einander widerstreiten, auf das rechte Verhältnis der Über- und Unterordnung. Je mehr sie die Oberhand gewinnt, um so mehr reift das Kind der Selbständigkeit und Selbstverantwortlichkeit entgegen, um so reiner und vollkommener entwickelt sich aus ihr das Gewissen — der innere Wächter der Sittlichkeit, welchen abzuleugnen die Anhänger des krassen Materialismus sich vergeblich abmühen. Die Vernunft ist aber auch zugleich die Vermittlerin zwischen der sinnlichen und übersinnlichen Welt. Sie kann und soll es wenigstens werden, dadurch daß sie die von ihrer Himmelsschwester, der Religion, dargebotene Hand erfaßt.

Hier tritt uns nun die Frage entgegen: welcher Anteil an der religiösen Erziehung fällt neben den Lehrern den Eltern zu?

Wenn wir die, wenigstens in den öffentlichen Schulen, gewöhnlichen Verhältnisse erwägen, unter denen doch der bei weitem größte Teil unserer Jugend herangebildet wird, so drängt sich uns die Überzeugung auf, daß selbst den allervorzüglichsten Lehrern nicht viel mehr Möglichkeit in der Hand liegt, als das religiöse Wissen, die Religionslehre in den Kindern zu befestigen. Das Wesen, der Kern der Religion aber, die innerliche Entfaltung des religiösen Sinnes und Gefühles, kann als die zarteste Blüte am geistigen Lebensbaume nur in der Stille der Häuslichkeit gedeihen. Aber auch selbst abgesehen davon — Ihr, Eltern, seid und bleibet ja auf der ganzen Entwickelungsbahn des Kindes in allen Fällen die nächst maßgebenden Vorbilder. Soll also echte Religiosität Herzenseigentum Eurer Kinder werden, so müßt Ihr ihnen dazu verhelfen, gleichviel ob mit oder ohne fremde Unterstützung.

Es ist dies die wichtigste und zugleich eine der schwierigsten Auf-

gaben der ganzen Erziehung. Sie ist deshalb so schwierig, weil hier ganz
besonders alles darauf ankommt, sich auf den jeweiligen Standpunkt der
kindlichen Entwickelung herabzuversetzen, wenn nicht durch falsche Einwirkung nach irgend einer Seite hin das so überaus zarte geistige Pflänzchen Schaden leiden soll. Der im allgemeinen naturgemäßeste und
sicherste Weg dürfte etwa folgender sein.

Nachdem in der vorhergehenden Altersperiode die Ahnung des Göttlichen der kindlichen Seele aufgegangen war, sowohl im Tempel der Natur
als an den sich darbietenden Erscheinungen des Menschenlebens, nachdem
die religiösen Vorgefühle und die stille Sehnsucht nach einem näheren
Bekanntwerden mit dem Wesen dieser Gefühle genährt worden waren
(s. S. 115 u. ff.), sollen nunmehr auch die Religionsbegriffe dem Kinde
allmählich näher geführt werden. Der systematische Religionsunterricht gebührt der Schule. Die weitere Entwickelung, Veredelung und Befestigung
des religiösen Sinnes und Willens verbleibt aber fast allein der häuslichen
Erziehung als Aufgabe.

Diese Aufgabe bringt zunächst mit sich, daß das Kind in die freiwilligen Religionsübungen eingeweiht werde und, sofern sie gemeinschaftliche sind, an denselben Anteil nehme. Wo sie freilich gänzlich
fehlen, wird nicht leicht wahre Religiosität herangebildet werden.

Hier ist nun gerade die Hauptklippe, an welcher so oft die besten
Absichten der Eltern oder Erzieher durch falsches Gebahren scheitern.
Die wahre Religiosität kann sich nur von innen heraus entwickeln. Die
Religionsübungen können also nur dann den reinen Wert haben, wenn das
Kind mit ganzer, geweihter Seele dabei ist. Hierzu sind die zwei Grund-
bedingungen: Fernhaltung von Zwang und von Übermaß.

Die erste ist an sich unzweifelhaft. Denn, während früher das Verständnis für alle übersinnlichen Begriffe, mithin auch für die dahin gerichteten Gefühle, insofern sie auf Bewußtsein ruhen, mangelte, lassen sich
in diesem Alter Gefühle, noch dazu so zarte Gefühle wie das religiöse, nicht
mehr durch direkten Zwang einflößen. Dieser erzeugt vielmehr, vermöge
der schon zu weit entwickelten und auf äußeren Druck reagierenden Federkraft einer gewissen sich bewußten geistigen Selbständigkeit, gerade das
Gegenteil. Daher ist auch liebender Gehorsam der Kinder gegen die
Eltern, wenn man versäumt hat, in der frühesten Kindheit — dem Alter
für die unbewußten Gewöhnungen, welches allein derartige Zwangsein-
wirkungen verträgt — darauf hinzuwirken, jetzt nicht mehr zu erzwingen.

In Betreff der zweiten Bedingung möge man wohl bedenken, daß die
Andacht (auch auf ihrer untersten Stufe) kein passiver Geisteszustand,
sondern eine geistige Anspannung ist. Hat doch schon jedes innige Sich-
versenken in einen Gegenstand sinnlicher Wahrnehmung, z. B. in ein
Kunstwerk, seinen nicht sehr fernliegenden Sättigungspunkt, auf welchen

Erschöpfung folgt. In einem viel höheren Grade ist es natürlich bei der Andacht der Fall, eben weil sie in der Erhebung zu dem nicht wahrnehmbaren Übersinnlichen besteht. Jeder Anspannung folgt mit Naturnotwendigkeit eine entsprechende Abspannung der Thätigkeit und, bei längerer Fortsetzung oder zu häufiger Wiederholung derselben, Abneigung, und zwar je jünger das Kind um so früher. Was anders kann aber die Folge sein, wenn das Kind zu gewissen Stunden täglich vielleicht mehrmals genötigt wird zum Mitbeten oder zum Vorbeten dann bald von ihm gedankenlos gesprochener Worte, oder wenn es genötigt wird zum Anhören andauernder religiöser Betrachtungen oder langer, auf den Gedankengang Erwachsener berechneter Predigten, oder wenn es genötigt wird, wie in manchen Pensionaten, Gymnasien u. dgl., an jedem Sonn- und Festtage vielleicht mehr als einmal dem vollen kirchlichen Gottesdienste beizuwohnen? — Was anders als Entweihung des Gebetes zu Worten ohne Gedanken und Gefühle, aller gottesdienstlichen Handlungen zu hohler Formalität, was anders als Vernichtung aller Andacht und Religiosität, oft für immer, und Herabwürdigung derselben zu innerer Unwahrheit, Frömmelei und Heuchelei? Die Hand aufs Herz, wer Lebenserfahrung hat, kann dem nicht widersprechen.

Der Gegenstand ist zu wichtig, als daß wir nicht versuchen sollten, den Plan bis ins einzelne zu verfolgen und zu entwerfen, wodurch wir nach Maßgabe des kindlichen Geisteslebens uns gegen jene gefährlichen Klippen am besten sichern und das wahre Ziel erreichen können. Dieser Plan würde etwa in Folgendem anschaulich werden.

Sobald die religiösen Elementarbegriffe durch den Unterricht gegeben sind, werde also das Kind zu den Religionsübungen der Familie herangezogen, und zwar muß dies in einer Weise geschehen, daß das Kind darin eine Erhebung seiner selbst auf eine höhere Lebensstufe erkennt. Fehlt ein oder das andere Mal die bereitwillige Stimmung, so ist es besser, das Kind für dieses Mal geistig fasten zu lassen, als es direkt zu nötigen. Ist die geistige Grundlage des Kindes eine gute, so wird dies sich nicht leicht wiederholen, denn es erkennt darin, ohne daß ein Wort darüber zu fallen braucht, sehr wohl die beschämende Zurücksetzung. — Das dem Kinde wahrhaft heilsame Maß der Religionsübungen bewegt sich in engen Grenzen, etwa durchschnittlich wie folgt:

An einem Sonntage jedes Monates und außerdem an besonders wichtigen Tagen des Jahres eine kurze religiöse Betrachtung oder sonstige Andachtsfeier im engen Familienkreise. Dabei werde dem Kinde in öfters zu erneuernden sanften Erinnerungen ans Herz gelegt, sich zu gewöhnen, am Schlusse jedes Tages ganz für sich im Geiste einen Augenblick vor Gott zu treten, dabei die Gesinnungen und Handlungen des Tages zu überblicken (was durch die Übungen in der Selbsterkenntnis ihm erleichtert worden

13*

ist), um so an den reinen Strahlen des Gottesbegriffes (des liebenden Allvaters) sein Inneres abzuspiegeln und durch geläuterte Willenskraft belohnt zu werden. Ein ebenfalls stiller, freudig dankender Aufblick weihe den Morgen. Zu dieser Morgen- und Abendandacht genügt ein geistiger Blick nach oben ohne Worte. Vorgeschriebene und täglich wiederholte Worte werden bei Kindern bald mechanisches Geisteswerk. Nur der nach oben gerichtete, nicht in stereotyper Form gefesselte und darin so leicht untergehende Gedanke, das einfache Sicherinnern an Gott, erhält der kindlichen Seele die Selbstheit des Gedankens und Gefühles, sowie die wichtige Freiheit, denselben später nach eigenem Bedürfnisse bestimmteren Inhalt, bestimmtere Form zu geben und so dieselben mehr und mehr abzuklären und zu veredeln.

An einem anderen Sonntage jedes Monates und an kirchlichen Festtagen ein gemeinschaftlicher Kirchenbesuch der Familie. Den etwaigen Kirchenbesuch außer diesen bestimmten Tagen überlasse man dem freiwilligen Antriebe des Kindes, der wenigstens nicht durch direkte, unmittelbare Aufforderungen gestört werden darf. Es ist nämlich gerade ein recht wesentlicher Hauptpunkt, daß sowohl in Ansehung des Kirchenbesuches, als der häuslichen Religionsübungen (besonders des stillen Morgen- und Abendgebetes) der freien Selbstbestimmung des Kindes Spielraum gelassen werde. Nötigenfalls indirekte Einwirkungen bringen sicher das Kind nach und nach auf die richtige Bahn. Ausdrücklich muß aber hervorgehoben werden, daß es im allgemeinen ratsam ist, den regelmäßigen Kirchenbesuch nicht vor dem zwölften Jahre zu beginnen. Bei allen Religionsübungen des Kindes ist das Gefühl der Abspannung und des Langweilens sorgfältigst zu vermeiden. Bis dahin gelte der Kirchenbesuch als etwas Außerordentliches, als eine Belohnung, werde aber von da an zur frommen Gewohnheit.

Tischgebet (nicht vom Kinde gesprochen) nur etwa einmal wöchentlich, z. B. an den Sonntagen und sonst an feierlichen Familientagen. Es steht psychologisch fest, daß zu oft und täglich gesprochene oder gehörte Worte und täglich sich wiederholende Handlungen durch die abstumpfende Gewohnheit zu seelenlosem Formwerke werden.

Es bedarf wohl keiner weiteren Erwähnung, daß eine volle ungestörte Entwickelung des religiösen Sinnes nur möglich ist, wenn nächst den direkten Religionsübungen das ganze übrige Familienleben den sittlich-religiösen Charakter in wahrer Natürlichkeit an sich trägt, wenn Religiosität nicht bloß in den Stunden der Andacht waltet, sondern ihre stille Wirkung das ganze übrige Leben heiligt. Doch möge man nicht etwa glauben, daß es einen heilsamen Eindruck auf das Kind machen würde, wenn man fort und fort fast bei jeder Gelegenheit des täglichen Lebens das Kind auf die Religion hinweisen wollte. Auch dies würde Abstumpfung zur Folge haben. Mit religiösen Zusprüchen verfahre man schonend, damit sie für wichtigere Fälle ihre volle Kraft behalten, und wähle dazu immer nur solche Augenblicke, wo man beim Kinde volle Empfänglichkeit dafür voraussetzen kann.

Was nun die Religionsbegriffe, die Religionslehre betrifft, so haben wir als Eltern die Mitteilung derselben, wie bemerkt, dem Unterrichte zu überlassen.

Es kann uns nicht in den Sinn kommen, hier das Gebiet der theologischen Streitigkeiten wissenschaftlich berühren zu wollen. Nur insoweit diese hochwichtige Angelegenheit die Erziehung der Kinderwelt berührt und von dem dabei maßgebenden Standpunkte der psychologischen Gesetze beurteilt werden muß, sind die wesentlichsten darauf bezüglichen Grundsätze hervorzuheben.

So lange als wir finden, daß die Art des Religionsunterrichtes der Schule — gleichviel ob sie ganz mit unserer persönlichen Auffassungsweise der Religion übereinstimmt oder nicht (denn wir müssen auch im Kinde das Heiligtum der persönlichen Denkfreiheit achten) — das Kind in der einzig wahren Bahn nach dem höchsten, gottwärts gerichteten Ziele, nach sittlicher Veredelung und Freiheit auf liebend gläubiger Grundlage, erhält und fördert, haben wir aller solcher direkten Eingriffe, die nicht mit dem Gange des Schulunterrichtes harmonieren, uns streng zu enthalten. Denn die Wege, um zu jenem höchsten Gute zu gelangen, sind verschieden, und wir können uns von vornherein nicht anmaßen, daß unser eigener Weg unbedingt auch für unsere Kinder gerade der beste sein müsse. Tritt aber der Fall ein, daß das Kind auf einen Standpunkt kommt, wo Erkaltung und Gleichgültigkeit oder gar innere Unwahrheit, nämlich Scheinfrömmigkeit zu befürchten ist, oder, wo es trotz aller Mühe nicht mit sich einig werden kann, wo es in Grübelsucht, Zweifelsucht oder bodenlose Schwärmerei zu verfallen, die frei bleiben müssende Aneignungsfähigkeit des Glaubens, seinen Seelenfrieden und damit das wahre Ziel zu verlieren droht — dann, Eltern ist es an uns, die wir dem wahren Lebensglücke unserer Kinder die anderen Rücksichten unterzuordnen haben, daß wir nach unseren Kräften, nach unserem besten Wissen und Gewissen, nachhelfend und berichtigend einschreiten, nötigenfalls mit aufrichtigen seelenkundigen Freunden uns beraten.

Einer oder der andere dieser Fälle ist bei selbstdenkenden Kindern im reiferen Alter nicht so selten. Er ist auch leicht erklärlich, wenn an die Lehrsätze der Kirche die Diener der letzteren und die Lehrer buchstabenstreng gebunden sind. Denn die Lehrsätze bilden ja die mehr

oder weniger durch menschliche Bearbeitung geschaffene (konfessionell verschiedene) allgemeine Norm der religiösen Auffassungs- und Einkleidungs-
form, oder vielmehr der Durchgangsform zur Erreichung des Höchsten,
können aber die Aneignungsfähigkeit für die individuellen geistigen Besonderheiten der Menschen hinsichtlich aller einzelner untergeordneter Punkte
der Auffassung unmöglich zugleich in sich schließen. Sie sind die Mark-
steine und Wegweiser zum Ziele, welches hinter ihnen liegt, dürfen aber
nicht abschließende Mauern sein. Für diesen weiteren Weg und für alle
jene untergeordneten Auffassungen bleibt also immer ein gewisser Spielraum,
und er soll auch bleiben für die geistige Selbstthätigkeit, weil alles geistige
Besitztum, mithin auch das der Religion, erst durch Erwerbung möglich
ist. Zu allem, was unser Geist und Herz sich aneignen soll, gehört selbst-
verarbeitete Mitwirkung, oft ein ringendes Zustreben desselben. Außerdem bleibt es höchstens an der Oberfläche hängen, wird nicht wirkliches,
inneres geistiges Besitztum. Der religiöse Glaube muß von innen her zur
Überzeugung sich ausbilden, wenn er wahrhaft segenvolle und unzerstörbare
Lebenskräftigkeit erhalten und auf sittliche Veredelung hinwirken soll. Ein
solcher überzeugungkräftiger Glaube kann vieles umfassen, was über der
Sehweite der Vernunft liegt, nur nicht was innerhalb dieser Sehweite
gegen die Vernunft ist.

Ein gänzlich passives Aufnehmen geistiger Nahrung ist dem Grund-
prinzipe des geistigen Lebens, der geistigen Freiheit und persönlichen
Selbständigkeit, dem tief eingepflanzten geistigen Entwickelungsdrange, den
auch der ungebildetste Mensch in sich fühlt, entgegen, eine psychologische
Unmöglichkeit. Daher ist auch für religiöse Auffassungen eine individuelle
Verarbeitung des Gegebenen die Bedingung der Aneignung. Gleichwie
nicht jedes menschliche Auge durch einen und denselben Stand eines
Perspektivglases, sondern erst durch ein individuelles Zurechtrichten und
Anpassen desselben, sein Sehbild erfassen kann, so muß auch das geistige
Auge seine Individualität mit dem von außen Dargebotenen (und wäre dessen
Erkennbarkeit auch noch so eng begrenzt) durch Selbstthätigkeit ver-
schmelzen, wenn er das letztere in sich aufnehmen soll.

Hier also ist die Klippe, an welche wir unsere Kinder nicht geraten,
wo wir sie wenigstens nicht lange hilflos lassen dürfen, wenn wir nicht
riskieren wollen, daß sie an ihrem höchsten Gute, an ihrer religiösen Habe,
Schiffbruch leiden sollen. Können sie auf Grund jener durch den Unterricht gegebenen allgemeinen Norm der Religionsbegriffe den Weg nach dem
höchsten inneren Zielpunkte, dem Geiste der Religion, nicht selbst finden,
so ist es unsere heilige Pflicht, nach besten Kräften ihnen dazu zu
verhelfen.

Die Wichtigkeit der Sache möge einen erläuternden Zusatz rechtfertigen:

Selbst in den ausgebildetsten menschlichen Sprachen erreicht ein Wort, welches zur Bezeichnung von rein geistigen Zuständen, Gefühlen, abstrakten, übersinnlichen oder bildlichen Begriffen dient, den Begriff, welchen es ausdrücken soll, nur annähernd, nicht vollständig, kann ihn nicht vollständig verkörpert von einem auf den anderen Menschen übertragen, sondern es gehört Selbstthätigkeit des andren Menschen dazu, um ihn nach seiner und für seine Individualität erfaßbar und aufnahmfähig zu machen, um aus dem Worte den Begriff herauszufinden, um ihn aus demselben zu bilden. Daher bleibt die Art dieses Heraussuchens, Herausfindens und Herausbildens — wie unveränderlich fest auch der Begriff an sich selbst sein mag — immer individuell. Dies erkennen wir am deutlichsten, wenn wir solche Worte mit den möglichst gleichbedeutenden Worten einer anderen Sprache vergleichen. Bei diesem Umgießen der Wortformen und Wortbegriffe aus einer Sprache in die andere fühlt es jeder denkende Mensch deutlich heraus, daß hinter dem veränderlichen und unsicheren nächsten Wortbegriffe noch etwas durch das Wort der anderen Sprache nicht ganz Erfaßbares, Unveränderliches, Höheres, Absolutes, der Begriff an sich selbst, steht, daß also jeder höhere Begriff zu seinem Worte sich verhält wie der Geist zum Körper. (Deshalb bewirkt auch, beiläufig bemerkt, die gründliche Erlernung mehrerer Sprachen, nachdem die allgemeine Sprachlogik und besonders die Nationalsprache befestigt ist, eine immer weitere Abklärung und Vergeistigung der Begriffe.) Wie eine unserem Körper zugeführte Nahrung denselben nicht direkt ernähren kann, sondern erst dadurch, daß das Zugeführte die Prozesse der Verdauung, Blutbereitung etc. durchwandert und so angeähnlicht und aufgenommen wird, so etwa ist es auch mit dem Worte, besonders dem abstrakte Begriffe bezeichnenden. Sein geistiger Inhalt, der reine Begriff, kann erst durch geistige Verarbeitung des Wortbegriffes und des schon vorhandenen verwandten Materials (ähnlicher Vorstellungen und Begriffe) gewonnen werden. Der Geist vieler Worte kann nur mit dem Geiste, nicht mit dem Ohre erfaßt, nicht mit dem Munde allein wiedergegeben werden.

Wenden wir dies auf die christliche Religionslehre an, so ergiebt sich, daß, da auch die Worte der kirchlichen Lehrsätze nicht direkt von Gott zu uns gesprochene Worte, sondern eben nur menschliche Sprachformen, noch dazu aus fremden Sprachen umgegossene Worte sind, für uns dieselben als die Durchgangsformen, die wir als heilige Gefäße zu verehren haben, gelten müssen, um zu deren Inhalte, zu dem Allerheiligsten, zu dem rein Göttlichen, zu dem reinen Religionsbegriffe, zu dem Geiste der Religion zu gelangen. Sie sind das Erz, aus dem der einzelne Mensch das reine Gold durch seine Anstrengung gewinnen soll. Das Wort der Religion soll nicht bloß an Ohr und Munde haften bleiben, sondern der hohe Sinn, der Geist des Wortes soll eindringen und mit dem Geiste sich vermählen. Die äußere Offenbarung und die innere (die Vernunft in ihrer höchsten Entwickelung) sind die beiden Strahlen, welche um so mehr sich nähern, je mehr sie von allem Mensch-

*lichen, was beiden anhaftet, geläutert werden, bis sie endlich in einem Punkte,
dem Punkte der vollständigen Verschmelzung zusammentreffen. Der Buchstabenglaube ist allerdings für denjenigen, der sich in ihn hineinzuwingen kann,
ein bequemeres Ruhebett als der Vernunftglaube, weil er der Mühe des Selbstdenkens überhebt. Aber unser ganzes Leben, der Weg zu Licht und Wahrheit,
ist nun einmal nicht auf Bequemlichkeit berechnet, sondern auf rüstiges Vorwärts- und Aufwärtsstreben, auch hinsichtlich der Fortentwickelung und Läuterung der Religionserkenntnis. Darin beruht das innerste Wesen des geistigen
Lebens. Das Gegenteil ist naturwidrig und deshalb in seinen endlichen Folgen
verderblich. Die gleich wichtigen Quellen der religiösen Erkenntnis sind nebst
dem durch menschliche Überlieferungen zu uns gekommenen Bibelworte:
die Erfassung des Geistes Gottes, wie er sich in unserer eigenen (körperlichen
und geistigen) Natur, wie er sich in der großen Natur, und endlich wie
er sich in der Geschichte des Menschengeschlechtes offenbart. Wer aus
einer dieser vier Quellen allein und nicht aus allen gemeinschaftlich schöpft,
nicht eine durch die andere berichtigt und ergänzt, fällt unausweichlich in
Einseitigkeit und Irrtum. Der menschliche Geist unter dem toten Buchstaben
begraben, wird dadurch auf der von Gott bezeichneten Bahn seiner Lebensentwickelung nicht gefördert, sondern gehemmt und zurückgedrückt, der Lebensdrang, anstatt befriedigt, gewaltsam eingezwängt, und dadurch früher oder
später eine oft mit verschiedenen Gefahren verbundene Sprengung der Fesseln
herbeigeführt. Nicht also das Wort, sondern der Geist, den aus dem Worte
jeder einzelne Mensch erstrebend gewinnen soll, der christliche Gottesbegriff und das christliche Sittengesetz, ist das einzig Unantastbare,
das Göttliche der Christuslehre.*

*Diesen Geist, der mit dem Kernpunkte unseres Ichs, mit der Freiheit
des Gewissens, Gedankens und Willens in innigster, gottgegebener Verwandtschaft steht, lassen wir uns nicht rauben, wie es der Fall ist, wenn er dem
Buchstaben untergeordnet wird. Von außen kommender Glaubenszwang ist
der Todesstreich für die wahre Religiosität. Tausende von Menschen werden
dadurch zur (offenen oder versteckten) Irreligiosität getrieben, oder von den
nachgiebigen Seelen so manche dem religiösen Irrwahne*) zugeführt, weil die
zur Aneignung des Glaubens unentbehrliche, freie, eigene Kraft und Neigung
vernichtet oder aus ihrer natürlichen Richtung gedrängt wird. Glauben —
durch den inneren Sinn allein erkennen; dasjenige geistig auf- und annehmen,
was man durch die äußeren Sinne nicht aufnehmen kann — setzt voraus,
daß der aufgenommene Gegenstand soweit als eben möglich durchdacht oder*

---

*) *Die Beobachtungen der Irrenärzte in neuester Zeit weisen eine auffällige
Zunahme desselben (meist in Form von Teufels-Monomanieen) besonders unter dem
weiblichen Geschlechte nach. Zahlen sprechen am deutlichsten und würden ein noch
weit überraschenderes Resultat liefern, wenn alles derartige in der Stille verborgene
Unglück mitgezählt werden könnte.*

durchfühlt, geistig verdaut, angeeignet, in Geistesblut verwandelt worden sei. Nun kann ein Mensch dem andern wohl geistige Nahrung zuführen, aber die Verdauung, die Umbildung derselben in Geistesblut, die Einvergeistigung, ist ausschließlich Sache der selbststeigenen Individualität. Auch das über die menschlich-geistige Schweite Hinausreichende wird nur aufnahmfähig mittels des insoweit möglichen, aber nach der individuellen geistigen Grenze wohl abzumessenden, Durchdenkens oder Durchfühlens. Seinen Glauben muß sich jeder Mensch aus dem Dargebotenen selbst zurichten, selbst bereiten; sonst ist er nicht wirkliches geistiges Eigentum.

Wir alle und jeder, der seinen Gott im Herzen trägt, haben das Recht und die Pflicht, ein jeder nach Kräften, wo es gilt, mitzukämpfen für das Heiligtum der inneren Freiheit des Menschen. Wir kämpfen aber eben deshalb nicht angreifend, sondern nur verteidigend und stets nur mit den Waffen — der Liebe! Wer diese verleugnet, verleugnet Christus selbst und seine Lehre und somit die wahre, edle Humanität. Wir kämpfen nur um diese innere Freiheit, nicht um diese oder jene Glaubensform. Die Form bleibe von der persönlichen Freiheit abhängig und werde zwischen Verschiedengläubigen gegenseitig geachtet. In dem Sonnenpunkte göttlicher Reinheit und Liebe, als dem höchsten Zielpunkte menschlichen Strebens, wie er erst durch Christus in das volle Licht gestellt wurde, werden früher oder später alle zum Selbstbewußtsein gekommenen Völker der Erde ihr gemeinschaftliches Band erkennen, wenn sie nicht durch Mißdeutung der Durchgangsformen und infolge dessen durch lieblose Spaltungen den Weg dazu sich immer wieder selbst absperren. Unwürdig und als Zeichen geistiger Unreife erscheint daher jeder konfessionelle Hader und äußere Zwang. Bis jener Religionsfriede allgemein geworden, mögen sich wenigstens die Edlen aller Nationen und Konfessionen auf dem höheren Standpunkte des reinen Gottesbewußtseins über die kämpfenden Parteien hinweg im stillen die Hand reichen und durch eigenes fleckenloses Wandeln, durch ihr Beispiel zu erziehen, zu bessern und zu verklären suchen, wie Christus wirklich gethan hat.

Gegen das Ende dieser Altersperiode beginnt in der Regel die Mannbarkeitsentwickelung, mit welcher eine so entschiedene Umbildung des ganzen körperlichen und geistigen Menschen verbunden ist, wie sonst nie. Damit droht von körperlicher Seite her dem sittlichen Charakter eine ernste Gefahr, die in ihren weiteren Konsequenzen auf den ganzen Organismus eine vernichtende Wirkung auszuüben vermag. Es sind dies die mit der geschlechtlichen Entwickelung verbundenen Triebe. Wir dürfen unsere Augen aber auch nie gegen die Möglichkeit verschließen, daß diese in irgend einer Weise vorzeitig geweckten Triebe bei beiden Geschlechtern schon lange vor diesem Zeitpunkte zu jenen gefährlichen stillen Verirrungen führen können. Also Wachsamkeit gebietet die Vorsicht stets.

Bei sittenstrenger und körperlich geregelter, namentlich aller Schlaffheit und Weichlichkeit entgegenwirkender Erziehung wird übrigens nicht leicht etwas der Art zu befürchten sein.

Naht die Zeit der Mannbarkeitsentwickelung heran, so ist es eine unerläßliche Pflicht der Eltern oder deren Stellvertreter, durch angemessene Belehrung alle die vielen Gefahren des zufälligen und gelegentlichen Bekanntwerdens mit den geschlechtlichen Verhältnissen abzuschneiden. Es bedarf wahrlich keiner hohen Beredsamkeit, um das Kind zu geeigneter Stunde und unter vier Augen in einfach würdiger und erhebender Weise über das Wesentlichste und über die wahre Bedeutung dieser Verhältnisse aufzuklären, also die Heilighaltung auch dieses Naturgesetzes hervorzuheben. Besonders dürfte recht nachdrücklich darauf hinzuweisen sein, daß die Niederhaltung dieser Triebe im halbreifen Alter als ein Gebot der körperlichen ebensowohl wie der sittlichen Natur des Menschen zu betrachten ist. Denn die verblendete Jugend pflegt ihre Scheingründe für Entschuldigung eines ausschweifenden Lebens auf die Natürlichkeit der Triebe zu stützen und nicht zu bedenken, daß unsere (des Menschen) Natur ebenso wie unser Sittengesetz alle Triebe, also auch die körperlich-natürlichen, unter die Oberherrschaft der Vernunft stellt, deren Entscheidung nicht ungestraft umgangen wird, daß die vernunftgemäße Beherrschung und Leitung aller Triebe zu den unentbehrlichen sittlichen Übungs- und Erstarkungsmitteln gehört; daß insbesondere die Bezähmung der geschlechtlichen Triebe im Jünglings- und Jungfrauenalter zum vollständigen lebenskräftigen Ausreifen der inneren Entwickelung erforderlich ist. Sind die edlen Triebfedern überhaupt gekräftigt, so wird eine solche Vernunftherrschaft als ein den höheren von dem niederen Menschen und dem unbewußt, aber auch viel weniger ausschweifenden Tiere unterscheidender Ehrenpunkt festgehalten werden. Der Eindruck einer solchen Unterredung ist immer ein nur segenvoller. Durch das damit dem Kinde bewiesene Vertrauen wird sein ganzes Ehrgefühl dafür gewonnen, an welchem die unberechenbaren Lockungen der Zukunft zurückprallen. Die Erfahrung lehrt, daß bei weitem der größte Teil derer, welche auf die eine oder die andere Weise der Ausschweifung verfallen, durch anfängliches Nichtkennen der Gefahr fast unmerklich hinabgesunken ist. Es liegt in den Lebensverhältnissen der beiderlei Geschlechter, daß diese aufklärenden Ermahnungen bei den Knaben in einer ausführlicheren und nachdrucksvolleren Weise (besonders mit Hinblick auf die herrschende Grundsatzlosigkeit der männlichen Jugend) erforderlich sind als bei Mädchen und durch das persönliche Vorbild am besten gestützt werden. Es wurde schon früher darauf hingewiesen, daß durch ermüdende körperliche und nicht zu intensive geistige Arbeit dem Mißbrauche der von der Schöpfung eingesetzten Fähigkeiten am besten vorgebeugt und abgeholfen wird.

Mit dem Herannahen der nächsten Lebensstufe rückt die Notwendigkeit der Berufswahl immer mehr in den Vordergrund. Während für das Mädchen die Häuslichkeit mit allen ihren verschiedenen Aufgaben der allgemeine Zielpunkt bleiben muß, auf welchen neben der übrigen Ausbildung schon jetzt immer durch vorbereitendes Einschulen recht zweckmäßig hingearbeitet werden kann, so öffnet sich für den Knaben eine unendliche Vielseitigkeit der Zielpunkte. Sein dereinstiger Berufskreis soll bestimmungsgemäß ein doppelter sein, dessen einen Mittelpunkt er irgendwo im großen Kreise des Lebens zu suchen hat, bevor er zum anderen im engen Kreise der Familie gelangt. Er muß also wählen.

Da nun die Wahl gewöhnlich in einer Altersperiode geschehen muß, wo der nötige Überblick des Lebens und der verschiedenen Berufsarten mangelt, so würden die Eltern offenbar eine Unterlassungssünde sich aufbürden, wenn sie die Wahlfreiheit des Kindes so verstehen wollten, daß ihrerseits jede Art von Einwirkung unterbliebe. Eine für oder gegen eine bestimmte Berufsart zwingende Einwirkung darf es freilich niemals sein, so lange das Kind überhaupt Neigung zu einer vernünftigen Selbstbestimmung zeigt; denn hier, wo es sich um die ganze Zukunft handelt, fällt sein persönliches Recht schon mit in die Wagschale. Über ein entschiedenes Zu- oder Abraten hinaus geht das elterliche Recht dann nicht. Ein großes Unrecht würden die Eltern begehen, wenn sie da, wo sich die beharrlichste, innere (nicht bloß auf Äußerlichkeiten gerichtete) Neigung, mit hervortretenden Anlagen zu einer bestimmten und würdigen Berufsart (die natürlich den vorhandenen Verhältnissen nach erreichbar sein muß) zu erkennen giebt, aus Nebenrücksichten oder eigener Liebhaberei hindernd entgegentreten wollten.

Da aber, wo sich weder entschiedene Neigung noch Anlage zu einer besonderen Berufsart ausspricht, ist es offenbar Sache der Eltern, die Entscheidung allein in die Hand zu nehmen und zur Ausführung zu bringen. Die wesentlichste Bedingung dabei ist eine gründliche Prüfung der gesamten individuellen Beschaffenheit des Kindes. Unter Zusammenstellung derselben mit den Lebensverhältnissen der Familie muß der mutmaßlich beste Weg ausfindig gemacht werden. Diese wichtige Aufgabe der Erziehung, die Zukunft der Kinder aus der Erkenntnis ihrer Fähigkeiten zu bestimmen, setzt ebenfalls wieder tiefe Innigkeit des Familienlebens voraus.

In keinem Falle aber unterlasse man, vor der Entscheidung das Kind mit den wesentlichsten Licht- und Schattenseiten der fraglichen Berufsart vertraut zu machen und dabei einzuprägen, daß der Beruf überhaupt zwar als der nächstwichtige, aber noch nicht als der höchste Lebenszweck zu betrachten sei, sondern demselben, wie alle übrigen Lebenszwecke, nur als Mittel diene.

Man ist häufig der Meinung, daß da, wo sich hervortretende spezielle Anlagen zu irgend einem Zweige des menschlichen Leistungsvermögens zeigen, die Ausbildung eben auf diese hervortretenden Anlagen nicht bloß — wie es unzweifelhaft richtig ist — in einem vorwaltenden Grade, sondern möglichst ausschießlich zu richten sei, und daß das Anstreben einer Universalität der Ausbildung in solchen Fällen der Erreichung des individuellen Höhepunktes der Ausbildung Abbruch thue. Doch ist zu bedenken, daß der jugendliche Organismus im allgemeinen reich ist an allseitigen Keimen, von denen auch die weniger hervortretenden bei richtiger und beharrlicher gleichzeitiger Pflege fruchtbringende Entwickelung erlangen können, ohne allen Nachteil, ja vielmehr noch zu Gunsten der hervorragenden. Um erfreulichen Gesamterfolg zu erreichen, kommt alles darauf an, ob es gelingt, Neigung und Interesse des Kindes für jegliches Vorhaben zu wecken und rege zu erhalten. Immer mag es daher als der richtigste Weg gelten: unter Zugrundelegung der durch die individuelle Naturmitgabe bedingten Graduierung der einzelnen Ausbildungszweige, Allseitigkeit und Abrundung der Gesamtausbildung soweit zu erstreben, als es die äußeren Verhältnisse und das organische Kraftmaß des Kindes gestatten. Die klassische Vorbildung, in der den Lebensverhältnissen angepaßten Gabe vergönnt, ist die schönste Mitgift für jeden Knaben.

Die allgemeinen auf die geistige Ausbildung hinzielenden Erziehungsgrundsätze schließen noch einiges in sich, was sich auf die häusliche Einrichtung des Familienlebens bezieht und am passendsten bei gegenwärtiger Altersstufe Erwähnung findet.

Die rechte Bildung des kindlichen Gemütes und Charakters gedeiht nur im regelmäßigen, geordneten häuslichen Leben. Daher ist es höchst wünschenswert, daß die ganzen Lebensverhältnisse des Kindes bis zum erwachsenen Alter in gemessener Einfachheit erhalten werden. Viel bewegtes, buntes, sehr abwechselndes Leben vor erlangter Festigkeit und Selbständigkeit macht schwankend, irre, zerstreut, raubt vor der Zeit die Kindlichkeit, verweht den Blütenduft der kindlichen Seele, ehe es zum Fruchtansatze kommt. Wo also die Lebensverhältnisse der Familie derlei mit sich bringen, suche man wenigstens die Kinder möglichst unberührt davon zu erhalten. Es ist wichtig, das Interesse und die Freude am Kleinen durch weise Beschränkung möglichst lange rege zu erhalten und den Sinn für Ordnung, Reinlichkeit und einfache Schönheit zu einem natürlichen Bedürfnisse zu machen. Jeder vorzeitige Luxus vernichtet die Zufriedenheit, ist ein wachsender Nimmersatt, der das Leben abstumpft und vergiftet. Diese Schwäche der Eltern straft sich in der Regel furchtbar. Es ist stets ein Unglück, wenn junge Leute die Taschen voll Geld haben!

Da, wo Sinn für die Musik herrscht, wird diese manche freie Stunde der Kinder auf edle Weise füllen. Nur dann auch, wenn sie zu einigem Verständnisse der Musik gelangt sind, möge man ihnen — aber immer nur als selten gebotene Extrakost — gelegentlich den Genuß eines Konzertes oder einer passenden Oper gewähren. Für den edlen bildenden Einfluß der rein dramatischen Kunst ist noch kein richtiges Verständnis vorhanden. Als bloßes oberflächliches Vergnügungs- und Unterhaltungsmittel sind aber Schauspiel, wie Helden- und Trauerspiel kaum rätliche, wenigstens nur mit höchster Einschränkung und Auswahl zu gewährende Genüsse. Eher noch mag eine unschuldige Posse, die nur augenblickliche Eindrücke erzeugt, zuweilen sich rechtfertigen lassen.

Das stille Lesen als Unterhaltungsmittel verlangt zunächst sorgfältigste Auswahl des Stoffes. Empfehlenswert ist es, das Gelesene ab und zu von den Kindern erzählen zu lassen. Dies schützt gegen flatterhaftes und gedankenloses Lesen. Die Gewöhnung, auch bei aufnehmenden, mehr passiven Beschäftigungen und Unterhaltungen den Geist gesammelt zu erhalten, ist höchst wichtig. Sodann ist bei vielen Kindern eine wohlgemessene Beschränkung des Lesetriebes notwendig, damit derselbe nicht in Lesesucht ausarte, welche erschlaffend wirkt, die schaffende Geistesthätigkeit vernichtet und endlich Geschmack und Sinn für alles andere raubt.

Dagegen ist ein nicht genug zu empfehlendes Ausfüllungsmittel der freien Zeit, besonders der Winterabende, das abwechselnde Vorlesen geeigneter Erzählungen, Reisebeschreibungen, Lebens- und Charakterschilderungen, zur Abwechselung jetzt auch sinnreicher Fabeln und Märchen (vgl. S. 89), Übungen im Lösen und Selbstaufstellen von Rätseln oder Streitfragen, oder das gemeinschaftliche Lesen passender, d. h. nur im Kreise des Kinderlebens sich bewegender dramatischer Stücke, zuweilen, jedoch nicht öfter als ein- oder zweimal im Jahre, eine vollständige Aufführung solcher. Das letztere insbesondere übt auf die äußerlich abrundende Bildung einen unübertrefflich förderlichen Einfluß. Für das etwas reifere Alter sind zuweilen als Abwechselung auch einfache Deklamierübungen und für Knaben außerdem Übungen in freien Vorträgen im Kreise der Familie sehr empfehlenswert. Wenn auch solche Vorträge (über irgend einen beliebigen Stoff) anfangs sehr stümperhaft auszufallen pflegen, so bringt konsequente Fortsetzung der Übungen doch meist überaus schnell die gewünschte geistige Gewandtheit, die jetzt fast für jeden Stand als ein Zeiterfordernis zu betrachten ist.

Das Vorlesen ist eine Kunst, die als Bildungsmittel noch viel zu wenig benutzt wird. Geistige Bildungselemente, sowohl formelle als ideelle, liegen darin in reicher Fülle. Trefflich vereinigt sich hier das Nützliche mit dem Angenehmen und Schönen, jede Art von Belehrung und geistiger Ausbildung mit Unterhaltung. Wirkt man allmählich auf gutes Vorlesen hin, so wird das Kind genötigt, zunächst das Gelesene sich schnell geistig anzueignen, weil außerdem ein richtiges Wiedergeben unmöglich ist, und sodann in deutlicher, wohlklingender Aussprache, richtiger Betonung, Gedanken- und Gefühlsdarstellung sich zu üben. Ist der Stoff mit einiger Umsicht gewählt, wie leicht und schön lassen sich dann gesprächsweise aller Art Belehrungen und Betrachtungen daran knüpfen, die das Kind gewissermaßen spielend nach allen gewünschten Richtungen in die Welt einführen und eine richtige Lebensanschauung vorbereiten. Wie aufmunternd und begeisternd wirken Schilderungen hoher und edler Charakterzüge: wie viel direkt anschauliche sittlich-religiöse Elemente sind oft in dem Schicksalslaufe einzelner Menschen und Familien enthalten; wie leicht findet man dabei Gelegenheit, den tiefen Sinn der Welteinrichtung erkennbar zu machen, das heißt: einerseits die unlösbar verbleibenden Rätsel derselben in ihrer Notwendigkeit für die menschliche Fortentwickelung nach dem höchsten Lebensziele hin begreiflich zu machen und auch darin den überall waltenden heiligen Willen in Demut verehren zu lernen — denn, läge alles klar und offen da, so wäre ja kein Suchen, keine Irrung, kein Kämpfen, aber ebendeshalb auch kein Siegen, kein persönliches Verdienst, keine Entwickelung geistig freier Wesen denkbar — und andererseits die scheinbaren Rätsel und Widersprüche derselben, welche in der Periode des halbreifen Selbstdenkens oft den ganzen Sinn des Kindes verdrehen, zu lösen, z. B. die wahre Bedeutung und Notwendigkeit des gleichzeitigen Vorhandenseins der Gegensätze in der Welt, des Schönen neben dem Häßlichen, des Glückes neben dem Unglücke und deren ungleicher Verteilung, des Guten neben dem Schlechten, aufzuhellen — welche Gegensätze sich doch zu einander verhalten wie Licht und Schatten, indem der Begriff und die Erkenntnis des einen erst aus dem anderen hervorgeht, also erst dadurch das Ganze des Schöpfungsbildes inneres Leben und Abrundung erhält, und welche für uns Menschen teils als Erregungsmittel der Lebensthätigkeit überhaupt und der geistigen Spannkraft insbesondere, teils als Erinnerungsmittel an die irdische Unvollkommenheit und eine künftige Ausgleichung, teils als Wegweiser nach der, der freien Selbstbestimmung überlassenen Bahn ihre weise berechnete Bedeutung haben. Wie wirkt das Vortragen aus Natur- und Völkerlehre unterhaltend und zugleich bildend, als Opfer auf dem Altare der Wahrheit, als Hebel der höheren Regungen des Geistes und des Gemütes, als Schule der Demut und Bescheidenheit!

Was die regelmäßige Thätigkeit der Kinder im Hause überhaupt betrifft, mag sie nun in Unterrichtsaufgaben oder anderen, ernsteren oder heiteren, Beschäftigungen bestehen, so wird das elterliche Auge immer darauf zu sehen haben, daß die Kinder alles, was sie einmal angefangen haben, alles, was sie überhaupt thun und treiben, gründlich und vollständig ausführen. Jeder Oberflächlichkeit, Halbheit, Flatterhaftigkeit und Vergeßlichkeit muß entschieden entgegen getreten, Müßiggang und Langeweile als gefährlichstes Gift betrachtet werden. Ganz besonders wichtig ist es, jenes schlaffe Hinausschieben der Leistungen nicht aufkommen zu lassen, sondern die für das praktische Leben und auch für die Charakterbildung so hochbedeutenden Gewohnheiten des rüstigen und präzisen Aufarbeitens, der Pünktlichkeit und Zuverlässigkeit aller Leistungen zu einem dringenden Bedürfnisse zu machen. Man ist fälschlicherweise nur zu oft geneigt, jene üblen Gewohnheiten, wo sie gelegentlichen Erinnerungen nicht weichen, als in der Individualität einmal liegende Schwächen mit einer gewissen Ergebung hinzunehmen, obschon sie doch durch entschiedenere Energie stets besiegbar sind. Es ist überaus wichtig, die guten Gewohnheiten in der Jugend fest zu begründen und sich darin nicht mit blinder Hoffnung auf das spätere Leben zu verlassen. Auch achte man darauf, daß von Jahr zu Jahr mehr die Ausdauer in der Thätigkeit entwickelt werde und der Übergang vom Leichteren zum Schwereren in angemessener Steigerung erfolge. Den bei richtig erzogenen Kindern freiwilligen Trieb, an immer Schwererem sich zu versuchen, pflege man mit verständiger Berechnung, so nämlich, daß sie immer nur das ihnen Mögliche und Dienliche unter die Hände bekommen. So wächst die Kraft und damit die Lust zur Anstrengung und das Selbstvertrauen. Durch Versuche an dem Unmöglichen verlieren sie den Mut auch für das Mögliche. In der Regel um das 12. Jahr ist das Kind reif, um nun immer mehr auch geistig angestrengt und ausdauernd arbeiten zu lernen. Ist die Kraft nicht durch vorzeitiges Beginnen und sprungweises Fortstürmen geknickt worden, so kann sie nun, unbeschadet der Gesundheit, straff angespannt werden. Die Mehrzahl der Kinder bedarf des Antriebes zum Fleiße. Andere wieder müssen umgekehrt etwas zurückgehalten werden, sobald man sieht, daß ihr eigener Trieb sie bis zum aufreibenden Kraftgebrauche führen würde. Wird die zur Erholung bestimmte Zeit richtig eingehalten und, namentlich in körperlicher Hinsicht, gut verwendet, so kann auch die Arbeitszeit tüchtig ausgenutzt werden.

Da kein Mensch weiß, in welche Lagen ihn sein zukünftiges Leben führen kann, so ist es für die Ausbildung zum praktischen Leben und überhaupt zur Vervollständigung der Selbständigkeit unerläßlich, daß schon das Kind gewöhnt werde, sich in allen Beziehungen selbst zu raten und zu helfen, soweit dies nämlich der jedesmalige Lebenskreis mit sich bringt und möglich erscheinen läßt. Man mache das Kind in möglichst weitem Kreise selbstverantwortlich. Man wolle ihm ja nicht das Selbstdenken und Selbstsorgen ersparen oder aus Ungeduld abnehmen. Dies ist überaus wichtig. Alles Zuviel-Bemuttern wirkt gerade der Absicht entgegen, erschlaffend. — Da die Beziehungen des Kindes nach außen noch sehr beschränkt sind, so muß es wenigstens alles der Art lernen, was innerhalb seines noch engen Lebenskreises liegt und vorzüglich, was direkt und ausschließlich seine eigene Person angeht, also: Selbstbeachtung seiner Gesundheit, Selbsterhaltung der Ordnung und Reinlichkeit seines Körpers, seines Eigentumes, seiner Kleidungsstücke u. s. w. Aber auch anderweite geeignete Arbeiten, Aufträge, Bestellungen, Besorgungen aller Art mögen ab und zu den Kindern übertragen werden, damit ihre Ausbildung fürs praktische Leben abgerundet wird. Es wäre kurzsichtig und verkehrt, wenn die Eltern aus Standesrücksichten alles der Art vermeiden wollten. Die Mädchen müssen außerdem noch mit den gewöhnlichen wirtschaftlichen Beschäftigungen vertraut gemacht werden. Es ist nicht gemeint, daß die Kinder in jedem Falle auch alle solche Arbeiten, wozu vielleicht andere Hände im Hause einmal bestimmt sind, wie: das Reinigen ihrer Kleidungstücke, bei Mädchen die wirtschaftlichen Beschäftigungen, fortwährend selbst besorgen sollen, denn die Zeit ihrer übrigen Ausbildung soll dadurch nicht im geringsten gekürzt werden. Nein, sie sollen dies nur eine gewisse Zeitlang einmal, nur solange bis sie vollständig damit vertraut geworden sind, ausführen, damit sie alles können, wenn sie früher oder später einmal in den Fall kommen es zu brauchen, und so in der würdigen Unabhängigkeit sich vervollkommnen, d. h. jenes daraus entspringende edle Selbstgefühl erlangen. Dieses oder jenes von den betreffenden Dingen nicht machen können — nur das muß als eine Schande gelten, gleichviel ob die Umstände es mit sich bringen, daraus eine stehende Regel zu machen oder nicht. Ein weiterer Nutzen dieser Maßregel besteht darin, daß es nur so geschulten Menschen möglich ist, die Leistungen untergebener Personen richtig zu beurteilen, weder zu viel noch zu wenig von ihnen zu verlangen. Glücklicherweise ist in Deutschland die öffentliche Meinung noch nicht so tief gesunken, daß sie in dem Gegenteile die Schande erblickt, noch nicht so tief, daß der Begriff „deutsche Hausfrau“, in welchem hohe geistige Bildung und zarte Weiblichkeit mit häuslicher, wirtschaftlicher Tüchtigkeit vereinigt sind, seinen stolzen Klang ganz verloren hätte.

Die Frage, ob es erzieherisch richtig sei, den Kindern Geld in die Hände zu geben, ist nur dann zu bejahen, sobald das Vertrauen in die unbedingte Wahrhaftigkeit und Folgsamkeit derselben fest begründet ist. Jüngeren Kindern darf aber durchaus nur zu einem doppelten Gebrauche des Taschengeldes Befugnis eingeräumt werden: einmal zu milden Gaben an Arme oder zu Freudengeschenken an Verwandte und Bekannte, und sodann zur Anschaffung kleiner notwendiger Bedürfnisse. Für jeden Gebrauch, der darüber hinausgeht (es versteht sich, daß von etwas Verbotenem, wie Näschereien u. dgl. nie die Rede sein kann), muß zuvor besondere Erlaubnis eingeholt und über das Ganze stets genaue Rechenschaft abgelegt werden. Die unbedingte Wahrhaftigkeit des Kindes macht die Kontrole leicht und sichert gegen die Folgen eines etwaigen Mißbrauches; fehlt sie freilich — nun, dann ist das Kind verzogen und überhaupt noch nicht reif, Taschengeld zu erhalten. Wer Studien in der Nachtseite des Kindeslebens machen will, beobachte unbemerkt das Gebahren der Jugend an den neuerdings öffentlich zugänglichen Ziehkästchen für Chokolade und Zigarren. Für ältere gutgezogene Kinder, etwa vom 12.—14. Jahre an, ist es eine recht gute Vorbereitung fürs praktische Leben, wenn sie allmonatlich soviel Geld in die Hände bekommen, als nötig ist, um nebst ihren kleinen Bedürfnissen auch ihre Bedürfnisse für Kleidung, Bücher u. dgl. selbst zu bestreiten. Sie lernen dadurch mit Gelde umgehen, ihre Sachen schonen, ihre Bedürfnisse regulieren und überhaupt haushalten. Es bietet diese Einrichtung das beste Mittel, um die in dieser Beziehung sonst oft erst zu spät erkennbar werdende Individualität der Kinder rechtzeitig zu prüfen und sie zwischen den Extremen des Geizes und der Verschwendung auf die rechte Bahn zu leiten. Die damit verbundene Führung eines Rechnungsbuches, welches monatlich scharf kontroliert werden muß, ist als Vorschule für die künftige Selbständigkeit und Lebensordnung ebenfalls recht förderlich.

Dagegen ist die Methode mancher Eltern oder Erzieher, auf der Führung eines Tagebuches zu bestehen, nicht zu billigen. Das kindliche Leben ist noch zu leer an folgewichtigen Momenten. Ein solches Tagebuch, wenn es erzwungen wird, wird bald nichtssagend. Das Kind verliert das Interesse daran, und aus Verlegenheit um Stoff oder aus Scheu vor schriftlicher Niederlegung eines Geständnisses schleichen sich wohl gar Unrichtigkeiten und Unwahrheiten ein. Schließlich läßt sich das Einschläfern der Sache doch nicht verhüten, und es ist immer für die Charakterbildung des Kindes bedenklich, wenn man etwas anfangen läßt, dessen Durchführung von vornherein unwahrscheinlich ist. Für alles, was aus der Vergangenheit des Kindes erforderlichenfalles heraufzuholen ist, bietet die Berufung auf das lebendige Tagebuch, auf das Gedächtnis des Kindes, vollkommen genügenden Anhalt. Dagegen ist das Aufzeichnen von Erinnerungen aus den unschätzbaren kleinen Fußreisen und Ferienausflügen zu befürworten als süßes Andenken an die Jugendzeit.

Für Familienkreise, wo gleichzeitig mehrere im Alter nicht zu sehr verschiedene Kinder zu erziehen sind, ist die Einführung einer in der Kinderwohnstube aufzuhängenden Rügentafel ein recht wirksames Erziehungsmittel. Auf einer solchen Tafel sind die Namen der Kinder verzeichnet, bei denen jedes vorgekommene Vergehen, auch alle kleinen Vergeßlichkeiten, Ordnungswidrigkeiten u. s. w. durch einen Strich oder ein Notizwort bemerkt werden. Am Schlusse jedes Monates wird im Beisein aller Abrechnung gehalten, dabei je nach Umständen Verweis oder

Anerkennung ausgesprochen, und besonders auf die an dem einen oder anderen Kinde haftenden Gewohnheitsfehler oder Schwächen nachdrücklich hingewiesen. Es ist in der That überraschend, welche moralische Kraft eine solche Tafel auf alle, selbst die übrigens gleichgültigeren Kinder namentlich dadurch ausübt, daß sie dieselbe immer vor Augen haben, und daß jeder einzelne vorgekommene Fehler gleichsam als eine auf längere Zeit fortwirkende Lehre anschaulich erhalten wird. Dadurch werden viele sonst nötige erzieherische Maßregeln, Erinnerungen, Zurechtweisungen, Bestrafungen erspart und in einer ungleich wirksameren Weise ersetzt. Auch ist so die Konsequenz der erzieherischen Behandlung von Seiten der mit der speziellen Beaufsichtigung beauftragten Personen viel leichter zu erzielen und gegen manchen Mißgriff sichergestellt.

3) Das Kind im geselligen Leben.

Das Leben hat nun schon begonnen, mit ernsteren Anforderungen dem Kinde zu nahen. Das Lernen und die Arbeit sind ihm zur Pflicht geworden. Soll das Gleichgewicht seiner Kräfte erhalten werden, so ist nun eine gemessenere Einteilung der Zeit notwendig, eine Abwägung des Verhältnisses zwischen ernster Anstrengung und Erholung, zwischen Arbeit und Vergnügen. Soll Heiterkeit und Thatkraft sein ganzes Wesen durchdringen und auch seinen ernsteren Leistungen die belebende und gedeihliche Weihe geben, so darf ihm auch die süße Würze des Lebens nicht so spärlich zugemessen werden.

Diese gewährt ihm besonders der gesellige Umgang, und zwar zunächst und zumeist mit seinesgleichen.

An die wichtigen und vielseitig bildenden Vorteile des geselligen Umganges überhaupt ist schon bei einer früheren Gelegenheit (S. 85 u. ff.) erinnert worden. Bei Kindern der in Rede stehenden Altersstufe haben wir aber — vorausgesetzt, daß sie nach guten Grundsätzen erzogen sind und demgemäß schon eine gewisse selbständige Festigkeit erlangt haben — nicht mehr dieselbe strenge Vorsicht in der Wahl des Umganges nötig wie früher. Ja, es ist sogar der Bildung förderlich, daß die Kinder nunmehr auch mit den minder vorteilhaften Seiten der Menschenwelt in etwas nähere Bekanntschaft treten und sich selbst dabei richtig benehmen lernen. Ihr eigener Halt gewinnt an Widerstandskraft. Es müssen jetzt Proben mit der Selbständigkeit gemacht werden, denn diese soll durchaus probehaltig sein, bevor das Kind von der erziehenden Hand freigegeben wird. Jetzt hat letztere die vielleicht notwendige Nachhilfe noch in ihrer Gewalt, später nicht mehr. Es versteht sich von selbst, daß dabei der Grenzpunkt einer etwaigen Gefährdung dieser Versuche wohl im Auge zu behalten ist. Aber dafern wir nur den minder tadelfreien Umgang nicht zum regelmäßigen werden lassen, sondern ihn nur hin und wieder gestatten, ist kein Bedenken damit verbunden. Es genügt, unseren Kindern die Lebensregel einzuschärfen, daß, so oft sie mit fehlerhaften Menschen überhaupt im Leben zusammentreffen, sie nicht zu ihnen herabsteigen, sondern wo thunlich dieselben zu sich heraufzuziehen suchen müssen, aber stets auch eingedenk der eigenen Fehler, mithin ohne jede unbedingte Überhebung.

Ein nicht ganz unüberwachter mehrseitiger Umgang ist also Kindern des reiferen Alters höchst wünschenswert. Nebst seiner belebenden Wirkung trägt er zur vollständigen Abrundung des ganzen Wesens der Kinder das meiste bei. Er nimmt das Einseitige, Eckige, Unsichere und Unpraktische der ganzen Haltung, macht fest und tüchtig fürs Leben.

Was die mit dem geselligen Umgange verbundene Art der Unterhaltung betrifft, so gebührt den mit körperlicher Bewegung, womöglich in freier Luft, vereinigten Spielen und Belustigungen immer eine bevorzugte Stellung. Dieser Doppelzweck des geselligen Umganges ist besonders für diejenigen Kinder sehr beachtenswert, bei denen nach der Art und dem Umfange des Unterrichtes die Erhaltung des Gleichgewichtes ihrer Kräfte als eine dringende Rücksicht erscheint.

Unter den vielseitigen bildenden Einflüssen verdient hier die Aneignung eines richtigen Umgangstaktes hervorgehoben zu werden. Ich meine jene rechte Mitte zwischen Gewähren und Verlangen, zwischen Geben und Empfangen, zwischen Nachgeben und Verweigern, jenes auf selbstbewußter Kraft, nicht auf Schwäche, beruhende und gemessene Dulden und Ertragen, kurz — jenes edle Gleichgewicht zwischen Energie und Milde. Auf dieser Altersstufe gehen die Charaktere der Kinder im Umgange gewöhnlich nach zwei Richtungen. Das jetzt entschiedener entwickelte Selbstgefühl treibt die einen zur alleinigen Geltendmachung ihres Willens; das Gefühl der relativen Schwäche, keineswegs echte Gutmütigkeit (denn diese bleibt sich ihrer Kraft bewußt und unterwirft sich, wo sie es thut, freiwillig), zwingt die anderen bei innerem Widerstreben zur Unterwürfigkeit. Beides sind Extreme und Klippen, die vermieden werden müssen. Die einen sind auf dem Wege zu anmaßenden, selbst- und herrschsüchtigen, die anderen zu unselbständigen, willensschwachen Charakteren.

Willfährigkeit und Verträglichkeit dürfen nicht in Schwäche ausarten. Gerechtigkeit, Redlichkeit und Wahrheit müssen auch im Kinderverkehre stets die Oberhand behalten. Für diese muß auch schon das Kind seine Waffen in würdiger Weise brauchen lernen, wenn es fürs praktische Leben reifen soll. Nur soll jede Verteidigung des Rechtes und der Wahrheit im eigenen oder fremden Interesse auf Grundlage der gegenseitigen Liebe erfolgen, die Person von der Sache soviel wie möglich getrennt werden, der Unwille sich nur gegen letztere kehren. Da die Kinder ohne Machtsprüche sich schwerlich in diese rechte Mitte hineinfinden, so bedarf ihr geselliger Umgang, obgleich nunmehr im allgemeinen ein freierer, für diese Punkte

14*

doch eines von fern wachsamen Auges. Bevor sich ein geselliger Kreis von Kindern zusammen eingelebt hat, wird öfters auf die einen eine herabziehende, auf die anderen eine heraufziehende Einwirkung am Platze sein. Ist auf diese Weise in allen das Bewußtsein des Rechtes und der Ordnung einmal lebendig und klar geworden, so hält sie dieses als das unsichtbare Gesetz in der richtigen Bahn.

Es ist hier der Ort, eines in neuerer Zeit eingerissenen Mißbrauches zu gedenken: der Kinderbälle. Darunter sind nicht etwa die gelegentlichen Vergnügungen der Kinder bei bunter Mischung von Musik, Spiel und zwanglosem Tanze gemeint. Diese sind an sich ganz unschuldig und heilsam. Nein, es sind jene Festlichkeiten gemeint, wobei alle die nur erwachsenen Personen ziemenden Einrichtungen, Gebräuche und Formalitäten eines gewöhnlichen Ballvergnügens von den Kindern nachgeäfft werden sollen. Es mag für die Erwachsenen in diesem Schauvergnügen ein besonderer Reiz liegen, weil jede Nachäffung eine komische Seite an der Stirne trägt. Aber sicherlich nur für diejenigen Eltern, welche ihre Kinder bloß als die Spielpuppen für ihre eigene Unterhaltung betrachten. Denn die komische Seite der Sache tritt sofort in den Hintergrund, wenn wir an die unvermeidlichen ernsten und verderblichen Folgen für die Kinder selbst denken.

Die Kinder treten dabei ganz aus ihrer Sphäre heraus und kommen in Gefahr Gecken zu werden oder vorzeitige Liebeleien einzufädeln. Sie haben deshalb nicht einmal einen wirklichen Genuß davon, obschon sie anfangs meist davon angelockt werden, weil der aufgestachelte Ehrgeiz sie blendet. Man treibt dabei einen traurigen Mißbrauch mit dem in jedem Kinde lebhaften Vorwärtsstreben, welches nur dann zum wahren Heile führen kann, wenn es durch verständige Leitung in seinen naturgemäßen Richtungen und Grenzen erhalten wird. Jeder verfrühte Genuß aber ist Verlust für die Gegenwart und für die Zukunft zugleich. Jener und mancher dem ähnliche Mißbrauch ist ein schnöder Frevel, eine Versündigung an der Kinderwelt, ist der direkte Weg dazu, die Kinder zu hohlen Menschen zu machen, welche im 18.—20. Jahre — mit dem Leben fertig sind, d. h. welche für alles, und am meisten für die edlen Reize des Lebens abgestorben sind. Die zarte Blüte der Kindlichkeit — die mit gemessener Schonung gehegt werden sollte, bis sie sich in natürlicher Reife von selbst entblättert — wird vorzeitig geknickt, und somit die Fruchtbildung grausam vernichtet. Der ganze Sinn des Kindes wird verdreht, von seiner Entwickelungsbahn abgelenkt, der edle Kern verschrumpft zu trockener Schale.

Für das reifere kindliche Alter ist das öftere gesellige Zusammensein mit fremden erwachsenen Personen sehr wünschenswert, sofern die Unterhaltungsmittel der Art sind, daß die Kinder nicht ihrer Sphäre entrückt werden. Es gehören hierher alle solche Kreise, die auf irgend eine

Weise durch geistigen Schwung belebt sind, in denen Kunstgenuß oder Unterhaltung durch lebendigen Ideenaustausch, durch gute Scharfsinn und Witz anregende gesellige Spiele waltet. Die Kinder finden dadurch, daß sie in verschiedenen und allmählich weiteren Kreisen sich bewegen lernen, zugleich Gelegenheit, den Kern edler Gesinnungen, allgemeine Menschenliebe, Achtsamkeit auf das Wohl anderer und Hingebung, Zartgefühl, Gefälligkeit und Freundlichkeit zu bethätigen. Auch sollen sie nunmehr, unbeschadet ihrer Natürlichkeit, den Übergang zur Annäherung an die äußeren Formen des Umganges finden. Überhaupt suche man auf alle mögliche Weise jenen Sinn in ihnen zu beleben, bei welchem sie selbst Freude darin finden, daß sie durch ihre innere und äußere Anmut anderen das Leben angenehm machen.

In unserer Zeit, wo eine gewisse oberflächliche Frühreife, Altklugheit und Überhebung der Jugend leider (allerdings durch die Schuld der Eltern) herrschend geworden sind, wird es bei der Erziehung fast immer einer besonderen Einwirkung bedürfen, um das eigentlich natürliche Gefühl der Ehrerbietung gegen das Alter tief einzupflanzen. Der flüchtige Sinn der Jugend lebt ohnedies fast nur in der Gegenwart, auch ihr geistiger Blick geht aus eigenem Antriebe nicht leicht über die Grenzen desselben hinaus. Daher wird es meistens nötig sein, durch ausdrücklichen Hinweis ihre Anschauung dafür zu gewinnen, durch den Hinweis darauf: daß jeder, der ein langes Leben hinter sich hat — seine Lebensstellung mag sein, welche auch immer —, sicher auch eine große Summe von Erfahrungen und Prüfungen aufzuweisen hat, und dafern er sein Silberhaupt mit Ehren trägt, einem lorbeerumkränzten Helden gleichzuachten ist.

Mangel an Ehrerbietung für den Erfahrenen geht Hand in Hand mit der in Städten und halbstädtischen Dörfern überhandnehmenden Roheit und Unkeuschheit der Rede, welche neuerdings sogar unter Schulmädchen, namentlich in der Fabrikbevölkerung einreißt. Älteren Personen auf dem Fußsteige ausweichen und überhaupt Platz lassen ist solchen grünen Burschen ein überwundener Standpunkt.

IV. Teil.

Siebzehntes bis zwanzigstes Lebensjahr.
Jünglings- und Jungfrauenalter. Übergang zur Selbständigkeit.

Der Knabe ist Jüngling, das Mädchen Jungfrau geworden. Die Hauptaufgabe der Erziehung ist zu Ende. Ihr Erfolg ist entschieden so oder so. Das meiste übrige liegt nun in der Hand des Zöglinges, welcher die nunmehr in direkterer Weise auf ihn wirkenden Einflüsse des Lebens zu seinem Besten selbst verarbeiten soll. Die Selbständigkeit soll nun mit mehr oder weniger schnellen Schritten ihrem letzten Zielpunkte entgegenreifen. Die Grundbedingungen zu diesem völligen Ausreifen sind sämtlich gegeben. Dasselbe ist im Laufe der nächstfolgenden Lebensjahre und zwar meist durch die eingeleitete Entwickelung an sich zu erwarten, doch die sichere Gewähr des gesamten Erziehungsresultates nicht vor jenem Zeitpunkte der völligen Reife zu erhalten, wo dann der Zögling in engeren und weiteren Lebenskreisen die Stufe der Erwachsenen betritt. Ja, viele bedürfen bei diesem Übergange der Leitung gerade recht dringend. Es ist daher stets als ein Glück zu betrachten, wenn die erzieherische Hand ihn auch auf diesem letzten Wege noch begleiten und hier oder da unterstützen kann. Der volle Abschluß der Erziehung wird demnach erst auf jenen späteren Zeitpunkt, als durchschnittlich noch einige Jahre jenseits der zuletzt behandelten Altersstufe fallen. Was bis dahin noch als Aufgabe, gleichsam als Schlußstein der Erziehung betrachtet werden kann, wollen wir auf den folgenden Blättern uns zu vergegenwärtigen suchen.

Ohne die körperliche wie geistige Seite eine jede wieder in ihren einzelnen Richtungen zu verfolgen, fassen wir nunmehr die eine wie die andere nur in ihrer Gesammtheit ins Auge, um daran diejenigen Punkte herauszufinden und hervorzuheben, welche erfahrungsgemäß in dieser Übergangsperiode einer nachhelfenden Unterstützung bedürfen, damit die Harmonie der gesamten Entwickelung gesichert sei.

Körperliche Seite.

Damit die physische Grundbedingung des Lebensglückes erfüllt und dem geistigen Streben für alle die verschiedenen Anforderungen, welche möglicherweise der zukünftige Lauf des Lebens mit sich führt, ein fähiges Werkzeug geboten werde, soll volle Kräftigkeit und Dauerhaftigkeit der Gesundheit erzielt werden.

Zwar ist die, teils angeborene, teils bis hierher anerzogene Beschaffenheit der einzelnen Naturen unendlich verschieden und bedingt somit eine große Verschiedenheit der Zielpunkte der körperlichen Ausbildung. Jedoch ist auch in Fällen einer weniger günstigen Körperbeschaffenheit oft unglaublich viel zu erreichen, sobald nur die naturgemäßen Grundsätze mit Umsicht, Ausdauer und angemessener Behutsamkeit verfolgt werden, und namentlich alle Bestrebungen etwaiger Umbildungen und Umgewöhnungen mit wohlberechneter Allmählichkeit geschehen.

Der Umfang der Gewöhnungsfähigkeit des menschlichen Körpers, vorausgesetzt daß schroffe Übergänge vermieden werden, ist oft Staunen erregend. Von vielen Beispielen, die uns dafür einen lehrreichen Maßstab an die Hand geben, hier nur ein paar. Ein naheliegendes Beispiel ist die Akklimatisationsfähigkeit des Menschen. Er lebt unter allen Zonen, wie keine andere Gattung der Geschöpfe. Ja, selbst oft derselbe einzelne Mensch kann nach und nach mit allen Klimaten sich befreunden. Ein anderes weniger beachtetes Beispiel bieten verschiedene chronische Krankheitszustände, wie langjährige erschütternde Nervenkrankheiten, Schmerzzufälle, Krampfkrankheiten u. s. w., die durch die allmähliche Gewöhnung an sie die wenigstens sofort tödliche Wirkung verlieren, welche sie haben würden, wenn sie in ihrem nach und nach gesteigerten Grade der Heftigkeit plötzlich einen vorher gesunden Körper befielen, während der durch die Allmählichkeit daran gewöhnte Körper, indem er Zeit gehabt hat, alle seine natürlichen Schutzwaffen dagegen zu entwickeln, nicht nur fortlebt, sondern oft lange Zeit ohne sehr auffällige Störung des Allgemeinbefindens sie erträgt.

Kurz, die Macht der allmählichen Gewöhnung ist als ein Gesetz der menschlichen Natur zu betrachten, welches bei richtiger Beachtung und Benutzung für viele Gesundheitszwecke in hohem Grade zu statten kommt. Wir müssen also hauptsächlich darauf fußen, wenn wir der körperlichen Gesundheit den individuell höchstmöglichen Grad von Vollkommenheit und Widerstandsfähigkeit verschaffen wollen.

Diejenigen Gewöhnungen nun, welche wir hier im Sinne haben, gehen hervor aus stufenweise gesteigerten Übungen solcher Thätigkeiten und Kräfte, die eben zur Befestigung der Gesundheit und zur Erhöhung ihrer Widerstandsfähigkeit gegen störende Einflüsse aller Art dienen. Jede Kraft wächst durch Übung, durch eine in ihrer Intensität und Dauer allmählich gesteigerte Wiederholung des Kraftgebrauches. Dadurch, daß eine organische Kraft allmählich öfter, stärker und länger erregt wird, quillt sie von innen her immer stärker nach, erfrischt, verjüngt, vermehrt sie sich, wie das Wasser des fleißig geschöpften Brunnenquelles. Doch ist dies wohlverstanden nur unter der Bedingung und insoweit der Fall, als der Kraftgebrauch mit den Pausen der Erholung und Ruhe (der Ausgleichung durch die innere Ernährung der Organe, den Stoffwechsel) im Gleichgewichte bleibt. Die kraftsteigernde Wirkung jeder Übung hat nämlich ihren Grenzpunkt, der durch fortgesetzte Übung allmählich zwar weiter hinausrückt, aber immer individuell verschieden ist, und den wir als Sättigungspunkt uns denken können. Über diesen Sättigungspunkt hinaus fortgesetzter Kraftgebrauch hat die entgegengesetzte Wirkung: Schwächung und Erschöpfung der Kraft. Dies gilt als Gesetz für alle organischen Kräfte. Das Herausfinden jenes Sättigungspunktes ist größtenteils Sache der Selbstbeobachtung.

Aus diesem Grunde schon ist das Hinstreben nach Erlangung des vollen Grades körperlicher Kräftigung und Abhärtung erst für das reifere Jünglings- und Jungfrauenalter an der Zeit. Aber auch deshalb eignet sich dieses Alter dazu am meisten, weil es einerseits einen höheren Grad allgemeiner Kraftentwickelungsfähigkeit als das kindliche Alter, und dabei andererseits noch einen höheren Grad von Umbildbarkeit, von schmiegsamer Gewöhnungsfähigkeit als das völlig erwachsene Alter besitzt.

Der Jüngling und die Jungfrau müssen, ohne Folgen zu erleiden, Temperatur- und Witterungswechsel, Hitze, Kälte, Sturm, Schnee- und Regenwetter, zeitweilig Hunger, Durst, Schlafentbehrung, gemessene Strapazen, sowie Unannehmlichkeiten aller Art, durch Benutzung ihrer inneren Waffen dagegen, ertragen lernen. Natürlich immer innerhalb des individuellen Grenzpunktes und in höherem Grade der Jüngling als die Jungfrau. Ein normal gebildeter Mensch muß jener tausenderlei kleinlichen und ängstlichen Rücksichten, welche das Leben verwöhnter und verweichlichter Menschen einengen und verbittern, überhoben sein. Er muß frei sein von den Sklavenfesseln des Schwächlinges. Man denke an Julius Cäsar! Selbst wenn er bereits verwöhnt war und nur ernstlich und verständig seine Umgewöhnung anstrebt, bietet ihm die gütige Mutter Natur bereitwillig ihre Kräfte, um ihn von einer Fessel nach der anderen zu befreien. Durch verständige und stufenweise Übung in allen diesen Dingen entwickelt er in sich die Macht der Gewöhnung, die als schlummernder Fähigkeitskeim jedem Menschen gegeben ist. Wenigstens muß jeder weichliche Sinn, sowie jede unzeitige Bequemlichkeitsliebe und jede Schlaffheit als verachtungswürdige Schwächlingseigenschaft gelten, gegen welche sich das ganze jugendliche Ehrgefühl stemmt und sträubt. Statt alles

dessen die Gewöhnung an ein frisches, straffes, kräftiges Leben!
Die jetzige Welt hat den Maßstab verloren für das, was die menschliche
Natur bei verständiger Benutzung ihrer Kräfte leisten kann.   Wie sehr
ein in der Jugend etwas strapaziöses Leben den Kern der Gesundheit und
Lebenskräftigkeit festigt, lehren die Lebensgeschichten solcher Menschen,
die eine sehr hohe Altersstufe bei voller körperlicher und geistiger Rüstig-
keit erreichten.   Ich habe viele solche Beispiele verfolgt, aber kein einziges
war darunter, wo die Jugendzeit in Schlaffheit und Weichlichkeit verlebt
worden wäre; alle hatten ein straffes, viele sogar ein sehr strapaziöses Leben
in den Jahren der Kraft geführt. —

Was sollen wir aber da thun, wo die Anforderungen und Verhältnisse
des Lebens, wie in der Gegenwart so häufig, die Einseitigkeit des geistigen
Kraftgebrauches und sonach das Herabsinken der körperlichen Hälfte mit
allen seinen weitgreifenden Folgen begünstigen? — Es ist unter allen Verhältnissen möglich, selbst den höchsten Anforderungen nach beiden Seiten
hin, nach der geistigen und körperlichen, in gleichmäßiger Weise zu genügen.

Lebe mäßig, rüstig und zufrieden — ist die allgemeine Grund-
regel, welche uns die Gesundheits-Philosophie vorschreibt.

Nach den Lebensverhältnissen der gegenwärtigen und zukünftigen Zeit
wird also, vom Gesichtspunkte der Förderung physischer Gesundheit aus,
die Aufgabe am häufigsten die sein, daß, ohne die Anforderungen der
geistigen Entwickelung herabzustimmen, ja sogar zu immer noch weiterer Förderung derselben, nur der körperlichen Seite tüchtig auf- und
nachgeholfen werden muß, um in den heraufwachsenden Generationen
die Entwickelung der menschlichen Doppelnatur ins Gleichgewicht zu
bringen.

Die Hauptwege nun, welche zu diesem Ziele führen, normieren sich
nach den durch die Verhältnisse der halb erwachsenen Altersperiode bedingten Modifikationen im allgemeinen folgendermaßen.

1) Einfachheit, Mäßigkeit und Ordnung ist und bleibt die allgemeine Lebensregel.   Wollte man sie jedoch ganz in derselben Konsequenz
und Ununterbrochenheit fortführen, wie es in den Kinderjahren für die
normale Entwickelung notwendig war, so würde auch die physische Natur
des Menschen steif, pedantisch und unbeholfen werden.   Auch die
physische Natur soll praktische Gewandtheit erhalten.   Der junge Mensch
soll in dieser und jener Hinsicht zuweilen ein gewisses Zuviel und Zuwenig,
einen Schritt rechts, einen Schritt links ab, kurz, — in unschuldigen Dingen
kleine Ausnahmen von der Regel vertragen lernen, ohne daß
sein augenblickliches oder späteres Wohlbefinden darunter leidet.   Er soll
sich den Verhältnissen und Anforderungen des vernünftigen praktischen Lebens
leicht anschließen und darin immer zurechtfinden lernen.   Dieses Zu-
rechtfindenlernen verlangt natürlich — und das muß betont werden: daß

die Regel, welche als roter Faden durch das Labyrinth des Lebens gehen soll, immer sofort wieder aufgenommen, und daß auch, wo nötig, durch ein spezielles ausgleichendes Verfahren das Gleichgewicht der Kräfte stets erhalten wird. Denn ein sinn- und maßloses Leben in Ausnahmeverhältnissen führt in den Abgrund. Wieder ist es die Selbstbeobachtung und für junge Leute außerdem noch der Rat Erfahrener, wodurch der richtige Maßstab gefunden wird.

Nicht also ein pedantisch ängstliches Aufsuchen und ausnahmsloses Festhalten des mittlen Indifferenzpunktes zwischen den extremen Seiten des Lebens — zwischen Hitze und Kälte, Entbehrung und Genuß, geistiger wie körperlicher Ruhe und Anstrengung, Freude und Leid — erhält das Leben in vollem Schwunge. Dies führt zum vorzeitigen Stillstande. Unser Lebensprozeß beruht auf ununterbrochener organischer Verjüngung (Stoffumwandlung), welche hervorgeht aus organischer Selbsterregung, und diese — gleichwie alles Leben an die Wechselwirkung der Gegensätze gebunden ist — verlangt äußere, hin und wieder auch etwas kräftigere Lebensreize, freilich in individuell wohl abzuwägendem Maße. Die kräftigeren Lebensreize liegen aber nicht im Indifferenzpunkte, sondern nach den extremen Seiten hin. Daher erhält sich nur dasjenige Leben lange in seiner vollen Schwungkraft, welches in einer gewissen Breite zwischen den Extremen sich bewegen kann, d. h. welches keinerlei angemessene Extreme scheut, aber die eigene Widerstandskraft nach allen Seiten hin im richtigen Spannungsgrade und im Gleichgewichte zu halten versteht. Dieses freie Bewegen zwischen den Extremen ist der Gang der Natur.

In Betreff der Genüsse wird bei jenen Ausnahmeversuchen die Richtung nach dem Zuwenig im allgemeinen bei weitem den Vorzug verdienen, schon deshalb, weil damit zugleich ein moralischer Gewinn, die Kraft der Beherrschung der körperlichen Seite, verbunden ist. Für das Zuwenig zieht die Natur zwingendere Grenzen. Werden aber die nicht so scharfen Grenzen des Zuviel in der Dauer überschritten, so droht körperliche und geistige Zerrüttung. Auch weiß jeder kluge Genußliebhaber, daß durch jeweiliges Entbehren der Reiz aufgefrischt, also der Genuß selbst erhalten und erhöht wird, während ohne dieses selbst der süßeste Genuß aufhört ein solcher zu sein. Es bedarf wohl kaum der Erwähnung, daß für das halberwachsene Alter auch noch manche Genüsse als durchaus vor- und unzeitige zu betrachten sind, wie der öftere oder gar regelmäßige Genuß raffinierter, reizender Speisen, spirituöser und anderer erregender Getränke (sie sind Öl ins Feuer), des Tabakes u. s. w. In Bezug alles dessen, was der Gesundheit unschädlich und dienlich, was nicht, tritt der junge Mensch auf ganz gleiche Stufe mit dem Erwachsenen erst dann, wenn die völlige innere körperliche Ausbildung und Festigkeit erreicht ist, wozu immer noch einige Jahre jenseits des 16. gehören.

2) Positiv kräftigende Lebensgewohnheiten. Hierher sind zu
rechnen: regelmäßiger und andauernder Genuß der freien Luft bei jeder
Witterung und Jahreszeit; kalte Waschungen oder Bäder von jedesmal
kurzer Dauer, wie überhaupt mit Vermeidung jeder Übertreibung; regelmäßige und vollkräftige Körperbewegungen: vor allen das Turnen als das
vollständigste Mittel gleichmäßiger Kraftentwickelung und Durchbildung
des Körpers, ferner Rudern, Tanzen, verschiedene Haus- und Gartenarbeiten,
gelegentlich Fußreisen, für Jünglinge womöglich noch Fechten, Voltigieren,
Reiten, Schwimmen. Eine Wohlthat der Neuzeit ist die Einrichtung sonniger
Fluß- und Schwimmbäder auch für das weibliche Geschlecht und auch für
Unbemittelte. Bei allen diesen Bewegungsarten sehe man jetzt besonders
auch darauf, daß durch vorsichtige gemessene Steigerung die Fähigkeit
längerer Ausdauer gewonnen wird. Die dadurch erreichte höhere Kraft
des Vertragens von Anstrengungen und Strapazen kommt dem ganzen
übrigen Leben zu Gute. Nur erst das nicht mehr ausgleichbare Übermaß
wird in der Dauer nachteilig und allerdings auch der geistigen Entwickelung
hinderlich. Das richtige Maß wirkt nach beiden Seiten hin nur förderlich.
Jeder Mensch muß wenigstens von Zeit zu Zeit seine Kräfte tüchtig d. h.
bis zum Sättigungspunkte (vgl. S. 216) brauchen, wenn er den Höhepunkt
seines individuellen Kraftmaßes erreichen und auf demselben sich möglichst
lange erhalten will. Einmal eingewurzelte Bequemlichkeitssucht ist als ein
schleichendes Lebensgift zu betrachten, welches, nächst vielen speziellen
Nachteilen, stets Lebensuntüchtigkeit, vorzeitiges Altern und Stumpfwerden
im Gefolge hat.

Die Gelegenheit, jährlich 1—2 mal Fußreisen ausführen zu können,
ist jungen Leuten beiderlei Geschlechtes in vielfacher Hinsicht höchst
wünschenswert. Zu den allgemeinen, die Gesundheit mächtig fördernden,
das Gemüt erfrischenden, den Sinn für Naturschönheiten belebenden und
geistbildenden Einflüssen tritt noch ein anderer Nutzen, der jungen Leuten
sehr zu statten kommt. Da man nämlich auf Fußreisen zu mancherlei
Abweichungen von der gewohnten Lebensordnung, zum Ertragen verschiedener Unbequemlichkeiten und Beschwerden durch die Sache selbst genötigt wird, so bietet sich damit für jeden ein treffliches Mittel, um den
Maßstab für das Ertragenkönnen der allerlei Abweichungen von der gewöhnlichen Lebensordnung ausfindig zu machen. Dieser Maßstab wird, auf
das gewöhnliche Leben übertragen, nur um ein weniges enger sein müssen,
weil hier die allgemeinen gesundheitsdienlichen Einflüsse, deren ausgleichende
Wirkung beim Reisen mit in Rechnung zu ziehen ist, teilweise wegfallen.

In mehrfacher Hinsicht ist es notwendig, den Zeitpunkt zu kennen,
wo die körperliche Entwickelung vollendet, der junge Mensch als vollkommen
erwachsen zu betrachten ist. Denn wenn auch das Längenwachstum des
Körpers nach der Mannbarkeitsentwickelung weniger auffällig wird und

bald ganz aufhört, so geht doch die innere Entwickelung und Kräftigung
der Organe noch längere Zeit fort. Nach dem, besonders durch klimatische
Verhältnisse beeinflußten Entwickelungsgange kann man annehmen, daß
bei den Bewohnern der mittleren Zone durchschnittlich der Jüngling noch
6—8 Jahre, die Jungfrau 4—5 Jahre nach der Mannbarkeitsentwickelung
braucht, um den letzten Zielpunkt der Gesamtentwickelung zu erreichen.
Demnach erlangt bei uns der männliche Körper durchschnittlich nicht vor
dem 22.—24., der weibliche nicht vor dem 20. Jahre seine völlige innere
Reife. In wärmeren Himmelsstrichen reift man einige Jahre eher. Dies
zu beachten ist besonders wichtig, wenn es der Frage der Verheiratung
gilt. Das physische Wohl von zwei Generationen (der Gatten und ihrer
Kinder) hängt davon ab. Ein Baum, welcher vorzeitig (ehe er vollständig
ausgereift ist) Früchte trägt, gelangt nicht bis zum Höhepunkte seiner
Entwickelung und Lebensvollkraft, und seine aus der halbreifen Blüte
entstehenden Früchte behalten in verschiedenen Beziehungen das Gepräge
der Unvollkommenheit. Mit demselben Rechte, als der Staat einen Alters-
termin für die Mündigkeit als Gesetz festhält, könnte er dies auch durchgängig für die Verheiratung in Kraft setzen, denn er hätte an diesem
letzteren Gesetze ein noch weiter greifendes Interesse als an dem ersteren.

Geistige Seite.

Die Gemütsseite des menschlichen Geistes erreicht am frühesten
den Höhepunkt ihrer Entwickelung. Dieser fällt offenbar bei den meisten
Menschen, deren Kindesalter nicht unter geradezu verkehrten Einflüssen
stand, in das Jünglings- und Jungfrauenalter. Das spätere Leben ist
eher geeignet, dem Gemüte von seiner Wärme etwas zu nehmen, als sie
zu heben und zu vermehren. Es dürfte daher meistenteils die Aufgabe
nur in der möglichsten Erhaltung und Auffrischung der bis dahin erlangten
Gemütsfülle bestehen. Viel mehr entwickelnd und fortbildend als auf
das Gemüt wirkt das spätere Leben auf Charakter und Denkkraft. Für
deren Entwickelung giebt es im Leben keinen Ruhepunkt. Besonders
wichtig und für das ganze Leben entscheidend ist es aber in Betreff des
Charakters, daß derselbe schon im Jünglings- und Jungfrauenalter denjenigen Grad von Reife habe, der zur Sicherung der Selbständigkeit und
Festigkeit gegen die von allen Seiten anflutenden Einflüsse und Wechselfälle des Lebens genügt, der eine Schutzmauer bildet gegen das krankhafte
Vorherrschen der gemütlichen Seite, gegen jene schwächliche Empfindsam-
keit — die Krankheit unserer Tage, welche als die allgemeinste Ursache

der zunehmenden Häufigkeit der Lebensmüdigkeit, der Geisteskrankheiten und Selbstmorde zu erkennen ist. Denn die Gefühle sind wechselnd und unwillkürlich, können daher an sich den moralischen Wert einer Person nicht bestimmen. Ein Mensch, den die Gefühlswallungen regieren, wird haltlos zwischen ihren Extremen hin- und hergeworfen. Wenn die Gefühle allein die Gesinnung bestimmen, so wird diese bald rein und gut, bald unrein und schlecht sein. In geistig gesunden Menschen muß der vernünftige festgerichtete Wille die Oberherrschaft über die Gefühle behalten. Nur die Art und der Grad der Unterordnung dieser unter jenen bestimmen den sittlichen Wert eines Menschen und erwerben das köstliche Gut der Weltklugheit.

Der junge Mensch soll nun sein eigener alleiniger Erzieher sein oder doch bald werden. Bevor wir ihm aber die Zügel ganz überlassen, möge sein ganzes Wesen so gründlich wie möglich durchforscht werden, um alle etwa zurückgebliebenen Lücken, Mängel und Schwächen zu entdecken, die noch einer ferneren und letzten Nachhilfe bedürfen. Wir dürfen nichts Mangelhaftes an ihm, worauf überhaupt Einfluß möglich, als eine bereits abgeschlossene Thatsache ganz stillschweigend hinnehmen wollen. In jedem Falle muß die Selbsterkenntnis — und diese ist jetzt der kräftigste Hebel — darüber recht gründlich aufgeklärt, und die ganze Aufmerksamkeit und Willenskraft darauf hingelenkt werden. Ein recht praktisches Förderungsmittel für die Vervollkommnung in der Selbsterkenntnis und Selbstveredelung ist die Führung eines Notizbuches mit redlicher und strenger Selbstkritik namentlich in Betreff des Verhältnisses zwischen den Handlungen und den innersten Gesinnungen. Die Selbsterkenntnis erhält aber jetzt auch noch eine zum Teile neue Aufgabe, insofern das Alter herangekommen ist, in welchem die Leidenschaftlichkeit mit der größten, bisher ungekannten Gewalt emporquillt. Den ersten Andrang dieser Strömungen zu überwachen und ihnen Maß und Richtung anzuweisen, ist jetzt noch eine der wichtigsten Aufgaben der Erziehung.

Religion, Vernunft und Ehrgefühl sind die drei mächtigen Grundwurzeln, auf welchen der junge Baum stehen soll. Sie bilden in harmonischer Vereinigung die sittliche Gewissenhaftigkeit. Solange diese als die feste Richtschnur des Lebenslaufes in der Oberhand bleibt, wird alles, was der Strudel des Lebens herbeiführt, höchstens nur vorübergehende, nicht aber dauernde Störungen und Abweichungen der edlen Richtung erzeugen können, vielmehr wird die Festigkeit dieser Richtung dadurch immer mehr gesteigert werden. Die Kraft der Ausführung alles dessen, was Religion, Vernunft und Ehrgefühl bedingen — die sittliche Willens- und Thatkraft, die gemeinschaftliche Frucht und Krone jener drei inneren Grundlagen — kann aber nur mitten im und durchs Leben selbst erstarken. Sie erhält ihre Richtung von innen, ihre Nahrung aber zugleich von außen her: durch Übung. Zu all dem ist aber durchaus nötig, daß der junge Mensch die wesentlichsten Gefahren im allgemeinen kenne, welche möglicherweise seine Richtung, seinen inneren Halt bedrohen, damit er nicht aus Achtlosigkeit und Mangel an Vorbereitung denselben unversehens erliege.

Die Zukunft ist undurchsichtig. Die zu erwartenden Wechselfälle des Lebens, an welchen sich die selbsteigene Kraft des jungen Menschen bewähren soll, liegen außer dem Bereiche menschlicher Berechnung. Unser vorsorglicher Rat und Beistand kann sich also nicht sowohl auf Einzelnheiten erstrecken, wie es etwa möglich wäre vor einer Reise in ein bekanntes Land, sondern muß vielmehr eine umfassende Berechnung haben. Wir müssen die Jugend ausrüsten nicht bloß auf einen gewöhnlichen Lauf des Schicksales, sondern ebensowohl darauf, des Lebens süßesten Freudenbecher und wonnigstes Glück mit Würde, als auch den bittersten Kelch des Lebens — wenn es Gott so fügen sollte — bis auf den letzten Tropfen zu leeren, ohne an Halt und Richtung zu verlieren, ja vielmehr, um auch aus den extremsten Seiten des Lebens Gewinn für den höchsten Lebenszweck zu ziehen. Wir müssen dem jungen Menschen die Quintessenz des geistigen Erbes mitzugeben suchen, was der längere Lebenslauf einzelner Menschen, und was die Geschichte der Menschheit im ganzen erworben hat. Ein allgemeiner, weitreichender, klarer Blick ins Meer des Lebens ist die erste Bedingung, um das eigene Schifflein selbständig zu regieren. Vor allem also richtige, gesunde Welt- und Lebensanschauung. Sie führt zu wahrer Lebensweisheit. Zu beidem gehört aber reichere Erfahrung und längere Vergangenheit, als sie der junge Mensch hinter sich hat. Hierin am meisten wird er noch elterlichen Einflusses und des Hinweises sowohl auf gewöhnliche als auch auf hervorragende Lebensschicksale bedürfen. Besonders lehrreich sind die Beispiele von Energie der Willenskraft bei unermüdlicher Erstrebung edler Ziele, wodurch für die Grenzen der menschlichen Möglichkeit ein ganz anderer Maßstab als der gewöhnliche gewonnen wird. In allen Lagen möge der Gedanke herrschen: „Hilf Dir selbst, so wird Dir Gott zu dem übrigen helfen!"

Es ist zwar vorauszusetzen, daß der junge Mensch der höchsten Lebensaufgabe aller Menschen, der geistig-sittlichen Veredelung, des Anstrebens der Gottähnlichkeit, der geistigen Freiheit im vollsten Sinne des Wortes (also freie Entwickelung der edlen, Niederkämpfung der unedlen Keime seiner Individualität, alles dessen, was der Vernunft und dem reinen Sittengesetze entgegen ist) sich bewußt ist und erkannt hat, daß alle anderen Lebensaufgaben dieser untergeordnet bleiben, daß alle Verhältnisse und Lagen des Lebens, Genuß und Arbeit, Glück und Unglück, damit in Einklang gebracht werden müssen, wenn das Leben überhaupt ein bestimmungsgemäßes und vernünftiges werden soll, und daß endlich der Mensch nur durch dieses Streben sich der göttlichen Gnade, der unentbehrlichen Sonne alles Gedeihens — die zwar über alle ausstrahlt, vom harten Gesteine aber zurückgeworfen wird, ohne Lebenskeime daraus entwickeln zu können, und nur in den empfänglichen vorbereiteten Boden segenspendend eindringt — würdig machen und sie erreichen kann. Ja, er wird in der Erhaltung der Empfänglichkeit und möglichsten Würdigkeit für den Genuß der göttlichen Gnade sein höchstes, oft sein einziges übrig bleibendes eigenes Verdienst, den obersten Gipfelpunkt des Gebrauches seiner eigenen Strebekraft erkennen.

Allein, befindet sich der junge Mensch erst einmal mitten darin im Leben, in der offenen See des großen Lebens, so wird der Blick — der, wenn er unbefangen bliebe, gerade im unmittelbaren Anschauen des Lebens jene Aufgabe des Menschen als oberstes, oft streng mahnendes Naturgesetz erkennen würde — gar leicht irre, die Richtung, trotz der inneren Erkenntnis derselben, gar leicht verloren. Die bunten, in unendlichem Wechsel sich durchkreuzenden Wogen des Lebens, die massenweise abweichenden Beispiele anderer Menschen reißen fort, bald hierhin, bald dahin. Gilt es eigene Proben der Erkenntnis zu bestehen, so fallen diese oft ganz anders aus, als man erwarten sollte. Das Können oder vielmehr das Vollbringen wird zwar stets mehr oder weniger hinter dem Wissen zurückbleiben. Denn das Können und Vollbringen ist eine Kraft, die von innen quellend nur durch Übung erlangt wird; das Wissen eine Eigenschaft, die mehr von außen ihren Zuwachs erhält — beides daher zweierlei gar sehr Verschiedenes und zuweilen sogar im Gegensatze zu einander befindliches. Aber je klarer das letztere, um so mehr wird auch das erstere, wenn auch nur allmählich, an entsprechender Richtung, Umfang und Stärke gewinnen. Sind Mut, Besonnenheit und Willenskraft (die Retter aus vielen physischen und moralischen Gefahren) als herrschende Tugenden einmal erworben, so wird, selbst in den dunkelsten Momenten des Lebens, der entfernteste Schimmer des Wissens und Erkennens noch genügen, um das Können richtig zu leiten und der vorhandenen Aufgabe entsprechend zu erhalten.

Man hört viel von Streben nach geistiger Veredelung, geistiger Freiheit, Selbsterkenntnis und Selbstbeherrschung reden. Blickt man aber tiefer ins Leben, des Einzelnen wie des Ganzen, so stimmen die Ergebnisse dieser Umschau gar nicht damit überein. Unmöglich kann daher das richtige Verständnis dieser Begriffe ein sehr allgemeines sein. Kein Wunder daher, wenn es der Jugend mangelt.

Diese wohl allerwärts zu machende Erfahrung legt es der elterlichen Fürsorge als Pflicht auf, dem jungen Menschen vor seinem Eintritte ins große Leben jene hochwichtigen Begriffe durch Beispiele des gewöhnlichen täglichen Lebens recht klar, so zu sagen, handgreiflich zu machen. Eine bloße Auffassung derselben in ihrer abstrakten Allgemeinheit genügt nicht.

Wir wollen als Anschauung für die Aufklärung des Begriffes „geistige Freiheit" beispielsweise den Gang eines gewöhnlichen Tages verfolgen: Du erwachst des Morgens zur gewohnten Stunde. Eine bleierne Müdigkeit liegt noch in Deinen Gliedern. Es kommt auf ein halbes Stündchen nicht an. Die süße Trägheit lockt. Allein Du denkst an Deine grundsätzliche Regel des Aufstehens zur bestimmten Stunde und an die Gefährdung dieser Regel durch Zulaß einer Ausnahme. Du raffst Dich auf und gehst frisch und frei an Dein Tagewerk.

Bald aber treten Dir einige unerwartete und verdrießliche Zwischenfälle in den Weg. Du bist nahe daran von einer unwilligen Stimmung beschlichen zu werden und dieselbe Deiner unschuldigen Umgebung empfinden zu lassen. Doch ein geistiger Schwung hebt Dich hindurch und darüber hinweg: Du hast Deine Heiterkeit und innere Freiheit wieder.

Im Laufe des Tagewerkes hat Dir ein Genosse bitteres Unrecht gethan. Du hast Dich dagegen gerechtfertigt, Deine Ehre und Dein Recht sind also bereits gewahrt. Allein die Kränkung war derart, daß der Gegner eine weitere leidenschaftliche Auslassung und ein längeres Grollen Deinerseits wohl verdient hätte. Deine Aufregung drängt Dich dazu. Doch Du kämpfst sie sofort nieder, die edle Richtung siegt, Du ergreifst die dargebotene Versöhnungshand — Du bist frei.

Du bist mittags in fröhlicher Gesellschaft. Alles vereinigt sich — innere Neigung, äußere Anregung — im Genusse die Schranke des Maßes einmal ganz unbeachtet zu lassen. Es ist dies eine Neigung, die zu zügeln Dir gerade besonders schwer fällt. Allein Du ermannst Dich, erhältst Dich auf dem edlen Höhepunkte des Genusses und — bleibst frei.

Du hattest Dir auf heute eine Arbeit vorgenommen. Ihr Anfang macht Dir aber einige Schwierigkeiten. Sie ist nicht gerade dringend. Du schwankst, ob Du sie nicht bis morgen verschieben sollst. Doch Du denkst an Deinen Vorsatz, gehst kräftig daran und — hast Dich abermals der Fessel einer Schwäche entwunden.

Du befindest Dich abends im stillen, trauten Freundeskreise. Allgemein wir Dein längeres Verweilen gewünscht. Daheim wartet Deiner aber noch eine kleine Besorgung. Ihre Erledigung ist für die Deinigen zwar nicht eben notwendig, aber doch wünschenswert. Die Trennung von dem Freundeskreise wird Dir gerade heute recht schwer. Aber Du reißest Dich los und fühlst Dich durch die innere Freiheit entschädigt.

Schon aus diesen flüchtig hingeworfenen Beispielen ist ersichtlich, wie jeder Tag, ja fast jeder Augenblick die Aufforderung zur Bewährung des geistig freien Zustandes mit sich führt. Beim ernstlichen Streben nach geistiger Freiheit wird der von der Vernunft geläuterte Wille immer die Oberherrschaft behaupten über Neigung, Bedürfnis, Gewohnheit, Affekt und Leidenschaft. Er wird wach sein und rechtzeitig eingreifen, wenn umgekehrt letztere die Herrschaft zu erschleichen oder an sich zu reißen drohen. Nur ein solches in sich selbst Freisein, der probebeständige veredelte Wille, bestimmt die Würde des Charakters, nicht die als bloßes Naturgeschenk vorhandene, der Macht der Umstände unterworfene Temperamentstugend, das sog. gute Herz.

Es könnte auf den ersten Blick scheinen, als wenn das damit verbundene Ansichselbstdenken einen beengenden Einfluß auf das ganze Leben ausüben müßte. Diesen hat es aber nur im Anfange bei Menschen, die nach entgegengesetzten Richtungen zu leben gewöhnt sind. Wie jede Kraft und Tugend durch Übung mehr und mehr sich befestigt und natürlich wird, sobald nur einmal die Kraft des Anfangens versucht worden ist (was unter allen Umständen möglich), so auch diese Achtsamkeit auf sich selbst. Es bildet sich dann nach und nach jener sittliche Takt (der Maßstab, an dem der wahrhaft feingebildete Mensch zu erkennen ist), infolge dessen die Seele so vom Schönen und Edlen durchdrungen ist, daß die sittlich schönen Ideen und Triebe in allen Augenblicken eine auch unbewußte Herrschaft ausüben und alle Handlungen auch ohne vorherige Reflexion mit sich in Einklang bringen. Die ganze Haltung wird dann, selbst bei dem freiesten Sichgehenlassen nach allen Richtungen hin, zu einer edelnatürlichen.

Je nach der vorhergegangenen Erziehung wird es dem jungen Menschen leichter oder schwerer werden, in den verschiedenen Übungen der geistigen Freiheit Meister zu werden. Die edle Selbstbeherrschung (die Besiegung der in uns liegenden unedlen Keime, die vernunftgemäße Unterordnung der Selbstliebe unter die Liebe zum Ganzen) ist freilich eine schwierige Kunst, die von Jugend auf geübt werden muß, um darin Meisterschaft zu erlangen. Nur wenn ihr Wurzelboden die unbedingte Demut und Hingebung gegen Gott ist (deren Wesen aber nicht in frömmelnder Kopfhängerei und Äußerlichkeit, sondern in der lebensvollen Einheit gottwärts gerichteter Gesinnungen und Handlungen besteht), vermag sie sich zur reinen geistigen Kraft und Freiheit höchstmöglich, d. h. soweit als es die irdischen Bande gestatten, aufzuschwingen. An Anstrengung des Willens allerdings muß sich jeder Mensch gewöhnen, der sich genügen und überhaupt das wahre Lebensglück erreichen will; sie darf nicht gescheut, sondern sie muß gesucht werden. Dies gilt sowohl für körperliche wie geistige Lebensäußerungen und Aufgaben. Und jede, selbst die geringste Anstrengung kostet anfangs Mühe und Überwindung, aber auch nur anfangs, doch immer desto länger und desto mehr, je später begonnen wird. Die ernstlich bewährte Kraft des Anfangens, des Versuchens, benimmt der Fortführung das Beschwerliche und wird bald belohnt durch das schöne, erhebende Gefühl des Selbstvertrauens und der Selbstachtung, durch das Bewußtsein, einen festen edlen Willen zu besitzen und Willen und That immer beisammen zu haben. Man halte nur fest, daß der tapfere und beharrlich immer wieder angespannte Wille stets mehr vermag, als es anfangs scheint, daß er, wenn selbst — wie es besonders bei tiefgewurzelten Fehlern der Fall ist — das Gefühl der Unbesiegbarkeit wie eine Felswand entgegensteht, endlich dennoch zum Siege gelangt: daß jeder kann, was er soll, daß der Gedanke an eine solche Unmöglichkeit ein falscher und entschieden verbotener ist. Denn hinter dem ersten Gefühle des Nichtkönnens liegt stets noch ein reicher Schatz verborgenen Könnens, welcher gehoben wird, sobald der Wille jene erste Schranke mutig und beharrlich durchdringt.

Je mehr das edle Selbstbewußtsein durch eine von früher Jugend darauf abzielende Erziehung gehoben und gekräftigt ist, um so weiter wird sich sein Schutz erstrecken sowohl in den zahllosen Gefahren des geistigen und moralischen, als auch des körperlichen Lebenszustandes, um so unverlöschbarer wird es, wenn auch oft als nur noch schwach schimmernder Kompaß, in der Nacht des Lebens den Menschen halten und leiten. Es wird einen um so höheren Grad von geistiger Siegeskraft, von Standhaftigkeit, Besonnenheit, entscheidender Geistesgegenwart in allen, selbst den scheinbar unzurechnungsfähigsten Situationen gewähren und den Lebensmut zu einem unbegrenzten machen.

Ist dieses Bewußtsein durch thatkräftige Willensakte, die nach verschiedenen Richtungen hin sich bewährt haben (denn ohne diese Bewährung täuscht man sich selbst oft über das Maß seiner eigenen Kraft), befestigt worden, so wird auch schon der junge Mensch klar erkennen, daß der Begriff „geistige Freiheit" kein leerer Schall ist. Er wird erkennen, daß sie in dem, jedem Menschen recht wohl möglichen Losringen von den Fesseln der Mängel und Schwächen, in der Herrschaft der edlen Willensrichtung über alle unterzuordnenden Empfindungen, Regungen, Triebe und Leidenschaften besteht und darin die höchste Lebensaufgabe, sein höchstes Lebensglück finden. Er wird aber auch erkennen, daß das Gut der geistigen Freiheit nicht ohne sein thatkräftiges Zuthun von irgend wo außen her ihm zu teil werden, sondern daß er selbst nur aus dem Schachte seines eigenen Inneren sie entwickeln kann, denn sonst wäre sie eben keine geistige Freiheit, die von Selbstthätigkeit unzertrennlich ist.

Dieses Bewußtsein wird ihn mit Freude und mit edlem Stolze erfüllen, denn er weiß, daß in ihm jene Himmelskraft lebt, daß er, dafern er nur ernstlich und unermüdlich sucht, sie stets finden wird, wenn auch zuweilen erst in der Tiefe und trotz des oft vorhandenen Scheines der Unmöglichkeit, daß er durch sie unter dem allwaltenden göttlichen Beistande stets zum Siege gegen geistiges Sinken gelangen wird. Wohl wird ihm bei dieser Richtung des geistigen Lebens immer klarer werden, daß dasselbe auf einen viel größeren, zum Anstreben des höchsten Zieles nötigen Umfang der Kraftentwickelung berechnet ist, daß ein weit höherer Grad von Selbstbestimmbarkeit und Selbstverantwortlichkeit in den Menschen gelegt ist, als der allgemeine Glaube annimmt, daß die Selbstentschuldigung — jenes beliebte Bollwerk schwacher Seelen — immer mehr an Grund verliert. Aber eben diese Erkenntnis wird ihn mit dem Gefühle der wahren menschlichen Würde, mit Achtung vor der menschlichen Natur überhaupt durchdringen und ihn somit auf eine höhere Stufe des Lebensbewußtseins heben.

Bleibt er beharrlich in dieser Richtung des Strebens, so wird er jenen sittlichen Höhepunkt erreichen, welcher die Krone des christlichen Sittengesetzes bildet: das Gute, Wahre und Göttliche zu wollen rein um seines selbst willen, d. h. ohne allen Hinblick auf Lohn oder Strafe; das Gute zu wollen und zu thun, weil es gut ist. Er wird sich emporarbeiten bis zum Gefühle innerer Unmöglichkeit, anders zu wollen und zu handeln, und somit das hienieden überhaupt mögliche Ziel menschlicher Veredelung erreichen. Da aber der Strudel des Lebens oft in entscheidenden Augenblicken die Richtung nach dem immer anzustrebenden reinen und höchsten Ziele vergessen macht, so wird ihm das stete und schnelle Wiederfinden dieser Richtung erleichtert werden, wenn er einen kurzen, aber alles umfassenden Wahlspruch im Vordergrunde seiner Seele behält, den Wahlspruch: „Sei fest und rein." Diese innere Stimme wird in allen Fällen sein sicherster Schutz, sein treuester Wächter sein.

Wenn der junge Mensch auch davon noch weit entfernt bleibt, Meister in der Lebenskunst zu sein, er ist doch auf dem Wege dahin und hat schon auf diesem Wege eine reinere und höhere Ansicht des Lebens gewonnen. Er erblickt in der Weltordnung und im Laufe des menschlichen Lebens Licht und Zusammenhang da, wo andere Finsternis und Widerspruch finden. Er erkennt, daß der Mensch, zum Glücke des höheren geistigen Lebens berufen, aber ausschließlich in äußeres Glück gewiegt, geistig nicht erstarken und sich vervollkommnen, sondern erschlaffen würde; daß, wie das Naturleben im großen eine Mischung von lieblichen, sonnigen und von trüben, stürmischen Tagen zu seinem Gedeihen verlangt, so auch sein Leben eine ähnliche, seiner Kraft angemessene Mischung, deren Abwägung in höherer Hand liegt, notwendig macht. Er weiß, der Mensch ist in eine Welt von Gegensätzen gestellt, von denen einer den anderen treibt, und die Kräfte sind in ihn gelegt, um zwischen diesen, sowohl ihn äußerlich umgebenden, als auch in seinem Inneren liegenden Gegensätzen

15 *

den Kern seines Ichs immer mehr zu kräftigen, seine Selbstheit (durch Selbstobjektivierung, Selbsterkennung, Selbstrichtung, Selbstbildung) immer höher und reiner zu entwickeln, um aus und an diesen Gegensätzen sein wahres Wohl heraufzuarbeiten und sich würdig vorzubereiten für höhere Entwickelungsstufen des Jenseits.

Der Lebenskampf (mit den Verhältnissen der Außenwelt und mit sich selbst) erscheint ihm als eine klare, der hohen Lebensbestimmung zuführende Naturnotwendigkeit. . Er fühlt, daß für ein geistig frei werden sollendes Wesen das wahre Lebensglück nicht durch ein äußeres Zufließen ohne eigene Mühe und Anstrengung, sondern eben nur durch möglichst mitwirkende Selbsterwerbung erreichbar ist; daß nicht das Leben an sich, sondern ein reines, würdiges und ehrenhaftes Leben das Ziel des Strebens ist, welchem Ziele, wenn es gälte, der edle Mensch das Leben selbst mit Freudigkeit preisgeben würde. Ja, er wird bei Überblickung vieler Lebensgeschichten im allgemeinen finden, daß, zu je höherer, aus der Lebensstellung oft gar nicht voraussichtlichen, Lebensaufgabe der einzelne Mensch berufen ist, ihm auch ein um so ernsterer Lebenskampf beschieden ist. Fast alle (wenn auch in den engsten Kreisen) bedeutenden Menschen waren in irgend einer Art stark im Feuer. Und weit entfernt, durch den Blick in die Möglichkeiten der Zukunft seinen Sinn sich trüben zu lassen, fühlt er sich dadurch vielmehr von Lebensmut und Lebenslust durchdrungen und gehoben. Vertrauensvolle Demut vor Gott und das Gefühl der eigenen Kraft erfüllt ihn mit Siegesbewußtsein. Beides giebt ihm die Bürgschaft, sich über sein Schicksal, welches es auch sei, stets erheben und in dieser Erhebung seinen Stolz und seine Beruhigung finden zu können, schützt ihn in allen Lagen gegen Furcht und Verzweifelung und gegen jenen Fehler der Schwächlinge, welcher den Segen, der in den Prüfungen liegt, durch unwürdiges Gebahren vernichtet. Kämen dann auch Feuerproben der Prüfung, und fänden sie zuweilen die Kraft schwächer als es schien — immer wird sie sich, sobald nur einmal die feste Grundlage vorhanden, doch wiederfinden und selbst gegen das Unabänderliche unermüdlich ausdauern. Nur darf er den Gedanken, daß die Kraft fehlen könne, ein für allemal nicht aufkommen lassen. Schon den leisesten Zweifel an seiner Kraft zu allem, was das Vernunftbewußtsein (der tief in die Nacht des inneren Lebens hineinschimmernde Stern, der sicherste Maßstab für das Wollen- und Können-müssen) als Aufgabe hinstellt, muß er sich als Fehler anrechnen und sofort niederkämpfen. Der Glaube an die Kraft, auch wenn er noch so mühsam errungen, ist schon die Kraft selber. Nichts in der Welt, selbst nicht das vernichtendste Bewußtsein, keine Art von Unmöglichkeitsgefühl wird ihn so erschüttern oder beugen, daß er seinen geistigen Halt ganz verlöre. Der festgewurzelte Gedanke, daß alles Unbesiegbare, was auch immer kommen möge, getragen werden muß, daß die Richtung des Strebens nie anders als aufwärts gehen darf, ist der unbedingte Sicherheitsanker, der ihn hält, wenn Sturm und Wetter toben. Ausdauern im guten Kampfe bis ans Ende — ist sein Grundsatz; der Glaube an die Unendlichkeit der göttlichen Gnade (dessen Aufrechterhaltung seine eigene, in allen Fällen mögliche, höchste und letzte Aufgabe bleibt) — sein Trost. Türmten sich auch Wolken auf Wolken an seinem Horizonte, selbst die schwersten Wolken des Bewußtseins eigener Schuld (denn auch diese müssen mit Würde getragen und zur Läuterung verwendet werden; es darf auch selbst beim tiefsten Gesunkensein das Streben nach oben nicht erlöschen), schiene das Gewölk auch noch so undurchdringlich, der Boden unter den Füßen auch noch so erbebend — er weiß, die Sonne bricht endlich doch hindurch, in jedem Falle als die Sonne der Ergebung, des inneren Friedens.

Kurz, ist die innere Kraft gestählt, so mag sich der Blick ins Leben wenden, wohin es auch sei, selbst nach den finstersten Seiten, der junge Mensch wird um so mehr mit freudigem Mute ins Leben hineingehen, als eben durch eine klarere Lebensanschauung die sonstigen Unsicherheiten, Zweifel und Bangigkeiten gehoben sind. Er weiß ja, die edelsten Zielpunkte des Menschen kommen ihm nicht entgegengeflogen, sondern müssen errungen werden, und wird rüstig daran gehen. Er wird jede in ihren Folgen vom vernünftigen Lebensziele abwärts führende Gedankenrichtung, welcher Art sie auch sein und was für eine täuschende, übertäubende Gewalt sie auch immer haben möge, sofort und unermüdlich niederkämpfen. Bei kräftigem Willen genügt dieses Erkennen des Abwärts an sich schon, um ohne weiteres den Vernichtungsschlag dagegen auszuführen und so vor kraftlähmender Umwölkung des Inneren und vor gefährlicher Gedankenverwickelung zu schützen. Überhaupt für alle Lagen des Lebens ist Reife des Verstandes und rechtzeitiger Gebrauch desselben (edle Klugheit) ebenso unentbehrlich zur Sicherung gegen das Verderben, als gute Gesinnung, also ein ebenso dringliches Pflichtgebot. Die Federkraft des menschlichen Geistes wächst nur durch Übung, wie jede andere Kraft. Daher soll auch der Druck des Lebens, wie stark er auch immer kommen möge, sie nicht lähmen oder brechen, sondern heben und veredeln. Dies in sich zu bewirken, liegt in der Macht und ist die Aufgabe jedes Menschen.

Das Bewußtsein jener Kraft wird den Aufschwung zu voller Lebenslust und Heiterkeit mächtig unterstützen. Der junge Mensch wird es nun selbst fühlen, daß Heiterkeit als Dankbarkeit gegen Gott, dagegen das Sichhingeben an den Trübsinn — nämlich den auf schwachen Gründen ruhenden oder den ganz grundlosen — als etwas Unwürdiges, als eine Versündigung zu betrachten ist. Sollte sich irgendwie an dem Jünglinge oder der Jungfrau eine düstere oder finstere Seite zeigen, so biete man ja

alles auf, um diesen Lebensfeind gründlich zu besiegen.*) Denn wird der
Trübsinn mit ins erwachsene Alter hinübergenommen, so sind seine
Wurzeln schon zu fest. „Zufrieden immer, heiter, so lange als es höhere
Gefühle gestatten" — sei der andere Wahlspruch. Der lebensfrische Humor
der Jugend, welcher den Sinn der Zufriedenheit an den Klippen und Unvollkommenheiten der Welt und der Menschen nicht zerschellen läßt,
sondern daraus nur Anlaß zu immer erneutem Aufschwunge der eigenen
Kraft nimmt, möge zu voller Unverwüstlichkeit sich befestigen. Ist er
nicht schon Temperamentseigenschaft, so muß er als Ehrenpunkt hingestellt
werden, wenn man sich der dauernden Festigkeit jenes glücklichen Sinnes
versichern will. Kein Unglück, das nicht seiner Natur nach das Herz
selbst trifft, darf die Heiterkeit, keines überhaupt je den Mut rauben.
Der Ernst des Lebens soll den Grundzug des Frohsinnes läutern und
veredeln, ihn aber nimmer vernichten. Das Blütenalter mag sich voll-
saugen mit Lebensmut und Heiterkeit, um auf der weiteren Lebensreise
nicht Mangel daran zu leiden, mag an Kraft für den Lebenskampf durch
Übung soviel aufnehmen als nur immer möglich; denn sind vielleicht
einst schwere Prüfungen beschieden — und gefaßt soll ja der Mensch
auch darauf sein — so kann viel, ja alles auf den Halt der letzten Faser
ankommen.

Das jugendliche Feuer, welches jetzt mächtiger auflodert als je wieder
im Leben, soll nicht gedämpft, sondern nur richtig geleitet werden, soll
auch nicht als flüchtiges Strohfeuer verlodern, sondern weise genährt werden,
um dem ganzen Leben ausdauernde Spannkraft zu verleihen. Damit es
nicht seinen Ausweg in der Richtung nach unedlen Leidenschaften nehme,
suchen wir vielmehr jene Richtungen zu begünstigen, wo es in edler

---

*) Fast kein Mensch, selbst nicht der edelste und reinste, ist davor sicher, daß
ihn, außer trüben Stimmungen, nicht auch zuweilen wahrhaft schwarze, meist uner-
klärliche Gefühlsströmungen durchziehen, die er aus tiefster Seele verabscheut. Läßt
er sich durch den Schreck darüber seine Widerstandskraft dauernd lähmen, so gerät
er in Gefahr, seinen Halt ganz zu verlieren. Der Schreck verschwindet durch die
besonnene Erwägung, daß solche Strömungen den wahren moralischen Wert nicht
bestimmen, daß sie zu den Prüfungen gehören, in denen die sittliche Willenskraft
durch gottvertrauenden, mutigen Aufschwung und siegenden Kampf sich bewähren
soll, daß nicht das Auftauchen jener Strömungen, sondern nur das Nichtanspannen
der dieselben direkt vernichtenden Kraft als sittlicher Fehler anzurechnen ist. Die
direkte Vernichtung gelingt aber nicht dadurch, daß man einen aufgestiegenen finsteren,
überhaupt abwärtsführenden Gedanken vor das geistige Auge hinstellt, um aus der
zerlegenden Durchschauung desselben, die leicht zum kraftlähmenden Schwindel fort-
reißt, Beruhigung zu gewinnen (ein häufiger Fehler), sondern vielmehr dadurch, daß
man den Gedanken und seinen Anhang sofort beim Kopfe faßt und ihn mit ganzer
konzentrierter Kraft unter die Oberfläche des geistigen Sehfeldes erwürgend herab-
drückt, was durch schnelle und gewaltsame äußere Ablenkung erleichtert wird.

Begeisterung für alles Heilige, Schöne, Wahre, Gute seine Befriedigung findet. Sei es auf dem Wege mündlicher Mitteilungen, der Lektüre oder eines ernsteren Studiums — immer werden Schilderungen von Muster-Charakteren als lebendige Ideale des Nachstrebens von der jugendlichen Seele am leichtesten erfaßt werden. Beispiele, in denen sich Sittenreinheit, Selbstverleugnung, Demut vor Gott und Würde vor Menschen, Herzensgüte, männlicher Heldensinn oder edle Weiblichkeit, hochherzige Gesinnungen, Charakterfestigkeit im Strudel der Versuchungen, Verstandesreife, unbeugsamer Mut, rüstige Thatkraft, unermüdliche, aber mit Bescheidenheit verbundene Ausdauer in dem Streben nach hohen und edlen Zielen, Standhaftigkeit in Gefahren und Leiden, kurz — alle Seiten des wahren Seelenadels abspiegeln, werden am besten die jugendliche Begeisterung wecken oder, wo sie schon entbrannt ist, ihr Nahrung und Richtung geben. Müssen wir dabei einen Seitenblick werfen auf die Kehrseite der gewöhnlichen Lektüre der Jugend, wodurch unzeitige Herzensrichtung geweckt, oder die Phantasie gar auf schlüpfrige Bahnen geleitet wird, so kann das nur mit innigem Bedauern geschehen. Noch tiefer zu bedauern sind diejenigen jungen Leute, welche zu spät merken, daß sie in schlechte Gesellschaft geraten sind und erst durch die folgende Sünde an sich selbst büßen müssen, was ihnen bei Kenntnis der Macht der Verführung und der Brandmale des Lasters hätte erspart werden können. Späte Nachtmahle, Trinkgelage gebären nicht nur Unlust zur Arbeit des kommenden Tages, sondern meist auch tierische Lüste.

Eine zweite, gleich wichtige Nahrungsquelle eröffnet sich der jugendlichen Begeisterung in der Ausbildung des Schönheitsinnes. Erst jetzt, in dem Jünglings- und Jungfrauenalter, wo sich die Phantasie in ihrer höchsten Blütenkraft entwickelt hat, ist der Schönheitsinn soweit gereift, daß er volle Empfänglichkeit und eindringendes Verständnis hat. In dem Kindesalter war dies noch nicht der Fall.

Als ein hohes Glück ist es zu betrachten, wenn Empfänglichkeit, äußere Anleitung und Gelegenheit sich vereinigen, um dem jungen Menschen das Reich des materiellen und ideellen Schönen, wie es Natur und Kunst bieten, zu eröffnen. Ein unersetzlicher Gewinn für die geistige Veredelung. Doch, wenn auch die Kunst nur günstigeren Verhältnissen ihre Pforten öffnet, immer bleibt ja die Natur für jeden, der sinnig in ihr leben will, der unverschlossene Schönheitstempel. Sie bietet, bei einiger Kenntnis ihrer Gesetze und Erscheinungen, im Erhabensten wie im Kleinsten, im Weltall wie im engsten Zimmer, überall unendlichen Stoff zur Bewunderung ihrer Schönheiten und ihres großen Baumeisters. Glücklicherweise bedingen die Anforderungen des praktischen Lebens eine immer allgemeinere Beachtung der Naturwissenschaften, wird die Bekanntschaft mit ihnen für die Mehrzahl der Menschen zu einem immer unentbehrlicheren

Bedürfnisse. Somit wird auch ihr hoher allgemein veredelnder Einfluß
(denn die materialistischen Verirrungen einzelner Jünger der Naturwissenschaften wird man doch wahrlich den letzteren selbst nicht anrechnen
wollen?!), ihr Wert als hoher Lebensgenuß und als Hinleitungsmittel zu
einer gesunden Lebensanschauung immer mehr erkannt werden und sich
geltend machen. Sie sind die kräftigsten Mittel, um die menschliche Kultur
auf der normalen Entwickelungsbahn von Stufe zu Stufe zu heben.

Wo der Eindruck der Schönheit im Gebiete der Kunst erreichbar ist,
darf er niemals der Jugend vorenthalten werden. Hier erst gedeiht die
Entfaltung der Schönheit zu ihrer wirklichen objektiven Vergeistigung und
erlangt den Höhepunkt ihrer veredelnden Kraft. Glücklich der, welchem
die Möglichkeit geboten ist, die Schönheit in ihren verschiedenen Erschei-
nungsformen, im Bereiche der darstellenden Künste, sowie der Musik, der
Dichtkunst (mit Einschluß der dramatischen Kunst) u. s. w. zu erfassen.
Gänzlich wird aber so leicht keiner, der sich nicht selbst ausschließt, zu
darben brauchen. Nach einer oder der anderen Richtung wird sich fast
in allen Fällen der Zugang bahnen lassen. Nur darf nicht unbeachtet
bleiben, daß das Gesetz der Mäßigung auch für die edelsten Genüsse
geltend ist. Ein maßloses Schwelgen in den Kunstgenüssen oder ein
zu ausschließliches, für die übrige Welt totes Berufsleben in irgend einer
Kunstsphäre erschöpft endlich das Nervensystem, erzeugt krankhafte Reizbarkeit, Hypochondrie, Hysterie, Phantasterei, raubt den körperlichen und
geistigen Halt.*)

Die allgemein erfaßbarste Kunstsphäre ist die Musik (mit Einschluß
des Gesanges). Als Mittel allgemein menschlicher Bildung gebührt ihr
auch der erste Rang unter ihren Schwestern, da sie, das Reich der Töne
beherrschend, eben vermöge dessen in der direktesten geistigen Verwandtschaft zum menschlichen Gemüte steht, und daher ihre Schönheiten, auch
ohne eine besondere Vorbildung zu verlangen, zauberähnlich eindringen.
Sie eignet sich daher auch am besten zur Dilettantenausbildung. Mag
diese auch noch so unbedeutend sein, immer wird sie doch die darauf
verwendete Mühe durch ihre das Gemüt erfrischende und erhebende Wirkung reichlich lohnen, und sei es auch nur durch edle Ausfüllung müßiger
Stunden, durch Verdrängung geisttötender Spiele und solcher Unterhaltungen,
die zu der in neuerer Zeit häufigen, bitter zu beklagenden Blasiertheit,
jener abgelebten Stumpfheit der Jugend, führen helfen. Nur darf nicht
etwa, wie es moderner Brauch ist, die trockene Schale der Technik das
Hauptziel der Ausbildung sein. Dies ist ein Blendwerk hohler Eitelkeit.
Sondern es muß der edle Kern des Geistes der Musik, die unendliche
Fülle der musikalischen Gedanken- und Gefühlswelt erschlossen werden,

---

*) Für Künstler von Beruf ist daher umgekehrt regelmäßige Abwechselung mit
irgend einer prosaischen Thätigkeit die heilsamste Erholung, ein Lebensbedürfnis.

wie sie erkennbar wird aus den Tonschöpfungen klassischer Meister, wenn sie in der Verschiedenheit ihrer Aufbaue vergleichend durchdacht und durchfühlt werden. Es wäre sehr zu wünschen, daß noch viel mehr und allseitiger, als bis jetzt geschieht, ganz besonders auf Verallgemeinerung des harmonischen Gesanges unter der Jugend hingewirkt würde, wie schon Luther wünschte.

Jüngling und Jungfrau bedürfen eigener Erfahrung, um zur vollen Reife fürs Leben zu gelangen. Beide nach Umfang und Art in verschiedener Weise. Je länger man ihnen erspart oder vielmehr vorenthält, selbst Erfahrungen zu machen, um so mehr verlängert man ihre Unmündigkeit. Die eigene Erfahrung ist bekanntlich die eindringlichste Lehrmeisterin. Die theoretische Lebenskunst wird erst durch die Praxis berichtigt, befestigt und abgerundet. Die Gelegenheit muß also jedem jungen Menschen in seiner Sphäre geboten werden, selbst wenn zuweilen ein kleines Risiko, eine Lehre damit verbunden wäre. Ab und zu ein selbständiges Auftreten im Leben unter verschiedenen neuen Verhältnissen, wobei aber immer die Hand zu etwaiger Nachhilfe in irgend einer Weise noch wachsam bleibt; sodann ein regelmäßigeres Heranziehen des jungen Menschen zu dem geselligen Leben Erwachsener, wodurch ihm Gelegenheit wird, sich auch den Anforderungen der äußeren Umgangssitte immer enger anzuschließen und Welt und Menschenkenntnis zu sammeln. Nur ververgesse man nicht, daß jetzt die Zeit gekommen ist, wo die erzieherische Wachsamkeit sich in stille Ferne zurückzuziehen hat, daß man die Entwickelung der Selbständigkeit, des Charakters, nicht durch drückendes Zuvielregieren störe, daß man also, so lange nicht wichtige Gegenbeweise dies geradezu verbieten, dem jungen Menschen volles, ihm selbst klar bewußtes Vertrauen schenke und ihn moralisch hebe und kräftige. Auch wegen äußerer Umgangssitten schniegele und bügele man nicht zu viel am jungen Menschen herum. Ist nur der Kern gesund, so überläßt man das Abschleifen der kleinen Ecken und Unbeholfenheiten der Übergangsperiode am besten den Einwirkungen des Umganges selbst.

Die nach allen Seiten hin offene Blüte des jugendlichen Geistes und Herzens befähigt dieses Alter mehr als jedes andere zum Schlusse inniger Freundschaftsbündnisse.

> Glücklich, wem der große Wurf gelungen,
> Eines Freundes Freund zu sein —

ruft das edelste deutsche Dichterherz besonders Euch zu, Jünglinge und Jungfrauen; denn selten werden die in einem späteren Lebensalter geschlossenen Freundschaften einer das ganze Leben durchdauernden gleichen Innigkeit und Wärme sich erfreuen. Wem also als Jüngling oder Jungfrau jener Wurf noch nicht gelungen, der wähle prüfend, aber säume nicht.

Während wir bisher Jüngling und Jungfrau fast gleichmäßig im Auge hatten, wollen wir nunmehr noch einige Schritte nach ihren auseinandergehenden Lebenswegen hin beide getrennt begleiten und ihnen damit den Scheidegruß bringen.

Der Jüngling soll zum Manne reifen im vollsten und edelsten Sinne des Wortes. Sein Leben ist bestimmt für die Welt und für die Familie zugleich. Der Welt soll er angehören als tüchtiges Glied in der großen Kette des Staatsbürgertums, der Familie soll er einst Haupt und Stütze sein. Das was von den allgemeinen menschlichen Eigenschaften von ihm, im Vergleiche mit der Lebensaufgabe des anderen Geschlechtes, am meisten verlangt wird, sind Kraft, Mut und Ausdauer in allen edlen Bestrebungen. Die Grundlage und Vorbildung der männlichen Tugenden muß allerdings in der Erziehung gegeben worden sein, wenn aus dem Jünglinge ein echter Mann werden soll, allein die volle Ausbildung zum Manne giebt ihm erst die Welt, der Kreis des großen Lebens. Hier erst kann sich jene volle probehaltige Energie des Charakters und der Thatkraft entwickeln, die für alle Zeiten als die schönste Zierde des Mannes gilt. Der Jüngling und Mann soll die Stürme des Lebens nicht frevelnd suchen, wohl aber dann, wenn sie seine Bahn nach edlen Zielen durchkreuzen, ihnen straff und mutig die Stirn bieten, was auch immer dabei auf dem Spiele stehe. Ja, erst durch sie gelangt der männliche Charakter zu seiner vollen Reife. Für alle seine Bestrebungen gelte ihm der Grundsatz: Die Schwierigkeiten in der Welt sind nur da, um — überwunden zu werden: durch Mut, Verstand, Kraftanstrengung und Ausdauer. — Während der Jungfrau in der Regel nur ausnahmsweise kleine selbständige Ausflüge in die Welt zugängig und dienlich sind, soll der Jüngling vorzugsweise dem großen Lebenskreise angehören, ohne sich jedoch deshalb seiner Familie, an welche er durch das Band der Liebe und Dankbarkeit für immer geknüpft ist, zu entfremden. Der Jüngling muß hinaus und Tausende von Gefahren mannhaft bestehen lernen, welche seine Würde, seine Biederkeit, seine Keuschheit von vielen Seiten bedrohen — Gefahren, welche der Jungfrau größtenteils fern bleiben. Er soll frisch und frei in und mit der Welt leben und dennoch seine selbständige Festigkeit sich wahren.

Der richtig gebildete Jüngling bringt Ideale mit in die Welt, mögen sie nach dieser oder jener Seite des Lebens gerichtet sein. Das Gegenteil verriete geistige Armut und Schwäche. Aber nur hüte er sich, daß diese Ideale für ihn nicht zu Klippen werden! Er soll seine Ideale, dafern sie edle und vernünftige sind, festhalten für immer und mit Besonnenheit verfolgen, denn um das Erreichbare zu erreichen, muß nach dem unerreichbaren Höchsten gestrebt werden. Dies ist als ein wichtiges Gesetz des Lebens zu betrachten und geeignet, den Menschen in der Kraft der Demut zu bewahren. Diesem schließt sich ein zweites an: das eines gewissen Grades von Unvollkommenheit aller menschlichen Dinge, in dessen Anerkennung wir nach Erschöpfung unseres Strebens Beruhigung finden sollen. Alles menschliche Streben nach edlen Zielen bleibt hinter dem Strebeziele zurück. Stand also letzteres nur im Bereiche der Mittelmäßigkeit, so erreicht der Strebende sicherlich nicht einmal diese. Der Jüngling hat ferner wohl zu erwägen, daß hohen Idealen nicht im Sturme, sondern nur gemessenen Schrittes zugestrebt werden kann, wenn nicht Kraft und Gelingen vernichtet werden sollen.

Faßt der Jüngling seine Ideale anders auf, so ist ihre endliche Wirkung nach beiden Richtungen hin eine Körper und Geist zerrüttende, alle Lebenstüchtigkeit vernichtende. Entweder er schießt über sein Ziel hinaus und verliert sich in bodenloser Schwärmerei, oder, hat sich der Adler an der Sonne die Flügel verbrannt und fällt nun herab in die nackte Wirklichkeit, so zieht diese ihn, den machtlosen, niederwärts in ihre Schlünde.

In Betreff einer der nächstliegenden Richtungen der Jünglingsideale ist aber nicht zu verkennen, daß in vielen Lebensverhältnissen, besonders der höheren Berufsarten, von der Wirklichkeit in der That zu wenig Gelegenheit geboten ist, um das jedem Jünglinge natürliche Bedürfnis zu befriedigen. Ich meine das Bedürfnis, dem Ideale der Männlichkeit zuzustreben: Mut und Thatkraft zu erproben und zu üben und so zum Manne zu erstarken. Kein Wunder daher, wenn sich dieser edle Geist und Trieb, da ihm die Wege des natürlichen Ausgärens verschlossen sind, in der verschiedensten Weise verirrt und verwirft.

Von vielen wollen wir nur ein Beispiel aus dem Leben herausgreifen. Auf vielen deutschen Universitäten ist die Unsitte des Duelles noch immer in vollem Schwunge. Alljährlich eine Unzahl von Duellen wird daselbst in der Stille geschlagen trotz Wachsamkeit und Strafe. Mancher einzelne hat 20, 30 und noch mehr während seiner Studienzeit bestandene Duelle nachzuweisen. Geht man dem Sinne des Duelles tiefer auf den Grund, so ist es kein anderer, als jenes natürliche Bedürfnis der männlichen Jugend in Mutproben sich zu bewähren, der an sich edle Drang, der Idee, der Überzeugung oder der Ehre (nämlich in ihrer Beziehung auf den Besitz des Mutes), wenn es gilt alles zu opfern — derselbe Sinn, welcher bei unseren Vorfahren die Turniere erhielt.[*]) Die formellen Ehrenstreitigkeiten unserer studierenden Jugend sind dabei meistens Nebensache, nur die äußere Folie. Innere Feindseligkeit der Duellanten ist sogar eine wahre Seltenheit. Ja zuweilen sind die Herausforderungen gewissermaßen einfache Achtungsbezeigungen. Der natürliche edle Drang der Jünglinge,

---

[*]) Es liegt ein edler und unbeschreiblicher Genuß in dem gehobenen Selbstbewußtsein, den Gefahren des Lebens irgend welcher Art die feste und besonnene Stirn bieten zu können.

Gefahren mutig zu bestehen, die Thatkraft auch über das materielle Leben zu erheben, ist vorhanden — und Gott sei Dank, daß er noch vorhanden ist —, die Gelegenheit aber, diesem Drange auf eine dem Gemeinwohle förderliche Weise zu entsprechen, fehlt ihnen; was ist die Folge? — sie reiben sich aneinander, um in dieser, freilich verkehrten Weise Befriedigung zu finden. Daß Strafen, selbst die härtesten, dagegen nicht gründlich helfen können, ist durch die Erfahrung zur Genüge bewiesen und auch ganz natürlich, denn statt zu dämpfen, vermehren sie ja nur den Reiz, nämlich: die Gefahr. Der Gestrafte fühlt sich, anstatt gedemütigt, als Märtyrer für eine vermeintlich ehrenvolle Sache durch die Strafe vielmehr gehoben. Der auf andere Weise nicht zu befriedigende Drang des männlichen Ehrgefühles durchbricht die Schranke des Gesetzes und verirrt sich, wie immer, wenn irgend etwas Edles oder Heiliges in der menschlichen Brust in seiner natürlichen Entwickelung nach allen Seiten hin gehemmt ist. — Eine gründliche Abhilfe scheint daher auf anderem Wege, in Form eines das Gemeinwohl fördernden Ersatzmittels, gesucht werden zu müssen. Freilich machen die modernen Lebensverhältnisse die Sache schwierig. Sollte nicht vielleicht ein solches Ersatzmittel darin zu finden sein, wenn von seiten des Staates in allen volkreicheren Ortschaften die Organisation von Rettungsmannschaften für Feuerbrünste, Wassersnot und alle Art allgemeiner Unglücksfälle, von Schutzwehrmannschaften zu verschiedenen, aber immer den ernstesten Zwecken u. dgl. m., aus allen Kreisen der militärfreien Jünglings-Altersklasse eingeführt würde? Die Beteiligung müßte zwanglos bleiben und als reine Ehrensache gelten. Nach den Berufsarten könnten verschiedene, voneinander gesonderte Körperschaften (Studierende, Künstler, Kaufleute, Handwerker etc.) daraus gebildet werden, und diese würden, durch den Wetteifer untereinander teils bei vorkommenden Fällen des Bedarfes, teils durch die regelmäßig zu haltenden Übungen und Proben, reichliche Gelegenheit finden, ihrem jugendlich männlichen Drange, in Mutproben sich zu bewähren und geistige Kraft für den Lebenskampf zu gewinnen, zu Gunsten des Allgemeinwohles zu genügen. Es würde nicht schwer halten, durch die Art der Einrichtung allen diesen Körperschaften den Nimbus der vollsten Ehrenhaftigkeit in den Augen der öffentlichen Meinung zu verschaffen. Eine, freilich einer durchgreifenden Umgestaltung bedürfende Staatseinrichtung nach Art jener segensreichen Organisation der Kadettencorps in der Schweiz — eines Institutes, welches die ganze männliche Jugend umfaßt — würde offenbar das radikalste Ersatzmittel sein. Auch werden die Turnvereine, wenn sie weitere Entwickelung und Ausbreitung finden, zur Beseitigung dieses Mangels entschieden mitwirken. — Wenn nun zugleich für wirkliche Ehrenstreitigkeiten verantwortliche Ehrengerichte, aus Standesgenossen gebildet, eingeführt und alle Umgehungen dieser Ehrengerichte durch besondere Brandmarkung abgeschnitten würden, so ließe sich vielleicht eine radikale Beseitigung des Duelles, jenes mittelalterlichen Überbleibsels, hoffen. So lange aber für irgend ein nach dieser Richtung hin wirkendes Ersatzmittel nicht gesorgt ist, wird man sich wohl das Fortbestehen des Duellmißbrauches gefallen lassen müssen; und vom Gesichtspunkte des Staates aus dürfte die Alternative wohl so auch stehen: immer noch besser, selbst wenn sich auch hin und wieder einmal einer den Kopf einrennt, als daß aller männliche Sinn unter der Jugend erstirbt, als daß Tausende geistig vertrocknen oder versumpfen. Unter zwei Übeln ist das kleinere stets das erträglichere, doch wäre sehr zu wünschen, daß auch diesem die Grundwurzel genommen würde: man schaffe dem Jünglinge wie nur irgend möglich Gelegenheit, auf gesetzmäßige und wahrhaft edle Weise in Mutübungen und siegendem Kampfe (dem Ur-Triebe des männlich-gesunden Geistes) zu erstarken. Wenn die Jünglinge zu lebenstüchtigen Männern reifen sollen, so darf die Schule der Männlichkeit nicht mangeln. Die neuere allgemeine Wehrpflicht erfüllt nur einen Teil dieses Verlangens.

Sollen also die Ideale, welche der Jüngling in seinem Inneren trägt, ihn auf die richtige Bahn führen, sollen sie fruchtbringend für ihn und für die Welt werden, so muß er sie nach Maßgabe der gegebenen Verhältnisse der Wirklichkeit regeln, zügeln und ordnen, mit diesen in vollen Einklang zu bringen suchen. So werden die auf seine praktische Wirksamkeit im Leben gerichteten Ideale ihn zunächst auf echten Gemeinsinn, auf wahre Vaterlandsliebe mit allen daraus stammenden Tugenden führen, ihn aber auch mit Achtung vor den bestehenden Verhältnissen des Staates erfüllen, selbst wenn diese weit hinter seinem Ideale zurückständen. Denn erst eine reifere Erfahrung pflegt es zu erkennen, daß diese letzteren von unten herauf betrachtet oft in einem trügerischen Lichte erscheinen, im wahren Lichte immer nur von oben herab durchschaut werden können.

Der Gemeinsinn, das Streben für das große Ganze zu wirken, wird nun auch den erwählten speziellen Beruf veredeln. Derselbe wird unter einem höheren Gesichtspunkte erscheinen. Zwar wird ihn der Jüngling zunächst als das notwendige Mittel der Existenz erkennen. Allein der Erwerb wird dabei nicht das alleinige Ziel sein, sondern dieses auch gleichzeitig das Wohl des Ganzen, die Gemeinnützlichkeit umfassen. Der Beruf wird ihm als etwas Heiliges erscheinen, das man, solange die Kräfte dazu vorhanden sind, nicht aus dem Grunde allein abschüttelt, weil vielleicht der Erwerb den Sättigungspunkt erreicht hat. Denn nur das That-Leben, das schaffende Wirken nach außen ist das wahre volle Leben des Menschen, der eigentliche Nährstoff der geistigen Lebensspeise; das Genuß-Leben ist die Würze. Würze allein genossen stumpft aber bald ab und

läßt die Lebenskraft vor der Zeit vertrocknen. Jeder kann an sich die
Erfahrung machen, daß er einen höheren und dauernderen Lebensgenuß
davon hat, was er wirkend und schaffend thut, als was er thatlos ge-
nießt. Es liegt tief in der menschlichen Seele begründet und läßt sich
durch keine Selbsttäuschung wegleugnen, daß das Leben nur dann volle
Befriedigung, inneres Glück gewährt, wenn das Einzelleben zugleich mit
dem Leben für das Ganze verflochten ist. Außerdem wird es zu einer
Schale ohne Kern und führt zur Selbstsucht, und auf diese ist unser Leben
nicht berechnet. Daher auch wird ein biederer Charakter das Streben nach
mühelosem oder gegenleistunglosem Erwerbe, nach den Glücksgaben des
Lebens, stets in die engsten Grenzen der Ehrbarkeit zurückweisen, niemals
zu einer die Berufsthätigkeit irgendwie störenden oder herabstimmenden
Sucht oder gar zur herrschenden Lebensrichtung ausarten lassen. Drohend
erheben wir den Finger gegen Glücksspiele und gegen ihre widerlichen
Anhängsel: leichtsinnige Schulden. Nur in ehrenhafter Thätigkeit wird er
seine wahre Genugthuung und Freude finden. Die angemessene, fest bestimmte Einteilung seiner Zeit in strebsame schaffende Arbeit und in
auffrischende Erholung wird das organische Uhrwerk seines Lebens sein.
Der Mut des Strebens wird dem Jünglinge aus dem zweifellos feststehenden Erfahrungssatze unversiegbar hervorquellen: daß jedes wohldurchdachte,
ernste und ausdauernde Streben endlich stets von irgend einem befriedigenden Ziele gekrönt wird, wenn auch zuweilen in einer anderen als der
vorausgedachten Weise.

Die freie Bewegung in der Welt führt den Jüngling ungleich mehr
als die Jungfrau an unzählige Klippen. Die Versuchung tritt von allen
Seiten an ihn heran. Es gilt nun, seine volle Kraft zu bewähren. Selbst
dem willenskräftigsten Jünglinge ist Wachsamkeit zu empfehlen. Er möge
im Selbstvertrauen sich nicht überschätzen und zu gänzlicher Sorglosigkeit
darin oder zu übermütigem Hineinstürzen in die Gefahren der Versuchung
verleiten lassen. Zwischen dem vernünftigen Denken und Wissen und
dem vernünftigen Wollen und Handeln ist immer noch einiger Abstand.
Im Strudel des Lebens drängt sich unversehens manches dazwischen. In
Betreff aller vom wahren Lebensziele abwärts gehenden Richtungen schützt
am besten jene goldene Regel: meide den ersten Schritt. auch wenn
er noch so unbedeutend erschiene. Die Erfahrung lehrt, daß, um nicht
unbemerkt von ihm beschlichen zu werden, es nicht genügt, das Anspannen
der Widerstandskraft dem gekommenen Augenblicke der Versuchung zu
überlassen, sondern daß es ratsam ist, auch aus der Fernschau immer
eine entschiedene Scheu davor in sich wach zu erhalten und sich so für
die entscheidenden Augenblicke zu kräftigen. Jede Unwahrheit, Feigheit,
Lüderlichkeit, Niedrigkeit, Gemeinheit hat der Jüngling zwar schon früher
gründlich verachten gelernt. Aber im Leben treten jene Schatten nicht

immer in scharfen Umrissen, oft sogar mild umschleiert auf. Es gilt also, an ihren Übergängen die Grenzlinie scharf im Auge zu behalten, denn mit jeder Stufe abwärts steigt die Schwierigkeit des Wiederaufkommens in einem vorher nicht geahnten Grade. Wenn auch einzelne aus dem Fegefeuer des Gesunkenseins und der einmal entbrannten Leidenschaften zuweilen zu um so höherer Läuterung sich emporringen, so sind dies doch nur die selteneren Fälle; dieser Umweg zur Veredelung ist daher stets höchst zweifelhaft und gefahrvoll.

Die Jungfrau soll einst Gattin und Mutter werden. Mag ihr Los auch anders fallen, immer erfüllt sich ja doch mit der still waltenden Sorgfalt im Kreise des Familienlebens ihr heiliger Beruf. Die Richtung für die Berufsausbildung der Jungfrau ist also eine viel bestimmtere und einfachere als beim Jünglinge.

Die Tugenden der Häuslichkeit im weitesten Sinne des Wortes sind das bestimmte Ziel der jungfräulichen Ausbildung. Wir verstehen darunter nicht etwa, daß sich die Jungfrau und die dereinstige Hausfrau deshalb dem geselligen Leben oder den höheren geistigen Genüssen entziehen solle, auch nicht, wo es die Umstände in die Willkür stellen, bei allen den verschiedenen häuslichen und wirtschaftlichen Beschäftigungen selbst Hand anlege. Nein, sie soll das gesellige Umgangsleben, entsprechende geistige Genüsse und Beschäftigungen mit häuslichem Sinne verbinden und in jedem Falle die verschiedenen Zweige der häuslich-wirtschaftlichen Angelegenheiten richtig beurteilen, leiten und überwachen können. Wurzelt eine der Lebensstellung der Familie entsprechende hohe und feine, selbst wissenschaftliche*) Bildung der Hausfrau und reger Sinn für dergleichen Beschäftigungen und Genüsse auf dem Grunde der Häuslichkeit, so ist damit jede naturwidrige Verbildung und Überbildung abgeschnitten und darin für den Gatten und für die Kinder ein großes Glück zu erkennen. Fehlt dagegen die Grundlage der Häuslichkeit, so entstehen freilich daraus weibliche Zerrbilder, die das Gift des Familienlebens, die Grundwurzeln allgemeiner Sittenfäulnis sind.

*) Freilich sollte jeder anderen Wissenschaft ein möglichst gründliches theoretisches und praktisches Studium der Erziehungswissenschaft, der ja von der allgemeinen Weltordnung das ganze weibliche Interesse zunächst zugewiesen ist, voranstehen. Von dem Gesamtgebiete des Wissens wird nur die Kenntnis der allgemeinen Resultate als Ziel der weiblichen Bildung vorschweben können, nur die Aufnahme der aus den Werkstätten der vielen einzelnen Wissenschaften, in denen zu arbeiten der männliche Geist berufen ist, gewonnenen Produkte, und auch diese nur insoweit, als sie auf die rein menschliche Bildung, auf geklärte Lebensanschauung hinführen. Von den praktischen Resultaten werden immer diejenigen in erster Linie stehen, welche den weiblichen Berufskreis unmittelbar berühren, wie eben die Resultate der Erziehungswissenschaft, die auf das gesamte Hauswesen angewandten Resultate der Naturwissenschaften, besonders der Physik und Chemie, in zweiter Linie aber auch verschiedene gewerbliche Kenntnisse und Fertigkeiten.

Soll daher die Jungfrau für ihren hohen Beruf würdig vorbereitet und ausgerüstet werden, so wird sie zunächst mit den verschiedenen Angelegenheiten des Hauswesens, mit den feinen weiblichen Arbeiten, mit der Einrichtung und Instandhaltung der beweglichen und unbeweglichen Gegenstände des Hauses, mit Kochkunst (wohin eben auch die Bekanntschaft mit den dahin einschlagenden physikalischen und chemischen Gesetzen, sowie gewisse Kenntnisse des Tier-, Pflanzen- und Mineralreiches gehören), mit Gärtnerei u. s. w., ebenso aber auch wenigstens mit den allgemeinsten und wesentlichsten Grundsätzen der Kinderpflege und Kindererziehung (namentlich auch durch Benutzung jeder Gelegenheit, das Kinderleben in verschiedenen Kreisen praktisch kennen zu lernen) sich gründlich vertraut zu machen haben (vgl. S. 9). Da wo es die Umstände irgend gestatten, möge die übrige Zeit auf geistige Fortbildung und auf Vervollkommnung der Umgangsbildung verwendet werden, damit Veredelung des Geistes und Gemütes, frische Heiterkeit, äußere Feinheit mit vorwaltender innerer Bescheidenheit das Bild weiblicher Anmut vollenden. Die geistige Fortbildung wird sich, entsprechend dem vorwalten sollenden Gemütsleben des weiblichen Geschlechtes, in etwas überwiegendem Grade der Ausbildung des Kunst- und Schönheitssinnes zuzuwenden haben. Wird die Jungfrau, wie es aus vielen begreiflichen Gründen dringend zu wünschen, nicht zu früh in den Strudel des Weltlebens hineingerissen, so bleibt ihr nach dem eigentlichen Lernalter meist noch reichliche Zeit, um jede etwa noch vorhandene Lücke in den verschiedenen Zweigen ihrer Ausbildung zu füllen.

Der Übergang der Jungfrau in die Lebenssphäre der Erwachsenen ist ungleich weniger mit Gefahren bedroht als der des Jünglinges, da erstere doch meist nur in den engeren, mit dem Familienleben verbundenen und daher leichter überwachbaren Kreisen sich bewegt. Im allgemeinen läßt sich nur eine einzige Gefahr hervorheben, welcher die Jungfrau vorzugsweise ausgesetzt ist: die Eitelkeit, die Gefallsucht mit ihren Folgen. Obgleich aus der ganzen Eigentümlichkeit der weiblichen Natur und Lebensstellung leicht hervorgehend und daher immer noch viel eher verzeihlich als für den Jüngling, ist sie doch im stande, die edle zarte Weiblichkeit und Natürlichkeit vollständig zu vernichten. Ist dies schon zu befürchten, wenn die Eitelkeit sich nur auf äußere Vorzüge erstreckt, so würde es in einem noch weit höheren Grade der Fall sein, wenn die Jungfrau Gefühle oder gar heilige Empfindungen zur Schau trüge. Dann wäre gänzliche Entsittlichung damit verbunden.

Ebenso würde aber auch das andere Extrem, eine gänzliche Nichtachtung der äußeren Erscheinung sehr tadelnswert sein. Immer mag daher eine volle Achtsamkeit auf ihr Äußeres mit einem bescheidenen Anstriche von Selbstgefälligkeit für die Jungfrau als die richtige Mitte gelten. Ordnung, Sauberkeit und edle Einfachheit im Äußeren und tiefe Fülle des Inneren sind der Jungfrau einzig wahre Zierde. „Wolle nie scheinen, was Du nicht bist, sondern sei lieber mehr, als Du scheinst!"

Ist der Jüngling zum Manne, die Jungfrau zum Weibe herangereift, und reichen sich beide zum gesegneten Bunde Herz und Hand, so ist das menschliche Entwickelungsleben auf seinem Höhepunkte angelangt Der Mann als das Prinzip des Mutes und der umfassenden Thatkraft, das Weib als das Prinzip der zarten Liebenswürdigkeit und gemütvollen Innigkeit, vollenden erst in der Ehe das abgerundete Bild menschlicher Schönheit. Die Ehe erlangt ihre wahre Weihe dadurch, daß beide Teile, bei selbständiger Festhaltung alles dessen, was jeder in sich als edel erkannt hat, sich willig und fähig zur Vervollkommnung, als auch zum gegenseitigen Austausche der Vorzüge erhalten. Beide sollen sich gegenseitig tragen, stützen, ergänzen, heben und veredeln — durch Liebe. Erst aus der Verschmelzung der Vorzüge beider Geschlechter erhebt sich das geistige dritte der sich anziehenden Gegensätze, der geistige Ausgleichungs- und Ruhepunkt — der ideale Mensch. Die Idee des Menschentumes wird immer höher und reiner sich gestalten, je höher die Kultur, aber wohlverstanden nur die naturgesetzmäßige, steigt. Dementsprechend sehen wir auf höheren Kulturstufen die Gegensätzlichkeit zwischen Männlichkeit und Weiblichkeit in allen körperlichen wie geistigen Eigenschaften, gewissen Sitten, Berufsthätigkeit etc. immer reiner und entschiedener sich abgrenzen, entwickeln und ausprägen. Der höhere Grad dieser wahlverwandtschaftlichen Gegensätzlichkeit bedingt eine höhere Anziehungskraft und eine höhere und reinere Entwickelung des idealen Menschen, d. i. der veredelnden Weihe, welche im normalen Ehebunde über beiden Teilen strahlend schwebt, sie hebt und immer fester verbindet. Die Ehe, die Familie ist der eigentliche Lebenskreis, in welchem der einzelne Mensch erst zur gründlichen Selbsterkenntnis gelangen kann, sich selbst, sein höheres Selbst, sein ganzes menschliches Wesen findet, in welchem er sein höheres Selbst, die innerlich persönliche, in Beherrschung seines niederen Selbst bestehende moralische Freiheit möglichst zu entwickeln vermag.

Schlußwort an die Eltern.

–

Edle Früchte zu ernten ist eine Aufgabe langjähriger Mühen und Sorgen. Nur aus Scheu vor letzteren auf die Güte oder überhaupt auf den Genuß der Früchte verzichten zu wollen, kann nur dem siechen Schwächlinge als Entschuldigung dienen, ist aber des seiner Kraft sich bewußten Menschen unwürdig. Er würde sich selbst ja um den schönsten Preis, um die süßesten Freuden des Lebens bringen. Wie aber die Beschaffenheit des herangezogenen Fruchtbaumes und die größere oder geringere Güte der Früchte stets sicheres Zeugnis ablegen von der vorausgegangenen größeren oder geringeren Sorgfalt des Gärtners trotz der außer seiner Macht liegenden mitwirkenden Einflüsse, so wird auch an der ganzen Beschaffenheit des herangebildeten Zöglinges das Verfahren des Erziehers unverkennbar sich abspiegeln. Habt Ihr körperliche und geistige Schwächlinge erzogen, austilgbares Unkraut festwurzeln lassen, ist es also eine Mißernte geworden, die Euch, Eltern, anstatt der Freude Kummer bringt und Eure Kinder mehr oder weniger als unglückliche Wesen erscheinen läßt, so werdet Ihr meistens Ursache haben, nicht das Schicksal, nicht Eure Kinder, sondern Euch selbst deshalb anzuklagen. Doch hinweg mit diesem trüben Bilde; wir wollen mit Hoffnung unseren Blick in die Zukunft beleben!

Das Erziehungswerk ist allerdings ein schwieriges und mühevolles. Soll es zu seinem wahren Ziele führen, so muß es auf einer Erziehungswissenschaft fußen, wie ja alle höheren Richtungen des praktischen Lebens erst aus wissenschaftlicher Erkenntnis der wesentlichen Verhältnisse gedeihlich hervorgehen können. Damit ist aber natürlich nicht gemeint, daß jeder Vater und jede Mutter die Erziehungswissenschaft als solche studiert haben sollen. Dies wäre ein unmögliches Verlangen. Nein, nur mit den Resultaten, mit den Hauptgrundsätzen derselben sollen sie sich tüchtig vertraut machen und diese nach Kräften in Anwendung bringen. Dazu ist aber nicht Gelehrsamkeit nötig, sondern nur vernünftige Lebensauffassung, natürlicher Verstand und ernster Wille ihn zu brauchen, liebende Selbstüberwindung, Unverdrossenheit und Ausdauer — lauter Forderungen, die auch an den weniger Gebildeten gethan werden können. Eine vernünftige Erziehung wird also unter fast allen Bildungsstufen der Eltern möglich sein. Sind die Hauptzielpunkte und Hauptgrundsätze der Erziehung erst zu allgemeiner Erkenntnis gelangt und ins Leben gedrungen, sowie etwa die allgemeinen Staatsbürgergesetze (und darauf muß immer entschiedener hingewirkt werden, vgl. S. 10), so werden auch die von den individuellen Verschiedenheiten abhängigen Modifikationen der erzieherischen Methoden in allen einzelnen Fällen sich leichter herauslinden und wenigstens die noch immer zahllosen groben Mißgriffe sich verhüten lassen. Die Resultate der Erziehungswissenschaft, die auf Natur und Leben fußenden Hauptgrundsätze der Erziehung, müssen daher allgemein in das Familienleben eindringen. Denn aus dem gegebenen Erziehungsbilde wird es klar hervorleuchten, daß die wahren Lebenswurzeln der Erziehung nirgends anders gedeihen können als im Boden der Familie. Nur diese in ihrer Innigkeit, Gegenseitigkeit und Hingebung, in ihrer Gemeinsamkeit des Schicksales, von Freude und Leid, in ihrer durch die natürlichsten Banden zusammengehaltenen Ineinanderfügung der Glieder — dieses Leben, Sinnen und Wirken mit- und füreinander, bildet die rechte Elementarklasse in der Schule des Lebens. Heilig sei die Innigkeit des Familienlebens!

Wir Eltern müssen bedenken, daß wir selbst noch in der Schule des Lebens sind, daß wir an und durch unsere Kinder lernen, an unserer eigenen weiteren Veredelung arbeiten sollen. Die Mühe wird uns ja also doppelt gelohnt: durch Begründung des Lebensglückes unserer Kinder und durch eigenen Gewinn. Zudem ist sie ja für jede Generation eine rückständige Schuld, die erst an die nächstfolgende abgetragen werden kann. Bei dieser Auffassung der elterlichen Pflichten kann Kraft und ausdauernder Wille zur mutigen und freudigen Übernahme alles dessen, was dabei überwunden werden muß, nimmer fehlen.

Auch darf nicht unerwähnt bleiben, daß jede anerzogene höhere Stufe leiblichen und geistigen Lebens den nachfolgenden Generationen durch unmittelbare physische Vererbung zu Gute kommt und zu weiter aufwärts gehenden Entwickelungsstufen befähigt.

Also auf und vorwärts! Lasset uns, mittelbar oder unmittelbar, ein jeder in seinem Kreise, wacker arbeiten an der großen Aufgabe unserer Zeit, damit unsere Enkel dankbar auf die Gegenwart zurückblicken können, damit wieder ein heiter aufstrebendes, lebensmutiges und lebenstüchtiges Kraftgeschlecht erblühe, das seichte, matte und marklose Leben der Menschheit in freudiges Schaffen und Wirken und in edlen, gehaltreichen Lebensgenuß sich verwandle, damit die Richtung nach dem bestimmungsgemäßen göttlichen Lebensziele wieder gewonnen werde, also die Idee der Menschheit von Generation zu Generation ihrer Verwirklichung entgegenreife! Dazu gebe der Höchste seinen Segen!

16*

Schlußwort an die Lehrer.

Auch an Euch, in deren Händen, nächst den Eltern, das Wohl der künftigen Geschlechter ruht, erlaubt sich der Verfasser ein freundliches Schlußwort. Nicht als unberufener Mentor, etwa aus anmaßenden, tadelsüchtigen Beweggründen. Dies sei fern. Die Sache ist eine zu heilige. Er zählt sich zu denen, welche von der größten Achtung gegen den hohen Lehrerberuf erfüllt sind — einen Beruf, der noch nirgends denjenigen Grad von allgemeiner Achtung und Anerkennung gefunden hat, welcher ihm der Natur der Sache nach gebührt, welcher ihm auch — will es Gott — mit der Zeit werden muß. Aber eben deshalb fühlt sich der Verfasser gleichmäßig im Interesse der Jugend wie auch der Lehrer selbst gedrängt, in dieser Richtung nach seinen schwachen Kräften beitragend zu wirken.

Daß das Schulwesen der Gegenwart, selbst in den, anderen Ländern vorleuchtenden deutschen Staaten, noch an recht tief ins Leben einschneidenden Mängeln leidet — wer wollte das leugnen?! Dies wird allerwärts, mehr oder weniger deutlich, gefühlt und wurde bezüglich der wesentlichsten Punkte auch in dieser Schrift ausgesprochen. Zu manchen Verbesserungen des Schulwesens in neuerer Zeit sind doch auf anderer Seite durch die gewaltigen Umgestaltungen des übrigen Lebens wieder manche wichtige, mit dem Gesamterziehungszwecke kontrastierende Übelstände hinzugetreten, die früheren Zeiten fremd waren. Wir wollen uns nicht in utopischen, optimistischen Wünschen ergehen, nicht reden von den in unabänderlichen Verhältnissen begründeten Unvollkommenheiten. Wir haben nur die allerwärts abstellbaren Mängel des Schulwesens im Sinne. Die wesentlichsten derselben (vgl. S. 84, 89, 106, 115, 152, 159 u. f., 164, 172 u. ff., 188) wurzeln gemeinschaftlich darin, daß man die Gesetze und Einrichtungen der Schule nicht durchgängig auf das Gesetzbuch der Natur gebaut, daß mithin noch weniger der einzelne Lehrer bei der speziellen Ausübung seines Amtes dasselbe als oberste Richtschnur in sich aufgenommen hat.

Die Menschheit ist schon längst aus jenem rohen Lebenszustande herausgetreten, wo man bei der Erziehung mit einfacher Erstrebung der

nächstvorliegenden Zielpunkte sich begnügen und im übrigen das an sich
auf klippenfreiere Bahnen angewiesene Lebensschiff dem Treiben des Windes
überlassen konnte, ohne auf genaue Erkenntnis aller auf eine glückliche
Fahrt möglicherweise Einfluß habenden tiefer liegenden Bedingungen
und Gesetze zu achten. Je höher aber das Leben mit seinen ganzen Verhältnissen, Bedingungen und Anforderungen steigt, um so mehr muß es
ein bewußtes, durchdachtes sein, um auf jeder Stufe des Fortschrittes den
Menschen zur Entscheidung der Frage zu befähigen: ob der Einklang des
fortgerückten Lebenszustandes mit den allgebietenden Gesetzen der Natur
und Weltordnung noch bestehe und, wenn nicht, wo und wie er herzustellen sei. Wem nun wird diese Befähigung unentbehrlicher sein als
denjenigen, welchen es obliegt, das auftauchende junge Leben so zu leiten
und auszubilden, daß es gleicherweise zeit- und naturgemäß seine Bahn
durchlaufen könne, — wem mehr, als den Erziehern und Lehrern? Es
ist nicht genug, daß Ihr den Lauf und die Gesetze des großen Lebens
kennt, das Gebiet des abstrakten Wissens nach allen Richtungen durchwandert; Ihr müßt vor allem Einrichtungen, Kräfte und Gesetze des
menschlichen Organismus, den Ihr eben bilden wollt, gründlich kennen:
Ihr müßt, bis zu einem klaren Überblicke des Ganzen, Anatomie und
Physiologie des kindlichen Organismus und auf dieser Grundlage die Psychologie des Kindes in seinen verschiedenen Entwickelungsstufen gründlich studieren. Denn die Gesetze des kindlichen Geisteslebens, die Euch am direktesten interessieren müssen, wurzeln
ja in den organischen Bedingungen und Gesetzen. Nicht aus Büchern
allein, nicht aus abstrakten Philosophemen quillt diesem Studium die
Nahrung, sondern hauptsächlich aus dem Leben selbst, aus dem Buche
der Natur, aus dem denkenden und vergleichenden Beobachten der Eigentümlichkeiten des kindlichen Lebens, aus der Durchschauung ihres ursächlichen Zusammenhanges und aus den daraus abzuleitenden exakten
Schlußfolgerungen. Nur hierdurch erst kann das Erziehungs- und Unter-
richtswesen sich aus haltloser, unreifer und wegen der weitgreifenden Folgen
gefährlicher Empirie herausarbeiten und zu einer exakten Erziehungswissenschaft erheben, die das Menschenleben fort und fort wahrhaft
segensvoll gestaltet. Erst eine solche Grundlage würde Euch die nach allen
Seiten hin richtige Norm für die Methodik der Behandlung und Unter-
richtung der Kinder an die Hand geben und Euch zugleich befähigen,
diesen der Jugend unentbehrlichen Unterrichtsgegenstand und die daraus
sich ergebende naturgemäße Diätetik zu lehren. Überhaupt muß der
Pädagog das ideale Musterbild der menschlichen Natur vor seinem geistigen
Auge haben, um danach sein ganzes Streben normieren und den gegebenen
Verhältnissen der Wirklichkeit anpassen zu können.

Wohl verkennen wir nicht, daß die Erfüllung der beregten Wünsche

nicht unbedeutende Reformen des Schulwesens mit sich führen würde.
Aber, werden irgend diese Wünsche als dringendes Zeitbedürfnis in immer
weiteren Kreisen erkannt, so ist von jeder wohlwollenden Regierung zu-
versichtlich zu hoffen, daß sie alles ihr Mögliche für einen so hohen
Zweck bereitwillig thun werde, am allerzuversichtlichsten dann, wenn aus
Eurer eigenen Mitte, Ihr Lehrer, der Impuls dazu gegeben wird.

Bei dem derzeitigen Zustande der Ausbildung der Pädagogen dürfen
diese die Einmischung der Ärzte noch nicht verschmähen, wenn es gilt,
den weiteren Ausbau des Erziehungswesens und der Erziehungswissenschaft
zu fördern. Ist einst die Zeit gekommen, in welcher eine gründliche
anthropologische Bildung im obigen Sinne als die Basis der Pädagogik
allgemein eingeführt ist, dann erst wollen wir Ärzte in freudiger Beruhigung das Feld räumen und in Betreff der schulfähigen Jugend Eurem
Walten, Ihr Lehrer, alles überlassen.

Printed in Poland
by Amazon Fulfillment
Poland Sp. z o.o., Wrocław

30849790R00152